# Henri de Man
## (1885-1953)

# AU-DELÀ DU MARXISME

# Henri de Man
## (1885-1953)

## *Au-delà du marxisme*

Traduit de l'Allemand (1926). 2e édition française. Préface de MM. Michel Brelaz et Ivo Rens (professeur à la Faculté de droit de l'Université de Genève).

Première édition : Éditions du Seuil, 1974.

Publié par Le Retour aux Sources

**www.leretourauxsources.com**

© Le Retour aux Sources - 2023

# Table des matières

# Préface

*Par Ivo Rens et Michel Brelaz*
*Université de Genève*
*Octobre 1973.*

> *«... si peu de ces hommes que l'on appelle à bon droit de grands esprits, ont été eux-mêmes aussi grands que leur esprit. »*
>
> *Henri DE MAN, l'idée socialiste.*

Au carrefour de quelques-uns des grands débats idéologiques de notre temps — entre marxisme et christianisme, réforme et révolution, nationalisme et internationalisme, démocratie et pacifisme —, l'œuvre d'Henri de Man constitue un apport doctrinal qui, pour avoir marqué profondément le socialisme d'entre les deux guerres, n'en a pas moins fait l'objet depuis lors d'une véritable conspiration du silence. Sans doute était-il inévitable que le discrédit d'un homme qui, ainsi que nous le verrons, a effectivement choisi de composer avec l'occupant en 1940-1941, rejaillit sur sa doctrine. D'ailleurs, le combat passionné mené par Henri de Man pour réconcilier la fin et les moyens de l'action politique en fondant son socialisme sur une éthique d'inspiration kantienne et, plus encore, l'insistance avec laquelle il a constamment tenu à justifier son attitude au début de la guerre par sa doctrine, n'ont pu qu'accroître la confusion entre l'homme et son œuvre et décourager jusqu'ici toute référence ouverte à ses idées dans l'action politique et syndicale de l'après-guerre. Toutefois, ces mêmes idées ayant conduit dès 1940 quelques-uns des disciples belges et français d'Henri de Man à Londres ou dans la Résistance, il paraît légitime de contester le bien-fondé de cette confusion.

Certes, Henri de Man accordait à la praxis une importance telle qu'il n'aurait pu concevoir qu'on examinât son système sans s'être posé la question préalable : « Sa vie prouve-t-elle en faveur de sa philosophie ? » (*Cahiers de ma montagne*, 1944). Sur ce point, nous sommes plus proches d'un autre socialiste d'origine belge, Colins, qui écrivait vers le milieu du siècle dernier : « Si, désormais, Messieurs les journalistes ont la bonté de s'occuper de mes travaux, je les prie en grâce de laisser de côté tout ce qui m'est relatif. Que je sois grand ou petit, tortu ou bossu, bon ou mauvais, criminel ou vertueux, cela ne fait rien à l'affaire. Un livre utile, fût-il écrit par Lacenaire, vaut infiniment mieux qu'un livre nuisible, fût-il écrit par saint Vincent de Paul » (Qu'est-ce que la science sociale ? 1854).

Sans tomber dans cette extrémité, et en nous plaçant dans la perspective de l'histoire des doctrines politiques, nous croyons pouvoir affirmer que l'importance théorique du présent ouvrage, comme de tout autre, est fondamentalement indépendante de l'évolution ultérieure de son auteur. Nous ne contestons pas pour autant l'intérêt que la connaissance de l'auteur revêt pour comprendre la genèse de l'œuvre et notre propos n'est pas davantage d'occulter les aspects les plus controversés de la personnalité d'Henri de Man. Mais, avant de présenter l'homme et son œuvre, il nous a semblé nécessaire de bien rappeler l'autonomie de cette dernière.

Henri de Man est né à Anvers en 1885, l'année même où était fondé le Parti ouvrier belge (POB). Son père, Adolphe de Man, qui appartenait à une famille de petite noblesse désargentée, travaillait à la direction d'une compagnie maritime, statut honorable, mais qui souffrait à ses yeux de la comparaison avec celui de son frère et de son beau-frère, tous deux officiers dans l'armée. Il reporta cette ambition sur son fils, à qui il donna une éducation quasi militaire fondée sur la pratique intensive des sports et l'amour de la nature. Franc-maçon, il était au dire d'Henri de Man « une des incarnations les plus pures de la morale stoïcienne » qui le portait à un anticléricalisme empreint de tolérance.

Notre personnage paraît avoir été marqué par ses parents du côté maternel plus encore que par son ascendance paternelle. Sa mère, Joséphine van Beers, fille du poète flamand Jan van Beers, appartenait à une vieille famille patricienne d'Anvers dont tous les membres étaient soit littérateurs, soit peintres, soit musiciens. La conscience de faire partie d'une élite intellectuelle portait les van Beers à mépriser, sans l'afficher, les « gens d'argent », mais non point à se séparer du peuple flamand dont ils parlaient et cultivaient la langue contrairement à la quasi-totalité de la bourgeoisie anversoise de l'époque. Mais ce qu'il y a de plus curieux dans le cas de cette famille, c'est que les quatre filles du poète, après même la mort de ce dernier, formaient avec leurs maris et leurs enfants un microcosme social exceptionnellement cohérent et uni. « Les sœurs — écrit Henri de Man — se voyaient à peu près quotidiennement, les enfants jouaient toujours ensemble, et passaient constamment d'une maison à l'autre pour y manger et même pour y loger. Quand l'aînée des sœurs perdit sa fille unique, ma mère lui « prêta » mon frère, qui dès lors habita chez elle. Nous avons tous eu, en quelque sorte, quatre mères... » Comment cette atmosphère de « communisme parfait » n'aurait-elle pas influé sur la personnalité d'Henri de Man (Après coup, 1941) ?

Il est symptomatique que son adhésion à la Jeune garde socialiste d'Anvers, le 1er mai 1902, procéda d'une révolte éthique dirigée davantage contre une société si différente de cette harmonie familiale que contre l'hostilité familiale au socialisme. Néanmoins, après une période de flottement doctrinal marqué par les influences de Proudhon et de Kropotkine, la conversion d'Henri de Man au marxisme le plus radical, représenté alors par Kautsky et, surtout, Wilhelm. Liebknecht, en fit un transfuge social dont l'activité militante devait nécessairement l'éloigner de sa famille. Non seulement il refusa de s'inscrire à l'école militaire, à laquelle son père le destinait, mais encore s'adonna-t-il dès cette époque à une vigoureuse propagande anti-militariste.

Après avoir vainement tenté d'accomplir des études universitaires à l'Université libre de Bruxelles, puis à l'Institut polytechnique de Gand, d'où il fut exclu pour avoir pris part à une manifestation en faveur des révolutionnaires russes de 1905, Henri de Man s'établit en Allemagne, « terre d'origine et d'élection du marxisme ». Il suivit pour le Peuple de Bruxelles le Congrès social-démocrate d'Iéna, où il fit la connaissance de Bebel, Kautsky, Karl Liebknecht, Rosa Luxemburg, etc. Il se fixa ensuite à Leipzig qui était alors, écrit-il, « la Mecque du marxisme, grâce à la *Leipziger Volkszeitung*, journal d'avant-garde du radicalisme marxiste », où il ne tarda guère à être agréé comme collaborateur (Après coup). Il déploya une activité considérable dans le cadre des jeunesses socialistes et joua un rôle important dans l'unification du mouvement allemand et dans la, création de l'Internationale de la jeunesse socialiste, dont la réunion constitutive, tenue après le Congrès de l'Internationale à Stuttgart, en 1907, le désigna comme premier secrétaire. Au contact de ces milieux politiques et intellectuels, il s'avisa de l'utilité des études supérieures pour la promotion du socialisme et, après avoir fréquenté plusieurs années l'Université de Leipzig et un semestre celle de Vienne, il obtint de la première, en 1909, le titre de docteur en philosophie summa cum laude pour une thèse d'histoire économique intitulée *Das Genter Tuchgewerbe im Mittelalter* (l'Industrie drapière à Gand au Moyen Age). Il passa la plus grande partie de l'année 1910 à Londres, où il adhéra à la « Social Democratic Federation » de Hyndman, qui était alors le groupe socialiste le plus radical et se réclamait du marxisme.

C'est en 1911 qu'Henri de Man revint en Belgique où Émile Vandervelde, le « patron » du POB et président de l'Internationale socialiste, lui avait offert la direction des œuvres d'éducation du Parti, la Centrale d'éducation ouvrière. La même année, il provoqua un violent conflit au POB en publiant dans un supplément de la Neue Zeit de Kautsky une brochure intitulée *Die Arbeiterbewegung in Belgien* (le Mouvement ouvrier en Belgique), écrite en collaboration avec Louis de Brouckère, dans laquelle étaient dénoncées les tendances réformistes du POB et, surtout, les pratiques capitalistes du mouvement coopératif « Vooruit », de Gand, que dirigeait Edouard Anseele.

L'éclatement de la guerre de 1914 fut sans doute le drame central de la vie d'Henri de Man, en ce sens qu'il provoqua l'effondrement complet de sa foi marxiste. Dans les derniers jours de juillet 1914, il avait servi d'interprète entre Jaurès, Vandervelde et Hermann Müller — le futur chancelier de la République de Weimar — lors des dernières tentatives du Bureau de l'Internationale en faveur du maintien de la paix. Bouleversé par la violation de la neutralité belge, il se porta volontaire le 3 août 1914. Torturé par le doute quant au bienfondé de son attitude, en raison surtout des positions prises par les internationalistes à Zimmerwald et à Kienthal, Henri de Man n'en fut pas moins un jusqu'au-boutiste de la guerre, tant par son refus de toute paix de compromis avec le militarisme et le despotisme allemands, que par sa prédilection pour les postes les plus périlleux. Aussi bien, au lendemain de la première révolution russe de 1917, le gouvernement belge l'envoya-t-il en Russie aux côtés d'Émile Vandervelde et de Louis de Brouckère afin de convaincre le gouvernement russe de poursuivre la guerre et de rejeter le projet d'une conférence de la paix, qu'un groupe de socialistes de pays neutres avait convoquée à Stockholm. Il est intéressant de relever que cette expérience russe confirma de Man dans ses préventions contre le « fanatisme » de Lénine et de Trotsky et lui laissa une impression plutôt favorable de Kerensky. C'est du moins ce qui ressort de l'ouvrage qu'il publia l'année suivante en collaboration avec ses deux compagnons de voyage sous le titre de Trois aspects de la révolution russe.

Les deux séjours qu'Henri de Man effectua en Amérique en 1918 et en 1919-1920 sont plus révélateurs encore du curieux mélange d'enthousiasme naïf et de perspicacité dans la critique qui, avec l'aspiration intransigeante à la vérité, sont des composantes essentielles de sa psychologie. C'est de nouveau une mission du gouvernement belge qui fut à l'origine du premier de ces deux déplacements. Ayant applaudi en 1917 au grand dessein du président Wilson, Henri de Man fut d'abord séduit par une Amérique idéale dont il convint ensuite qu'elle appartenait plus au passé, sinon à ses rêves, qu'à la réalité. Il commença à déchanter lorsque, ayant entrepris de redresser les fausses légendes que de bonnes âmes faisaient courir sur les prétendues mutilations que les Allemands auraient massivement infligées aux enfants belges, il fut suspecté d'espionnage au profit de l'ennemi puis déclaré persona non grata. On trouvera un reflet critique de cette première expérience américaine dans la brochure Au pays du taylorisme que de Man publia en 1919. De retour en Belgique, horrifié par l'esprit revanchard dont les vainqueurs faisaient montre après l'armistice, il publia dans le Peuple du 26 janvier 1919 un article intitulé « La grande désillusion », dans lequel il écrivait : « Ce n'est pas pour cela, ce n'est pas pour que l'Europe de demain ressemble à celle d'hier que nous nous sommes battus. Ce n'est pas pour la destruction des nations allemande et russe, c'était pour l'indépendance de toutes les nations et pour délivrer l'Europe du militarisme » (Après coup).

Son opposition au traité de Versailles l'ayant isolé au sein du POB, il se décida à émigrer vers le Nouveau Monde. Après avoir pris part à une expédition à Terre-Neuve, il accepta de mettre en place à Seattle un système d'éducation ouvrière inspiré du modèle belge et fut nommé professeur de psychologie sociale à l'Université de l'État de Washington. Mais son enseignement fut supprimé du programme des cours à la suite de son intervention dans une campagne électorale locale aux côtés du « Fariner and Labour Party ». Aussi fut-il trop heureux, en automne 1920, d'accepter l'offre que Vandervelde venait de lui adresser à l'effet de mettre sur pied à Bruxelles une institution nouvelle baptisée « École ouvrière supérieure ». Son deuxième échec américain et la défaite des idées wilsoniennes lui avaient fait perdre définitivement ses illusions sur les États-Unis.

C'est de cette époque que date le premier ouvrage de la grande période de création doctrinale d'Henri de Man, laquelle devait durer de 1919 à 1935. Il s'agit d'un livre de méditations sur la guerre et ses conséquences qu'il écrivit en anglais et publia en 1919 sous le titre de *The remaking of a mind: A soldier's thoughts on war and reconstruction* (la Refonte d'un esprit : réflexions sur la guerre et la reconstruction). L'auteur y explique longuement le retournement intellectuel que la guerre avait provoqué chez lui, notamment quant au marxisme. Il est significatif qu'Henri de Man ait passé la plus grande partie de cette période, la plus féconde de sa vie, en Allemagne et en Suisse alémanique. En effet, son isolement au POB s'était accru à la suite de divers incidents provoqués par sa condamnation des humiliations que les Alliés infligeaient à l'Allemagne. Aussi bien préféra-t-il s'éloigner de Belgique. De 1922 à 1926, il vécut à Darmstadt tout en enseignant à l'« Akademie der Arbeit » de Francfort-sur-le-Main. C'est alors qu'il écrivit en allemand le présent ouvrage, qui parut en 1926 sous le titre de *Zur Psychologie des Sozialismus* (Contribution à la psychologie du socialisme) et qui donna lieu l'année suivante à une première édition en langue française. De 1926 à 1929, il se retira à Flims, dans le canton des Grisons, où il rédigea, toujours en allemand, *Der Kampf um die Arbeitsfreude*, dont l'édition allemande date de 1927 et l'édition française, intitulée la Joie au travail, de 1930. Il y écrivit également l'essentiel de *Die sozialistische Idee*, dont l'édition allemande fut saisie par les Nazis peu après sa sortie de presse en 1933, et dont la version française parut en 1935 sous le titre de l'Idée socialiste. Enfin, de 1929 à 1933, il vécut à Francfort, l'Université de cette ville lui ayant offert la chaire nouvellement créée de psychologie sociale. C'est là qu'il composa, en néerlandais cette fois, son *Opbouwend Socialisme*, publié en 1931, et dont la version française, intitulée *le Socialisme constructif*, parut en 1933.

Devant la crise économique et la montée des fascismes, le POB était au début des années 30 aussi désemparé que le socialisme allemand. Dès 1931, son président, Vandervelde, avait pressenti de Man pour prendre part à l'élaboration d'une nouvelle stratégie en vue de surmonter le marasme. En 1932, de Man était nommé directeur du Bureau d'études sociales du POB, sorte d'« officine d'idées » dont allait sortir le « Plan du travail ». La même année, il obtenait un congé de l'Université de Francfort et était nommé à l'Université libre de Bruxelles, mais ce n'est qu'en avril 1933 qu'il se fixa dans cette ville et y prit ses nouvelles fonctions. Grâce à la pression des syndicats, le Congrès de Noël 1933 du POB adopta, à une écrasante majorité, le Plan du travail, et créa en même temps un poste de vice-président du Parti, avec des droits égaux à ceux du président, poste auquel de Man fut élu triomphalement. Sans prétendre résumer ici le planisme, disons qu'il s'agissait de surmonter la crise par un ensemble de mesures tant structurelles que conjoncturelles, solidaires les unes des autres, tendant à créer un secteur public par la socialisation du capital financier, du crédit, des monopoles et des grandes propriétés foncières, et à permettre à l'État d'intervenir dans le secteur privé pour y faire prévaloir l'intérêt général sans toutefois fausser les mécanismes de la concurrence. « Le Plan, tout le Plan, rien que le Plan », tel fut dès lors le mot d'ordre du POB. Dans la foulée du Congrès de 1933, de Man écrivit de nombreux articles approfondissant les problèmes économiques et financiers que devait résoudre le Plan. Et, finalement, c'est le Bureau d'études sociales qui publia, sous sa direction, en 1935, tant en français qu'en néerlandais, sous le titre de l'Exécution du Plan du travail, l'ouvrage clôturant ce que nous avons appelé sa grande période de création doctrinale.

Entre-temps, l'homme politique ayant pris le relais du penseur, la vie d'Henri de Man nous apparaît comme relevant de l'histoire mouvementée de cette période troublée entre toutes. Signalons-en les principales étapes par quelques dates et quelques faits. En mars 1935, les instances exécutives du POB s'étant prononcées en faveur d'une participation socialiste au gouvernement, de Man devint ministre des Travaux publics et de la résorption du chômage dans le premier cabinet van Zeeland, bien que ce dernier n'eût pas accepté tel quel le Plan du travail dont le Congrès de Noël 1933 avait cependant fait un préalable. En juin 1936, il devint ministre des Finances dans le second cabinet van Zeeland et le demeura dans le cabinet Janson jusqu'en février 1938, époque à laquelle il démissionna en raison d'un long surmenage. Bien que voués à un certain immobilisme du fait de leur composition tripartite catholique-socialiste-libérale, ces gouvernements réussirent, en s'inspirant du Plan du travail, mais sans prétendre l'appliquer, à résorber dans une large mesure le chômage dû à la crise et à faire reculer le Rexisme.

Quelle que fût la part prise par lui dans ce redressement, Henri de Man garda de son expérience ministérielle un sentiment d'échec dont il rendit responsable le régime parlementaire belge dans lequel il vit désormais le principal bastion des puissances d'argent et, conséquemment, le principal obstacle sur la voie du socialisme. Parallèlement, la détérioration de la situation internationale ayant justifié ses anciennes mises en garde contre le Traité de Versailles, Henri de Man fut de ceux qui, après même Munich et Prague, voulant renforcer la politique dite d'indépendance de la Belgique, défendirent une position strictement neutraliste. L'« air du temps » aidant, ces deux options amenèrent de Man à mettre l'accent sur le caractère autoritaire de la démocratie qu'il préconisait et sur le caractère national de son socialisme, dans une série d'articles qu'il publia dans la revue socialiste flamande Leiding. Si même elles n'expliquent pas entièrement l'étrange fascination que Léopold III exerça sur lui, ces options permettent de comprendre aussi comment celui qui devait accéder, en mai 1939, à la présidence du POB put apparaître à Jules Romains, dans Sept mystères du destin de l'Europe, comme « l'homme du roi », chargé par ce dernier de missions ultra-secrètes, entre décembre 1938 et février 1939, dans une ultime tentative en vue de sauver la paix.

En septembre 1939, la guerre ayant éclaté et la Belgique ayant opté pour la neutralité, de Man devint ministre sans portefeuille dans le troisième cabinet Pierlot ; mais, se sentant isolé dans ce nouveau gouvernement tripartite, il le quitta après quelques mois afin de se consacrer à l'Œuvre Elisabeth « Pour nos soldats ». Dès l'attaque contre la Belgique, il fut, en sa qualité de capitaine, chargé de mission spéciale auprès de la reine Elisabeth, fonction qui lui permit d'exercer une influence occulte sur le roi pendant la campagne des dix-huit jours et, notamment, sur la détermination de Léopold III à partager le sort de son armée après la capitulation plutôt que celui de ses ministres dans l'exil.

Pour expliquer l'attitude qui, dès lors et pendant dix-huit mois, fut celle d'Henri de Man, Peter Dodge écrit dans son beau livre *Beyond Marxism: The Faith and Works of Hendrik de Man* : « … pendant une assez longue période, il [de Man] a agi sans mettre en doute que le conflit armé s'était soldé par le triomphe total de l'Allemagne nazie. » Toutefois, pendant cette période, ses projets évoluèrent. Dans un premier temps, prenant étrangement ses désirs pour des réalités, de Man pensa mettre à profit la « désertion » de la majeure partie des propriétaires et du personnel politique pour imposer une révolution dont le roi eût été le catalyseur sitôt que le retour des prisonniers de guerre et la conclusion d'un armistice sur le modèle français lui eussent permis de reprendre son rôle constitutionnel. Telle est la perspective euphorique dans laquelle s'inscrit le fameux manifeste aux militants socialistes que de Man rédigea vers la fin de juin 1940 et qui parut dans plusieurs quotidiens belges au début de juillet. En sa qualité de président du POB, il recommandait à ses troupes d'accepter le fait de la victoire allemande, de poursuivre l'activité économique des œuvres socialistes, mais de considérer le rôle politique du POB comme terminé. « La guerre, poursuivait-il, a amené la débâcle du régime parlementaire et de la ploutocratie capitaliste dans les soi-disant démocraties. Pour les classes laborieuses et pour le socialisme, cet effondrement d'un monde décrépit, loin d'être un désastre, est une délivrance. » Et il concluait : « Préparez-vous à entrer dans les cadres d'un mouvement de résurrection nationale qui englobera les forces vives de la nation, de sa jeunesse, de ses anciens combattants, dans un parti unique, celui du peuple belge uni par sa fidélité à son Roi et par sa volonté de réaliser la souveraineté du travail. »

Dans un deuxième temps, l'hypothèse qui avait provoqué la rédaction du manifeste ne s'étant pas réalisée, de Man tenta d'organiser la défense « par tous les moyens légaux » des intérêts de la population, à commencer par ceux des travailleurs et des prisonniers ; en 1940 il patronna la création d'une centrale syndicale unique, l'Union des travailleurs manuels et intellectuels (UTMI), puis il lança le journal le Travail auquel il imposa une attitude de neutralité vis-à-vis des belligérants correspondant à son propre refus théorique de prendre parti. Mais, ses relations avec l'occupant et, partant, ses possibilités d'action s'étant progressivement dégradées, en raison notamment de son refus de céder aux pressions croissantes des autorités allemandes, Henri de Man jugea insupportables les pressions nouvelles dont il fit l'objet à partir de l'agression contre l'URSS en juin 1941. Aussi s'exila-t-il dès novembre 1941 à La Clusaz, en Haute-Savoie, où, hormis quelques voyages le plus souvent clandestins à Paris et à Bruxelles, il vécut reclus le reste de la guerre. Pour conclure cette évocation sommaire du rôle tenu par de Man sous l'occupation, il ne nous paraît pas inutile de rapporter le jugement que le général von Falkenhausen, commandant militaire pour la Belgique, porta sur lui dans un mémorandum daté du 31 juillet 1940, tel que le résument J. Gérard-Libois et José Gotovitch dans leur remarquable ouvrage l'An 40 — la Belgique occupée : « ... par son essence même, le programme de De Man, en dépit des éléments "pseudo-fascistes" qu'il paraît revêtir, au moins formellement, ne parviendra jamais, vu son esprit et ses origines, à s'intégrer vraiment dans un ordre européen, tel que le conçoit l'Allemagne ».

L'impossibilité d'agir qu'Henri de Man commença à éprouver dès l'automne 1940 le porta à rédiger ses Mémoires qu'il publia l'année suivante, à Bruxelles, sous le titre d'*Après coup*. Ce livre marque le début d'une deuxième phase de création, à la vérité moins doctrinale qu'historique et philosophique. A La Clusaz, de Man écrivit ses *Réflexions sur la paix*, livre qui, malgré l'accord préalable de la censure et la recommandation d'Otto Abetz, fut interdit dès sa parution à Bruxelles, en 1942, à cause de ses tendances pacifistes. C'est également dans son refuge haut-savoyard qu'il rédigea ce curieux journal intitulé *Cahiers de ma montagne*, si révélateur de sa personnalité complexe, qui fut publié à Bruxelles aussi, en 1944. Enfin, c'est là surtout que, s'étant plongé dans une recherche sur le XVe siècle français, il composa l'essentiel d'un ouvrage d'histoire dont la version allemande parut à Berne en 1950 sous le titre de Jacques Cœur : der königliche Kaufmann et la version française à Bourges, en 1952, sous le titre de Jacques Cœur, argentier du roy. Durant sa réclusion volontaire à La Clusaz, de Man entretint des relations avec des « collaborationnistes » belges, avec des personnalités allemandes plus ou moins orthodoxes, comme Otto Abetz et l'ancien député socialiste au Reichstag Carlo Mierendorff, lequel l'aurait initié aux projets de conspiration du groupe Gördeler-Leuschner qui aboutirent à l'attentat manqué du 20 juillet 1944 contre Hitler, mais aussi avec des responsables français de la Résistance comme Robert Lacoste.

Lors de la Libération, il n'en fut pas moins arrêté par des maquisards, puis relâché et enfin poursuivi par eux sur l'ordre du gouvernement belge de Londres. Il parvint de justesse à gagner la Suisse où il bénéficia de la protection de Hans Oprecht, président du Parti socialiste suisse, qui avait été un partisan enthousiaste du planisme. Mais, dans le cadre de la répression de l'« incivisme », Henri de Man fut condamné en 1946 par un tribunal militaire belge à vingt ans de détention extraordinaire, dix millions de dommages-intérêts à l'État, la dégradation militaire, la destitution des grades, titres, fonctions, emplois, services publics, etc., la sentence entraînant en outre, en cas de non-exécution, la déchéance de la nationalité belge, « pour, étant militaire, avoir méchamment servi la politique et les desseins de l'ennemi ». Mis définitivement hors combat et connaissant l'amertume de la réprobation publique, de Man vécut en Suisse les dernières années de sa vie, d'abord à Berne, puis à Greng, près de Morat. Néanmoins, cet exil lui valut une compensation tardive, sur le plan strictement personnel il est vrai : il épousa une Suissesse et cette union, qui était la troisième, semble lui avoir apporté le bonheur. Ses dernières années furent consacrées à la rédaction de nouveaux ouvrages : *Au-delà du nationalisme*, publié en 1946 ; Cavalier seul : Quarante-cinq années de socialisme européen et *Gegen den Strom* (À contre-courant), qui constituent deux versions remaniées, complétées et d'ailleurs différentes l'une de l'autre, de son autobiographie de 1941 ; The Age of Fear (l'Age de la peur), dont l'original anglais est resté inédit, mais dont une version allemande, *Vermassung und Kulturverfall*, a paru en 1951, suivie, en 1954, d'une version française, l'Ère des masses et le Déclin de la civilisation ; et, enfin, deux livres sur la pêche, son sport favori.

Le 20 juin 1953, en plein jour, la minuscule voiture que conduisait de Man, aux côtés duquel se trouvait son épouse, s'immobilisa pour des raisons inconnues sur la voie de chemin de fer, à un passage à niveau non gardé qui se trouvait à proximité immédiate de leur domicile ; elle fut broyée par une locomotive qui arrivait avec un léger retard sur l'horaire. De Man et sa femme avaient vécu.

Telles sont, brossées à grands traits, les étapes d'une destinée hors du commun dont les ressorts profonds sont loin d'être toujours aussi clairs que ceux qu'analyse *Au-delà du marxisme*. Dans la mesure où une œuvre est le reflet d'une vie, il est intéressant de relever que, sur la vingtaine de brochures et livres d'Henri de Man que nous avons cru devoir signaler ci-dessus, cinq ont un contenu autobiographique, y compris le présent ouvrage. Faut-il y voir la preuve que la personnalité d'Henri de Man avait une composante narcissique ? Sans doute une analyse psychologique de l'œuvre permettrait-elle de répondre à cette question et de lever quelques-uns des mystères qui entourent les quinze dernières années de sa vie. Mais, pour le lecteur de 1973, l'intérêt des thèses défendues dans le présent ouvrage n'en dépend pas. Il est fonction, essentiellement, de leur valeur intrinsèque et de l'actualité persistante du marxisme.

Que ce livre soit un « fragment d'autobiographie spirituelle », sa genèse le montre bien. Il est en effet l'expression et le résultat d'une crise intellectuelle de vingt ans, au cours de laquelle Henri de Man chercha à résoudre les problèmes d'interprétation que l'orientation du mouvement socialiste posait à ses convictions marxistes. La portée de l'ouvrage dépasse cependant de beaucoup l'expérience personnelle en ce sens qu'elle illustre une mutation ressentie par nombre de militants dévoués, témoins inquiets du déclin de leur idéal. Dans cette perspective, de Man apparaît comme l'un des premiers théoriciens de l'évolution du socialisme démocratique depuis la scission communiste et l'abandon effectif, sinon toujours formel, de l'espérance révolutionnaire.

Contemporain des premiers grands partis sociaux-démocrates et de la IIe Internationale, de Man commença sa carrière de militant, comme on l'a vu, par une adhésion enthousiaste à l'orthodoxie marxiste, et donc par un refus décidé du révisionnisme déjà largement répandu. Dès ses premiers séjours à l'étranger, quelques failles apparurent dans la belle ordonnance de ses convictions, mais il n'eut somme toute guère de peine à les colmater par des ajustements qu'il s'autorisait à faire au nom de la doctrine « bien comprise ». Bref, jusqu'en 1914, très exactement jusqu'au début d'août, il fut un preux défenseur de la lutte de classe et de l'internationalisme, « un vrai, un pur », ainsi que l'aperçut Jacques Thibault dans le roman de Martin du Gard, aux côtés d'Hermann Müller, descendant du train qui les amenait à Paris pour un ultime et vain contact avec les socialistes français. Quelques heures plus tard, écartelé comme tant d'autres entre deux communautés, l'une essentiellement idéologique et internationale, l'autre surtout sentimentale et nationale, il opta intuitivement en faveur de la seconde, sa patrie, attaquée par l'Allemagne. Ce fut pour lui le point de départ d'un long débat intérieur qui devait le conduire « *Au-delà du marxisme* », la guerre lui ayant appris que les passions collectives les plus puissantes n'étaient pas celles de l'intérêt, fût-il de classe.

D'autres expériences suivirent, moins douloureuses, mais non moins instructives. Les révolutions russe et allemande le persuadèrent que la transformation des institutions n'est rien sans les transformations morales sur lesquelles les forces combatives sont sans prise. Il y eut ensuite la « leçon de l'Amérique », contradiction vivante du matérialisme historique, montrant que le capitalisme peut, dans certaines conditions, exister sans le socialisme. De Man y apprit pourquoi Marx s'était trompé en affirmant que le pays le plus développé industriellement montre au pays moins développé l'image de son propre avenir.

Puis vint la « grande désillusion » de la Paix de Versailles — l'antithèse des Quatorze Points de Wilson dont l'annonce, un jour, au front, lui avait fait paraître moins vaine l'idée de la mort — qui transforma la victoire des démocraties en un déchaînement d'appétits annexionnistes et impérialistes où il crut reconnaître la menace d'une « Sainte Alliance des bourgeoisies capitalistes contre les républiques rouges naissantes de l'Europe centrale et orientale » (Après coup). La grande désillusion, c'était aussi de voir le prolétariat de France, de Belgique et d'ailleurs emboîter le pas aux revanchards et donner libre cours aux ressentiments nationaux. À contre-courant, de Man déclara publiquement à Cologne en 1922 : « L'Europe ne peut pas continuer à exister et aucun peuple ne peut se développer librement, si au cœur de l'Europe un peuple reste voué à l'esclavage et à l'humiliation comme l'Allemagne l'est à présent » (Après coup). Il avait certes pour lui l'approbation morale de l'Internationale socialiste qui venait de condamner le régime des occupations militaires ; mais, s'il avait des raisons de croire que certains dirigeants belges, comme Vandervelde, ne lui donnaient pas tort en privé, il comprit combien sa brutale franchise allait à l'encontre de l'opinion publique et donc des intérêts du Parti.

À cela s'ajoutait l'expérience quotidienne du mouvement ouvrier, révélant le caractère irréversible de son orientation vers le réformisme, le patriotisme et l'embourgeoisement. Le doute ne lui était plus permis : si la révolution n'avait pas éclaté partout en Europe durant les années difficiles de l'après-guerre, elle n'éclaterait pas avant longtemps. Bien loin de se produire là où le marxisme l'avait prévu, entre l'ancienne et la nouvelle société, la rupture divisait le mouvement ouvrier lui-même. L'échec du prolétariat si près du but… Non, pensa de Man, il n'y avait pas échec là où il n'y avait eu qu'illusion de victoire, ni échec du prolétariat là où il n'y avait eu qu'échec du marxisme. Ces réalités nouvelles exigeaient un état de conscience nouveau et une nouvelle doctrine. Le drame de la guerre faisait place au défi de la pensée : enchaînement exemplaire où apparaît avec toute la force souhaitable l'appel qui le poussait à rejeter toute solution impliquant une croyance moins entière et moins exigeante que le marxisme. « Il m'était impossible, écrira-t-il, de croire moins impérieusement, je pouvais tout au plus croire autre chose » (*Cavalier seul*).

La publication d'*Au-delà du marxisme* en 1926 suscita un intérêt considérable en Allemagne et bientôt dans un grand nombre de pays, puisque suivirent plus d'une douzaine d'éditions représentant une dizaine de traductions. Objet de commentaires allant de la louange excessive à la condamnation sans appel, le livre provoqua d'âpres controverses. De Man l'avait voulu ainsi, non par orgueil d'auteur, mais parce qu'il était convaincu de la nécessité de frapper d'emblée un grand coup, de créer le choc psychologique qui déclencherait une réaction salutaire, et parce que réellement le caractère scientifique de l'ouvrage ne devait pas dissimuler qu'il y allait des principes mêmes du socialisme.

En s'attaquant au mythe le plus puissant de son époque, Henri de Man s'exposait consciemment et ouvertement à la férule cinglante des marxistes de stricte obédience, qui veillaient jalousement sur la doctrine. La vieille garde se dressa unanime contre l'hérétique. Kautsky le fit désavouer par la presse officielle du parti allemand. Vandervelde publia ses *Études marxistes* où, tout en rendant hommage à l'importance du livre, il désignait dans son auteur un nouveau Dühring. Le moindre reproche adressé à de Man fut d'avoir fondé sa critique sur une interprétation erronée du marxisme en prétendant l'enfermer dans un système de pure causalité économique étrangère à la pensée de Marx. On l'accusa d'ignorer délibérément le rapport dialectique existant entre les causes matérielles du développement des forces de production et les réactions des institutions et des idées.

De Man ne disait pas autre chose : « Tout le devenir universel lui apparaissait [à Marx] autant dans la détermination de l'idée par la matière que dans la réaction dialectique de l'idée sur la matière » (cf. ci-après). Mais il déclarait non moins clairement que son intention n'avait pas été de faire une exégèse de la pensée marxienne, donc du « marxisme pur » qu'il distinguait du « marxisme vulgaire », le seul qui l'intéressât dans la mesure où il constituait l'ensemble des éléments de la doctrine de Marx qui continuaient à vivre dans le mouvement ouvrier socialiste. Il importait peu en l'occurrence de savoir ce que Marx et les marxistes avaient voulu dire ; ce qui comptait, c'était ce qu'ils avaient effectivement réalisé. En conséquence, de Man contestait la capacité du marxisme à ouvrir le chemin au socialisme, l'accusant même d'être l'une des causes de la dégénérescence du mouvement ouvrier. Ses adversaires objectaient que le marxisme ne conduisait pas nécessairement au réformisme, qu'il ne diminuait pas le rôle de la volonté et, donc, de la responsabilité des socialistes dans l'accomplissement de leur idéal ; qu'il les éclairait au contraire sur les conditions objectives de cet accomplissement. De Man rétorquait que le marxisme avait eu pour résultat d'endormir la volonté révolutionnaire de ses adeptes par la croyance au caractère inéluctable de la décadence du capitalisme et de l'avènement de la société sans classe.

Comme il fallait s'y attendre, le débat n'entamait les positions d'aucun des deux camps et renforçait ce qui les séparait. Ceux-là mêmes qui étaient au fond entièrement acquis au réformisme, gardant la doctrine comme un en-cas — c'était l'époque où Léon Blum établissait sa fameuse distinction entre l'exercice et la conquête du pouvoir —, témoignaient plus de méfiance pour la critique d'Henri de Man que s'il leur avait reproché de trahir le marxisme. Ainsi Vandervelde dénonçait-il ce « super-socialisme » qui créait, selon lui, des socialistes de première et de seconde classe : « Ceux-ci, confinés dans le temporel, absorbés par les luttes politiques et syndicales ; ceux-là investis [...] de la mission plus haute d'exprimer le contenu spirituel du socialisme » (Études marxistes). Au total, il ne voyait rien dans *Au-delà du marxisme* qui ne se trouvât en germe chez Andler, Jaurès ou Benoît Malon, rien non plus qui fût incompatible avec un marxisme « bien compris », abordé avec cet esprit d'examen « dont Marx lui-même donnait l'exemple, en n'hésitant jamais à être son propre révisionniste ». Et Vandervelde concluait son réquisitoire en se félicitant que le livre fût d'un hermétisme propre à décourager les prolétaires de le lire !

De Man, cependant, ne reçut pas que des coups de bâton. Theodor

Reuss, Carlo Mierendorff, André Philip et beaucoup d'autres accueillirent son ouvrage avec faveur, voire avec enthousiasme. Nombreux, en effet, étaient les socialistes qui s'inquiétaient de l'immobilisme doctrinal de leur parti, contrastant avec la complexité croissante des tâches, et avec une tactique parfois efficace mais qui semblait perdre de vue les objectifs majeurs du mouvement. Ainsi que l'écrivait André Philip dans son livre Henri de Man et la Crise doctrinale du socialisme, « ce paradoxe d'une doctrine sans pratique accolée à une pratique sans doctrine » mettait en cause la raison d'être du socialisme. Les jeunes socialistes surtout, en Allemagne, en France (par exemple les groupes d'étudiants socialistes fondés et animés dès 1925 par G. Lefranc, R. Marjolin, Claude Lévi-Strauss, etc.) et ailleurs, trouvèrent dans l'ouvrage d'Henri de Man la première formulation d'un socialisme qu'il leur promettait « plus vivant, plus universaliste, plus humaniste, plus éthique, plus religieux même » que le marxisme. Ce socialisme-là engloberait Marx, bien sûr, mais aussi ses ancêtres spirituels depuis Platon et Jésus, jusqu'à Fourier et Saint-Simon ; il engloberait aussi ses adversaires (Proudhon et Bakounine), ses successeurs hérétiques (Kropotkine, Sorel, Masaryk), il prolongerait le socialisme synthétique esquissé par Jaurès (Henri de Man, Socialisme et Marxisme, 1928). Cet élargissement des sources montrait bien dans quel sens devait aller, selon de Man, le dépassement du marxisme. Préoccupé d'élaguer l'arbre où les branches mortes du dogmatisme entravaient l'essor des forces vives, il n'hésitait pas à se couper de l'ancienne garde encore toute-puissante avec l'espoir d'amener un courant d'air frais qui arrêterait l'asphyxie. Aussi, beaucoup plus qu'un instrument de polémique avec les tenants de l'orthodoxie, Au-delà du marxisme voulait-il être un appel à la jeunesse, à son besoin d'absolu, à ses qualités d'enthousiasme et de spontanéité, mais aussi, d'une manière générale, à tous ceux — intellectuels, travailleurs chrétiens, paysans — qui risquaient de glisser de plus en plus vers d'autres idéologies parce que le marxisme reflétait de moins en moins leurs aspirations.

Il n'était nullement question, dans tout cela, de dénier à la classe ouvrière la vocation que Marx lui avait révélée. En refusant cependant de l'identifier au socialisme tout entier, de Man ne faisait que tirer les conséquences d'un état de fait : pour des raisons économiques et psychologiques, le phénomène de la prolétarisation n'avait pas atteint et n'atteindrait pas l'ampleur prophétisée par Marx. Dès lors, la tâche du mouvement n'était-elle pas de rechercher hors de ses frontières sociologiques l'alliance de ceux qui pâtissaient du capitalisme et partageaient ses aspirations ? En préconisant l'ouverture du mouvement vers la jeunesse et les chrétiens, notamment, de Man montrait avec à-propos les limites de l'« ouvriérisme » et dessinait du même coup l'un des traits essentiels, nous semble-t-il, du socialisme actuel.

C'est ce qui nous amène à poser la question de l'actualité de la pensée d'Henri de Man. Question trop importante pour que nous ayons l'ambition d'en faire ici le tour. Aussi nous bornerons-nous à quelques remarques liminaires, en examinant successivement l'actualité de la critique du marxisme et l'actualité du projet socialiste d'Henri de Man.

La vaste et massive diffusion du marxisme dans le monde comme doctrine dominante, sinon exclusive, du socialisme contemporain ne rend-elle pas dérisoire toute volonté de « dépassement du marxisme » ? « Comment dépasser une conception du monde, se demande Henri Lefebvre, qui inclut en elle-même une théorie du dépassement ? et qui se veut expressément mouvante parce que théorie du mouvement ? — et qui, si elle se transforme, se transformera selon la loi interne de son devenir ? » (le Marxisme). Ne faut-il pas alors admettre qu'Henri de Man et les autres penseurs qui l'ont précédé ou suivi dans cette voie ont sous-estimé la capacité de résistance et d'adaptation du marxisme, de même qu'on a pu reprocher à Marx d'avoir sous-estimé celle du capitalisme ? C'est possible. Mais, à vrai dire, de Man n'a jamais prétendu que sa réfutation du marxisme dût ruiner les perspectives politiques de celui-ci. Au contraire, malgré sa répulsion instinctive pour les méthodes extrémistes, il constate dans le présent ouvrage que « toute la sève du tronc marxiste s'en est allée dans la branche communiste ». Toutefois, à notre sens, ni la révolution bolchevique, ni plus tard la révolution chinoise ou la conjonction souvent superficielle entre le marxisme et l'émancipation de certains peuples du tiers monde, ne prouvent quoi que ce soit contre l'analyse et les conclusions d'*Au-delà du marxisme*. D'une part, toutes ces révolutions se sont faites à l'encontre ou, tout au moins, en dépit des thèses marxistes classiques et, dirions-nous même, Au-delà de ces thèses, quoique dans un sens évidemment différent de celui que préconise Henri de Man. D'autre part, la critique de ce dernier porte fondamentalement sur l'aptitude du marxisme à expliquer et à justifier l'évolution du mouvement ouvrier dans les démocraties occidentales, et non sur sa capacité d'enfanter des révolutions dans le tiers monde.

Cela dit, la critique que de Man a faite du marxisme en 1926 aurait-elle cessé d'être actuelle ? Rien ne nous paraît moins sûr. Le socialisme démocratique, pour sa part, a résolu la contradiction née de l'écart croissant entre la doctrine marxiste et la pratique réformiste par la renonciation à la première en des termes qui s'inscrivent dans le contexte d'un socialisme éthique et humaniste. Pour s'en convaincre, il suffit de lire le programme de Godesberg du parti social-démocrate allemand — charte type du réformisme de l'après-guerre — ou les innombrables proclamations de dirigeants socialistes occidentaux, dont le ton et les préoccupations sont parfois fort proches de notre auteur. Nous ne prétendrons pas pour autant qu'il en a été l'inspirateur direct, car sa pensée systématisa plus qu'elle ne provoqua cette évolution ; et, si influence il y a eu, celle-ci a été diffuse et surtout incomplète, dans la mesure où l'accord ne s'est fait vraiment, jusqu'ici, que sur l'aspect négatif de la liquidation du marxisme. Proclamer des principes est une chose ; autre chose est d'en nourrir l'action quotidienne d'un parti et de ses militants ; c'en est une troisième de modeler ensuite une société nouvelle susceptible de convaincre les masses de sa supériorité sur l'ancienne. Suivant la ligne de moindre résistance qui caractérise l'évolution du mouvement dès ses origines, la majeure partie du socialisme démocratique s'est débarrassée de la doctrine marxiste, qui avait cessé d'être un guide pour la pratique et était devenue un carcan pour la pensée, mais elle n'a pas réussi à lui substituer la croyance nouvelle non moins entière et non moins exigeante dont parlait de Man. Les progrès de l'idée de technocratie pourtant déjà présente dans le socialisme d'Henri de Man ont tout naturellement renforcé cette tendance qui consacre l'autonomie de la pratique et sacrifie la réflexion doctrinale à l'efficacité immédiate, de sorte que l'aggiornamento socialiste a lui-même cautionné la « fin des idéologies », piège tendu par l'idéologie dominante du régime capitaliste.

Mais si les réformistes ont déserté le marxisme sans idée de retour, celui-ci reste plus que jamais un pôle d'attraction pour les autres tendances socialistes. C'est donc aussi par rapport à ce phénomène qu'*Au-delà du marxisme* reste un livre actuel. Nous hésiterions sans doute à appliquer telle quelle aux mouvements marxistes et marxisants du tiers monde l'analyse qu'un intellectuel européen destinait, il y a près de cinquante ans, au socialisme de sa petite « péninsule ». Cependant, si l'on considère, en Europe même, l'éclatement en groupes et tendances plus ou moins durables de la doctrine marxiste, toujours représentée officiellement par la prétendue orthodoxie des partis communistes ; si, d'autre part, on examine les différentes tentatives théoriques de sauver Marx de certains naufrages marxistes (Budapest, Prague…) et leur influence réelle sur la construction du socialisme, alors, pensons-nous, il ne saurait être inutile de relire *Au-delà du marxisme* pour y retrouver le goût de certaines questions dont on a peut-être dit trop tôt qu'elles étaient déjà résolues ou qu'elles ne se posaient plus.

Il est difficile d'apprécier l'actualité du projet socialiste d'Henri de Man sur la base du présent ouvrage seulement, et ce, pour deux raisons. La première, c'est que l'objectif d'*Au-delà du marxisme*, comme l'indique son titre français, est essentiellement critique. La seconde, c'est que son auteur qui, en 1926, s'était proposé de défendre le réformisme socialiste contre les attaques des partisans communistes de la révolution, chercha lui-même, peu après, à dépasser l'antagonisme réforme-révolution par une démarche essentiellement constructive, le planisme, sur lequel débouche son ouvrage de 1933, l'Idée socialiste. Il importe de bien garder présente à l'esprit cette importante réserve pour tenter de mesurer équitablement l'actualité des éléments constructifs d'*Au-delà du marxisme*. L'un des apports durables du présent ouvrage à la pensée socialiste nous parait résider dans sa démystification du scientisme et dans l'insistance avec laquelle il fait découler le socialisme d'une norme éthique transcendante relevant de la conscience. Non seulement il déclare impossible de découvrir dans la réalité capitaliste des objectifs socialistes, comme Marx avait cru pouvoir le faire, mais encore il affirme logiquement exclu de fonder le droit sur le fait, donc le socialisme sur les sciences d'observation. Si même l'interprétation de la psychanalyse que propose Henri de Man dans les dernières pages de son livre est fort hasardeuse, elle lui donne l'occasion d'énoncer, en une formule saisissante, ce qui, dans sa pensée toujours dialectique, constitue tout à la fois l'aboutissement et le fondement de sa théorie des mobiles du socialisme : « Il n'y a rien de plus réel dans l'homme que la puissance divine de la loi morale ».

Bien sûr, cette conviction rattache de Man à plusieurs courants socialistes pré-marxistes et à la grande tradition de l'humanisme occidental. Mais c'est elle aussi qui lui permet de valoriser la notion psychologique de tension dans laquelle il voit tout à la fois la meilleure systématisation rationnelle des relations existant entre ce qui est et ce qui devrait être, et le gage de tout progrès moral tant individuel que social. Par conséquent, c'est elle encore qui l'amène à proposer une explication psychologique originale de tout ce qui, dans le mouvement ouvrier, ne procède pas de l'adaptation au contexte capitaliste, et qui l'autorise à justifier le rôle éminent que les intellectuels ont joué et sont encore appelés à tenir pour dégager, en fonction des circonstances changeantes, les exigences nouvelles que l'aspiration à un ordre socialiste doit opposer à l'échelle bourgeoise des valeurs.

Mais quelles sont, en bref, celles de ces exigences que précise *Au-delà du marxisme* ? Considérant, d'un point de vue historique, le christianisme, la démocratie et le socialisme comme trois formes de la même idée de dignité humaine, de Man se devait de bien marquer la solidarité des moyens préconisés avec les aspects chrétiens et démocratiques de la fin socialiste poursuivie. D'où l'accent mis sur le refus de la violence, sur le pacifisme et sur la nécessité pour le socialisme de s'assigner comme première tâche politique d'« éviter la guerre en organisant l'Europe et le monde en une unité juridique supranationale ». D'où, aussi, la nécessité de dépasser l'embourgeoisement de la classe ouvrière par une action éducative et culturelle visant à susciter en elle l'aspiration à une qualité de bonheur plus élevée que le bien-être matériel auquel elle peut accéder dans la société capitaliste. D'où, surtout, le rejet de toute réalisation du socialisme sans démocratie, cette dernière devant au contraire justifier le contrôle ouvrier, puis la démocratie industrielle, conçue comme l'autogestion des unités de production par les producteurs associés.

Qui oserait dire que ces propositions et la problématique dans laquelle elles s'inscrivent sont devenues totalement étrangères au socialisme contemporain ? Aussi n'est-il pas étonnant que le Colloque sur l'œuvre d'Henri de Man qui s'est tenu trois jours durant, en juin 1973, à Genève, ait suscité l'intérêt passionné, non seulement des spécialistes, mais encore de nombreux militants de différents pays, et qu'il ait été suivi par la création, en septembre 1973, toujours à Genève, d'une Association internationale pour l'étude de l'œuvre d'Henri de Man. Puisse la réédition de ce livre contribuer, non point à relancer une vaine controverse, mais à éclairer certaines options fondamentales qui, mutatis mutandis, restent celles de notre époque.

On trouvera ci-après dans les avant-propos aux première et deuxième éditions françaises d'*Au-delà du marxisme* tous renseignements utiles sur la genèse du texte français de cet ouvrage. La présente édition est une reprise de la deuxième édition française qui est sortie de presse à Paris, en 1929, chez Félix Alcan. Toutefois, nous avons cru devoir y apporter quelques retouches de pure forme pour supprimer, en nous référant à l'original allemand, certaines obscurités de la traduction française.

Université de Genève, octobre 1973

Ivo RENS

Michel BRELAZ

# Avant-propos

*de la première édition française*
*par Henri De Man,*
*décembre 1926.*

Ce livre est la traduction d'un ouvrage paru en allemand sous le titre *Zur Psychologie des Sozialismus* (chez Diederichs, à Iéna, en 1926). La traduction a été faite sur le texte de la deuxième édition, remaniée et abrégée, qui a paru en décembre 1926, en ne laissant de côté que quelques courts passages d'un intérêt trop étroitement limité aux lecteurs allemands. Elle est l'œuvre de Mlle Alice Pels, de Bruxelles. M. D.J. Blume a bien voulu se charger de certains passages philosophiques, et j'ai vérifié moi-même phrase par phrase l'exactitude de la traduction.

Les motifs qui m'ont poussé à écrire ce livre en allemand ressortent de son texte même. En tant que marxiste, je suis fils spirituel de cette Allemagne socialiste où je passai la majeure partie de mes années d'études. Confronté, vingt ans plus tard, à la nécessité de me mettre en désaccord avec Marx pour me mettre en accord avec moi-même, il est assez naturel que la langue qui fut toujours l'idiome principal de ma pensée socialiste me serve à en justifier le revirement.

Au surplus, c'est en Allemagne que le problème personnel de ce revirement coïncide le plus exactement avec le problème de toute une génération. Plus qu'ailleurs, il s'y rattache d'une part à l'orientation générale de la pensée scientifique et philosophique, d'autre part à l'actualité politique. Ce n'est qu'en Allemagne que les idées maîtresses de ce livre apparaissent, à l'heure présente, comme l'expression théorique d'une tendance de sentiments et de volontés assez répandue pour qu'on puisse y voir un « mouvement ». Bien entendu, je crois que la question d'un renouvellement de la pensée socialiste par une impulsion nettement opposée aux fondements philosophiques du marxisme se pose ou se posera bientôt de quelque manière partout ; mais elle ne s'affirme pas partout de la même façon, ni avec la même urgence.

Ayant formulé ce problème non seulement en allemand, mais aussi sous son aspect allemand, la traduction de ce livre se heurtait à des difficultés particulières. La tournure d'expression d'un livre écrit en allemand est inséparable d'une tournure de pensée très différente de la mentalité latine, et la meilleure traduction ne peut jamais être qu'un travestissement. Pour obtenir un livre français, il eût fallu non seulement le réécrire, mais le repenser en français. Et alors c'eût été un autre livre.

Devant cette difficulté, j'ai cru, d'accord avec la traductrice, qu'il valait mieux rendre aussi fidèlement que possible le sens du texte allemand, plutôt que d'essayer le vague compromis que serait une « version réadaptée ». Une franche saveur tudesque vaut mieux, me semble-t-il, qu'une sauce latine sur un plat germanique. Ce sacrifice de style peut être compensé par un avantage assez sérieux quant au fond. Il me semble que le lecteur intéressé à la crise doctrinale du marxisme ne peut que trouver profit à en poursuivre les péripéties dans le cadre qui est, à proprement parler, son cadre naturel. Sans doute, la bataille engagée autour des questions que traite ce livre intéresse-t-elle le socialisme de tous les pays ; mais c'est en Allemagne qu'elle sera perdue ou gagnée. Il importe donc que les observateurs du dehors aient une idée aussi exacte que possible des conditions dans lesquelles elle se livre. Cela est d'autant plus nécessaire que les socialistes de l'Europe occidentale semblent beaucoup moins bien informés que jadis des choses et des mouvements d'idées d'outre-Rhin. Depuis la guerre, l'Europe souffre d'un véritable écartèlement moral et intellectuel. Malgré l'avion et la T.S.F., ses quatre grandes régions — la slave, la germanique, la latine et l'anglo-saxonne — sont, au point de vue spirituel, plus isolées l'une de l'autre qu'elles ne l'étaient au XVIIIe siècle. Les pays de langue française, particulièrement, souffrent de la cloison étanche que les haines, les frayeurs et les vanités nationales ont érigée comme pour s'interdire tout contact réel avec les courants de pensée venant de l'Est. La charrue a passé au-dessus des tranchées, mais les fils barbelés des préjugés nationaux ne laissent encore passer que des lambeaux d'idées. Si les traductions de ce livre étaient un moyen de faire ouvrir quelques fenêtres vers les régions d'Europe qui, après tout, ont vu passer depuis la guerre quelques-uns des tourbillons intellectuels les plus vigoureux, sinon les plus fructueux, je me réjouirais des courants d'air qui pourraient en résulter.

Je laisse donc au lecteur le soin de juger par lui-même ce qui, dans mon exposé, peut présenter un intérêt doctrinal général, et ce qui ne lui paraîtra peut-être que comme une contribution documentaire à l'étude de l'Allemagne d'après-guerre. Si je réussis à me faire bien comprendre de lui, il n'aura pas besoin de mes commentaires de préfacier pour saisir ce qu'il peut y avoir d'application générale dans les idées que ce livre présente.

Est-il besoin de dire qu'il ne pourra y arriver que s'il se hausse, comme j'ai essayé de le faire moi-même, à un point de vue universel ? Je sais combien cela est difficile. Bien que l'Allemagne soit, à l'heure actuelle, le pays d'Europe où le monde scientifique est en général le plus ouvert aux influences du dehors, certains de mes critiques allemands ont fourni la preuve de cette difficulté. Leur amour-propre national, ou peut-être leur désir de 'spéculer sur celui de leurs compatriotes, les a poussés à voir dans mon livre la manifestation d'une mentalité foncièrement non allemande, voire anti-allemande, latine pour certains d'entre eux, anglo-saxonne pour d'autres, typiquement belge pour d'autres encore, mais en tout cas occidentale. Même parmi les critiques bienveillants de mon ouvrage, il en est qui l'ont caractérisé comme une tentative d'occidentaliser le socialisme allemand, par opposition aux tendances « orientales » du marxisme, dont le foyer s'est déplacé dans la direction de Moscou. Il ne me plaît guère de discuter ces considérations, d'ailleurs légèrement contradictoires, car ce serait faire dévier le débat. En cette Europe stupéfiée par l'imbécillité nationaliste, il n'est que trop facile de s'évader d'un problème en le transformant en une question de prestige de race ou de nationalité. Il me répugnerait tout autant de voir mon ouvrage prôné à l'ouest du Rhin comme un désaveu de la mentalité allemande, qu'il me répugne de le défendre, à l'égard de certains critiques allemands, contre le reproche d'un parti pris anti-germanique. Le problème qu'il traite est un problème universel, ou du moins européen. Je m'y suis essayé en bon Européen, en patriote de toutes les patries qui ont contribué à ma formation intellectuelle, en me servant de la langue qui prédomine dans la littérature du sujet — la langue maternelle de Marx et en quelque sorte du marxisme.

Il me reste à m'excuser auprès de mes lecteurs, surtout auprès des studieux de la classe ouvrière, de ce que certaines difficultés du langage technique s'ajoutent à la difficulté de style inhérente à une traduction de ce genre. Malgré mon souci d'éviter l'usage du jargon scientifique, il est cependant certains termes de métier, notamment de psychologie, dont on ne peut se passer sous peine de sacrifier la précision et même la concision du texte. Ainsi, quand au lieu de dire « sentiment », je parle d'un « complexe », ce n'est pas par amour du terme rébarbatif, mais tout simplement parce que le mot « complexe » exprime en l'occurrence exactement ce que je veux dire, tandis que « sentiment » signifie en même temps un tas de choses différentes. Il y a donc avantage, pour peu que le lecteur profane veuille bien faire un petit effort, à se servir d'un terme nettement défini et éprouvé comme instrument de recherche, au lieu de perdre son temps à le redéfinir à tout bout de champ en langage courant. Ce livre n'est pas « facile », pas autant en tout cas que je voudrais qu'il le soit ; mais enfin, il traite un sujet qui ne l'est guère non plus. À ceux qui redoutent l'effort, je recommanderais donc de ne pas même en couper les pages.

Au surplus, je ne sais pas si j'apporte aux autres une consolation bien sérieuse en exprimant — fort sérieusement cependant, je l'affirme ! — l'avis que voici, fruit d'une certaine expérience en matière éducative : c'est que les livres les plus profitables sont ceux que la plupart des lecteurs ne comprennent pas entièrement, tout comme les meilleurs repas sont ceux qui ne rassasient pas tout à fait l'appétit. Pourquoi ne pas l'avouer ? J'ai horreur de la vulgarisation sous toutes ses formes, de la vérité mise à la portée de ceux qui ne la désirent guère autant que des denrées d'Ersatz, de la musique de radio et de phonographe, du champagne pour banquets démocratiques, de tout ce qui avilit une jouissance sous prétexte de la généraliser. Cette confession peut paraître étrange à certains sous la plume d'un socialiste, surtout d'un ancien dirigeant d'œuvres d'éducation ouvrière. Mais le socialisme n'est pas la démagogie, et éduquer le peuple n'est pas abaisser la science à son niveau, mais l'élever au niveau de la science. Il n'y a de vérités que pour ceux qui les cherchent, et elles n'ont de valeur qu'en raison de l'effort qu'il a fallu pour les trouver.

Henri DE MAN

Décembre 1926

# Avant-propos

### de la deuxième édition française
### par Henri De Man, 1928

L a réimpression de cet ouvrage par la Librairie Alcan — la première édition française, publiée par l'Églantine à Bruxelles, s'étant trouvée rapidement épuisée — a fourni l'occasion de quelques améliorations. Mon ami André Philip, professeur à l'Université de Lyon, a bien voulu revoir la première traduction pour en élaguer certains barbarismes qui provenaient du souci peut-être excessif de serrer de très près le sens de l'original allemand. J'ai en outre, pour abréger quelque peu le livre, biffé certains passages moins essentiels — 45 pages au total. Par contre, j'ai ajouté en annexe une traduction des thèses dites « de Heppenheim », que j'ai défendues au Congrès des socialistes néo-fabiens de langue allemande qui s'est tenu dans cette localité en mai 1928. Elles résument les idées principales du présent ouvrage, et peuvent donc aider le lecteur à une espèce de récapitulation ordonnatrice.

Un résumé beaucoup plus complet se trouve dans l'opuscule d'André Philip, Henri de Man et la Crise doctrinale du socialisme, publié chez Gamber en 1928. Outre qu'il peut servir d'exposé populaire de mes thèses essentielles, le lecteur y trouvera un essai d'André Philip sur le Socialisme et la Rationalisation, qui prouve que son auteur est plus qu'un commentateur et qui montre que le socialisme éthique est loin de se trouver désemparé devant les grandes questions pratiques de l'heure actuelle.

Le lecteur curieux de précisions complémentaires quant à l'application de mes conceptions aux problèmes de tendances du mouvement socialiste trouvera profit à lire mes brochures, la Crise du socialisme et Socialisme et Marxisme, publiées en 1927 et 1928 par la Société d'Éditions l'Églantine, à Bruxelles. Et l'on trouvera un essai d'application de la méthode psychologique esquissée ici à un problème spécial dans mon ouvrage sur la Joie au travail qui est mentionné au chapitre II, et dont la traduction française sera bientôt publiée par la Librairie Alcan.

Henri DE MAN.

# Préface

## de la première édition allemande par Henri De Man, décembre 1926.

### Extrait

> « *Écris avec ton sang — et tu apprendras que le sang est esprit.* »
>
> *NIETZSCHE*

Bien que ce livre traite d'une matière scientifique, sa forme s'écarte passablement de la manière habituelle des ouvrages savants. Il contient peu d'indications bibliographiques, encore moins de polémiques avec d'autres auteurs et pas du tout de notes. J'y parle souvent à la première personne, trahissant ainsi la présomption d'un auteur pour qui sa propre expérience constitue à l'occasion une source de références aussi importante que ce que d'autres ont publié avant lui. En réalité, ce livre est un fragment d'autobiographie spirituelle.

La liquidation du marxisme que je préconise ici ne fait que reproduire les phases d'une critique qui s'est d'abord attaquée à mes propres convictions. Ce livre est le résultat d'une crise intellectuelle qui s'étend sur une vingtaine d'années environ et qui fut provoquée bien plus par l'expérience de mon activité dans le mouvement ouvrier que par des lectures. Il ne traite guère de questions qui ne me soient apparues d'abord comme des questions de conscience.

La conviction socialiste qui me poussa à m'affilier au mouvement ouvrier dès avant mon entrée à l'Université ne procédait à l'origine que d'une révolte tout instinctive contre les liens sociaux de l'entourage familial. Sous l'influence de mes études de sciences naturelles et mathématiques, je fus poussé à chercher une formule scientifique exacte, que je crus bientôt avoir trouvée dans le marxisme. Les années d'études et d'apprentissage que je passai pour la plus grande partie en Allemagne, la terre promise du marxisme, furent principalement consacrées à affirmer ma conviction marxiste à l'aide d'études d'économie politique, d'histoire et de philosophie. Encore pendant les dernières années avant la guerre, mon activité au sein du mouvement ouvrier de ma patrie belge m'apparaissait avant tout comme un moyen de répandre le marxisme. Cependant, à mesure que cette propagande me mettait en contact avec la pratique des organisations et surtout du mouvement syndical, les arêtes les plus aiguës de mon orthodoxie commencèrent à s'émousser. Déjà, avant la guerre, je me rapprochais de cette école marxiste qui réclamait une interprétation plus large de la doctrine, sans toutefois vouloir en ébranler les fondements.

Ceux-ci n'en furent que plus violemment secoués par la guerre, à laquelle je pris part comme combattant volontaire dans l'armée belge. Ce sont les expériences psychologiques de la période de guerre qui me donnent le droit de parler d'un livre écrit avec du sang, encore que je ne sois pas sûr d'avoir réussi à transformer, selon la formule de Nietzsche, ce sang en esprit. La transformation douloureuse des mobiles qui, d'un antimilitariste et internationaliste invétéré, firent un jusqu'auboutiste de la guerre contre l'Allemagne, ma déception devant la déroute de l'Internationale, la révélation journalière du caractère instinctif des impulsions de masses, qui inoculaient même à la classe ouvrière socialiste le virus des haines nationales, le fossé de plus en plus profond qui m'éloignait de mes anciens coreligionnaires marxistes convertis au bolchevisme, tout cela me tortura de scrupules et de doutes dont on trouvera l'écho dans ce livre.

Ce long examen de conscience en présence de la mort me secoua à tel point, qu'après l'armistice je quittai l'Europe pendant deux ans, pour chercher dans la liberté nomade d'une vie aventureuse en Amérique la possibilité d'un équilibre spirituel nouveau. À la fin de la guerre, j'avais déjà formulé les problèmes dont j'allais poursuivre la solution dans un livre anglais (The Remaking of a Mind) paru en 1919 chez Scribner's, à New York, et chez Allen et Unwin, à Londres, et sous une forme plus concise dans une brochure française, la Leçon de la guerre (éd. du Peuple, à Bruxelles). Je m'y éloignais de la conception déterministe et économique du socialisme, pour me rapprocher d'une conception mettant au premier plan l'homme comme sujet d'une réaction psychologique. Après avoir passé encore deux années en Belgique à la tête du mouvement d'éducation ouvrière, je me retirai en 1922 de toute activité publique pour me consacrer en toute indépendance au travail solitaire dont ce livre est le fruit.

Mon intention première était d'exposer de façon purement positive mon interprétation psychologique du mouvement ouvrier et du socialisme. Cela aurait eu l'avantage d'éviter des digressions de polémique, dont on sait par expérience qu'elles ralentissent la progression d'un exposé et quelquefois même en faussent la direction. Mon opposition aux principes fondamentaux de la doctrine marxiste ne se serait ainsi manifestée que par l'application d'une méthode d'interprétation des faits sociaux partant de prémisses philosophiques tout à fait différentes. En ce cas, je ne me serais occupé du marxisme qu'en tant qu'il constitue l'une des nombreuses formes historiques de la pensée socialiste dont j'essaie de dégager les causes psychologiques.

Réflexion faite, j'ai préféré exposer mes vues sous une forme qui accuse de la façon la plus nette tout ce qui sépare ma façon de penser de celle du marxisme. Deux motifs m'ont poussé à choisir cette forme, malgré de nombreuses hésitations : le souci de la sincérité subjective de mon livre et le désir de lui assurer un effet plus grand sur les lecteurs de langue allemande en suivant la ligne de moindre résistance psychologique.

Le souci de sincérité a motivé ce choix parce que je ne suis arrivé moi-même aux conclusions positives de ce livre qu'après avoir dû soumettre mes conceptions marxistes à une critique dissolvante. Il s'agissait moins là de discuter l'exactitude scientifique d'opinions déterminées que de dégager le mode de pensée dont procède la formation de toute opinion et de tout jugement de valeur. Mon but est d'amener le lecteur à cette façon de penser, ce qui exige à proprement parler une mentalité différente de celle du marxisme, une véritable transmutation de toutes les valeurs. Il me semble que, pour arriver à ce résultat, l'exposé le plus convaincant est celui qui reproduit le plus fidèlement les phases de la transformation de ma propre mentalité. L'expérience de la guerre n'a ébranlé mes convictions que parce qu'elle a ébranlé ma conscience. Le marxisme n'a pas montré alors aux socialistes la voie qui aurait pu les conduire à l'accomplissement de leur devoir moral à l'égard de l'humanité. Il n'a pas assez voulu, parce qu'il n'a pas assez compris. Je puis d'autant moins l'acquitter de la dette de sang qui pèse sur lui de ce chef, que j'en sens encore moi-même tout le poids. Par là, la critique de mes propres convictions marxistes s'est trouvée transférée du plan de la science au plan de la conscience. Il ne m'est pas possible de présenter comme une simple réinterprétation de postulats scientifiques le résultat d'une crise que j'ai ressentie comme une libération intérieure, comme une renaissance morale.

Pour la même raison, je n'ai nullement cherché à éviter des formules que la plupart de mes lecteurs trouveront paradoxales. J'avoue même que, chaque fois que j'avais le choix entre l'expression modérée et l'expression extrême d'une pensée déterminée, j'ai par principe choisi la formule la plus angulaire. Moins par plaisir de combativité que pour la raison tout à fait pratique que la « secousse psychologique » des Américains est la condition presque toujours indispensable à la transformation du mode de pensée vers laquelle je tends.

C'est encore dans le même but que j'ai préféré la formule « *Au-delà du marxisme* » à toutes les expressions plus tièdes, telles que « révision », « adaptation », « réinterprétation », etc., qui cherchent à ménager la chèvre et le chou. Cependant, il ressortira de ma conception relativiste au sujet de la concordance entre les mouvements sociaux et leurs doctrines que j'aurais pu indifféremment choisir une formule de l'une ou l'autre espèce sans faire aucune violence à mes conclusions. La réduction du marxisme à sa valeur relative, à laquelle je m'essaie dans ce livre, aboutit dans un certain sens historique à une confirmation ; dans un autre sens, celui de la valeur éducative du marxisme pour le présent, à une négation. C'est pour des motifs d'opportunité que je me suis décidé pour une forme qui fait porter l'accent sur le jugement de négation. Si l'on se place à un point de vue purement théorique, le choix entre la formule qui accentue l'opposition au marxisme et celle qui accentue la filiation historique positive des doctrines est aussi difficile que la solution du célèbre problème du couteau de Jeannot. Quand un couteau dont on renouvelle successivement le manche et la lame cesse-t-il d'être le même couteau ? Mais ce sont là futiles querelles de mots. Il est des circonstances où certaines volontés nouvelles, même quand il ne s'agit que de vouloir penser autrement, ne peuvent fructifier qu'à condition de prendre conscience dès l'abord, et sous une forme aussi nette que possible, de leur antagonisme à l'égard d'une volonté ancienne en train de s'affaiblir. Un cas de ce genre se présente chaque fois qu'une génération nouvelle désire se différencier de la précédente en assignant un autre but à sa vie. Alors elle ne pense différemment que parce qu'elle sent différemment, et elle ne sent différemment que parce qu'elle veut autrement. C'est bien là, me semble-t-il, la situation du socialisme d'après-guerre.

La nouvelle génération, séparée de l'autre par un abîme d'expériences, voudrait être autre chose que l'ancienne, mais elle ne parvient pas à adapter ses idées à sa volonté nouvelle. En pareille occurrence, tout progrès intellectuel présuppose la secousse psychologique d'une critique consciemment antagoniste. C'est le seul moyen de faire le départ entre ce qui est et ce qui n'est plus, en laissant au lendemain le souci de ce qui, après la critique, continuera à être. La synthèse ne sera vivante que dans la mesure où l'antithèse l'aura été. Pour que la continuité de ce qu'il y a encore de vivant dans la doctrine ancienne puisse se faire valoir, il faut d'abord qu'elle subisse le choc d'une franche attaque. Il faut pour cela présenter les idées nouvelles sous une forme qui accentue ce qui les sépare de la doctrine ancienne plutôt que ce qui les y unit.

Au surplus, je tiens à marquer dès à présent ce qui, sans cela, ne se révélerait que petit à petit au lecteur : il s'agit, pour moi, d'une critique du marxisme plutôt que d'une critique de Marx. Même quand je cite des textes de Marx comme illustration de ma thèse, mon objectif n'est pas de juger Marx, mais le marxisme.

J'appelle marxisme l'ensemble des éléments de la doctrine de Marx qui continuent à vivre dans le mouvement ouvrier socialiste sous forme de jugements de valeur, de symboles affectifs, de mobiles instinctifs ou habituels, de désirs collectifs, de méthodes d'action, de principes et de programmes. Ce qui importe, ce n'est pas Marx défunt, c'est le socialisme vivant. Ceci soit dit à l'adresse de ceux qui croiraient pouvoir affaiblir la portée de mes thèses en ramenant la discussion sur le terrain des interprétations possibles de la pensée originelle de Marx. Je ne me soucie pas ici de ce que telle ou telle parole de Marx a pu signifier par rapport aux circonstances historiques dans lesquelles elle a été prononcée. La critique des textes est affaire d'historien. Comme telle, elle constitue certes un instrument précieux de la recherche biographique et historique ; mais il s'agit de bien autre chose dans ce livre. De ce que je dis sur la relation entre les mouvements de masses et les formules intellectuelles qui servent d'objectifs symboliques à leur volonté, il ressortira encore plus, clairement pourquoi l'interprétation des textes n'importe guère ici. Le Marx qui nous intéresse est celui qui vit dans le présent. Ce que vaut l'œuvre d'un homme qui a donné une doctrine à un mouvement se mesure à l'effet de cette doctrine sur ce mouvement.

Ce n'est pas manquer de piété envers Marx que de le constater. La valeur actuelle de sa doctrine est indépendante de sa valeur historique et du jugement que l'on peut porter sur sa personnalité. Marx est le génie le plus puissant qui ait contribué à la formation de la pensée socialiste moderne. Personne ne sait mieux que moi ce que je lui dois, ne serait-ce que parce qu'il m'a fourni lui-même une grande partie des moyens qui m'ont permis de me libérer du marxisme. C'est encore servir ce qu'il y a de plus permanent dans sa pensée que de le soumettre lui-même au crible d'un relativisme qui ne voit dans chaque doctrine sociale que l'expression d'une volonté collective.

# Première partie
# Les causes

# Chapitre I

## La théorie des mobiles, problème cardinal du socialisme

> *« La tâche du matérialisme historique —
> telle que l'a comprise Marx — consistait
> précisément à expliquer comment les
> hommes peuvent transformer les
> circonstances dont ils sont eux-mêmes les
> produits. »*
>
> G. PLEKHANOFF.

Il n'y a rien de surprenant à ce que le socialisme traverse une crise intellectuelle. Des bouleversements sociaux et politiques si profonds ont suivi la guerre mondiale, que tous les partis et mouvements d'idées ont dû subir une mue intellectuelle pour s'adapter à la nouvelle situation. De telles transformations ne vont jamais sans des frictions intérieures souvent douloureuses. Elles impliquent toujours une crise doctrinale.

Toutefois, le socialisme marxiste d'après-guerre présente des symptômes de crise qui ne peuvent s'expliquer uniquement par les difficultés passagères de l'adaptation à de nouvelles circonstances. Ici, l'évolution des dix dernières années n'a fait qu'amener à son paroxysme une crise qui s'annonçait déjà bien auparavant. Elle se manifestait par un désaccord croissant entre la théorie marxiste et la pratique des partis ouvriers qui se réclamaient de cette théorie. Ce désaccord apparut avec le plus de clarté en Allemagne pendant la période qui sépare l'abolition des lois d'exception contre les socialistes (1890) des débuts de la guerre mondiale. Déjà alors, le marxisme subissait une crise dont le révisionnisme fut le symptôme doctrinal.

Il est caractéristique de constater que des symptômes analogues se présentent dans le mouvement socialiste de tous les pays avec une importance proportionnée à l'influence des idées marxistes. Ce qui varie d'un pays à l'autre, c'est seulement l'acuité avec laquelle on ressent un problème qui est, au fond, partout le même.

Il semble, au surplus, que le marxisme ait perdu, en dehors de la Russie, une grande partie de sa vigueur intellectuelle. L'activité littéraire de ses théoriciens s'est ralentie en même temps que l'intérêt de leurs lecteurs. On peut constater partout une curiosité intellectuelle accrue, qui se porte plus que jamais sur les grands problèmes de l'interprétation philosophique du monde et de l'histoire ; cependant, cet intérêt accru pour les idées fondamentales, qui donne un renouveau d'actualité aux préoccupations métaphysiques et religieuses, profite de moins en moins à la littérature marxiste, précisément parce qu'elle ne satisfait pas cette curiosité. Chaque libraire ou bibliothécaire pourra appuyer cela par des statistiques. Tandis que partout ailleurs on s'efforce d'ouvrir des fenêtres nouvelles, le marxisme essaie, au contraire, de fermer les siennes. Sous sa forme communiste, son repli sur lui-même est en même temps un repli en arrière : il n'est guère de thèse marxiste que l'exégèse communiste n'ait réduite au niveau primitif d'un assez grossier symbolisme à l'usage des agitateurs. Mais même les socialistes qui répugnent à ce marxisme « vulgaire » se sentent poussés, par la nécessité de leur résistance, vers un isolement dogmatique croissant. Pour contester au communisme le monopole de l'orthodoxie marxiste, par lequel il essaie de grandir son prestige auprès des masses, les marxistes socialistes, qui opposent leur marxisme « pur » au marxisme « vulgaire » des communistes, doivent accentuer le plus possible leur propre orthodoxie. De ce fait, ils se proclament les véritables dépositaires de la pensée de Marx sous sa forme la plus purement scientifique. Forcés en même temps de maintenir leur prestige scientifique et de servir la politique des partis socialistes, ils se voient aux prises journellement avec des faits tout à fait différents de ceux sur lesquels Marx avait à l'origine édifié sa doctrine. Leur probité scientifique ne leur permet pas d'ignorer ces faits, mais ils ne se soumettent à cette obligation qu'à contrecœur. Ils sont naturellement plus soucieux de la doctrine ancienne que des faits nouveaux. Ils se trouvent constamment refoulés dans la défensive : la théorie subit la pratique au lieu de la vivifier. Le manque de concordance entre la théorie et la pratique, argument favori de la critique communiste contre les partis ouvriers d'Europe, n'en est rendu que plus évident.

D'autre part, dans tous les pays du monde, les syndicats, les coopératives et les partis ouvriers se trouvent de plus en plus amenés, sous la poussée des circonstances, à une politique de compromis, de modération prudente et de coalition défensive avec leurs adversaires d'antan. Il est toujours possible, grâce à des distinctions casuistiques entre le but et les moyens, de construire un pont logique entre la doctrine traditionnelle et la tactique actuelle. Mais ce pont logique n'est pas un pont psychologique. Il n'est pas difficile de justifier logiquement une politique de coalition de classe par une doctrine de lutte de classe ; mais il peut y avoir contradiction dans les mobiles émotifs, même là où, il n'y a pas contradiction dans les mobiles intellectuels. Or les mobiles des masses sont essentiellement d'ordre émotif. Il est difficile d'amener ces masses à comprendre et à approuver que le même but puisse justifier, à quelques années de distance, des moyens tout à fait différents. Ce faisant, on risque de miner leur confiance dans les. dirigeants, ciment moral de toute volonté politique collective. Les dirigeants essaient donc le plus possible d'affirmer la continuité de leurs mobiles en proclamant leur fidélité aux doctrines marxistes de jadis. Mais il s'agit là d'un acte plus symbolique que pratique. Le marxisme n'inspire plus les actions proprement politiques, parce que celles-ci sont dominées par des circonstances trop différentes de celles qui ont fait naître la doctrine. Son rôle se réduit à pourvoir l'arsenal des formules de propagande, surtout de celles qui sont destinées à maintenir l'enthousiasme des partisans nourris dans les traditions anciennes, et à rencontrer l'argumentation communiste de la trahison envers les principes.

Ces principes se trouvent réduits de ce fait à une fonction de conservatisme passif très différente de leur fonction ancienne, et la doctrine tend à jouer un rôle assez semblable à celui des rites religieux dans une Église devenue puissance temporelle. De mobile de l'action, elle est devenue moyen auxiliaire de la propagande. Plus elle est « pure », mieux elle pourra galvaniser l'énergie des militants qu'inspire encore l'idéalisme révolutionnaire de naguère. Mais pour rester « pure », elle doit s'isoler de plus en plus du domaine présent de la politique pratique et des tendances actuelles des grands courants intellectuels. Par conséquent, elle se tourne de plus en plus vers la critique des textes, les querelles d'interprétation et la discussion de principes abstraits. Chaque fois qu'elle est obligée de faire face à un fait pratique, elle devient casuistique, en essayant toujours de justifier le fait par le système, jamais de vivifier le système par le fait.

De là provient l'impression générale d'un manque de vigueur et de fraîcheur intellectuelles, indices moins d'une crise de croissance que de débilité sénile. On sent aisément un certain manque de conséquence et un certain affaiblissement de l'assurance en soi dès que les gardiens d'une doctrine se montrent plus préoccupés de prouver qu'elle est encore en vie que de lui conquérir le monde. A cette impression s'ajoute celle d'un certain manque de sincérité. Bien entendu, ceci ne signifie pas qu'il faille mettre en doute le moins du monde la sincérité subjective des théoriciens. Cela veut dire seulement qu'on les sent préoccupés de justifier bien des actes de la pratique qu'en leur for intérieur ils auraient souhaités différents. Tout cela aboutit à une certaine diminution de qualité morale, phénomène par lequel la jeunesse surtout se laisse très aisément et très défavorablement impressionner. Elle se montre entière et parfois même intolérante, comme on le sait, dans sa revendication d'une conception de la vie qui serait à la fois une philosophie et une règle de conduite. Les jeunes gens, comme les intellectuels, ne voient dans la politique que la réalisation d'une idée, fondée à la fois sur le sens moral et sur la raison. Ils éprouvent plus que jamais, après avoir vu leur confiance en tant d'idéaux ébranlée par les expériences de la guerre, le besoin d'une foi dont la sincérité puisse se prouver par la réalisation dans la vie pratique individuelle. C'est là la cause profonde de l'aversion croissante de la jeunesse et des intellectuels à l'égard du marxisme : il leur paraît à la fois trop rigide comme mode de pensée et trop complaisant comme règle de conduite. Ils sentent confusément, dans la mesure où ils connaissent la doctrine, que, utilisable peut-être comme théorie économique, elle ne leur apporte aucune réponse aux questions qui les préoccupent le plus. En effet, ces questions ne concernent plus seulement le rapport entre différents systèmes économiques, mais le rapport entre l'homme d'une part et les systèmes économiques d'autre part. La jeunesse veut moins une nouvelle théorie économique ou une nouvelle méthode d'interprétation de l'histoire qu'une nouvelle conception de la vie, voire une nouvelle religion. Comme le marxisme ne la lui apporte pas, elle se détourne de lui.

Dès lors, la critique du marxisme se porte aujourd'hui sur des problèmes bien différents et bien plus fondamentaux que la critique de Bernstein vers la fin du siècle passé.

Ce qui empêche le marxisme actuel d'être la doctrine vivante d'un mouvement vivant, ce n'est pas le caractère problématique de certaines de ses thèses doctrinales, telles que l'appauvrissement du prolétariat, la concentration des entreprises, l'aggravation de la lutte des classes, etc. Même si Bernstein avait complètement erré dans sa critique de ces doctrines, il resterait à résoudre une question préalable beaucoup plus importante : Est-ce que ces thèses, à les supposer exactes, apportent une justification quelconque aux buts socialistes dont Marx s'inspirait ?

Ainsi, il était absolument indifférent au succès théorique du révisionnisme que Bernstein ou Kautsky eût raison à propos de la thèse marxiste de la concentration des entreprises. La question décisive n'est pas de savoir si cette concentration s'accomplit de la manière décrite par Marx, mais, d'abord, si elle dirige les volontés sociales dans le sens de la catastrophe sociale qu'il avait prédite ; ensuite, et surtout, si la disparition de la classe moyenne industrielle prouve en quoi que ce soit que le socialisme est nécessaire ou souhaitable. Ou encore : À quoi sert de prouver que les crises économiques se sont déroulées autrement que ne l'avait prophétisé Marx ? La question importante est de savoir si Marx ne s'est pas trompé en identifiant la notion de catastrophe économique avec la notion de révolution sociale. Que prouverait l'appauvrissement progressif du prolétariat, si l'on n'admettait pas l'hypothèse que la volonté socialiste des masses dépend du degré de leur misère ? Et que prouverait l'aggravation de la lutte des classes, si l'on ne croyait pas que la lutte d'intérêts doit mener au socialisme ?

Les points vulnérables du marxisme que ces questions découvrent, dépendent moins de l'exactitude de ses conclusions économiques et sociales que de la façon dont il entend transformer sa méthode de connaissance en une méthode d'action. Le plan de la critique s'en trouve déplacé du domaine des conclusions à celui de la méthode. Or la méthode, comme nous le verrons en examinant la signification historique du marxisme, se rattache directement aux hypothèses philosophiques qui dominèrent toute la pensée occidentale vers le milieu du XIXe siècle. Ces hypothèses sont aussi généralement controuvées aujourd'hui qu'elles étaient généralement adoptées il y a cent ans. Tout effort scientifique à notre époque essaie de se libérer de cette mentalité, que l'on peut provisoirement et jusqu'à plus ample informé caractériser par les expressions : déterminisme, mécanisme, historicisme, rationalisme et hédonisme économique.

Le marxisme déduit l'objectif du socialisme de lois d'évolution sociale auxquelles il accorde le caractère inéluctable de lois naturelles ; en cela, il est déterministe. Il croit que ces lois se réalisent sous une forme dialectique, c'est-à-dire correspondant à un genre de causalité d'après lequel, à l'exemple de certains effets mécaniques, une force change sa direction sans modifier sa nature ou son intensité et aboutit par là à un effet opposé à celui de sa direction première ; en ce sens, le marxisme procède d'une notion mécaniste de la causalité. Il fonde sa connaissance des lois d'évolution sociale sur l'histoire du passé, en considérant les objectifs de la volonté humaine comme le résultat de certains états de milieu. Il réduit donc l'homme à un objet de son entourage social et fait dériver ses objectifs de « circonstances » préalables à sa volonté ; en ce sens, sa façon de penser le rattache à ce que Nietzsche a appelé l'historicisme du XIXe siècle. Cependant, d'après Marx, l'évolution sociale ainsi déterminée ne se réalise pas toute seule. Elle exige de la part des hommes des actes de volonté qui découlent de leur connaissance des circonstances déterminantes, et qui, chez le prolétariat en lutte, devraient en outre découler de la connaissance des lois d'évolution formulées par Marx. Cette croyance du marxisme à la connaissance comme cause de la volonté sociale témoigne de son rationalisme. Au surplus, la connaissance dont il fait dériver l'activité sociale des masses est d'une espèce particulière : il s'agit de la connaissance des intérêts économiques qui découlent de la situation des producteurs par rapport aux moyens de production, et plus particulièrement de l'antagonisme d'intérêts entre acheteurs et vendeurs de la « force de travail ». Partant de là, les « conditions » qui déterminent en dernière analyse les actions humaines sont donc des « conditions de production », dont l'évolution est à son tour déterminée par les progrès de la technique de production. En cette croyance aux causes économiques du devenir social se manifeste l'hédonisme économique du marxisme.

La théorie des mobiles qui sert de base à tout ceci — la connaissance des intérêts économiques comme fondement de l'activité sociale — est le moyen qui a servi à la réalisation la plus importante et la plus originale du marxisme : l'union en un seul et même système doctrinal de la lutte de classe ouvrière et du socialisme.

Avant Marx, le socialisme utopique n'avait motivé ses objectifs idéaux qu'en les présentant comme moralement supérieurs à la réalité sociale du présent. Marx a voulu échapper à l'élément d'incertitude que présente ce genre de vision d'avenir. Pour cela, il a voulu prouver que des lois économiques rendaient le socialisme inévitable : la lutte de la classe ouvrière pour ses intérêts, tels qu'ils découlent de l'organisation capitaliste de la production, ne peut d'après lui qu'aboutir au socialisme.

Or, c'est précisément cette identité de la lutte de classe et du socialisme, ce caractère inéluctable du passage de la lutte d'intérêts à la libération de l'humanité, qui se trouve mis en question par l'expérience du mouvement ouvrier depuis Marx. Sans doute, la conscience de classe des ouvriers, basée sur la connaissance de leurs intérêts, est devenue de plus en plus générale et la lutte de classe économique et politique a pris un caractère de plus en plus aigu, mais le but d'une société libérée de tout antagonisme de classe nous paraît plus éloigné aujourd'hui que jadis. Bien des phénomènes nous font douter du caractère inéluctable du passage à un nouvel ordre social comme simple résultat de la lutte d'intérêts ; je ne citerai, pour le moment, que l'absorption graduelle de la classe ouvrière par le milieu de culture bourgeois, le refoulement continu du mobile révolutionnaire par le mobile réformiste, le resserrement progressif des liens qui unissent la classe ouvrière aux institutions politiques et économiques de la communauté, la différenciation nationale croissante du mouvement socialiste, la formation d'une bureaucratie dirigeante dans les organisations ouvrières, etc. Les problèmes qui par là se trouvent amenés au premier plan de toute discussion sur la valeur actuelle du marxisme aboutissent en droite ligne à ce problème cardinal : la théorie des mobiles qui fait découler l'action sociale des masses de la connaissance de leurs intérêts est-elle encore soutenable ?

Pour résoudre cette question, la voie la plus simple sera, avant toute discussion méthodologique sur la doctrine marxiste, d'examiner les faits qui peuvent nous éclairer sur la relation véritable entre la lutte d'intérêts prolétarienne et le but final socialiste.

Nous voyons ainsi dès le début que la suite historique des événements contredit le schéma rationaliste, qui fait découler l'objectif final de la conscience des intérêts. Les doctrines socialistes ne sont pas le produit de l'éveil de la classe ouvrière à la conscience de sa situation de classe. Elles sont, au contraire, une condition préalable à cet éveil. Le socialisme existait avant le mouvement ouvrier, même avant la classe ouvrière.

Les doctrines socialistes — celle de Marx et d'Engels y comprise — sont sorties de sources tout à fait autres que l'intérêt de classe du prolétariat. Elles sont le produit non de la détresse intellectuelle des prolétaires, mais de l'abondance de culture d'intellectuels de souche bourgeoise ou aristocratique. Elles se sont répandues de haut en bas, et non de bas en haut. On trouve à peine un seul prolétaire parmi les grands penseurs et les rêveurs qui furent les pionniers de l'idéal socialiste. Il est vrai que des noms de prolétaires apparaissent plus tard, à l'époque où les doctrines se sont déjà incorporées aux programmes des mouvements de masses. Mais alors il ne s'agit déjà plus de formuler les doctrines, mais seulement de les développer, de les appliquer et de les répandre. Même parmi ceux qui se vouent à cette tâche, les ouvriers ou anciens ouvriers sont en minorité à l'égard des intellectuels bourgeois pour tout ce qui concerne le travail théorique proprement dit.

Le fait est sans réplique : bien que le socialisme soit devenu, au cours des temps, le but et le programme du mouvement ouvrier, de par son origine historique il est moins une doctrine du prolétariat qu'une doctrine pour le prolétariat. Si l'on adoptait la terminologie erronée du marxisme, qui rattache chaque « idéologie » sociale à une classe sociale déterminée, on devrait dire que le socialisme en tant que doctrine (le marxisme non excepté) est d'origine bourgeoise.

Dans la réalité, la relation entre la formation des doctrines socialistes et l'affiliation sociale de leurs créateurs aux couches intellectuelles dirigeantes procède de mobiles psychologiques qui n'ont rien à voir avec les intérêts de classe. On ne peut comprendre la nature et la diversité des doctrines que par une psychanalyse des mobiles intellectuels dont dérivent les conceptions de chaque penseur socialiste, dans la mesure où il possède vraiment une originalité créatrice. Bien entendu, cette psychanalyse biographique devra tenir compte de bien des circonstances sociales et économiques. Outre l'arrière-plan social général sur lequel le penseur se détache, elle devra examiner les circonstances matérielles de son existence individuelle, existence « bourgeoise » aussi bien dans le cas de l'universitaire Marx que dans celui de l'industriel Owen ou de l'aristocrate Saint-Simon. D'autre part, dès que l'on abandonne le terrain de la biographie individuelle pour s'essayer à une psychanalyse ou à une sociologie de la pensée socialiste en général, on trouve que les doctrines socialistes ne sont pas le résultat d'une adaptation du prolétariat à sa situation de classe, mais naissent plutôt d'un refus de certains intellectuels bourgeois ou aristocrates de s'adapter à leur milieu. On découvre alors que la pensée socialiste créatrice prend sa source dans une réaction émotive, ou plutôt dans une quantité presque infinie de réactions émotives différentes qui sont d'origine intellectuelle, éthique et esthétique. Car les idées sont l'œuvre de personnalités et non le résultat d'un parallélogramme de forces sociales telles qu'elles se manifestent dans les mouvements de masses.

Il est vrai que ces forces sociales utilisent les idées nées du cerveau des théoriciens. Plus ces cerveaux auront rendu fidèlement les faits de la réalité sociale, plus un penseur aura eu l'intuition exacte des désirs des masses, plus aisément ces masses s'assimileront les doctrines qui incarnent leurs désirs. La pensée d'un seul devient alors le symbole de la volonté et des sentiments de millions d'êtres. Toutefois, les deux éléments qui constituent cette combinaison de volonté émotive et de représentation intellectuelle sont d'origine aussi différente que la farine et le levain qui se retrouvent dans le pain. Le processus de fermentation que constitue le mouvement ouvrier socialiste n'est compréhensible que pour celui qui voit dans les masses ouvrières la pâte, et dans les idées d'intellectuels non prolétaires le levain qui la fait lever.

Le marxisme a toujours résolument fermé les veux sur la variété et la complexité des mobiles socialistes. Sans cela, il n'aurait pu continuer à croire que la façon de penser est déterminée par l'intérêt de classe. L'origine du marxisme lui-même prouve que la situation de classe des travailleurs (ce qui est tout autre chose que leurs intérêts de classe) a simplement fait naître chez eux une prédisposition à se servir de certaines idées comme symboles de certains courants de volonté commune. Le marxisme traite les pionniers bourgeois et aristocrates de l'idéal socialiste comme des exceptions qui confirment la règle de l'origine prolétarienne de la doctrine, alors que les faits prouvent clairement que ces exceptions « bourgeoises » sont la règle. Afin de mieux entretenir cette illusion, il fait en quelque sorte commencer le socialisme à Marx et met au rancart une galerie d'ancêtres dont les dehors trahiraient l'origine rien moins que prolétarienne.

Il ne faut pas cependant que la constatation de cette erreur nous fasse tomber dans l'excès contraire et nous conduise à sous-évaluer les mobiles du mouvement ouvrier qui s'expriment par des phénomènes volontaristes de la psychologie des masses. La réaction affective de la classe ouvrière à l'égard de ses conditions d'existence, qui la rend réceptive aux idées formulées par des intellectuels, constitue un phénomène de ce genre.

Ici aussi, le marxisme ne nous fournit qu'une explication insuffisante. Son point de départ y fait obstacle. Pour lui, la lutte de classe — la lutte pour la plus-value aboutissant à la lutte pour la socialisation — est l'émanation immédiate et inéluctable d'un mode de production, d'une catégorie économique. Cette lutte est en quelque sorte une fin en elle-même ; au lieu de découler de mobiles variables tendant vers des objectifs variables, elle tend vers un objectif immanent de révolution sociale, dès que les masses ouvrières prennent conscience de l'opposition de leurs intérêts à ceux des classes possédantes. Pour le marxisme, au commencement était la connaissance ; la volonté de classe jaillit de la conscience de classe. Il s'agit ici d'une espèce de révélation mystique : une nécessité révolutionnaire existe, préexiste pour ainsi dire dans l'atmosphère de la pensée éternelle, sous la forme d'une doctrine prouvée scientifiquement et dérivée des lois d'évolution de l'économie capitaliste ; il suffit que les travailleurs, les « accoucheurs » de la révolution, prennent conscience de la vérité de cette doctrine, c'est-à-dire fassent acte de connaissance, pour agir et faire l'accouchement. Ils sont les instruments d'une dialectique qui existe déjà comme loi dans un royaume supra-terrestre, avant de descendre sur terre pour se transmuer en connaissance dans le cerveau des êtres qui sont chargés de son exécution. Cette erreur rationaliste ne caractérise pas seulement le marxisme « vulgaire » des communistes ; Kautsky lui-même, dans son Éthique, fait découler l'indignation morale des ouvriers, au début de leur lutte contre le capitalisme, de la conscience de leurs intérêts de classe. Comme si les ouvriers commençaient par former la notion théorique de leurs intérêts de classe, et ne devenaient accessibles au sentiment de la justice sociale qu'après cet acte de connaissance 1

Il n'est guère étonnant, dans ces conditions, que le marxisme se soit trouvé incapable de résoudre le problème : Comment se déroule le processus psychologique qui, chez la classe ouvrière, de certaines conditions de vie fait découler certaines conceptions de classe ? La superstition rationaliste, qui place la connaissance avant le sentiment, peut se passer d'une explication de ce genre ; pour elle, le problème est déjà résolu. En fait, il faut le poser comme suit : Comment les conditions de vie du travailleur réagissent-elles sur son état affectif et influencent-elles la direction de sa volonté sociale ? Ce n'est qu'après avoir étudié dans toute son ampleur la réaction émotive du travailleur aux influences de son milieu social que l'on peut comprendre comment les notions intellectuelles du socialisme doctrinal interviennent dans cette réaction, et l'infinie variété des influences réciproques qui en résultent. Cette division en une analyse primaire du domaine du sentiment et secondaire du domaine des idées ne répond pas seulement à une nécessité psychologique, mais aussi à une réalité historique, car le sentiment de classe, état émotif, a précédé la conscience de classe, état de connaissance,

C'est pourquoi toute sociologie du mouvement ouvrier doit partir d'un examen de l'état affectif de l'ouvrier isolé considéré comme type, tel qu'il résulte des influences normales de son milieu de vie et de travail. Cet examen sera plus instructif encore si on le restreint d'abord à un type particulier, celui du travailleur de la moyenne et grande industrie. Le mouvement ouvrier comprend, il est vrai, un grand nombre d'autres catégories (femmes d'ouvriers, travailleurs agricoles, employés et fonctionnaires, travailleurs à domicile, artisans, travailleurs des petites entreprises, etc.), dont les conditions d'existence et les caractéristiques psychologiques diffèrent à beaucoup d'égards de celles de cet ouvrier industriel type. Toutefois, celui-ci représente non seulement la catégorie la plus nombreuse, mais aussi celle qui accuse de la façon la plus marquée les traits communs à la classe tout entière. Il en est en quelque sorte le diapason social. Dès lors, c'est le type qui convient le mieux pour une caractéristique générale.

L'état affectif qui prédispose la classe ouvrière à croire au socialisme est, ainsi que toute attitude de masses, concevable comme le produit de deux facteurs : d'une part, le milieu, c'est-à-dire la totalité des impressions qui constituent l'expérience sociale des êtres humains, et, d'autre part, la disposition intellectuelle et morale des êtres humains qui réagissent à ces impressions. Contrairement à ce que pense le marxisme, cette disposition ne résulte pas du milieu actuel, et contrairement à ce que croit la philosophie naturelle, elle ne correspond pas non plus à une nature humaine éternellement immuable. Elle comporte un élément instinctif que l'on peut considérer comme inhérent à la nature de l'homme, mais dont les formes d'expression sont modifiables par l'habitude sous l'influence de changements durables du milieu historique. Ainsi, le capitalisme ne crée pas une « disposition capitaliste », c'est-à-dire qu'il ne conforme pas les êtres humains par simple adaptation aux exigences psychologiques du système ; s'il en était ainsi, il n'y aurait pas de socialistes. Au contraire, le capitalisme se trouve en présence d'hommes avec des aptitudes déjà formées, résultant de leurs dispositions innées et de leur réaction habituelle à des états sociaux précédents.

L'ouvrier qui « réagit » au milieu social du capitalisme industriel d'aujourd'hui, est le produit d'un long passé précapitaliste. Les habitudes de la vie sociale séculaire ont creusé de profonds sillons dans sa disposition instinctive et affective, et ces sillons indiquent la direction des jugements de valeur et des volontés par lesquels il réagit aux circonstances de sa vie présente. Celle-ci ne parvient à influencer cette direction que dans la mesure où elle crée de nouvelles habitudes d'appréciation affective et de nouvelles directions habituelles de la volonté.

Le mouvement ouvrier socialiste n'est donc pas à proprement parler un produit du capitalisme. Il faut y voir plutôt le produit d'une réaction qui met en présence un état social nouveau — le capitalisme — d'une part et, d'autre part, une disposition humaine que l'on pourrait appeler précapitaliste. Cette disposition est caractérisée par une certaine fixation du sens des valeurs juridiques et morales, fixation que l'on ne peut comprendre qu'en la rattachant à l'expérience sociale du régime féodal et de l'artisanat, à la morale du christianisme et aux principes juridiques de la démocratie.

Pour bien se rendre compte de la réalité de ces influences, il faut remonter aux débuts du mouvement ouvrier. On s'aperçoit alors que les premières luttes de la classe ouvrière avaient un caractère purement défensif et en quelque sorte conservateur. À l'époque où le travail usinier et le travail à domicile commencèrent à s'implanter, les ouvriers eurent le sentiment que leur situation en était devenue plus malheureuse. Le publiciste radical anglais Cobett, un des premiers dirigeants ouvriers dont il reste des œuvres littéraires, définissait ainsi le but de sa vie dans son Political Register, en 1807 : « Je souhaite voir les pauvres gens d'Angleterre ramenés à l'état où ils étaient du temps de mon enfance. » Il importe de constater que, pendant cette époque, la plupart des ouvriers d'industrie n'avaient guère souffert d'une diminution de leurs revenus. La nouvelle classe des salariés ne se recrutait que pour une très petite part parmi les artisans et les paysans indépendants. Dans leur immense majorité, c'étaient des gens déjà dépossédés, souvent même paupérisés depuis des générations. L'origine du prolétariat industriel ne peut se comprendre qu'à la lumière des lois sur le vagabondage et la mendicité, qui caractérisent le début du capitalisme industriel ; en Angleterre, les workhouses, où l'on internait de force les gens sans ressources, fournissaient des travailleurs aux industriels les plus offrants, et la France semble avoir eu avant 1789 un demi-million de vagabonds. Les enfants de paysans qui allaient également travailler à l'usine étaient généralement séduits par la perspective d'un gain plus élevé que celui de leurs parents attachés à la glèbe. La seule catégorie dont le revenu se trouva diminué par le passage à l'usine se recrutait parmi les anciens artisans de village transformés en ouvriers à domicile ; or, c'est précisément cette catégorie-là, qui se montra la moins combative dans les premières luttes de classe, par exemple en Angleterre, pendant la première moitié du XIXe siècle. Ce qui, par contre, poussait les nouveaux ouvriers de fabrique à la lutte défensive, était moins une diminution de revenu qu'une diminution de l'indépendance sociale, de la joie au travail et de la sécurité ; c'était une tension croissante entre des besoins rapidement accrus et un salaire S'élevant plus lentement ; c'était enfin la sensation d'une contradiction entre les bases morales et juridiques du nouveau système de travail et les traditions de l'ancien. Ce processus dure encore de nos jours et continue à créer chez la classe ouvrière un ressentiment social caractérisé par les sentiments de l'exploitation, de l'oppression, de l'injustice sociale, de la solidarité ouvrière et de la foi religieuse en un état futur meilleur.

Le ressentiment contre la bourgeoisie qui en résulte lui reproche moins sa richesse que sa puissance. Le sentiment de justice se révolte contre les conséquences d'un excès de puissance sociale à laquelle ne correspond plus la responsabilité ancienne des classes dirigeantes vis-à-vis de la collectivité. Cette rébellion instinctive procède moins de l'instinct d'acquisition que du sentiment de la justice.

Sans doute, les riches n'ont jamais été aimés. L'idéal égalitaire du christianisme et le mépris féodal de l'argent contribuèrent à la formation d'une prévention qui trouve son expression dans toutes les littératures populaires du moyen âge. Toutefois, le capitalisme industriel ne s'est pas borné à créer des nouveaux riches ; il s'agit dorénavant d'un genre de richesse qui a une signification sociale toute nouvelle. Le capitaliste industriel n'est pas seulement un riche qui consomme beaucoup d'argent ; comme détenteur des moyens essentiels de production, il dispose d'une formidable puissance sociale qui le rend maître des destinées de ses travailleurs. Anciennement, l'autorité du seigneur féodal et du maître artisan était compensée par une responsabilité correspondante ; les privilégiés avaient conscience de leur responsabilité à l'égard des déshérités et tout le système social était basé sur l'exercice du devoir de charité. Ce système se trouva remplacé par un autre, où le maintien d'une masse de prolétaires dépossédés et d'une armée de sans-travail était dicté par l'intérêt des dirigeants. Cette situation était en contradiction avec le fondement moral de la production paysanne et artisanale, qui présupposait chez chaque homme disposé à travailler la possession des moyens de travail nécessaires et la possibilité d'un bien-être assuré. Depuis des siècles toutes les lois, les règlements corporatifs, les commandements de l'Église et les coutumes populaires avaient été inspirés de la notion d'une existence assurée à quiconque travaillait. Ce qui contribua encore à soulever le sentiment de l'équité sociale contre le privilège nouveau des industriels, c'était l'abus de leur pouvoir sous le couvert d'institutions d'origine charitable. Les institutions et les traditions de la bienfaisance publique servirent à justifier des lois draconiennes sur le vagabondage, pourvoyeuses de main-d'œuvre à bon marché. Dans les nouvelles agglomérations industrielles, les patrons étaient généralement propriétaires d'habitations et de magasins et s'en servaient pour augmenter leurs profits et leur puissance. À l'intérieur de leurs entreprises, ils exerçaient un pouvoir presque absolu et ne conservaient ainsi de la tradition féodale que le principe autoritaire avantageux aux puissants.

En outre, on put s'apercevoir bientôt des conséquences juridiques de l'excès de puissance politique que la nouvelle classe capitaliste s'était assurée grâce à un droit de suffrage limité. Cette puissance servit à rompre les entraves que le droit ancien mettait à la libre disposition de la propriété. Par la sélection sociale des juges, la classe dirigeante nouvelle s'inféodait en outre les tribunaux qui devaient appliquer ce droit. Les armées et les autres moyens coercitifs de l'État, qui auparavant n'avaient servi qu'aux intérêts dynastiques de monarques, furent transformés en soutiens du nouveau régime de classe. La puissance de l'argent fit de l'Église, anciennement gardienne des intérêts collectifs, une hiérarchie de mercenaires spirituels chargés de prêcher la soumission aux pauvres. Enfin le développement de l'instruction publique et de la presse quotidienne fournit aux nouveaux dirigeants de formidables moyens de domination morale.

Voilà les faits qui, dès le début du régime industriel, ont donné aux grèves, aux révoltes et aux mouvements politiques des ouvriers européens le caractère d'une rébellion morale contre une domination de classe jugée inique. Si les ouvriers n'étaient animés que de l'instinct acquisitif et luttaient seulement pour la possession de la plus-value, il n'y aurait pas de lutte de classe. On peut fort bien se représenter un mode capitaliste de production qui corresponde entièrement aux lois établies par Marx dans sa théorie de la plus-value, sans qu'il doive en résulter aucune lutte de classe. La lutte des travailleurs pour leurs intérêts ne devient lutte de classe et n'aboutit à la revendication d'un ordre socialiste que sous certaines conditions historiques, qui ne sont pas inhérentes au système économique, mais qui résultent de la façon dont il s'est implanté. En lui-même, un mode de production n'est ni moral ni immoral. La critique socialiste du capitalisme, en dépit des apparences, porte moins sur la forme économique de la production que sur un contenu historique, social et culturel particulier. Cela peut se prouver par un exemple concret : bien que les États-Unis d'Amérique soient un pays capitaliste par excellence, il n'y a point de socialisme américain que l'on puisse considérer comme l'expression du mécontentement des masses ouvrières. Cela vient de ce qu'un mode de production semblable à celui de l'Europe s'y est développé dans des circonstances historiques et sociales tout à fait différentes. Le capitalisme américain n'est pas issu du paupérisme, mais bien de la colonisation individuelle ; il n'a pas dû s'adapter aux formes traditionnelles de la stratification sociale du féodalisme et de la monarchie ; il a pu, au contraire, se développer dès le début dans une atmosphère d'égalité politique et morale. Par conséquent, les ouvriers américains peuvent mener la lutte pour leurs intérêts sur un fondement juridique qui les place sur un pied d'égalité avec les autres citoyens. Cette lutte d'intérêts ne devient donc pas une lutte de classe.

Il a fallu que je me trouve en Amérique et en état de juger le socialisme européen de cet observatoire éloigné, pour me rendre compte qu'en réalité, il est né bien moins de l'opposition contre le capitalisme en tant qu'entité économique que de la lutte contre certaines circonstances qui ont accompagné la naissance du capitalisme européen, telles que la paupérisation des travailleurs, la subordination des classes sanctionnée par les lois, les mœurs et les coutumes, l'absence de démocratie politique, la militarisation des États, etc. Le mode capitaliste de production aurait pu, dans un milieu historique différent, conduire à une espèce d'équilibre social. Ce qui l'en a empêché en Europe, c'est la formidable avance qu'a prise dès le début la bourgeoisie au point de vue de l'équilibre des forces sociales. Sans cela, il y aurait sans doute, comme en Amérique, des ouvriers malheureux, mais pas de prolétariat, c'est-à-dire qu'il n'y aurait pas eu de classe permanente et héréditaire d'inférieurs sociaux. Si l'ordre juridique et la coutume sociale avaient permis à tous les individus de valeur de se déprolétariser et avaient mis les autres en état de jouir d'une part de la plus-value assez considérable pour que la part du capitaliste n'apparaisse plus que comme un salaire de chef d'entreprise, il y aurait bien encore des luttes d'intérêt, mais plus de lutte de classe socialiste.

C'est surtout aux débuts de l'époque industrielle que la disposition socialiste de la classe ouvrière apparaît clairement comme l'effet de ce qu'on pourrait appeler son « handicap au départ » par suite de l'excédent de puissance de la nouvelle classe dirigeante ; mais au fond il n'en est pas autrement aujourd'hui. Le sentiment d'équité se soulève contre les capitalistes, moins à cause de la puissance de consommation que leur donne la richesse (la plupart des grands hommes d'affaires sont trop absorbés par leurs intérêts et travaillent trop dur pour être grands jouisseurs) qu'à cause du pouvoir dont ils disposent comme détenteurs de moyens de production. Ce pouvoir apparaît comme immoral parce qu'il comporte une autorité sans responsabilité, et heurte donc en même temps le sens moral démocratique, chrétien et féodal. Ce que l'on reproche au capitalisme, c'est moins la plus-value qu'il s'approprie que l'usage qu'il en fait pour instaurer une prédominance sociale qui transforme les non-capitalistes en objets de sa volonté. Ce qui conduit donc l'ouvrier à la lutte de classe, ce n'est point qu'il prenne conscience de ses intérêts acquisitifs, c'est le phénomène bien plus compliqué et bien plus profondément enraciné dans la vie affective que la psychologie moderne appelle un complexe d'infériorité sociale.

Le schéma ci-après illustre les éléments essentiels qui président à la formation et à l'effet de ce complexe chez l'ouvrier industriel type qui sera le sujet des chapitres suivants. (Voir tableau)

Pour éviter tout malentendu, je tiens à observer tout de suite que la division de l'état affectif ainsi schématisé en cinq états élémentaires ne doit pas être considérée comme une systématisation absolue, telle que l'analyse des éléments chimiques d'un corps. Mon seul souci est de faciliter la compréhension de l'ensemble par l'élaboration d'une classification tant soit peu acceptable.

J'ai la conviction que la tâche actuelle de la psychologie sociale consiste surtout à décrire des phénomènes, et je voudrais par conséquent que l'on ne considère ce schéma que comme un aide-mémoire, et ma classification des instincts que comme un pis-aller qui essaie de caractériser avec le moins d'imprécision possible certaines tendances instinctives qui me paraissent essentielles. L'important ici n'est pas ce qui distingue les diverses rubriques de mon analyse, mais ce qu'elles ont en commun. c'est-à-dire l'idée fondamentale de l'origine instinctive du complexe émotif qu'il s'agit de comprendre.

### Schéma de l'état affectif de la classe ouvrière industrielle

| Disposition psychologique commune aux sujets de la réaction | Élément spécifique de la disposition instinctive réagissant au milieu | Complexe affectif résultant de cette réaction | Concept compensatoire correspondant à ce complexe |
|---|---|---|---|
| | Instinct acquisitif, instinct d'auto-estimation | Sentiment d'être exploité | Droit au produit intégral du travail |
| Sentiment de l'égalité originelle des droits dérivés : | Instinct d'auto-estimation agissant dans le milieu de travail | Répugnance au travail, sentiment d'être opprimé | Liberté : droit à l'indépendance économique par le travail et à l'autonomie morale (joie au travail) |
| du Christianisme (égalité des âmes individuelles) ; | Instinct d'auto-estimation agissant dans le milieu de vie sociale | Sentiment de l'inégalité du point de départ social | Égalité juridique et égalité des possibilités d'ascension sociale |
| de la Féodalité (équilibre des droits et des devoirs sociaux) ; | Instinct acquisitif et instinct grégaire | Sentiment de la communauté des intérêts et du sort | Solidarité |
| de la Démocratie (égalité des droits). | Instinct de protection sociale | Sentiment de l'attente eschatologique d'un bonheur futur | Image d'une société idéale réalisant les conditions ci-dessus |

Les deux premières colonnes de mon schéma représentent la disposition humaine qui détermine la réaction au milieu social donné : la disposition instinctive (deuxième colonne) d'une part et, d'autre part, le jugement moral habituel (première colonne), qui peut se concevoir comme le résidu historique des réactions ancestrales de cette même disposition instinctive à un milieu déterminé.

Parmi les modifications que la vie sociale apporte aux tendances instinctives inhérentes à l'organisation physiologique de l'homme, il n'en est pas de plus importante que la coloration de tous les instincts animaux par l'instinct d'auto-estimation.

Cette expression me paraît le meilleur équivalent de ce que la psychologie anglo-saxonne représentée par Mc Dougall appelle l'instinct de self-assertion, ce qui correspond à peu près au Geltungstrieb allemand, et ressemble par certains côtés à ce que la langue française appelle l'amour-propre — pas assez complètement cependant pour que l'on puisse se contenter de cette expression courante et faire ainsi l'économie d'un vocable nouveau. On pourrait définir l'instinct d'auto-estimation comme la disposition qui pousse les hommes à rechercher les états émotifs accompagnés d'un sentiment accru de la valeur personnelle et à éviter les états opposés. Cet instinct est l'instinct social par excellence, parce que c'est le seul qui présuppose la conscience du Moi. Il faut se garder de le confondre avec l'amour-propre, pris dans le sens vulgaire et péjoratif qui le rapproche de la vanité ; il peut être le levier des actions les plus sublimes comme des actions les plus basses, car il est moralement « neutre », comme tous les instincts que la raison peut diriger vers les satisfactions les plus différentes. Ainsi, c'est par l'intermédiaire de l'instinct d'auto-estimation que s'exerce l'action de notre conscience, c'est-à-dire de nos jugements de valeur, de nos appréciations innées ou habituelles du bien et du mal ; celles-ci ne parviendraient pas à influencer nos actes si nous ne les associions avec une élévation ou un abaissement de notre auto-estimation. Chez l'homme civilisé, l'instinct d'auto-estimation absorbe pour ainsi dire tous les autres, du moins dans la mesure où il procède de réactions émotives capables d'être excitées par des représentations associées à la notion du Moi. Toutes les influences sociales qui élargissent le domaine de ces représentations — telles que l'augmentation du savoir, l'accroissement du respect de soi par des sentiments égalitaires d'origine religieuse ou politique, le caractère individuel de la lutte pour la vie — nourrissent cet instinct.

Ainsi, des réactions, qui à l'origine de la vie individuelle et sans doute aussi de la société humaine, découlaient d'une façon pour ainsi dire naïve (c'est-à-dire indépendamment de la représentation du Moi) d'instincts élémentaires, tels que l'instinct sexuel, l'instinct de combativité, de jeu, de connaissance ou d'activité, sont transformées en instinct d'auto-estimation. L'homme primitif, poussé à combattre des animaux ou d'autres hommes, obéissait à la faim ou à une autre impulsion physique ; notre contemporain intellectualisé, par contre, recherchera maints combats — qu'il s'agisse d'une concurrence d'affaires ou d'une discussion — rien que pour le sentiment d'auto-estimation accrue que la représentation d'un risque ou d'un danger vaincu suffit à faire naître chez lui. L'enfant qui joue n'obéit d'abord qu'à un instinct héréditaire d'activité et de curiosité ; mais dès que la conscience de son individualité se manifeste en lui il cherchera à corser ces joies par les satisfactions de la compétition, qui découlent de l'instinct d'auto-estimation. Adulte, il préférera les formes du jeu et du sport qui offrent le champ le plus large à la satisfaction de cet instinct. Même la vie économique subit largement son empire. Chez beaucoup de patrons et de gens d'affaires les satisfactions d'amour-propre, sous les formes diverses de la « volonté de puissance », du plaisir du risque, du désir d'autorité, etc., constituent un mobile d'activité aussi important que l'instinct acquisitif. L'instinct sexuel de l'homme non intellectualisé ne recherche que des satisfactions physiques ; mais, à mesure que la conscience du Moi se développe chez l'homme, cet instinct se complique des mobiles de l'instinct d'auto-estimation, quelquefois même, comme dans l'amour romantique, au point de rechercher surtout des satisfactions d'amour-propre.

Notre civilisation industrielle, imbue d'esprit individualiste et rationaliste, qui a fait du Moi pensant une idole, et de la concurrence individuelle la loi suprême de la préservation, a amené un véritable déchaînement de l'instinct d'auto-estimation. La plupart des névroses et des psychoses, en cette époque de nervosité et de neurasthénie, sont dues à des répressions de cet instinct. Même l'alcoolisme, en tant que maladie sociale, a pour cause principale le besoin de moyens artificiels pour exalter un sentiment du Moi que la concurrence sociale exacerbe plus souvent qu'elle ne le satisfait. La majorité des névrosés et des alcooliques sont des gens qui ont échoué d'une façon quelconque et qui, par conséquent, souffrent d'un complexe d'infériorité.

J'appelle complexe, adoptant ainsi la terminologie de plus en plus populaire de Freud, une association durable de représentations, colorées par un état émotif déterminé et tendant par conséquent vers une volition de direction déterminée. Bien que la notion du complexe nous soit venue de la psychopathologie, qui lui doit une série de ses découvertes et de ses méthodes de guérison, il faut se garder de voir dans le complexe un état maladif ; sinon, il faudrait considérer des complexes aussi répandus que la passion amoureuse, la foi religieuse, le patriotisme, etc., comme des états pathologiques, uniquement parce qu'ils constituent une déviation de la prétendue règle de la raison pure.

Il ressort de la nature même des complexes qu'ils ne peuvent naître que dans la mesure où une disposition instinctive crée des états émotifs. On peut donc classifier les complexes d'après les instincts qui les font naître. Ainsi, le complexe d'infériorité est le produit d'une inhibition (ou, en d'autres termes, d'une répression) répétée ou habituelle de l'instinct d'auto-estimation. L'état émotif qui charge alors d'énergie un groupe de représentations associées et les transforme en représentations de volition, découle d'un amoindrissement de l'appréciation du Moi. Pour cela, point n'est besoin que l'on porte consciemment un jugement défavorable sur soi-même ; il suffit qu'on le ressente sous forme d'une appréciation émotive. Le complexe d'infériorité engendre un ressentiment contre les causes réelles ou supposées de cette appréciation désagréable. Il tend vers des actes de volonté qui élimineraient les causes de cet état et délivreraient ainsi le sujet de la dépression de son sentiment du Moi.

Cette solution heureuse est assez rare. En effet, la formation du complexe présuppose une inhibition quelconque, un obstacle, intérieur ou extérieur, à la satisfaction d'un désir instinctif. En règle générale, ces obstacles empêchent également la solution du complexe par des actes de volonté normale, c'est-à-dire correspondants à l'objet originel du désir. Dans ce cas, on n'aboutit qu'à former des représentations de volonté, sans les réaliser par des actes. Si cette satisfaction normale reste entravée d'une façon durable, le complexe est refoulé. Le refoulement s'accompagne normalement de la formation de représentations compensatoires. De cette façon, le complexe refoulé sur un terrain rejette l'énergie emmagasinée sur un autre terrain. C'est ainsi que l'amoureux éloigné de sa belle cherchera des compensations imaginaires dans la contemplation d'un portrait, d'une lettre ou d'un autre fétiche quelconque. Le complexe d'infériorité, de son côté, tend à compenser une diminution de l'auto-estimation, engendrée dans un domaine déterminé, par une augmentation correspondante dans un autre domaine. C'est ce qui se passe, par exemple, quand un ouvrier, humilié par un contremaître brutal, essaie de compenser son déficit d'amour-propre par un surplus artificiel en se vantant d'une supériorité quelconque devant un auditoire de cabaret ou, rentré chez lui, en affirmant d'une façon particulièrement éclatante son autorité de père de famille. La représentation compensatoire d'un complexe est toujours une représentation de volonté, et la nature de celle-ci est toujours déterminée par la nature de l'état émotif vers lequel tend l'instinct refoulé. Ainsi, dans tous les cas où le complexe d'infériorité sociale d'une classe qui se sent opprimée s'accompagne du sentiment d'une violation du droit, la représentation compensatoire tend vers une situation juridique également compensatoire, c'est-à-dire vers un ordre juridique idéal.

Toutes les réactions émotives de la classe ouvrière industrielle décrites dans le schéma sont des réactions conscientes présupposant la notion du Moi, et par conséquent colorées à tel point par l'instinct d'auto-estimation que l'on peut hardiment appeler l'état affectif caractérisé dans la troisième colonne un complexe d'infériorité sociale. Ce complexe résulte de ce que les conditions de vie et de travail des ouvriers industriels entravent la satisfaction d'une série de besoins instinctifs et habituels, et engendrent par conséquent un refoulement chronique de l'instinct d'auto-estimation.

L'activité volontaire organisatrice et propagandiste dans le mouvement ouvrier constitue avant tout une décharge de tendances instinctives refoulées pendant les heures de travail, et plus particulièrement d'instinct combatif plus ou moins sublimé en instinct d'auto-estimation. C'est pour cela que la sélection des dirigeants dans le mouvement ouvrier dépend plus de la prépondérance de l'instinct combatif que de celle, par exemple, de l'instinct de curiosité qui domine chez les studieux. Ce dernier instinct n'a en général de valeur positive de sélection que lorsqu'il est subordonné à un instinct combatif prédominant. C'est pour cela aussi que la terminologie émotive du mouvement ouvrier socialiste emploie de préférence des expressions qui désignent des fonctions de la combativité physique ; chez les Allemands, elles sont empruntées surtout au vocabulaire militaire et guerrier ; chez les Anglo-Saxons, au vocabulaire des sports compétitifs. De là enfin cet autre phénomène également caractéristique : toutes conditions égales d'ailleurs, le mouvement ouvrier est le plus développé chez les peuples (tels ceux d'origine teutonique) dont l'origine et le passé historique déterminent la plus forte survivance des instincts combatifs qui furent d'abord guerriers. Je connais bien des gens qui ne seraient jamais devenus socialistes s'ils ne ressemblaient à l'Irlandais de l'anecdote, qui ne pouvait passer dans la rue devant un pugilat sans demander : Ceci est-il une affaire privée ou tout le monde peut-il en être ?

Il est encore d'autres formes de l'instinct d'auto-estimation oui trouvent un exutoire dans le mouvement ouvrier. Us hommes dont l'amour-propre souffre particulièrement de l'uniformité sociale que l'industrie impose aux travailleurs, peuvent se « distinguer » aux yeux de la masse et, surtout comme dirigeants ou mandataires, satisfaire un besoin de prestige social, voire d'autorité. Même l'instinct constructif, refoulé chez plusieurs par un travail monotone, les conduit à se charger, dans l'organisation ouvrière, de fonctions administratives oui satisfont l'instinct d'ordre et de création individuelle. Ce genre de compensation ne diffère guère en principe du « bricolage » à domicile qui caractérise le désir de l'ouvrier industriel, surtout si son métier est monotone, de se livrer à un travail d'initiative et non commandé. Le menuisier qui se console du caractère mécanique du travail d'usine en fabriquant chez lui des secrétaires et d'autres objets aussi beaux qu'inutiles, le mineur qui s'échine sur son carré de choux ou élève des Doules, l'employé que son patron traite comme un outil pendant la journée mais qui jouit le soir d'autorité et de responsabilité comme trésorier d'un groupe, représentent des variantes d'un même cas psychologique.

D'autres refoulements de l'instinct d'auto-estimation greffé sur les instincts de lutte et de jeu contribuent pour une grande part à la popularité du sport. Celui-ci est un phénomène caractéristique de notre époque industrielle ; ce n'est pas par hasard que le pays de naissance du capitalisme industriel, l'Angleterre, est aussi la patrie du sport. Bien entendu, il faut entendre par là tout autre chose que l'exercice physique sous forme de jeu. Le fanatisme sportif moderne est surtout caractérisé par le fait que la majorité de ses victimes ne se livrent pas elles-mêmes aux exercices qu'elles admirent. Le sport lui-même devient de plus en plus, sinon une profession, tout au moins l'apanage d'une petite minorité de spécialistes. La masse des « sportifs », constitués par la classe ouvrière, ne sont que spectateurs, soi-disant connaisseurs, lecteurs de journaux, parieurs, commentateurs, admirateurs des héros du jour et imitateurs de leurs poses. On parle de « sport » quand dix mille personnes, pour chasser leur ennui par des excitations, regardent s'éreinter une paire de boxeurs, vingt-deux joueurs de football ou quelques motocyclistes. Il suffit d'écouter les conversations d'une foule sportive pour se rendre compte que le secret de son plaisir est une satisfaction des instincts héroïques par personnes interposées. De cette façon, à l'aide de ce que Freud appelle une identification subconsciente, on participe à des exaltations des instincts d'auto-estimation, de combat et de jeu, sans bouger de place. Rien de plus significatif à ce sujet que le rôle prépondérant que joue la vantardise, sous les formes les plus diverses, dans les conversations entre sportifs ; généralement ils essaient de se convaincre l'un l'autre de leurs connaissances en la matière ou même de leur familiarité avec les acteurs et les coulisses de la pièce. La clef du mystère est la recherche d'une exaltation imaginaire du Moi à l'aide de la tension psychologique inhérente à la lutte et à l'aventure.

Le fanatisme sportif est ainsi devenu le principal phénomène complémentaire des refoulements d'instinct occasionnés par le caractère monotone et abrutissant du travail industriel et, d'une façon générale, par la morne contrainte que la grande ville et le village industriel imposent aux instincts compétitifs. Le fanatisme sportif comme phénomène de masse n'existait pas encore au moyen âge et pendant les siècles suivants jusqu'au XIXe, parce que les gens de cette époque s'ennuyaient moins ; les besoins psychologiques que l'industrie sportive exploite commercialement étaient encore satisfaits dans la vie quotidienne. Il est intéressant de constater qu'à l'heure actuelle, la recherche des émotions sportives intenses est généralement en proportion directe de la monotonie des occupations journalières. Dans la classe ouvrière même, le fanatisme sportif est plus répandu parmi les métiers non qualifiés et, d'une façon générale, parmi les gens à qui leur occupation professionnelle fournit le moins d'occasions d'exercer de l'initiative et de l'intelligence.

C'est pour des raisons analogues que le cinéma est devenu la récréation favorite du soir pour la classe ouvrière. Son bon marché n'explique pas seul sa vogue ; beaucoup de bons concerts et de bonnes représentations théâtrales ne coûtent pas plus qu'une soirée au cinéma. Celui-ci n'attirerait pas tant les foules, s'il ne leur paraissait plus récréatif. Grâce à la succession rapide des tensions émotives qu'il suscite et à l'influence suggestive de l'image photographique sur les foules naïves, le cinéma offre sous la forme la plus concentrée les excitations affectives capables de compenser la fadeur de la vie journalière. J'ai souvent pu constater que dans les régions (par exemple les bassins sidérurgiques) où domine le travail non qualifié et où les conditions de travail et de logement sont particulièrement mauvaises, le goût se porte encore plus qu'ailleurs vers les formes les plus grossières et les plus brutales du drame cinématographique. On pourrait sans peine établir une concordance semblable, et également caractéristique de la recherche de compensations pour les instincts refoulés, entre la stratification sociale de la classe ouvrière d'une part, et les habitudes de la boisson, du pugilat et du jeu d'autre part.

Les conditions de travail proprement dites ne sont d'ailleurs pas le seul élément qu'il faille considérer à ce sujet. Il faut tenir compte du « milieu de vie » tout entier, notamment des conditions de logement et de voisinage. Par exemple, pour comprendre la régularité presque saisonnière — et surtout printanière — des mouvements de grève des mineurs anglais, il ne suffit pas d'étudier les conditions de travail et de salaires ; il faut aussi savoir ce qu'est un village charbonnier anglais. On comprendra alors que le mécontentement chronique des mineurs anglais ne saurait être guéri uniquement par des augmentations de salaire et par des diminutions des heures de travail. Au contraire, dans un certain sens, l'augmentation du revenu et des loisirs aggrave encore les causes essentielles de ce mécontentement, dû à ce que l'ouvrier moyen aura d'autant plus de difficulté à s'assurer par ces avantages une augmentation de bonheur. Que l'on s'imagine un village de ce genre peuplé de plusieurs milliers d'ouvriers se livrant tous à la même industrie. Les patrons habitent loin ; à l'exception de quelques ingénieurs, employés et commerçants, tous les habitants sont des mineurs. Ils occupent d'interminables corons de maisons identiques avec de minuscules jardinets ; tout appartient au charbonnage ; la ville est loin et, pour se distraire, il faut aller soit au cabaret, soit au cinéma, qui change son programme une fois par semaine. Les sermons dominicaux du pasteur à l'église ne sont pas beaucoup plus variés. Les rares magasins ne sont qu'un mince divertissement, car presque chaque maisonnette a les mêmes rideaux de pacotille, chaque jeune fille a pu voir le chapeau de chaque autre jeune fille exposé à la devanture pendant des mois, tous les hommes portent les mêmes casquettes. Est-il étonnant que, dans ces conditions, le bonheur pour ces gens consiste en un irréalisable « ailleurs », et que la question des salaires ne soit qu'un des éléments d'un problème qui embrasse toute l'organisation de la vie sociale, y compris l'habitation, les moyens de communication, les vacances, les possibilités d'éducation et de récréation, etc. ?

Au fond, le problème se pose partout sous une forme assez semblable. Le mécontentement chronique de la classe ouvrière a des causes bien plus profondes qu'un problème de salaires ou de distribution de la plus-value. Ce dernier n'est qu'un aspect particulier d'un vaste ensemble de causes qui engendrent un complexe d'infériorité sociale. La guérison de ce complexe est plus qu'une question économique. Elle pose un problème de culture, qui n'est soluble que si l'on part du point de vue des conditions psychologiques du bonheur, c'est-à-dire de la satisfaction et de l'éducation des besoins instinctifs des hommes. Poser le problème en ces termes, c'est se rendre compte de ce que le mobile essentiel du mouvement ouvrier est l'instinct d'auto-estimation ; ou, pour le dire en un langage moins prosaïque, qu'il est une question de dignité au moins autant qu'une question d'intérêt.

# Chapitre II

## Exploitation et oppression

> *« Tout le système du salariat est une abomination, non seulement à cause de l'injustice sociale qu'il produit et perpétue, mais encore parce qu'il sépare celui qui accomplit le travail de l'objectif même de ce travail. »*
>
> *Bertrand Russell.*

Quelque grande que puisse être l'inégalité sociale qui sépare les riches des pauvres, elle ne constitue pas une raison suffisante en elle-même pour éveiller chez ces derniers le sentiment qu'ils sont exploités. Encore aujourd'hui, il y a de par le monde des états de civilisation dans lesquels, suivant une coutume sociale consacrée par un dogme religieux, les possibilités de gain sont limitées en raison de la naissance dans une catégorie sociale déterminée. L'envie ne naît même pas dans le cœur des pauvres instruits à considérer cet usage comme sacro-saint.

Nous retrouvons des conditions analogues dans le passé de notre propre civilisation. Sous le système féodal, les différences entre le luxe des seigneurs et la pauvreté des paysans étaient très accusées pour l'époque ; il n'y a pourtant pas d'indice que ces derniers se fussent considérés comme injustement exploités. Les premiers signes de révolte apparurent lorsque la féodalité, sous l'influence du capitalisme naissant et du besoin nouveau d'argent, commença à entrer en décadence. Même alors, les paysans ne se soulevèrent pas contre le régime féodal lui-même, mais bien contre sa dissolution par les seigneurs.

Le compagnon-artisan médiéval pouvait calculer exactement la plus-value que s'appropriait son maître. Elle était constituée par la différence entre le salaire qui lui était alloué pour un travail déterminé et le prix que recevait le maître pour le produit de ce travail. L'idée qu'il était exploité ne lui serait pourtant pas venue à l'esprit. Il savait que, grâce à l'organisation morale des corporations, une relation déterminée était établie entre ce que pouvait gagner le maître et la valeur de son travail. Le compagnon n'ignorait pas non plus que le simple fait de sa capacité professionnelle lui procurerait une existence assurée, quoique modeste, et qu'au surplus il pourrait gagner plus, le jour où il deviendrait maître à son tour. Ici encore, la révolte ne commença que lorsque le capitalisme naissant menaça cette situation.

C'est que le sentiment d'être exploité suppose deux conditions préalables : premièrement, même en travaillant, l'être humain ne parvient pas à satisfaire les besoins qu'il juge légitimes ; secondement, les fruits de ce travail profitent à d'autres qui peuvent ainsi satisfaire leurs besoins propres. Donc, ce sentiment suppose non seulement une tension constante entre la satisfaction et le besoin, mais encore la notion du droit égal pour tous les êtres humains à certaines satisfactions. Il s'agit ici de quelque chose de bien plus important qu'un simple conflit entre des intérêts acquisitifs différents, comme il en existe toujours entre l'acheteur et le vendeur d'une marchandise déterminée. Il faut donc chercher l'origine du sentiment d'exploitation dans un sentiment bien déterminé du droit.

Ce sentiment du droit a ses racines dans les conceptions de toute l'époque précapitaliste. Il date d'une ère où les formes de la production assuraient, sinon à tous les producteurs, tout au moins à l'ensemble de ceux qui travaillaient dans une unité de production déterminée le droit au produit intégral de leur travail. Certes, dans ces unités de production — qu'il s'agisse de terres ou d'ateliers — les seigneurs ou les maîtres se taillaient la part la plus belle ; mais cette répartition inégale des produits était généralement considérée comme justifiée. En effet, la personne favorisée de la sorte endossait, d'autre part, des responsabilités plus lourdes : le seigneur assumait les devoirs d'administration, de protection, de prévoyance et d'assistance, ainsi que de juridiction ; le maître avait pour obligation de produire lui-même du travail qualifié, de diriger personnellement l'atelier, de former ses compagnons et ses apprentis, de pourvoir à leur nourriture et de les aider pécuniairement dans les temps difficiles.

Il en est tout autrement pour le chef industriel de l'époque capitaliste, et c'est pourquoi les premières revendications ouvrières n'eurent d'abord pour but que de faire assumer au patron les devoirs d'assistance et de prévoyance hérités de l'époque précédente, ainsi que d'établir le droit du travailleur à un minimum vital en temps de crise. Aussi la non-réalisation de ces revendications fut-elle la cause principale de l'indignation morale contre le capitalisme pendant la première moitié du XIXe siècle, telle qu'elle se manifesta dans les premières grèves et révoltes ouvrières et dans la littérature de l'époque du romantisme social.

Ce qui depuis a encore renforcé le sentiment d'être exploitée qu'éprouve la classe ouvrière, ce n'est pas le fait économico-statistique de l'augmentation du « coefficient de plus-value » ou « d'exploitation », ce sont au contraire des faits psychologiques : développement du capitalisme, ayant amené une tension croissante entre les besoins et leur satisfaction, et progrès politiques simultanés de la démocratie, ayant encore stimulé la revendication traditionnelle de l'égalité des droits.

Le capitalisme a contribué sans contredit à un accroissement prodigieux de la productivité, tout au moins dans ces branches de la production qui se prêtent à l'usage des machines. Il n'est pas douteux non plus que, pour la majorité des producteurs, la part possible, sinon réelle, de la richesse totale produite par l'industrie ne s'en soit trouvée augmentée. L'on a pu dire à bon droit que le travailleur moyen actuel peut disposer de commodités que Louis XIV n'a même pas connues en rêve. Et la meilleure réponse à faire aux défenseurs de la théorie de la paupérisation absolue, c'est de leur demander si le travailleur d'aujourd'hui supporterait plus de huit jours la vie que ses ancêtres étaient forcés de mener il y a un siècle.

Si néanmoins le travailleur actuel est plus mécontent de son sort que celui du temps passé, c'est que ses besoins se sont accrus dans une proportion plus forte que sa participation à la productivité augmentée. On a exprimé ce fait en catégories économiques de la façon suivante : l'industrialisme, qui travaille en vue du gain et non de la consommation, a poussé à la recherche de débouchés nouveaux et, par là, à la création de besoins nouveaux. Cependant, afin que ces débouchés nouveaux ne restent pas limités aux seuls besoins de luxe des classes possédantes ou à l'exportation vers des pays non capitalistes, il est nécessaire que certaines conditions psychologiques soient remplies. Celles-ci ne découlent pas de l'organisation économique en elle-même, mais bien des phénomènes sociologiques qui accompagnent toute l'histoire du progrès du capitalisme. En premier lieu, il saute aux yeux que le capitalisme industriel a fait de l'instinct acquisitif illimité le mobile principal de la production. Cet instinct ne prédominait autrefois que chez un nombre relativement restreint de marchands et principalement chez ceux qui s'occupaient du commerce d'outre-mer. Dès le moyen âge, le commerce de l'argent, étant donné le mobile acquisitif qui l'anime, était à ce point en contradiction avec les idées morales en honneur que pendant des siècles l'Église défendit l'usure et en limita l'exercice aux réprouvés, juifs ou Lombards.

Dans la suite, la question juive fut résolue, selon le mot de Marx, par le fait que les chrétiens se transformèrent en juifs. Le mobile féodal de la foi jurée, qui liait le producteur à la terre et à l'atelier, fit place au mobile capitaliste de l'intérêt. L'artisan travaillait autrefois parce que son devoir de chrétien le lui commandait et parce qu'il y trouvait sa joie de vivre, bien qu'il ne pût par là qu'assurer son existence et la possibilité pour ses enfants d'en faire autant. Les méthodes nouvelles de la production firent tout changer : le contentement de peu et les liens moraux qui rattachaient le producteur à la terre et à la production artisanale ne furent plus dorénavant que des obstacles pour celui qui voulait parvenir ; le nouveau commandement fut : Enrichissez-vous. Le principe de sélection des couches supérieures s'en trouva transformé. Pour parvenir, il fallut être obsédé par l'instinct acquisitif. Il s'ensuivit que tout ce qui pouvait encourager cet instinct devint la loi fondamentale des nouvelles coutumes sociales. L'ouvrier fut également atteint. Sous la pression de l'exemple et d'une instruction systématique que lui dispensait l'école, il devint lui aussi un être capitaliste. C'est que les barrières qui avaient limité jusque-là l'instinct acquisitif des individus, à l'exception de quelques privilégiés de la naissance ou de quelques favoris des princes, furent levées pour tout le monde. Elles disparurent en même temps que la séparation sociale entre les trois états, les professions héréditaires, les corporations, les défenses d'exercer l'usure, les monopoles industriels et commerciaux de l'État. L'idéal catholique du contentement de peu et de l'ascétisme, déjà vigoureusement battu en brèche par le calvinisme des villes commerçantes, devint une exception pathologique. Il ne fut plus que la marque distinctive d'une infime minorité d'inadaptables ou servit de consolation aux faibles qui se sentaient voués à une misère éternelle.

L'effet de cette évolution psychologique sur les travailleurs fut renforcé par la menace du chômage qu'ils sentaient peser sur eux. C'était la disparition de leur idéal d'une vie modeste, assurée par leur assiduité au travail. Désormais, il fallut gagner le plus possible pour parer aux mauvais jours et assurer une vie meilleure aux enfants. C'est ainsi qu'en Amérique, les immigrants, pour la plupart ouvriers non qualifiés et dont l'existence est particulièrement sujette à de fréquents changements, sont bien plus tourmentés par l'instinct acquisitif que les ouvriers qualifiés et les fermiers, qui ont depuis longtemps leur domicile dans ce pays et dont l'occupation est plus stable. Ceux-ci se contentent beaucoup plus facilement de réaliser un idéal plus limité par leur travail et l'indépendance relative qu'il leur assure.

Dans les débuts de l'industrialisation, l'ouvrier compare encore son sort à celui de l'artisan et du paysan. Il lui applique tout au moins l'échelle des traditions morales et coutumières de l'époque de l'artisanat et de l'ère paysanne. Plus tard, il fait de plus en plus la comparaison entre la destinée des classes possédantes et la sienne propre. Ici encore, il applique à son existence, de façon plus ou moins consciente, l'étalon des valeurs morales et juridiques que les classes dirigeantes ont érigé elles-mêmes en une norme d'éthique sociale. Cette norme s'exprime très clairement dans la réalité de la démocratie politique, d'autant plus clairement que la situation sociale de l'ouvrier le pousse à faire sienne la lutte pour la démocratie qu'avaient commencée les classes d'artisans dès le moyen âge. La suppression des privilèges de naissance et l'égalité de tous les citoyens devant les urnes et devant la loi sont encore un adjuvant propre à renforcer le sentiment que ce qui est juste pour l'un doit l'être pour l'autre. Il s'ensuit que le désir d'une acquisition illimitée de biens et de puissance économique devient accessible à tous les individus. Ce désir est d'ailleurs activé par d'autres phénomènes sociaux qui accompagnent les progrès de la démocratie, notamment par l'instruction populaire et par la presse. Ces dernières élargissent prodigieusement le monde intérieur des notions qui constituent l'aliment intellectuel des besoins.

Cependant, alors que la quantité de biens existants ou que le travailleur peut acquérir est limitée par les circonstances économiques, l'augmentation des besoins des masses, phénomène purement psychologique, n'a d'autres frontières que celles formées par le temps nécessaire à la transformation des habitudes. C'est ce qui fait que la satisfaction croît moins vite que le besoin. En effet, le degré des besoins ne résulte ni de l'organisation économique en elle-même, ni de la quantité de biens disponibles, mais d'une transformation du sentiment du droit. Pour l'exprimer sous une forme négative, disons qu'elle provient de la disparition de toutes les inhibitions psychiques traditionnelles qui limitaient le sentiment subjectif qu'ont les individus de leur droit à participer à la possession et à la jouissance des biens existants. La conscience de l'écart qui subsiste entre ce que l'on possède et ce que l'on désirerait posséder donne naissance à un ressentiment, qui s'accompagne d'un sentiment de spoliation dès l'instant où l'individu se met à comparer sa propre situation à celle des possédants. Ainsi naît le sentiment qu'a l'ouvrier d'être exploité, sentiment qui donne à la théorie marxiste de la plus-value le contenu émotif qui en fait le symbole d'une volonté prolétarienne.

De même que l'on peut expliquer ce sentiment par la réaction réciproque de l'instinct acquisitif et du sentiment d'égalité, le sentiment qu'éprouve la classe ouvrière d'être opprimée s'explique par la réaction de ce même sentiment d'égalité sur une inhibition de l'instinct d'autoestimation.

L'être humain cherche à se mettre en valeur dans et par son travail. La condition psychologique la plus importante de l'origine du travail, c'est le désir impérieux qu'éprouve l'âme humaine de se projeter sur le plan du monde extérieur, d'animer des objets. La civilisation des peuples primitifs, ainsi que la psychologie de l'enfance, prouvent abondamment que ce n'est pas la connaissance du rôle pratique du labeur qui incite l'homme à l'effort. Au contraire, l'impulsion au travail semble ne s'être développée que graduellement et ultérieurement comme une modification du jeu de la libre création artistique, en dirigeant celle-ci vers un but économique.

L'activité est l'un des besoins les plus élémentaires de l'homme. La répression de ce besoin est l'une des pires tortures morales. Ce qui n'est peut-être, considéré du point de vue purement physiologique, qu'un trop-plein d'énergie vitale aiguillé vers le cerveau, devient pour l'homme la source de ses premières grandes jouissances, celles du jeu. Et cela dès que s'affirme sa conscience du Moi, base de son instinct d'autoestimation. Ce sont précisément les actes de volonté du jeu qui transforment chez l'enfant la conscience primitive du Moi corporel et passif en conscience supérieure du Moi intellectuel et actif, et de ce fait forment la personnalité. L'être humain éprouve de la joie aux mouvements, aux variations rythmiques de la tension et de la détente nerveuse ; il aime à transformer son milieu par son travail, à découvrir des causes nouvelles, à réaliser les images de sa propre imagination dans des objets voulus et créés par lui. Tout cela ajoute aux satisfactions plus élémentaires des besoins physiologiques le piment des joies plus élevées et plus conscientes que recherche l'instinct d'autoestimation.

Ce n'est pas sans raison que les hommes les plus civilisés se représentent le Dieu qui les forma à son image sous les traits d'un créateur, car l'activité créatrice de l'esprit leur apparaît comme l'apanage le plus élevé de l'humanité. En produisant les œuvres les plus éminentes de la plastique, de la poésie et de la musique, l'homme ne fait que créer des formes qui réalisent dans les objets des états d'âme.

Le travail humain a donc créé l'agréable avant l'utile ; il a donné aux hommes de la beauté et de la joie avant de leur donner des valeurs économiques. Voilà peut-être le sens profond et éternel du mythe antique de l'arbre de la connaissance, du paradis perdu et du travail économique comme punition du péché originel. Mais, bien que nous soyons depuis lors voués au labeur utilitaire, il n'y a rien de changé à notre aspiration première qui nous pousse à rechercher la joie de travailler en exprimant dans notre travail les valeurs de l'âme qui nous sont les plus personnelles. Tous les problèmes sociaux de l'histoire ne sont ainsi que les différents aspects du problème social éternel, qui les dépasse et les résume tous en dernière analyse : comment l'être humain peut-il trouver le bonheur, non seulement par le travail, mais encore dans le travail ?

Ce problème n'a jamais été plus brûlant qu'à l'heure actuelle. Aujourd'hui, la majorité de la population de tous les pays industriels est condamnée à un travail qui, tout en créant plus de biens utiles qu'auparavant, procure moins de joie que jamais à ceux qui travaillent. Voilà le problème, le seul problème dont on puisse dire : Le socialisme lui-même est voué à l'échec s'il ne peut le résoudre.

Le marxisme, dans son ignorance psychologique et sa méconnaissance des réalités de la vie, ne tient absolument aucun compte du fait que la diminution de la joie au travail constitue pour les travailleurs un mobile de mécontentement pour le moins aussi important que l'amoindrissement, d'ailleurs problématique, de leurs ressources. Il est vrai que nombre d'ouvriers, marxistes et non marxistes, semblent être inconscients de ce fait ; cela prouve simplement que la plupart des gens ne voient pas clair en ce qui se passe dans leur propre âme et confondent volontiers les symptômes d'un mal avec sa cause. Ils expliquent les manifestations du subconscient par les manifestations du conscient qui en dérivent, au lieu de faire l'inverse.

Le reproche que le marxisme élève contre le mode capitaliste de production se résume en cette formule : le capitalisme a séparé le producteur des moyens de production. Mais il s'est passé quelque chose de bien plus grave encore : le capitalisme a séparé le producteur de la production, l'ouvrier de l'œuvre. Il a créé ainsi un esprit de répugnance au travail, que des conditions de vie matérielle meilleures ont souvent contribué à rendre plus aigu au lieu de l'atténuer ; et ce n'est pas un simple déplacement de la propriété qui pourra guérir ce mal.

Si l'on se place uniquement au point de vue des formes de la possession, on trouve les rapports les plus différents entre le serf et l'artisan de l'époque précapitaliste, le chef d'entreprise, l'intellectuel ou le fermier d'aujourd'hui, d'une part, et les moyens de production utilisés par eux, d'autre part. Tous ces producteurs se distinguent néanmoins de l'ouvrier industriel en ceci : ils peuvent disposer de leurs moyens de production ; ils peuvent régler librement leur travail et ils ont un intérêt personnel au rendement de ce travail. Par conséquent, celui-ci leur donne l'occasion de satisfaire des besoins psychiques qui dérivent de l'instinct d'auto-estimation. Cette satisfaction-là est en grande partie refusée au travailleur industriel.

Ce contraste apparaît de la façon la plus aiguë quand on compare l'ouvrier industriel d'aujourd'hui au producteur industriel d'autrefois, l'artisan du moyen âge corporatif. Qu'il fût propriétaire ou simplement locataire de sa maison, de son atelier ou de sa boutique, que sa prospérité fût assurée ou précaire, n'importe, il était le maître de son travail. Il créait lui-même un produit prêt à la consommation. Il achetait la matière première, il disposait des outils et des moyens de production ; il vendait le produit de son travail pour un prix qu'il obtenait le plus souvent directement du consommateur. Il déterminait lui-même la durée, l'intensité et le genre de sa prestation de travail. Les interventions extérieures dans le règlement des heures de travail avaient pour seul but la fixation d'une durée maxima, et les règlements concernant le procédé technique ne tendaient qu'à assurer un produit de bonne qualité. D'ailleurs, dans les deux cas il s'agissait d'une réglementation dans laquelle chaque maître artisan avait son mot à dire et qui le protégeait contre ce qu'il considérait lui-même comme une concurrence déloyale. L'artisan voyait éclore et se former entre ses mains le produit de son travail. Son œuvre ne lui appartenait pas seulement au sens du droit de propriété, mais elle était sienne aussi en ce qu'elle dépendait uniquement de son initiative, de sa capacité professionnelle, de son zèle et des forces créatrices de son âme. C'est pourquoi chaque profession était un art, chaque artisan un créateur. Et la civilisation de cette époque était, soit dit en passant, une civilisation harmonieuse de travail pour la communauté au regard de laquelle notre civilisation actuelle, dominée par l'argent, semble un chaos de pénibles dissonances. Tout ce que la civilisation médiévale a produit nous est resté comme témoignage vivant d'un apogée de l'histoire humaine, car dans chacune de ses œuvres palpite l'âme de l'ouvrier qui l'a créée. Pour l'artisan, le travail était une joie, une manifestation de sa propre vie, un moyen d'exprimer sa personnalité.

Aujourd'hui il n'y a plus de producteurs en ce sens, du moins dans l'industrie, que parmi ceux qui ont repris de l'artisan de jadis sa fonction directrice d'une unité de production. Ce ne sont plus cependant des producteurs complets, car l'ouvrier et la machine accomplissent pour eux la prestation physique. En outre, les tâches de la direction technique et commerciale des entreprises sont souvent spécialisées à un tel point par la division du travail et la hiérarchie que le mobile créateur a fait place, dans beaucoup de cas, au mobile acquisitif. Il n'en reste pas moins vrai que seules les fonctions directrices de l'industrie permettent encore la manifestation de ce que les Allemands appellent le « Werkgeist », l'esprit d'œuvre, la satisfaction autonome de l'instinct de création, bien que ces sentiments soient souvent adultérés par le désir d'aventure du spéculateur et par l'instinct de puissance du « capitaine d'industrie ».

Les conditions techniques et sociales du travail de l'ouvrier industriel sont en contraste presque complet avec celles qui donnaient à l'artisan de la joie au travail. Il ne dispose plus ni des moyens du travail, ni de la matière première, ni du produit. En somme, ce qu'il fabrique ne constitue plus un véritable produit, car il doit se contenter d'exécuter une partie d'une opération dont il ne peut influencer le cours d'ensemble. Dans bien des cas, il ignore jusqu'à la nature du processus technique total dont il exécute une partie. Ce qu'il gagne n'est pas déterminé par le prix de ce produit, mais par l'état du marché du travail. Ce n'est pas l'ouvrier qui décide de la durée du travail et de l'intensité de sa prestation de travail ; celles-ci dépendent de l'organisation hiérarchique de l'entreprise. Il ne représente plus dans l'usine que des « bras ». Il peut en être renvoyé du jour au lendemain. Le genre et la rapidité de son travail lui sont prescrits soit par la machine qu'il dessert, soit par les chefs qui le commandent. Enfin, la production mécanique lui enlève de plus en plus, dans la plupart des cas, la possibilité de faire preuve d'initiative et de prendre des décisions susceptibles d'influencer le résultat de son travail — dans la mesure où il en éprouve encore le désir après tout ce qui vient d'être énuméré. Par conséquent, au lieu du mobile de la joie au travail, c'est surtout le mobile de la peur du chômage qui le poussera à travailler. Voilà les raisons plus profondes de la répugnance au travail que montrent de plus en plus les ouvriers d'industrie. Si l'on ne se rend pas compte de l'importance prépondérante de ce facteur psychologique, il est impossible de saisir n'importe quelle phase du mouvement ouvrier. Il n'est guère de grève dont il soit possible de comprendre autrement les causes ultimes, bien que celles-ci échappent souvent aux ouvriers eux-mêmes et qu'elles ne se reflètent que rarement dans les revendications posées.

Il est à peine besoin d'insister sur l'importance que présente pour la civilisation tout entière le fait qu'actuellement les fonctions les plus importantes de la production sont confiées à des êtres qui n'en éprouvent aucune satisfaction. Le mouvement ouvrier lui-même montre en général étonnamment peu de compréhension pour les suites psychologiques que comporte un tel état de choses. Le marxisme principalement va jusqu'à considérer la mécanisation et la déqualification du travail industriel comme une condition qui doit être remplie avant que le prolétariat ne soit devenu suffisamment nombreux, uni et mécontent pour réaliser la révolution sociale. Il y a une ressemblance inquiétante entre « l'ouvrier idéal » du marxisme et « l'ouvrier idéal » du taylorisme supercapitaliste, tout au moins en ce qui concerne leur situation dans l'atelier. Ce n'est vraiment pas par hasard que le communisme russe a manifesté cette communion d'âmes dans un si grand nombre de ses propositions et de ses mesures destinées à augmenter la production ; en Amérique aussi, le taylorisme ne s'est trouvé applicable, en règle générale, qu'aux ouvriers immigrés des régions les plus arriérées de l'Europe, les travailleurs anglo-saxons étant trop attachés à leurs traditions corporatives pour se prêter avec complaisance à la militarisation des ateliers.

Le marxisme n'oublie qu'une chose, c'est que cet « ouvrier idéal », « qui n'a plus rien à perdre que ses chaînes » et qui regarde le travail comme une corvée haïssable, n'est plus un homme dont on puisse attendre, dans n'importe quel ordre social, une activité productrice réelle. Du moment que la phobie chronique du travail amène le producteur à ne plus vouloir travailler que sous la menace d'une peine, du moment que les masses ouvrières souffrent d'un « complexe d'atelier » qui réduit pour elles tout le problème du travail à la réduction de sa durée et de son intensité, tout nouveau mode de production se trouve placé devant la question suivante : comment remplacer l'ancien mobile du travail disparu par un mobile nouveau ? Le marxisme, dans sa naïveté rationaliste, croit qu'on peut mettre à la place du mobile disparu de l'habitude un mobile nouveau dérivé d'un objectif social conscient, comme par exemple la défense de la révolution ou l'intérêt communautaire. Ceci peut s'appliquer peut-être à quelques douzaines ou centaines de militants révolutionnaires, appartenant à la catégorie exceptionnelle des êtres humains chez qui un idéal raisonné peut engendrer des habitudes. Même si tous ces gens renonçaient à leurs mandats politiques pour aller peupler les fabriques, leur nombre ne suffirait pas à maintenir la production en marche. Les millions d'hommes qu'il faut pour ceci appartiennent à la catégorie normale des masses qu'il est relativement facile d'enthousiasmer pour des buts politiques, pour lesquels elles affronteraient même la mort, mais chez qui ces vagues émotives sont impuissantes à créer de nouvelles habitudes de travail. À ce point de vue, le communisme russe a répété, sous une forme à peine modifiée, la triste expérience des Ateliers nationaux de 1848. Assagi par elle, il est revenu à des méthodes d'organisation des entreprises qui se fient aux mêmes mobiles que le régime précédent. Il a même tenté, dans une certaine mesure, de remplacer l'attrait insuffisant du salaire par la discipline militaire de « régiments ouvriers ». Mais ceci non plus n'est pas parvenu à remplacer les mobiles anciens de travail, auxquels les masses étaient habituées, par des mobiles positifs nouveaux. Pareille entreprise serait également vouée à l'insuccès partout ailleurs, car les êtres chez qui un idéal politique peut former des habitudes de vie journalière ne sont partout qu'une infime minorité.

Si le mouvement ouvrier veut former des hommes capables d'assurer dans un mode de production nouveau une productivité suffisante, tout en renonçant aux moyens coercitifs de la menace de famine et de la discipline autocratique d'atelier, il fera bien de ne pas se fier uniquement à la persuasion par l'éloquence des tracts et des réunions publiques en période révolutionnaire. Son succès dépendra beaucoup plus de ce qu'auront accompli les syndicats, qui dès à présent se livrent à une besogne patiente et obscure pour contrecarrer le processus de déqualification du travail industriel, ou tout au moins pour en épargner les suites les plus fâcheuses à la classe ouvrière. Les organisations syndicales contribuent beaucoup plus à consolider les derniers liens qui relient encore l'ouvrier à son travail que ne le soupçonnent la plupart des ouvriers et presque tous les patrons. Elles obtiennent ce résultat presque sans le savoir, en cherchant à maintenir la capacité professionnelle et à développer l'enseignement industriel, en organisant le droit de regard et de contrôle des ouvriers, en démocratisant la discipline d'atelier par le système des délégués et sectionnaires, etc. Elles rendent ainsi à l'ouvrier un service bien moins problématique, même en tant que citoyen d'une société future, qu'elles ne pourraient le faire en cherchant le salut dans la dissolution de tous les rapports psychiques entre l'ouvrier et le milieu d'atelier.

Car « l'ouvrier idéal » du marxisme, consacré uniquement à la lutte de classe et détaché de tous les liens qui le rattachent aux choses de l'entourage « capitaliste », cet être-là n'est, heureusement, qu'une chimère enfantée par la théorie. Le déraciné, complètement détaché du présent et ne vivant que pour un idéal d'avenir, serait peut-être dans un cas sur dix mille un véritable génie, un conducteur de peuples. Mais dans les 9 999 autres cas, on n'aura affaire qu'à un insupportable fanatique, à l'âme desséchée et stérile. À ce point de vue, il faut peut-être se réjouir de ce qu'en fin de compte l'ouvrier moyen d'aujourd'hui, l'ouvrier en chair et en os, soit encore — ou déjà — aussi philistin qu'il l'est. Par philistin, j'entends l'être dont l'âme est dominée par les choses matérielles : en ce sens, l'ouvrier est attaché à son atelier, à sa maisonnette, à son mobilier, à son jardinet, à sa basse-cour, à sa pipe, à son coin d'estaminet. Quelle que soit l'indigence de ces succédanés de civilisation, ils signifient néanmoins que les derniers vestiges du bonheur quotidien n'ont pas disparu de la vie ouvrière. S'il en était autrement, il ne resterait dans l'âme ouvrière qu'un vide affreux qu'aucune réalité présente ne saurait combler.

Il existe en effet une forme de la possession matérielle — qu'il faut d'ailleurs se garder de confondre avec le droit de propriété — dont l'absence entraîne une indigence de l'âme. Quand le sentiment de propriété qui relie un être humain à un objet rayonne de l'être vers l'objet, il constitue un gain moral. Il n'y a perte morale que lorsque l'homme est plus tenu par l'objet que l'objet par l'homme. Nous pouvons posséder de la première façon bien des choses qui ne sont pas notre propriété : une terre que nous avons prise à bail, mais que nous cultivons nous-mêmes ; une maison que nous louons ; un outil fourni par le patron, mais que nous manions journellement ; une machine qui ne nous appartient pas, mais que nous desservons ou plutôt que nous dirigeons ; un objet auquel nous avons travaillé avec amour mais qui sera vendu par un autre. L'être humain reporte un sentiment de possession sur les objets dont il se sert pour le plaisir ou pour le travail et sur ceux qu'il a créés lui-même. Ce sentiment de possession et la revendication de propriété qui en dérive, loin d'être le produit maudit d'un ordre social immoral, constitue la condition essentielle de toute moralité sociale. La nature individuelle de l'âme exige cette nature individuelle de la possession, et un mode de production qui nierait ce fondement psychologique serait impossible à maintenir, voire même à tenter. Si le travailleur n'était pas mû par cet instinct de possession, fort différent de l'instinct de l'acquisition pour l'acquisition qui asservit le capitaliste à sa richesse, il se trouverait dénué du mobile juridique qui le pousse à revendiquer le droit du producteur à disposer des moyens de production et à jouir du produit intégral de son travail. Or c'est ce mobile seul qui fait de la lutte de classe autre chose qu'un simple marché d'intérêts.

En méconnaissant l'existence de cet instinct de possession chez l'ouvrier, le rationalisme marxiste nie la disposition psychologique qui donne, précisément chez l'ouvrier marxiste, un contenu et une direction à ses aspirations sociales les plus profondes. La revendication de la socialisation des moyens de production ne serait qu'une simple construction intellectuelle incapable de susciter l'enthousiasme des masses, si elle ne puisait ses forces dans le désir passionné du travailleur de pouvoir considérer comme siens, de façon ou d'autre, les moyens de production dont il se sert. L'intellectuel marxiste va au-devant de malentendus tragiques, quand il associe l'idée d'une propriété socialisée à un sentiment qui tendrait à dissocier psychologiquement l'individu de la possession de ses moyens de travail. Au fond, ce que chacun veut, c'est non pas supprimer la propriété, mais posséder plus de propriété, tout au moins dans le sens d'un droit de disposition plus étendu.

Il n'y a pas si longtemps que des arguments marxistes étaient couramment employés pour critiquer toute réforme qui tendait à rendre les ouvriers propriétaires d'une maisonnette ou d'un jardin ; on y voyait — et beaucoup y voient encore — une concession néfaste à des tendances petites-bourgeoises. On pourrait tout aussi bien ordonner le célibat aux ouvriers, sous prétexte que les célibataires sont fréquemment des membres bien plus actifs de leur organisation et des révolutionnaires plus radicaux que les pères de famille. Dans son excellente étude sur la psychologie des I.W.W. (Industrial Workers of the World) américains, Carleton Parker a montré la relation étroite qui existe entre le caractère révolutionnaire de ce syndicalisme et le célibat auquel la vie nomade astreint les travailleurs saisonniers de l'Amérique Occidentale. Faut-il en conclure que le célibat et la vie errante sont recommandables parce qu'ils favorisent la conscience de classe ou ne faut-il pas, bien au contraire, considérer l'agressivité immodérée de la mentalité sociale des I.W.W. comme l'indice de conditions de vie anormales ? Le socialisme serait bien mal en point si sa réalisation dépendait de gens qui ne sont socialistes que parce qu'ils n'ont pas d'occasion de planter des choux dans leur jardinet. Que resterait-il de la mentalité socialiste du « chien hargneux » après que le socialisme lui-même lui aura enlevé son collier et rempli son écuelle ?

Si l'image déterminée qu'on se fait du socialisme ne correspond pas à la réalité humaine de la classe ouvrière, cela démontre uniquement que cette image est fondée sur des hypothèses contraires à la nature humaine. Celle-ci certes n'est pas immuable. De même que le capitalisme a pu refouler le mobile du travail par devoir par le mobile du travail pour le gain, de même il est possible que le socialisme fonde un mode de production nouveau sur le mobile du travail par devoir au lieu du mobile de gain. Seulement, il importe de bien voir que la transition d'un mobile à l'autre est une opération beaucoup plus complexe et plus longue que le refoulement d'une représentation intellectuelle par une autre. Les mobiles qui font agir les masses reposent sur l'habitude. Or, les habitudes ne peuvent se transformer d'un coup par la simple introduction d'idées nouvelles.

Pour se rendre compte de la différence entre l'acceptation de nouvelles idées et la formation de nouvelles habitudes, il suffit de regarder la classe ouvrière actuelle. Intellectuellement, elle est entièrement dominée par l'idée capitaliste du travail pour le gain, mais ses habitudes de travail sont encore fortement influencées par l'accoutumance de l'époque précapitaliste, où le travail était une obligation morale. Et il est heureux qu'il en soit ainsi, car autrement, ou bien le travail dans l'usine capitaliste serait pour la plupart des ouvriers un enfer encore plus terrible qu'il ne l'est, ou bien la société sombrerait dans des déchirements sociaux plus semblables aux révoltes stériles des esclaves antiques qu'à une ascension de la classe ouvrière vers une civilisation nouvelle. Le mobile du devoir et de la joie au travail a survécu à l'action dissolvante de l'industrie mécanisée. Et ce n'est que grâce à cela qu'un ordre socialiste de production est possible, c'est-à-dire en perfectionnant les mobiles de travail habituels déjà donnés par l'introduction d'objectifs conscients nouveaux. À défaut de ceci, le socialisme se verrait condamné à faire l'expérience que de nouvelles habitudes de vie sont moins faciles à créer que de nouvelles idées politiques.

Il n'est pas sans intérêt de se demander quel a été l'élément psychologique principal qui a permis au communisme russe de maintenir la production industrielle après la prise du pouvoir : sont-ce les formules politiques nouvelles des citoyens de la République soviétique ou ne sont-ce pas plutôt les anciennes habitudes de travail et de subordination des sujets du tsar ? Pourquoi, d'autre part, entend-on si souvent dire, surtout par les socialistes allemands eux-mêmes, que l'application au travail et le sentiment profond du devoir propres aux Allemands créent en Allemagne des conditions plus favorables à un ordre socialiste de la production que partout ailleurs ? Parce qu'il est avéré que le travail intensif et consciencieux est devenu une seconde nature pour l'Allemand et parce que celui-ci se plie facilement à une discipline. C'est justement à cause de cela que l'ouvrier et l'employé allemands, travaillant à l'étranger, sont prisés par leurs chefs et d'autant moins appréciés par leurs collègues. Pour les mêmes raisons, le fonctionnaire allemand se différencie toujours du bureaucrate des autres pays par le sérieux avec lequel il remplit son devoir. On se trouve évidemment ici en présence d'une aptitude psychologique nationale, dont les socialistes allemands ne sont pas les derniers à s'enorgueillir. L'origine de race ne suffit pas à l'expliquer : l'Anglais, par exemple, qui a les mêmes qualités de race, a des habitudes de travail fort différentes. Il semble bien qu'on doive chercher l'explication de cette différence dans un passé historique plus récent : en Allemagne, l'industrie capitaliste ne s'est développée que fort tard, tandis que les institutions et les coutumes d'un passé féodal mi-paysan, mi-artisanal s'y sont maintenues particulièrement longtemps. On peut donc s'attendre à ce que l'Allemagne socialiste de l'avenir tire de la survivance des habitudes de travail de l'époque féodale un profit analogue à celui qu'en retire actuellement le capitalisme. La possibilité d'un régime socialiste dépend moins de la prépondérance politique d'un parti ouvrier sur ses adversaires, que de la victoire des tendances conservatrices de la joie habituelle au travail sur les tendances contraires, qui menacent de saper ce fondement moral de tout ordre de production.

Ces tendances destructrices sont encouragées par ceux-là mêmes d'entre les capitalistes qui ne peuvent assez se lamenter sur la répugnance croissante au* travail dont ils accusent leurs ouvriers ; ce sont eux qui dilapident l'héritage d'un temps meilleur en transformant de plus en plus l'ouvrier en un outil sans âme, en utilisant toute augmentation de la productivité ou de l'intensité du travail pour saigner à blanc les producteurs. Ce paradoxe a un pendant : ce même mouvement syndical, auquel les patrons reprochent d'encourager la répugnance au travail et qui est lui-même en grande partie une conséquence de ce malaise, est l'instrument le plus efficace pour maintenir ou créer les conditions qui peuvent favoriser la joie au travail. C'est la tâche qu'accomplissent les syndicats, rien qu'en luttant pour des salaires plus élevés et des journées de travail plus courtes ; de cette façon, ils protègent l'ouvrier contre la misère et le surmenage et lui permettent de voir dans le travail autre chose qu'une corvée détestée. Ils lui donnent la conscience de sa dignité humaine, sans laquelle tout travail n'est qu'esclavage. Ils encouragent tout ce qui peut augmenter la capacité professionnelle ainsi que la productivité et donnent, de cette façon, un fondement à leurs revendications d'un plus grand bien-être pour tous. Ils combattent les méthodes de salaires et de travail qui ont pour résultat de surmener l'ouvrier et d'aigrir son caractère. Ils tendent de plus en plus à remplacer la méthode négative du refus du travail, reste de l'ère des grèves sporadiques, par la méthode positive, qui consiste à assurer du travail à des conditions fixées contractuellement, et dont le contrôle ouvrier est l'expression la plus élevée. Ceci n'empiète nullement sur le maintien et l'utilisation du droit de grève, condition préalable de toute augmentation de puissance et, par là, de toute amélioration ; mais la lutte pour laquelle l'arme de la grève est employée, ou tenue prête, est dirigée vers un objectif nouveau, l'organisation démocratique des entreprises. C'est vers ce but que s'orientent depuis quelques années les syndicats de tous les pays, d'après les modalités les plus diverses, que symbolisent les formules des délégations d'usines, des conseils paritaires, des contrats collectifs, du droit de regard, du contrôle ouvrier, des conseils d'usines, des guildes ouvrières, de la démocratie industrielle, des « Betriebsräte » allemands, des soviets d'usine russes, etc. Plus qu'aucune autre revendication, ce contrôle ouvrier peut assurer des rapports satisfaisants entre l'ouvrier et son travail, dans la mesure où l'organisation intérieure des entreprises accorde à l'ouvrier plus d'influence sur les conditions sociales et techniques de, son travail.

Il est difficile de prévoir à l'heure actuelle jusqu'à quel degré tout ceci pourra amener une résurrection de l'esprit d'atelier capable de donner un sens nouveau au travail industriel. Mais il est certain que cette résurrection est l'une des conditions essentielles qui doivent être remplies avant qu'une joie véritable au travail redevienne possible dans l'industrie. Pour atteindre ce but, les syndicats pourraient certes déployer une action encore plus efficace qu'ils ne le font, s'ils n'étaient pas eux-mêmes entravés par des scrupules qui sont le résidu de la phase précontractuelle du mouvement syndical. La survivance de ces scrupules est singulièrement favorisée par la conception marxiste de la lutte des classes. Le marxisme croit que le processus de déqualification croissante du travail industriel est une fatalité économique du régime capitaliste et, par là, une condition préalable de l'unité prolétarienne. Ainsi la théorie de la paupérisation sociale s'accompagne d'une théorie de la paupérisation psychologique. Marx lui-même l'a symbolisée dans le Capital, en appliquant à l'entrée des usines l'inscription de l'Enfer de Dante : « Vous qui entrez, laissez toute espérance. » Et cela jusqu'à l'heure du Jugement dernier, c'est-à-dire de la révolution sociale. Et alors ? Suffira-t-il qu'au lendemain de la révolution l'usine soit devenue propriété de l'État et que d'autres maîtres se soient installés dans ses, bureaux, pour que les êtres humains qui passeront l'entrée décorée d'une nouvelle inscription aient acquis une âme nouvelle ? Faut-il jusqu'à ce jour renoncer à toute tentative de rendre la vie à l'usine plus heureuse ? La pratique du mouvement syndical a déjà répondu à cette question par un non catégorique. Ce non pourrait être bien plus efficace encore si le mouvement ouvrier parvenait à se libérer de certaines formules périmées qui entravent ses propres efforts. La plus néfaste de ces formules, c'est la doctrine d'après laquelle les progrès techniques du machinisme doivent transformer tous les ouvriers en manœuvres non qualifiés, en accessoires sans âme de la machine, et leur enlever ainsi toute joie au travail. Cette théorie ne concorde plus avec la réalité. Elle ne s'explique chez Marx que par les conditions particulières de son époque. Cette époque fut caractérisée par le déclin de l'artisanat et les débuts de nouvelles industries mécanisées, telles que l'industrie textile anglaise, oui fournit à Marx et Engels leurs exemples préférés pour montrer le remplacement des artisans qualifiés par des ouvriers non qualifiés, choisis pour la plupart parmi les femmes et les enfants. Le tableau saisissant que Marx et Engels nous ont laissé de cette évolution est resté tellement classique qu'il continue jusqu'à nos jours à fausser l'image que se font bien des sociologues, même non marxistes, d'une réalité devenue fort différente depuis lors.

Pour se rendre compte de cette différence, il faut commencer par reconnaître que, dans la pratique, il est psychologiquement impossible de vider complètement n'importe quel travail de ses éléments affectifs positifs. La soumission absolue de l'ouvrier à la machine est un cas limite qui n'est jamais complètement réalisé. La cause en est fort simple : l'être humain s'y refuse. Il se raccroche toujours à la possibilité d'un dernier restant de joie au travail, dont il a besoin sous peine de dépérir complètement. Toute activité, quelque abrutissante qu'elle ait été rendue par la mécanisation, offre certaines possibilités d'initiative satisfaisant tant soit peu les instincts du jeu et de la création. Il n'est point de travail que l'on ne puisse faire bien ou mal. Même le plan d'exécution le plus minutieux et basé sur les études les plus précises du taylorisme laisse à l'ouvrier des échappatoires qui lui permettront dans la pratique de reconquérir certaines occasions de déterminer lui-même ses mouvements. Il peut toujours, à défaut d'une réparation à faire, imaginer des moyens d'influencer la rapidité ou la qualité du travail. Même le détenu, condamné à coller des sachets pendant des années, trouve des moyens pour échapper aux effets les plus abrutissants de cette torture. Il ne les cherchera pas toujours en automatisant ses mouvements de façon à garder le cerveau libre pour d'autres préoccupations. Il cherchera jusqu'à la fin des tours de main qui lui permettront d'obtenir une prestation meilleure avec un effort moindre. Cette recherche seule peut suffire à lui procurer certaines satisfactions qui le sauveront de l'abrutissement complet.

Le despotisme de la machine n'est jamais un despotisme absolu. L'attitude de l'ouvrier est toujours caractérisée par la lutte de deux mobiles qui divergent dans deux directions opposées. D'une part, il y a l'homme qui cherche constamment — et presque toujours sans en avoir conscience — à trouver de la joie à son travail. Par celui-ci, il veut se rehausser à ses propres yeux, tout au moins assez pour ne pas devoir se mépriser lui-même comme un instrument inanimé. D'autre part, il y a les obstacles. Au premier rang de ceux-ci, il faut placer un obstacle psychologique : tout travailleur a besoin d'une certaine mesure d'automatisme, pour diminuer la fatigue d'une concentration trop soutenue de l'attention. Même l'artisan complet connaît et recherche ces phases de détente. Et il n'est point d'artiste qui n'accueille avec plaisir de pareilles interruptions de l'activité créatrice par des phases de travail routinier. L'ouvrier rivé à la machine cherchera d'autant plus à utiliser cette possibilité pour pouvoir se livrer à des rêveries qui l'emportent loin de l'atelier. En outre, il y a les obstacles techniques qui résultent de la monotonie du travail et de son caractère de dépendance. Enfin, il y a les scrupules sociaux qui naissent du ressentiment de classe de l'ouvrier ; il ne parvient pas à oublier qu'en fin de compte, il s'esquinte pour les actionnaires. Il sait, au surplus, qu'en produisant trop, il s'expose, sinon à une diminution des tarifs aux pièces ou à une augmentation des exigences patronales, tout au moins à ce que ses collègues lui reprochent un zèle arriviste compromettant la solidarité.

Les tendances destructrices de la joie au travail prédominent généralement chez l'ouvrier à la machine. Elles n'arrivent néanmoins jamais à éliminer complètement la tendance positive qui cherche malgré tout à trouver la joie dans le travail. En réalité, il y a chez chaque ouvrier lutte perpétuelle entre les deux tendances avec, comme résultat, un équilibre instable des forces psychologiques en présence. L'ouvrier qui prend conscience du caractère précaire des compromis intérieurs auxquels cette lutte le conduit est menacé d'une inquiétude nerveuse constante. Il passe par des phases successives de satisfaction, de résignation et de désespoir.

Pendant plusieurs années, je me suis livré à une enquête approfondie sur ce problème auprès d'un grand nombre d'ouvriers allemands des professions les plus diverses ; j'en ai publié les résultats dans un ouvrage, Der Kampf um die Arbeitsfreude, paru chez Diederichs à Iéna. Les 78 autobiographies d'ouvriers recueillies au cours de cette enquête constituent des documents véritablement tragiques, en ce qu'ils illustrent le conflit perpétuel entre le désir subconscient de la joie au travail et les tendances inhibitrices du « complexe d'atelier » et du sentiment d'infériorité sociale. Ces documents sont généralement d'autant plus émouvants que les révélations qu'ils contiennent sont inconscientes et naïves. Ainsi, la confession d'un chaudronnier, qui traite son travail au marteau hydraulique de « tuant », à cause de l'effort excessif et du bruit énervant, contient la phrase suivante : « Quand je suis occupé à un ouvrage, je ne fais qu'un avec lui. J'oublie alors combien mon métier me répugne. » Quiconque est capable de saisir le sens profond de cette antinomie entre l'« ouvrage » et le « métier » en sait plus long sur la question sociale que s'il a appris par cœur tout ce qui a été publié sur les théories de la valeur et de la plus-value. Le destin qui se dévoile alors est certes cruel, mais il n'est pas sans espoir. Du point de vue de la santé morale de l'organisme social, le dépérissement de la joie au travail est sans aucun doute un état de maladie des plus graves. Néanmoins, ce qui est malade n'est pas mort. On ne peut détruire complètement la joie au travail. Elle n'est qu'entravée, elle cherche à se frayer des voies nouvelles de réalisation.

Il y a encore une autre raison pour laquelle la théorie marxiste de la déqualification du travail est loin d'être applicable d'une façon générale. Toutes les industries ne présentent pas des conditions techniques également favorables à l'introduction du machinisme. Il est assez naturel que les branches de la production dans lesquelles le machinisme peut amener la plus grande économie de travail aient été les premières à introduire le système usinier. Dans l'industrie textile, par exemple, l'emploi des machines a rendu possible une augmentation des quantités produites par ouvrier qui dépasse souvent le centuple de l'ancienne production artisanale. Des faits de ce genre ont induit Marx à formuler des conclusions prématurées et trop générales.

Dans un grand nombre d'autres industries qui ont supplanté depuis lors l'artisanat, ou qui ont créé des branches nouvelles de la production, le machinisme n'a pas fait les mêmes progrès, soit que l'économie de main-d'œuvre réalisable par les machines y fût plus douteuse, soit que les machines pouvant réaliser une économie suffisante revinssent trop cher. Au surplus, le processus d'ensemble de la production de chaque industrie comprend un grand nombre de travaux qui ne peuvent être exécutés par des machines. Le nombre de ces travaux augmente en même temps que la grande entreprise s'étend et que s'accroît la distance moyenne entre le lieu de production et le lieu de consommation. Les industries du transport qui se développent de plus en plus comportent une forte proportion d'occupations non mécaniques. Il en est de même du transport à l'intérieur des entreprises. La division du travail amène une séparation croissante entre les fonctions directrices et le travail d'exécution, et la bureaucratisation qui en résulte crée, même à l'intérieur des entreprises, un nombre toujours plus grand de fonctions non mécanisées. Il faut ajouter à tout ceci — en dehors même de l'agriculture, du commerce, du travail ménager des femmes, du fonctionnariat, etc. — toute une série de branches industrielles et de fonctions de transmission, qui ou bien ne se prêtent pas du tout à l'introduction de la machine, ou bien (comme dans beaucoup d'ateliers de réparations) combinent le travail à la machine-outil avec le travail purement manuel.

S'il en était autrement, on ne pourrait expliquer la différence entre le coefficient d'économie de main-d'œuvre réalisable par certaines machines, comme le métier à tisser, et le coefficient beaucoup plus modeste de l'économie de main-d'œuvre que réalise la production dans son ensemble, même dans les pays techniquement les plus avancés. Il n'est naturellement pas possible d'exprimer cette différence en chiffres exacts, faute d'une unité de comparaison uniforme et à cause de l'extraordinaire complication du problème statistique ; mais tout praticien de l'industrie peut tirer de ses observations personnelles des conclusions qui s'écartent fort des spéculations doctrinales dont s'enthousiasmèrent les premiers théoriciens du machinisme. Le coefficient de productivité accru par tête d'habitant se ramène, même dans les pays les plus industriels, à des proportions d'autant plus modestes qu'il est plus influencé par le chiffre de la productivité agricole et minière, fort peu augmentée jusqu'à présent par le machinisme.

Pendant de longues années, je me suis imposé la tâche d'établir la statistique des métiers qu'exerçaient les élèves des cours que je faisais devant des auditoires ouvriers du genre le plus varié. Dans tous les cas, il apparut que les ouvriers qui n'étaient plus qu'un « accessoire de la machine » formaient une minorité étonnamment petite. La plupart des ouvriers non qualifiés se livrent aujourd'hui à des occupations non mécaniques. Il est vrai que l'artisan de jadis est devenu une rareté, mais, dans la mesure où ses occupations se sont trouvées mécanisées, il a été remplacé, moins par le type d'un « esclave non qualifié de la machine » que par le type de l'ouvrier mi-qualifié spécialisé. Celui-ci n'exerce plus un métier au sens ancien du mot, car il n'est plus en état de fabriquer entièrement un produit industriel. Il doit se contenter d'une tâche partielle, comme par exemple celle du tourneur dans une fabrique de machines. Cependant, cette tâche partielle exige des connaissances et des capacités techniques et, par conséquent, une formation générale et une adaptation spéciale, dont l'acquisition dure souvent aussi longtemps que l'apprentissage d'autrefois.

Nous voici amenés à considérer la troisième différence essentielle entre le diagnostic marxiste et la réalité : l'étape de la mécanisation, qui transforme l'ouvrier en serviteur non qualifié de la machine, est souvent suivie par une autre, dans laquelle il se transforme en surveillant qualifié, en véritable maître de la machine. La mécanisation de la production donne naissance à deux tendances opposées. L'une qui déqualifie le travail et l'autre qui le requalifie. Il est impossible de déterminer d'avance laquelle de ces deux tendances l'emportera dans chaque cas particulier. Il faut pour cela considérer non seulement les industries dans leur ensemble, mais encore chacune des tâches particulières qu'elles comportent. Le résultat dans chacun de ces cas dépend du degré de perfectionnement technique réalisé et de la tâche qui en découle. On ne saurait dire d'une façon générale laquelle des deux tendances prédomine. Les circonstances sont beaucoup trop différentes d'un cas à l'autre pour qu'il soit possible de généraliser sans faire violence à la réalité. Mais on peut, sans trop s'aventurer, affirmer qu'en règle générale les tendances déqualificatrices impriment leur caractère au début du machinisme, tandis que les tendances requalificatrices sont particulières à un stade plus avancé du progrès technique. La théorie marxiste de la déqualification provient d'une époque primitive de l'industrialisation. Depuis lors, les tendances reconstitutives de la qualification ouvrière n'ont fait que gagner en importance. Elles continuent à croître proportionnellement aux progrès de la technique.

Dans les cas où la tendance à la requalification se manifeste déjà, il faut se représenter l'évolution parcourue à peu près comme suit : La machine au début n'est encore qu'un outil isolé, mis en marche par une force motrice. L'artisan, qui maniait autrefois cet outil, est donc remplacé par un ouvrier non qualifié, souvent même par un être physiquement faible, femme ou enfant. Il ne s'agit plus alors que de desservir la machine à l'aide de quelques mouvements fort simples, qu'on peut apprendre en très peu de temps. Cependant, la machine se perfectionne petit à petit. Elle en arrive à prendre sur elle les opérations de tout un ensemble d'outils ou de tours de main. Son maniement en devient plus difficile et plus compliqué. De plus en plus, elle accomplit elle-même les mouvements qui incombaient autrefois au travailleur pour l'alimenter et manipuler la matière première en cours de fabrication. Par conséquent, l'ouvrier est de moins en moins l'aide de la machine, de plus en plus son surveillant et son maître. Son travail se trouve donc requalifié ; mais il l'est d'une tout autre façon que celui de l'artisan. Dorénavant, il lui faut plus que de la simple dextérité professionnelle. Il doit hausser le niveau général de ses capacités intellectuelles, s'adapter à une tâche partielle particulière du processus de production, se familiariser avec les lois générales de la technique et de la mécanique, en un mot, se rapprocher du type de l'ingénieur. Cette évolution sociale est en voie de réalisation.

Il n'est du reste pas indispensable que le progrès technique s'accomplisse sous la forme décrite plus haut, c'est-à-dire par le perfectionnement graduel qui conduit de l'outil à la machine-outil, et de celle-ci à la machine automatique intégrale. Dans beaucoup de cas, les machines les plus perfectionnées accomplissent des tâches qui n'incombèrent jamais à l'artisanat et qui ont surgi comme spécialités nouvelles au cours de l'évolution générale de la technique. Un exemple du premier type de développement graduel est fourni par la transition de l'ancien imprimeur artisan de la presse à mains de Gutenberg, au mécanicien (le « maître de machine » comme l'appellent les Allemands) de la presse rotative actuelle. Le mécanicien de locomotive représente par contre un exemple de développement non continu, car ce n'est évidemment pas parmi les postillons que l'on a recruté de préférence le personnel des premiers chemins de fer desservant les mêmes trajets. Dans le premier cas, un surveillant de machine hautement qualifié a repris la tâche de l'artisan des temps passés ; dans le second, un quasi-ingénieur assume un travail tout à fait nouveau de par son caractère technique, bien qu'au point de vue social il ait rendu superflue une besogne accomplie autrefois par des cochers et des charretiers non 'qualifiés.

Le développement de la « nouvelle » agriculture dans les pays neufs et coloniaux est un autre exemple de la requalification du travail que peut entraîner un nouveau procédé de production. Alors qu'autrefois toute la production agricole était le fait des classes paysannes indigènes, la plupart des pays industriels d'Europe sont obligés de couvrir leurs besoins agricoles — surtout en céréales — à l'aide de l'agriculture extensive des pays d'outre-mer. Dans les régions à population dense, notamment en Angleterre, en Belgique et dans la région parisienne, l'agriculture se concentre de plus en plus sur la production ultraintensive des légumes ou du lait, tandis que la majeure partie de la farine provient de blé américain. Le « farmer », producteur de ces céréales, a une formation professionnelle qui le différencie autant du paysan européen que le mécanicien se distingue du forgeron de village. La culture extensive rend superflues bien des capacités manuelles, bien des tours de main, bien des connaissances coutumières, qui constituent en quelque sorte l'héritage naturel de nos paysans parcellaires. Par contre, le « farmer » doit pouvoir satisfaire à d'autres exigences : il doit être capable de conduire des machines, des tracteurs, voire sa propre auto. Il est obligé, en raison des grandes distances qui le séparent des villes, d'effectuer lui-même toute une série de réparations que le paysan européen fera exécuter soit au village, soit à la ville voisine. Il doit être à la fois chauffeur, mécanicien, maçon, ébéniste, peintre et vitrier. En outre, comme il ne vend qu'une fois par an une récolte d'une seule espèce, et que les questions de transport et de débouchés à grande distance ont pour lui une importance primordiale, il doit pouvoir se débrouiller dans toute une série de problèmes de comptabilité et de correspondance commerciale, problèmes qui ne tourmentent point le paysan européen qui est à portée de carriole de son marché. Voici donc encore un producteur que les progrès de l'industrialisation et du machinisme ont amené à un degré de qualification plus élevé que celui du paysan « manuel ».

Il importe de constater enfin que les progrès de la technique, qui ont permis ce développement, ne sont pas une cause dernière. Nous sommes tellement habitués, en ces temps de technique déchaînée, à considérer les progrès des méthodes de production comme soumis à une espèce de fatalité inhérente, que nous avons perdu le sentiment du manque de sens historique de pareille conception. Ce n'est qu'en régime capitaliste qu'il est possible de croire à des lois économiques qui font de la mécanisation du travail un phénomène en quelque sorte automatique. En rattachant tout progrès humain à la cause dernière du progrès technique, Marx a inconsciemment, à l'exemple de l'économie politique libérale, élevé une particularité du régime capitaliste au rang d'une loi naturelle. Il n'est pas difficile de prouver que l'évolution des méthodes de production est conditionnée, autant dans son allure que dans sa direction, par ces mêmes circonstances sociales et intellectuelles dans lesquelles le marxisme ne voit qu'un reflet des conditions de production.

Pour commencer, il est bon de s'entendre sur ce qui constitue un « progrès » technique. Actuellement, ce mot a un sens qui résulte d'un jugement de valeur propre à l'époque capitaliste. Le machinisme est un progrès en ce sens seulement qu'il favorise une augmentation quantitative de la production. En ce qui concerne par contre la qualité des produits, il y a généralement régression par rapport à l'artisanat. Une époque dont le critérium serait la qualité et non la quantité des produits, orienterait donc la production dans une voie toute différente. Pourquoi l'antiquité classique, qui a enrichi l'humanité de tant de prodiges de l'esprit, notamment au point de vue de la sagacité logique et de l'imagination créatrice, n'a-t-elle pas inventé de machine à vapeur ? Pourquoi l'électricité est-elle restée un jeu pour elle ? Tout simplement parce que les gens de cette époque n'avaient aucun besoin ni de machines à vapeur, ni d'électricité. Toute leur conception de la vie et de la civilisation ne comportait aucun besoin que des machines eussent pu satisfaire. Quant à nos propres ancêtres du moyen âge, ils n'étaient pas plus imbéciles que nous. Le hasard, la curiosité, la recherche du moindre effort, la disposition particulière de quelques esprits d'élite, animés par la soif de connaissance, tout cela les a amenés à faire toute une série de découvertes techniques qui n'ont pas été utilisées économiquement. Ce qui a empêché maintes découvertes de cette époque de porter des fruits, ce n'est pas seulement l'indifférence d'une opinion publique conservatrice. Plus on prévoyait ou expérimentait les conséquences de pareilles inventions, plus on s'en écartait, comme si elles avaient été des œuvres diaboliques. L'industrie médiévale la plus avancée dans le sens capitaliste, la draperie urbaine des Flandres et de l'Italie du Nord, a connu au XIIe et au XIIIe siècle des méthodes de travail semi-mécaniques dont on ne trouve plus trace au XIVe siècle. On y a renoncé, non pas qu'elles ne fussent suffisamment productives au sens actuel du mot, mais parce qu'elles l'étaient trop. Même dans les cas où la qualité du produit n'en souffrait pas, on les supprima par la force, parce qu'on ne voulait pas laisser s'implanter des méthodes de production contraires à la morale sociale de l'époque. Les patrons drapiers des villes flamandes, précocement possédés de l'instinct capitaliste acquisitif et qui avaient atteint au XIIIe siècle une forte prépondérance sociale, furent pour ainsi dire exterminés au cours de luttes sanglantes. Ce ne furent pas seulement les tisserands et les foulons prolétarisés ou transformés en ouvriers à domicile qui se soulevèrent contre eux, mais tous les artisans, l'Église, les ordres religieux, en un mot, tous les représentants de l'ordre corporatif féodal que l'on sentait menacé dans ses fondements moraux. La politique corporative du moyen âge à son déclin n'a eu d'autre but que d'entraver l'évolution technique dans laquelle on n'a commencé à voir un progrès que beaucoup plus tard, quand la dissolution du régime féodal, la puissance accrue des marchands et la centralisation monarchique du pouvoir eurent brisé la puissance de l'artisanat.

Même sous le régime capitaliste actuel, le progrès technique n'est pas un processus automatique. Il dépend, au contraire, de plus en plus des conditions sociales et spécialement de l'attitude de la classe ouvrière. Le machinisme, dont Marx a vécu et décrit les débuts, aurait eu la conséquence prévue par lui d'une déqualification complète du travail, si le capitalisme, au XXe siècle, avait encore affaire à un « matériel humain » inerte, aussi soumis que les « hands » de l'ancien système usinier anglais.

Si la technique continue à se perfectionner au point de rendre possible la requalification de l'ouvrier à la machine, il faut surtout en chercher la cause dans la cherté croissante de la main-d'œuvre et dans l'augmentation des besoins et de la puissance sociale de ce « matériel humain ». Pourquoi l'Amérique du Nord est-elle allée le plus loin dans la voie de la mécanisation de la production ? Parce que, malgré l'immigration continue, l'offre de main-d'œuvre restait faible, ce qui a permis aux ouvriers de maintenir un niveau de vie tel que même des machines ayant un prix élevé revenaient meilleur marché que de la main-d'œuvre remplaçante. D'autre part, les pays où l'offre abondante de main-d'œuvre à bas prix entraîne les journées de travail les plus longues et les salaires les plus bas se trouvent être ceux où la technique de la production est la plus arriérée. À un niveau donné d'évolution économique, la direction du progrès technique ultérieur ne dépend pas de la faculté d'invention des ingénieurs, qui est égale ou du moins également utilisable partout, mais de certaines conditions sociales. En Galicie, par exemple, pays de conditions sociales arriérées, le progrès technique se manifestera par l'introduction, dans une fabrique de chaussures, de machines-outils que peuvent desservir facilement des jeunes filles de 14 ans. Dans l'État de Massachusetts, par contre, où la main-d'œuvre est chère, pareille entreprise sera beaucoup moins profitable. Le même capitaliste qui introduit en Galicie la fabrique primitive de chaussures trouvera son intérêt à faire construire au Massachusetts les machines-outils utilisées en Galicie. Ceci procurera du travail à des mécaniciens hautement qualifiés et bien payés et à des « engineers » chargés de la conduite de machines à construire des machines. Le progrès de la technique reviendra donc à créer des ouvriers non qualifiés en Galicie et des ouvriers hautement qualifiés dans le Massachusetts. Au premier de ces échelons, l'homme est encore l'esclave de la machine ; au second, il est déjà son maître, parce que l'esclave reviendrait trop cher. Une situation sociale — la qualification de l'ouvrier — dépend donc d'un état économique et technique — la méthode de production — qui, à son tour, dépend d'une situation sociale : le niveau de vie et la puissance de la classe ouvrière. En fin de compte, on trouve toujours que c'est un élément humain qui réagit sur un autre élément humain ; car l'équipement technique n'est lui-même que le résultat d'un état social issu d'un vouloir humain.

Les obstacles sociaux qui s'opposent à la diffusion du taylorisme sont un exemple de l'influence qu'exerce la volonté humaine, représentée en l'occurrence par la résistance de la classe ouvrière, sur l'évolution technique. Si la logique inhérente au mode de production décidait seule, toutes les industries dont la technique se prête à la taylorisation seraient depuis longtemps taylorisées. On ne saurait nier que les méthodes d'organisation et de salaire proposées par F.W. Taylor soient la conséquence logique du machinisme. Le taylorisme veut appliquer à l'élément humain de la production des principes de division et de hiérarchisation des tâches déjà réalisés pour les machines. Il veut réduire l'activité de l'ouvrier à un minimum d'opérations prescrit à la suite d'études expérimentales des temps et des mouvements élémentaires. Un système de salaires ad hoc, reposant sur le principe d'un minimum de salaire au temps fixé assez bas, mais accru de primes importantes dès que la tâche est accomplie dans le temps de travail prescrit, tend à amener l'ouvrier à renoncer aux mouvements inutiles, aux ralentissements et aux pauses. Dans ce but, il veut enlever à l'ouvrier toutes les tâches qui ne sont pas purement physiques et mécaniques pour les confier au personnel des bureaux. L'ouvrier n'aura plus qu'à accomplir automatiquement les mouvements prescrits ; l'initiative intellectuelle, l'exercice du jugement, le choix des tours de main préférables et des outils, la détermination de la rapidité d'exécution, tout cela devient l'apanage d'un état-major d'ingénieurs également spécialisés. L'idéal à atteindre est, selon un mot de F.W. Taylor, de simplifier tout travail à tel Point qu'on pourrait le confier à un gorille apprivoisé.

Tout ceci est fort logique, mais fort peu psychologique. On ne saurait nier que l'idéal de Taylor ne corresponde entièrement aux tendances inhérentes à la technique de la production capitaliste, en tant que forme de la production produisant le plus de plus-value possible à l'aide de machines économisant le plus de main-d'œuvre possible. Chacun sait que tout travail d'usine, même dans les entreprises où le nom de Taylor ou de ses disciples est totalement inconnu, montre une tendance à se développer dans cette direction. Toutefois, cette tendance ne peut se réaliser dans la pratique que dans la mesure où elle a affaire à une classe ouvrière aussi inerte que les machines au niveau desquelles on veut la rabaisser. En Amérique, pays d'origine du taylorisme, il n'y a pas une seule entreprise importante où l'application complète du système n'ait échoué à cause de l'impossibilité psychologique de réduire entièrement des êtres humains à l'état de gorilles.

La déqualification totale du travail que veut le taylorisme entraîne chez l'ouvrier des conséquences psychologiques tellement défavorables à la productivité (même au point de vue étroit du rendement de l'entreprise isolée), qu'elles ne peuvent être compensées par l'économie de travail et de salaires théoriquement prouvable. L'étude objective des mouvements et des temps élémentaires, fondement de toute la théorie tayloriste, est une chimère. Ces résultats dépendent forcément de la mentalité de ceux qui doivent s'y livrer. Or, l'industriel qui ordonne l'expérience, l'ingénieur qui l'exécute, l'ouvrier qui est obligé de s'y prêter, tous savent fort bien qu'elle doit servir de base aux calculs du salaire. Par conséquent, ils sont juge et partie. Le travailleur sait en outre que le patron n'utilise l'appât d'un gain plus élevé que parce qu'il compte sur une augmentation de la production encore bien plus grande. Malgré ses dehors scientifiques, cette méthode de fixation des salaires lèse le sentiment de justice de l'ouvrier. Celui-ci désire un salaire proportionné à ses besoins vitaux et à la valeur produite. Le salaire à la tâche, par contre, présume une autorité supérieure et soi-disant scientifique qui fait monter la courbe de la production plus rapidement que la courbe du salaire. Dans la pratique, il y a en outre tant d'éléments de fluctuation et d'incertitude dans la fixation des temps que l'ouvrier doute toujours de la justice du tarif qui lui est appliqué. De plus, la monotonie du travail taylorisé le déprime, le rend nerveux, irritable et l'épuise avant l'âge. Il sait que, dans l'atelier taylorisé, il n'y a place que pour des ouvriers que l'appât des primes incite à une prestation au-dessus de la normale et il appréhende la mise à pied qui menace l'ouvrier prématurément affaibli. La discipline militaire et l'espionnage constant par une série de supérieurs que nécessite le système le révoltent. Il se sent avili par l'observation forcée de ses mouvements à l'aide du chronomètre. L'expérience psychologique à laquelle il doit se soumettre lui apparaît comme une inquisition morale insupportable. Tout cela réuni produit en lui un malaise, qui n'a même pas besoin de se traduire par une résistance ouverte ou organisée pour compromettre les avantages théoriques de la taylorisation.

Il est intéressant de constater à ce propos que chez l'ouvrier américain aussi le mobile acquisitif est loin d'être l'élément prédominant de la mentalité d'atelier. La révolte contre le taylorisme procède bien plus du sentiment de justice lésé que de l'intérêt économique. Dans des usines américaines, où l'on fit voter les ouvriers sur les résultats du taylorisme introduit à titre d'essai, on trouva régulièrement le plus grand pourcentage de votes négatifs parmi les catégories au salaire le plus élevé. Aussi bien, les expériences de taylorisation entreprises en Amérique ont été circonscrites aux industries qui emploient surtout des immigrants venus des contrées les plus arriérées de l'Europe. Ce sont presque tous d'anciens campagnards non qualifiés et sans aucune expérience de la vie industrielle. Au surplus, leurs besoins sont plus primitifs et plus grossièrement matériels que ceux des véritables Américains, et leur seule préoccupation est d'amasser au plus vite le plus de dollars qu'ils peuvent, même au prix d'un travail exténuant. Ils ne sont évidemment pas syndiqués. Au cours d'un voyage de plusieurs mois que je fis en Amérique comme membre d'une commission pour l'étude de cette question, je n'ai pas trouvé une seule entreprise taylorisée dans laquelle les ouvriers fussent syndiqués. Par contre, partout où les syndicats ont pris pied, ils ont réussi à empêcher l'introduction du système Taylor. Ils ont même assuré, en 1916, l'adoption d'une loi fédérale interdisant l'emploi des méthodes tayloristes de chronométrage et de salaires à prime dans toutes les entreprises travaillant pour l'État. Ils y furent puissamment aidés par l'opinion publique, qu'inquiétaient les conséquences sociales du système. Ainsi, des forces sociales inspirées par un sentiment juridique et moral ont modifié la direction que le taylorisme voulait imprimer au développement technique, car la plupart des « progrès » techniques préconisés par lui n'ont de valeur que dans la mesure où les méthodes de travail et de salaires subissent une transformation correspondante. La déqualification croissante du travail industriel n'est donc pas une loi, mais seulement une tendance qui peut se trouver annulée par des contre-tendances sociales et surtout par la résistance ouvrière. La réalisation du socialisme ne dépend donc pas de l'accomplissement automatique d'une loi économique, mais, au contraire, de l'action en sens opposé du mouvement ouvrier, qui cherche à conserver et à rendre au travailleur la joie au travail.

Le sentiment dont procède cette résistance ouvrière n'affecte pas seulement les rapports entre l'ouvrier et la machine. Il se manifeste aussi dans les rapports entre l'ouvrier et l'autorité patronale. Ces deux situations sont d'ailleurs intimement liées. Plus le travail est déqualifié, plus il devient nécessaire pour le patron d'établir une discipline d'atelier sévère, afin de remplacer le mobile absent de la joie au travail par le mobile de la peur des réprimandes, de la perte d'avancement, du préjudice économique et du renvoi. C'est précisément au début de l'industrialisme capitaliste que le caractère autocratique de cette discipline forma le contraste le plus violent avec les conditions de travail anciennes de l'artisan et même du paysan asservi. Les ouvriers de cette époque étaient même souvent forcés de coucher dans les fabriques et d'y prendre tous les repas. Des amendes, des punitions et des mauvais traitements de toute espèce étaient monnaie courante. Vers le milieu du XIXe siècle, il existait encore dans les usines belges du textile des piloris où l'on exposait sur l'ordre patronal les ouvriers négligents. Aujourd'hui, le mouvement ouvrier a déjà fortement battu en brèche la tendance patronale du « charbonnier maître chez lui ». L'autorité patronale ne peut Plus guère s'exercer sous ces formes brutalement despotiques. Mais le conflit subsiste entre le sentiment général du droit, tel qu'il s'exprime dans la démocratie politique, et la prédominance sociale du patron, qui repose en dernière analyse sur ce qu'il peut priver l'ouvrier de sa possibilité d'existence en lui enlevant son emploi. Ce conflit s'est même aggravé du fait qu'au cours des dernières générations le sentiment juridique égalitaire s'est exacerbé et a pénétré les couches les plus profondes de la classe ouvrière. Le complexe d'infériorité sociale qui en résulte se manifeste de moins en moins comme un asservissement de l'âme et de plus en plus comme un désir de liberté.

La liberté prend ici un sens positif bien déterminé, qui découle du caractère compensatoire du droit idéal qu'elle revendique : le droit à une existence assurée pour quiconque veut travailler et le droit du travailleur à trouver du bonheur en travaillant.

# Chapitre III

## Égalité et démocratie

> *« Le pire envieux est celui qui considère chaque homme comme son égal. »*
>
> *Goethe.*

L e sentiment d'égalité est toujours apparu comme le mobile le plus essentiel des mouvements de masses à caractère socialiste. Le socialisme comme organisation idéale rationnelle de la société, ou comme réalisation de l'amour du prochain, ou comme garantie de la liberté individuelle, ce sont là rêves d'avenir conçus par une minorité d'enthousiastes. Dès qu'il s'agit des masses, le mobile qui les pousse avec le plus de force vers le socialisme est moins leur désir d'un ordre juridique idéal que le besoin instinctif et immédiat des classes inférieures de diminuer l'inégalité sociale.

Ce sentiment est préalable à toute organisation de classe et à toute connaissance d'intérêts ; il découle d'un sentiment du droit beaucoup plus ancien et plus général que le mouvement syndical moderne et même que la lutte de classe. La revendication socialiste d'égalité est la représentation compensatoire d'un complexe d'infériorité qui est issu, par un long développement historique, des conditions de vie de la classe ouvrière.

Nous avons déjà situé une partie des causes de ce complexe dans le « milieu de travail », l'autre partie dans le « milieu de vie » des ouvriers. C'est là, bien entendu, une division arbitraire du sujet, destinée seulement à faciliter la compréhension. Le « milieu de travail » et le « milieu de vie » sont deux notions différentes, mais l'homme qui passe de l'un à l'autre de ces milieux est un seul et même être. Il est le soir ce qu'a fait de lui la journée. Les refoulements d'instinct que le travailleur subit au cours de sa besogne ne font qu'augmenter son désir de chercher en dehors de l'atelier les satisfactions qui lui sont refusées dans celui-ci. Là gît, soit dit en passant, la cause psychologique profonde du mouvement continu de la classe ouvrière vers une réduction du temps de travail. Ce mouvement ne suppose aucune connaissance des rapports établis par Marx entre le surtravail et la plus-value ; il s'explique tout simplement par le désir de chaque être humain de jouir du plus grand bonheur possible. Dans la mesure où l'ouvrier ne trouve pas ce bonheur dans le travail, il le cherche ailleurs.

Ce désir est encore renforcé par le fait que l'ouvrier se sent soumis à un traitement qui heurte le sentiment juridique traditionnel, tant en dehors de l'atelier qu'au-dedans. Le sentiment d'infériorisation qui en résulte n'est identique ni avec la notion de l'inégalité politique ni avec celle de l'exploitation économique. L'État et l'atelier ne sont pas toute la société. L'ouvrier s'est senti infériorisé dès le début autrement encore que par son manque de droits politiques et par la répartition désavantageuse de la plus-value. Pour se rendre compte de l'étendue du domaine social qui dépasse le cadre purement politique et purement économique, il suffit de songer au chômage. L'ouvrier sans ressources, parce que sans travail, sent sa dépendance sociale avec bien plus d'intensité que lorsqu'il travaille pour un patron. On ne peut comprendre la mentalité prolétarienne si l'on ne tient pas compte du chômage, soit comme expérience réelle, soit comme possibilité redoutée. C'est là la raison profonde pour laquelle la plupart des non-prolétaires qui endossent la blouse dans un but d'études ne peuvent comprendre l'état d'âme véritable de leurs collègues temporaires. Il importe peu qu'ils partagent les conditions de vie des ouvriers ; il suffit que la nécessité matérielle ne les enchaîne pas au travail, pour que la perte de leur emploi ait pour eux une tout autre signification que pour les véritables prolétaires. Malgré ses habits tachés et ses mains calleuses, le dilettante ne ressent pas l'humiliation morale de l'infériorité sociale.

J'ai cru longtemps moi-même qu'en travaillant comme ouvrier dans un but d'études, et étant donné surtout mes sympathies comme socialiste, je m'étais transformé moralement en un véritable prolétaire. Je ne m'aperçus de mon erreur que du jour où le hasard me força à chercher un emploi comme ouvrier, mais cette fois pour mon gagne-pain. Ces quelques jours, pendant lesquels j'errai, mon baluchon de vêtements de travail sous le bras, cherchant à me faire embaucher, m'en apprirent plus long sur le sort et la mentalité des ouvriers que n'eussent pu le faire dix années du plus dur travail d'amateur. L'insécurité de l'existence, l'impuissance à s'assurer du travail, toutes les conséquences psychologiques de l'angoisse chronique qui en résultent — oscillant suivant la situation et le tempérament entre une morne résignation et une haine envieuse des privilégiés —, voilà les marques essentielles de l'infériorité sociale du travailleur. Rien n'y serait changé, même si les profits patronaux se trouvaient réduits à l'importance d'un salaire de direction, ou bien si les usines devenaient des entreprises coopératives, ne travaillant pas pour le profit.

En dernière analyse, l'infériorité sociale des classes laborieuses ne repose ni sur une injustice politique ni sur un préjudice économique, mais sur un état psychologique. La caractéristique essentielle de cette infériorité est leur propre croyance en cette infériorité. La classe ouvrière est infériorisée parce qu'elle se sent infériorisée ; le contraire n'est qu'apparence.

Certes, l'expérience objective est un élément de cette sensation subjective, mais la façon dont cette expérience objective se reflète dans la conscience dépend d'une fixation préalable de la mentalité, qui ne résulte pas uniquement de l'expérience objective.

Le sentiment d'infériorité sociale de la classe ouvrière présuppose au moins trois conditions. D'abord, il faut qu'elle se considère comme constituant une classe sociale d'une façon permanente. Ensuite, il faut qu'elle croie que la situation des classes non ouvrières est plus enviable, ce qui consacre une hiérarchie des classes « supérieures » et « inférieures ». Enfin, il faut qu'elle croie que cette hiérarchie des classes n'est pas immuable, ce qui permet aux classes inférieures l'espoir d'un nivellement des situations de classe.

Dans chacun de ces trois cas, il s'agit d'une condition psychologique, qui peut être donnée ou non dans n'importe quel état des conditions matérielles. Par exemple, les ouvriers américains d'aujourd'hui sont tout aussi exploités économiquement que leurs collègues européens. Les possibilités d'une ascension sociale par la conquête d'une existence indépendante comme colon, commerçant, chef d'entreprise, etc., qui existaient au siècle passé, sont presque tombées à zéro pour la grande masse. Tout cela n'empêche que la croyance, renforcée encore par les usages politiques et sociaux, à la possibilité d'une ascension individuelle, est encore vivace chez la plupart et empêche dès lors la formation d'un complexe d'infériorité de classe. L'ouvrier américain regimbe contre l'appellation de « prolétaire », parce qu'il se rebelle à l'idée d'être incorporé dans une classe dont la notion implique l'idée d'une infériorité sociale. Renoncer à l'idée de son ascension future serait à ses yeux l'aveu humiliant de sa propre incapacité. Il croit tout au moins que des possibilités illimitées d'ascension s'ouvrent devant ses enfants.

Il existe d'autre part des peuples — par exemple, dans certains pays d'Asie où la division en castes est sanctifiée par la religion — dont les classes inférieures sont particulièrement misérables et exploitées, mais n'en acceptent pas moins cet état de choses comme un ordre naturel et voulu par la divinité. Dans ce cas, une barrière intérieure infranchissable limite les aspirations de chacun d'après la classe de sa naissance. Il y a alors infériorité sans complexe d'infériorité, faute du ressentiment qui en est la condition nécessaire.

Enfin, il y a beaucoup de pauvres en Europe, surtout parmi les plus misérables, qui ont parfaitement conscience de leur détresse, mais qui acceptent néanmoins leur sort, généralement à l'aide de la consolation que leur procure la croyance en un au-delà religieux.

Dans chacun des trois cas que nous venons d'examiner, il manque une des conditions psychologiques essentielles à la formation du complexe d'infériorité qui prédispose les masses ouvrières d'Europe au socialisme. L'origine du fait psychologique est toujours un autre fait psychologique. Une croyance différente créerait un fait social différent. Elle pourrait même transformer le sentiment d'infériorité sociale du travailleur en un sentiment de supériorité. Le riche n'est enviable comme tel que pour celui qui confond la richesse et le bonheur. Ainsi que le fait remarquer Bernard Shaw : « Celui qui souffre des dents croit que tous ceux qui ont des dents saines sont heureux ; celui que tourmente la misère tombe dans une erreur semblable en ce qui concerne les riches. »

La raison pour laquelle le marxisme ne donne qu'une caricature de la mentalité ouvrière réelle tient à ce qu'il méconnaît le fait psychologique fondamental qui explique tout le reste, c'est-à-dire que l'ouvrier moyen considère les classes possédantes comme des exemples d'un genre de vie supérieur. Il lutte contre elles pour de meilleurs salaires et plus de bien-être ou encore pour conquérir des droits politiques, mais ce n'est que dans le but de rapprocher sa situation de la leur. C'est justement cette croyance en la supériorité des classes possédantes qui constitue la force motrice de la lutte par laquelle il veut leur enlever cette supériorité. En fin de compte, la raison pour laquelle la bourgeoisie est aujourd'hui la classe supérieure, c'est que chacun voudrait être bourgeois. La classe qui sert d'exemple à la société la domine. Dès qu'elle cesse d'être un exemple, elle perd sa puissance. Sans doute, cette supériorité sociale s'appuie généralement sur des privilèges politiques et des avantages économiques, mais en dernière analyse, c'est plutôt le prestige qui conditionne la puissance qu'inversement.

Cette idée est en contradiction si complète avec la mentalité matérialiste de notre époque, qu'il faudra à la plupart d'entre nous un effort particulier de compréhension en profondeur pour pouvoir la saisir. Ici encore, il s'agit de découvrir la vérité sous les apparences superficielles. L'histoire fourmille d'exemples de classes qui gardèrent leur prestige malgré la perte de leur richesse et de leur puissance politique, mais il n'y a pas d'exemple d'un groupe de dirigeants, si riche ou si puissant fût-il, qui soit resté au pouvoir après que la croyance à sa supériorité, c'est-à-dire à son prestige, se fut évanouie. Le prestige de la noblesse, comme classe supérieure, s'est conservé presque intact jusqu'à nos jours, et cela, des siècles après qu'elle eut perdu sa puissance économique et sa souveraineté politique. À tel point que les mêmes plébéiens qui lui arrachèrent le pouvoir s'empressèrent de s'approprier ses institutions et ses traditions, depuis la forme monarchique de l'État jusqu'aux manières de la bonne société. « La mode a beau violer les lois de la raison, c'est une loi plus sainte et plus inviolable que celle que Dieu avait écrite de sa main sur les tables de Moïse. » (Malebranche) La puissance que Tarde appelle « suggestion prestigieuse » dans ses Lois de l'imitation est le principe générateur de l'admiration respectueuse que le bourgeois a gardée jusqu'à ce jour pour tout ce qui est « noble ». Trois siècles se sont écoulés depuis que Molière a écrit son Bourgeois Gentilhomme ; et au moyen âge déjà, la littérature populaire raillait constamment les parvenus bourgeois qui, selon l'expression encore en usage en Angleterre, « singeaient le duc ». Les ouvriers ont hérité de cette admiration respectueuse de la bourgeoisie pour la noblesse, dans la mesure où eux-mêmes se sont appropriés les formes en usage dans la société bourgeoise. L'ouvrier, dont le père s'appelait encore le « journalier un tel », est maintenant « monsieur » un tel, et sa femme est « madame », alors qu'il y a quatre siècles, l'appellation « monsieur » et « madame » était encore réservée à la noblesse. Le député socialiste qui cède le pas à un collègue parlementaire se sert, sans le savoir, de formes de politesse qui ont été créées il y a cinq cents ans à la Cour des rois de France et qui, depuis lors, se sont répandues en cascade dans toutes les couches sociales.

Lorsque le capitalisme industriel allemand triompha pendant le dernier tiers du siècle passé, la nouvelle puissance d'argent essaya de se donner du prestige en l'empruntant aux classes féodales. Il en résulta, dans le régime politique, une curieuse fusion de la domination prosaïquement bourgeoise des intérêts d'argent avec les formes romantiques du monarchisme féodal. D'où l'imitation plus ou moins réussie des traditions aristocratiques chez les officiers, les fonctionnaires, les corporations estudiantines, et la manie des titres et des décorations. Tout cela fit du bourgeois allemand un mélange de muflerie rustique ou philistine avec un formalisme raide et artificiel, qui le rendit ridicule aux yeux des habitants de pays à culture plus ancienne.

En Angleterre, la décadence de la puissance monarchique a commencé depuis sept siècles, et il y a trois siècles que la bourgeoisie brisa le pouvoir économique et politique de l'aristocratie féodale. Cependant, le prestige monarchique et aristocratique est encore si vivace, que le gouvernement socialiste en 1924 n'a même pas songé à changer le nombre des boucles d'une perruque ou à transformer la coupe d'une culotte de Cour. Il s'est, au contraire, scrupuleusement adapté à toutes les traditions qui symbolisent la reconnaissance de la hiérarchie sociale existante, le prestige de la couronne, des titres et des usages. Car il est plus facile de conquérir une majorité parlementaire, voire de démocratiser ou de socialiser la grande industrie, que de retourner la pyramide des valeurs sociales. Le Parti ouvrier anglais tenait précisément à rehausser son propre prestige grâce à celui des formes traditionnelles qu'il empruntait. Une victoire économique ou politique sur le capitalisme est plus aisée à remporter qu'une victoire psychologique sur le snobisme. Or le socialisme n'est pas réalisable aussi longtemps que dominera le snobisme, qui fait que le travailleur voit dans le bourgeois un être digne d'envie et d'imitation. Peu importe au surplus qu'il le haïsse, car la haine sociale n'est que trop souvent la confirmation d'une envie sociale.

L'intellectuel marxiste enfermé dans sa bibliothèque peut s'imaginer que la classe ouvrière se forme son idéal par la lecture du Capital ; l'observateur non prévenu sait que cet idéal, au contraire, se nourrit de l'observation passionnée des exemples que fournit la haute volée. Ces exemples agissent sur le peuple par les réalités de la vie des grandes villes et par les fictions romanesques de la littérature, du théâtre, des cinémas ou des journaux illustrés — plus particulièrement dans le ras des femmes par les étalages et les journaux de mode.

En effet, le désir d'égalité et le besoin d'inégalité, loin de s'exclure, se conditionnent mutuellement. La nature individuelle de l'instinct d'auto-estimation pousse l'homme — du moins Monime occidental — à désirer l'égalité, mais ses instincts sociaux exigent en même temps que chaque société ait une classe « supérieure », qui fournisse l'exemple d'un état désirable et par là donne au désir d'égalité un objectif et une direction.

C'est pour cette cause psychologique que, dans l'état actuel des dispositions instinctives des hommes, aucune société n'est possible sans aristocratie. Celle-ci peut, il est vrai, prendre les formes les plus diverses ; le gentilhomme européen, le mandarin de la Chine ancienne, le descendant américain des « Pilgrim Fathers », le clubman anglais, le dirigeant communiste de Russie, ne révèlent que des aspects différents d'un même fait psychologique, c'est-à-dire le besoin inhérent à l'être humain de se créer un modèle différent de lui-même, mais auquel il aspire à ressembler. Pour établir un ordre nouveau durable, toute révolution doit ou bien, comme la révolution bourgeoise anglaise du XVIIe siècle, continuer à reconnaître la prédominance morale traditionnelle de l'aristocratie, ou bien, comme la Grande Révolution française, en créer aussitôt une nouvelle et la parer des dépouilles de l'ancienne. Le communisme russe n'aurait jamais pu se maintenir au pouvoir s'il n'avait pas respecté le besoin populaire d'une hiérarchie sociale indiscutable, en remplaçant la souveraineté symbolique du tsar par celle d'un dictateur et en substituant au règne de l'ancien fonctionnarisme la nouvelle bureaucratie du parti communiste.

Le besoin d'une aristocratie s'accompagne de celui d'une monarchie, en ce sens que la masse souhaite voir un seul être personnifier à la fois son idéal de puissance collective et son idéal de genre d'existence. C'est dans les partis populaires que l'autorité morale d'un « patron » est la mieux établie. Auguste Bebel était aussi véritablement le monarque de la social-démocratie allemande d'avant-guerre, malgré le statut démocratique de celle-ci, que Guillaume II l'était de la bourgeoisie. Chaque société est animée par une volonté collective particulière, qui tend vers un genre exemplaire de vie. La classe qui incarne ce mode de vie est l'aristocratie de cette société ; l'individu qui couronne l'édifice — même si ce couronnement n'est qu'une girouette — est son monarque. Il est indifférent, pour ce principe, que l'aristocratie se transmette héréditairement ou non, qu'elle remplisse ou non une fonction économique, qu'elle soit ou non constitutionnellement privilégiée : au fond, elle se maintiendra bien moins elle-même par des moyens extérieurs, qu'elle ne sera maintenue par ceux qui veulent croire en elle.

Il en est de même pour les monarques : moins leur puissance économique et politique sera grande, plus il leur sera facile de se maintenir au pouvoir, puisqu'ils n'en pourront que d'autant mieux remplir leur fonction représentative. La bourgeoisie révolutionnaire a dépouillé la monarchie de son pouvoir réel et elle a même coupé quelques têtes couronnées à titre d'exemple, mais dès que cet avertissement eut été donné, elle s'empressa, ou bien de restaurer la monarchie en tant qu'institution représentative, ou bien de créer un succédané par l'instauration de présidences. La catastrophe mondiale de 1918 n'a balayé que les monarques qui étaient ou voulaient être autre chose que de simples girouettes. En Angleterre, par contre, pays où la monarchie absolue subit les premières et les plus sanglantes défaites, et qui accorde beaucoup moins de pouvoirs à son roi que les États-Unis ou la France à leurs présidents, la monarchie représentative est si solidement établie que ce pays ne compte presque plus de républicains.

Les États-Unis furent une république dès les débuts, mais n'en déifièrent que plus Washington, Lincoln et Roosevelt. Les Américains vénèrent l'institution présidentielle et l'ont dotée d'un pouvoir bien supérieur à celui de n'importe quel monarque européen du XIXe siècle. La raison en est que tout citoyen américain peut devenir président et que la masse porte au pouvoir sa propre image idéalisée. Elle a ses rois du pétrole, de l'acier, du fer et de l'automobile, ses souverains du cinéma et du base-ball. Les descendants des premiers colons de la Nouvelle-Angleterre et de la Virginie constituent son aristocratie par la naissance et par l'éducation. Malgré cela, l'Europe n'a pas assez d'aristocrates décavés pour satisfaire aux besoins du marché matrimonial américain. Les descendants des révolutionnaires de 1776, pour peu qu'ils soient présentables, se bousculent pour avoir accès aux réceptions de la Cour de St-James, et le public américain gobe avec une crédulité étonnante tout escroc européen qui prend la précaution de se parer d'un titre nobiliaire. Le snobisme des masses, c'est-à-dire leur besoin de prestige social, est un meilleur soutien des aristocraties et des monarchies que la propriété foncière, les textes constitutionnels ou les baïonnettes. La propriété peut se perdre, les textes constitutionnels peuvent être changés, les baïonnettes peuvent se rouiller, mais les moutons de Panurge sentiront toujours le besoin d'emboîter le pas à un chef, qui représente à leurs yeux tout ce qu'ils voudraient être.

L'exemple américain montre précisément que le désir d'égalité propre à notre époque n'empêche aucunement l'existence d'une hiérarchie entre les diverses couches sociales. Le désir d'égalité sociale est plus prononcé en Amérique que partout ailleurs. Mais c'est précisément pour cette raison que l'Américain moyen éprouve le besoin de reconnaître le prestige d'une couche supérieure qui lui sert de modèle. Contrairement à l'opinion répandue en Europe, l'Américain est moins enclin que l'Européen à accorder le plus haut prestige à la simple richesse. Par le fait même qu'il est en général plus riche, il envie moins ceux qui ne sont que riches ; quand il admire un milliardaire, c'est moins à cause de sa richesse qu'à cause du succès dont elle témoigne et qu'il admet comme preuve d'une capacité extraordinaire. Il cherche de préférence la supériorité sociale dans une autre direction : il est particulièrement fier de Lincoln, parce que celui-ci de bûcheron devint Président, et l'un des motifs de la considération dont jouissait le président Wilson, même auprès de beaucoup de ses adversaires politiques, c'est qu'il avait atteint le faîte des honneurs quoiqu'il ne fût qu'un pauvre professeur d'université. Un roi de trust aurait autant de difficultés à devenir Président qu'un Noir. Par contre, l'Américain est d'autant plus enclin à reconnaître les distances sociales moins aisées à vaincre que celles de l'argent : la race, la capacité, l'éducation ou la naissance.

Le désir d'égalité et le besoin d'inégalité sont donc des phénomènes parallèles. On envie toujours ce que l'on n'a pas. C'est pourquoi on s'efforce de ressembler à ceux que l'on envie à cause de leur dissemblance et que l'on hait à cause de cette envie. C'est pourquoi aussi la lutte d'intérêts contre la bourgeoisie présuppose le fait que les ouvriers considèrent l'existence bourgeoise comme désirable. C'est pourquoi, enfin, cette lutte aboutit à rendre les ouvriers plus semblables à leurs adversaires à mesure qu'ils gagnent du terrain sur eux.

Cette course paradoxale entre le désir et sa réalisation a encore comme résultat que tout objectif paraît s'éloigner à mesure qu'on s'en approche. Dès qu'une inspiration d'égalité trouve sa réalisation, elle devient le point de départ d'un nouveau sentiment d'inégalité. Il y a à peine un siècle que l'égalité électorale semblait, dans la plupart des pays d'Europe, une utopie à peine réalisable. Elle est devenue aujourd'hui une chose qui va de soi. Mais en même temps, le ressentiment des masses contre les inégalités économiques et sociales s'est exacerbé Plus vite que ne se réalisait l'égalité politique. Peu importe à cet égard que l'on résolve dans un sens ou dans l'autre le problème si âprement discuté entre théoriciens marxistes, à savoir s'il y a une paupérisation du prolétariat et, dans l'affirmative, s'il faut la considérer comme absolue ou comme relative ; le complexe d'infériorité sociale peut s'aggraver tandis que les différences de fortunes diminuent et inversement. Ainsi, dans l'Europe actuelle, le ressentiment social des pauvres et des appauvris dépend moins du degré de fortune des riches que de la manière dont cette fortune a été acquise. On hait tellement le nouveau riche, le profiteur de la guerre ou de l'inflation, voire même le paysan enrichi, que les anciens riches en sont presque devenus sympathiques. Déjà, avant 1914, le ressentiment de la classe ouvrière croissait, alors que sa situation économique s'améliorait, et indépendamment de la question de savoir si l'écart économique entre le revenu capitaliste et les salaires ouvriers augmentait ou diminuait.

Cette évolution se produisit précisément durant les années où, grâce à la conquête du suffrage universel et aux progrès généraux de la démocratie politique, le complexe d'infériorité politique se trouva en grande partie éliminé. On a pu dire avec raison que la dernière décade de l'histoire européenne marque un passage de la lutte pour la démocratie politique à la lutte pour la démocratie sociale. Les mobiles qui avaient dirigé le mouvement ouvrier vers la conquête de l'égalité politique, loin d'être satisfaits par cette conquête, se reportèrent avec une puissance accrue sur un objectif nouveau : l'application de ces mêmes principes démocratiques, l'égalité des droits et l'autonomie individuelle, au domaine de la production et de la vie sociale en général. L'indice le plus frappant de cette transformation d'énergie est le passage du mouvement syndical du stade de la grève sporadique à celui de l'organisation permanente, contractuelle et légale du droit des ouvriers de participer à l'organisation sociale de la production. Ce phénomène doit paraître inexplicable à quiconque ne voit dans l'idée démocratique et l'idée socialiste qu'un certain parallélisme superficiel. Il y a au fond de tout cela une unité du mobile fondamental.

La recherche des racines psychologiques de la croyance socialiste des masses mène vers la solution d'un problème dont le marxisme n'a jamais sondé toute la profondeur : la relation du socialisme avec la démocratie. Le mouvement ouvrier n'est pour le marxisme qu'une simple lutte d'intérêts entre des classes, et la démocratie politique ne représente pour lui qu'un moyen qui assurera la victoire de la classe ouvrière grâce à sa supériorité numérique. Cette conception du socialisme comme but et de la démocratie comme moyen est aussi fortement enracinée dans la pensée marxiste que la conception de l'infrastructure économique et de la superstructure politique qui s'y rattache. La diffusion de cette conception dans les pays où prédomine le socialisme marxiste a fortement contribué à paralyser, précisément parmi les socialistes les plus convaincus, la résistance à la tentation communiste du raccourci qu'offre la dictature. Car enfin, si la démocratie n'est pour le socialisme qu'un moyen de réalisation, notre appréciation finale de ce moyen dépendra de la facilité avec laquelle il peut conduire la classe ouvrière à la puissance politique. Il suffirait, dans ce cas, qu'un autre moyen — tels une révolte militaire, un coup d'État, une dictature de parti — conduise plus aisément ou plus directement à la conquête du pouvoir, pour que l'on renonce à la méthode démocratique. Dans cette hypothèse, on ne pourrait faire au communisme d'autre reproche que celui de vouloir imposer, aux pays où la classe ouvrière est majorité, une méthode qui n'est utilisable que dans les pays où elle est en minorité.

Peut-on, en vérité, réduire ce problème à une simple question de tactique ? La démocratie n'est-elle donc qu'une tactique électorale ou une technique administrative ? N'est-elle pas, au contraire, une condition psychologique sans laquelle le socialisme ne peut se réaliser, un élément essentiel de son idéal juridique, la substance même de ses idées ?

La réponse à cette question n'est pas douteuse pour quiconque voit dans le socialisme, non pas une simple recette pour la conquête du pouvoir, mais une croyance morale qui cherche à inspirer toutes les relations sociales. Que l'on abandonne donc une bonne fois la croyance néfaste aux « moyens » indépendants du « but », que l'on saisisse le courant des idées socialistes comme une unité, dont le sens se dévoile à sa source psychologique et non à des mirages intellectualisés, et l'on trouvera que la démocratie n'est pas un rameau de l'arbre du socialisme, mais qu'elle constitue l'une de ses racines. Opposons à la supercherie communiste d'un socialisme sans démocratie la fière conception d'un idéal humanitaire qui puise sciemment sa force dans des siècles d'aspiration égalitaire. Ce n'est qu'à cette condition que nous pourrons dresser contre le communisme une conception plus haute et en réalité plus radicale du but même à atteindre.

Pour saisir l'unité originelle des mobiles socialistes et démocratiques, il faut autre chose encore que des discussions sur les rapports entre les institutions économiques et politiques, sur les défauts des constitutions démocratiques existantes ou sur la relation entre le mouvement ouvrier et les partis démocratiques bourgeois. En dehors et au-delà de la démocratie comme technique administrative, comme texte constitutionnel ou comme mouvement de parti, il y a le sentiment démocratique, basé en dernière analyse sur la croyance que le sort le plus heureux que mérite l'homme est celui qu'il se choisit et se fait lui-même. Il est de bon ton dans les cercles marxistes de ne jamais prononcer le mot démocratie sans une légère nuance d'ironie, dans l'intention de faire ressortir l'insuffisance des institutions démocratiques existant dans les États parlementaires et l'incohérence des mouvements démocratiques bourgeois, qui ont toujours trahi la démocratie au moment où leurs intérêts de classe paraissaient menacés. Il est permis de douter que les marxistes communistes aient le droit de se targuer de ce mépris, car ils ont sacrifié eux-mêmes à leur intérêt de classe, voire à leur intérêt de parti, ces mêmes libertés démocratiques au nom desquelles le socialisme russe a vaincu le tsarisme. Ils ont fait de la République des Soviets une institution entachée de toutes les tares du parlementarisme occidental : esprit de parti, hypertrophie des assemblées consultatives, bureaucratisme, formation de l'opinion publique par le gouvernement, sans les avantages qui résultent de la liberté d'opposition. Même les marxistes non communistes ont depuis toujours, et malgré leur reconnaissance de la démocratie comme forme idéale du régime socialiste, aimé affecter un air de mépris à l'égard de toutes les réalisations démocratiques du moment. Il est encore bien porté parmi eux d'identifier tout mouvement ou toute institution démocratique avec des aspirations petites-bourgeoises, vidées depuis longtemps de leur sincérité et servant surtout à détourner les ouvriers de la lutte de classe.

Or il est faux de juger la valeur du sentiment démocratique d'après celle d'institutions ou de partis. Sans doute, il est de mode aujourd'hui de critiquer l'insuffisance du régime démocratique — par quoi l'on entend généralement le régime parlementaire, qui n'est qu'une forme historique particulière de la démocratie. On pourrait être tenté d'en conclure que la démocratie est une conception périmée, ainsi que l'affirment notamment les communistes et les fascistes. La plupart des gens qui acceptent cette conclusion se méprennent singulièrement sur leurs propres mobiles. Le scepticisme à l'égard de la phraséologie démocratique traditionnelle, surtout après les déceptions qui ont suivi l'ère wilsonienne, les jérémiades sur la crise du parlementarisme, etc., sont des preuves, non de la faiblesse, mais de la force croissante du sentiment démocratique. Si les institutions parlementaires et démocratiques actuelles paraissent de plus en plus insuffisantes, c'est précisément parce qu'elles ne sont pas assez démocratiques. Le critérium de la critique qu'on leur fait subir n'est autre, dans la grande majorité des cas, que le sentiment démocratique lui-même ; seulement, la plupart de ces mécontents ne s'en doutent pas. Critiquer le parlementarisme parce qu'il fausse l'expression de la volonté populaire, c'est en somme prouver un désir de démocratie réelle. Les idées fondamentales de la démocratie — l'égalité de droits pour tous les êtres humains et le droit de tous les membres d'une communauté de participer à la détermination du sort communautaire — sont plus vivantes que jamais dans le cœur des hommes, et le mécontentement des résultats obtenus est la preuve la plus frappante de la puissance du souhait incomplètement réalisé. Les partisans d'une dictature ne sont généralement que des démocrates désabusés. C'est une impatience naïve qui les pousse à voir dans la dictature le chemin le plus court vers l'autonomie des volontés et principalement de la volonté nationale ; au fond, on croit que le dictateur exprimera plus fidèlement la volonté des masses que le parlementaire. On voit bien à tort des symptômes de décadence dans maints phénomènes qui ne trahissent en réalité que les maladies infantiles du mouvement démocratique. Cela provient de ce que ce sentiment a fait de plus rapides progrès chez les peuples jeunes que la compétence politique, qui demande des générations pour mûrir. Le désir des peuples de se gouverner eux-mêmes précède leur capacité de le faire. Cela n'empêche que les temps où le pouvoir venait d'en haut sont passés à jamais. Tout le reste n'est plus qu'une question de maturation. En réalité, les aspirations vers la démocratie n'ont jamais été plus puissantes qu'à notre époque, caractérisée par un mécontentement grandissant à l'égard des réalisations démocratiques de la génération précédente.

Le socialisme qui sous-évalue ce mobile se diminue lui-même. Le marxisme précommuniste d'avant-guerre avait déjà puissamment contribué à cette sous-estimation, principalement en vulgarisant l'idée que la démocratie est la forme de gouvernement qui répond au capitalisme à son apogée et en même temps aux intérêts et aux idéaux de la bourgeoisie. Nous avons déjà eu l'occasion d'observer, en comparant l'Europe et l'Amérique, que l'opposition du socialisme ouvrier européen au capitalisme découle précisément de ce qu'il y a d'antidémocratique dans la formation sociale du capitalisme européen. La sous-estimation marxiste de la démocratie se retrouve actuellement dans l'idéologie communiste, qui présente la démocratie politique comme l'enseigne mensongère de la domination bourgeoise et lui oppose, sous le nom de soviétisme, le despotisme bureaucratique comme le régime proprement prolétarien de gouvernement.

En réalité, ce qu'il y a de réalisations démocratiques chez les peuples industriels d'aujourd'hui est nourri du sang même du mouvement ouvrier. Si les ouvriers, dès que leur pensée s'ouvrit au socialisme, n'avaient pas identifié leur cause avec celle de la démocratie, l'Allemagne serait encore une confédération de princes, la France une monarchie constitutionnelle avec un Parlement censitaire, et l'Angleterre le paradis du capitalisme d'avant le Reform bill. Tout ce qui a été conquis depuis cent ans, en Europe, de liberté d'action pour le mouvement ouvrier et de droits politiques pour les ouvriers, c'est-à-dire tout ce que nous possédons d'institutions démocratiques à l'époque actuelle, a dû être remporté de haute lutte par les ouvriers socialistes. Même dans ce sens empirique et historique, la démocratie et le socialisme sont des notions inséparables.

II est vrai que la bourgeoisie naissante avait depuis longtemps inscrit les principes de la démocratie politique sur ses drapeaux dans sa lutte contre le régime féodal et l'absolutisme monarchique. La déclaration de l'Indépendance américaine et les Droits de l'Homme en France sont des documents de révolutions bourgeoises. Et déjà des siècles auparavant, les constitutions démocratiques des républiques urbaines du moyen âge avaient servi les intérêts de la bourgeoisie ascendante. Mais il y a autant de différence entre ces démocraties bourgeoises et nos institutions démocratiques actuelles qu'entre les corporations du moyen âge ou le Tiers État de 1789 — les producteurs opprimés d'alors — et la classe capitaliste d'aujourd'hui. Dès que le Tiers État se divisa en possédants et non-possédants, il apparut que la démocratie bourgeoise n'entendait réaliser l'égalité politique que pour les possédants. C'est à la classe ouvrière que revint la tâche de conquérir le suffrage universel en de longues et pénibles luttes, qui se prolongèrent jusqu'à l'époque la plus récente de l'histoire européenne.

Les conceptions juridiques qui animèrent cette lutte ont une origine encore plus lointaine que les textes constitutionnels de 1776 et 1789. Elles se rattachent, comme toute démocratie depuis le républicanisme corporatif du moyen âge, aux principes égalitaires du christianisme. Toute conception juridique démocratique, et partant de là toute conception socialiste, est basée en dernière analyse sur l'idée d'égalité, qui est un des fondements du christianisme. Lorsque Bernard Shaw définit le sentiment démocratique comme le sentiment du respect absolu de l'homme pour son semblable, il exprime la même idée que la croyance chrétienne à la ressemblance de Dieu avec l'homme et à l'immortalité de l'âme, ce qui implique que chaque être humain doit s'estimer lui-même, se gouverner lui-même et assumer la responsabilité des actes par lesquels il forme sa destinée. Ce n'est que dans une société dont les institutions et les coutumes ont été cimentées par des siècles de sentiment chrétien que le dernier et le plus misérable des citoyens peut atteindre une notion de la dignité humaine d'après laquelle tous les êtres humains ont les mêmes droits à faire valoir à l'égard de la communauté.

La volonté de puissance de l'Église n'est jamais parvenue à empêcher que cette revendication égalitaire ne s'étende du domaine religieux au domaine de la pratique sociale, elle se réalisa sans cesse avec une violence élémentaire. C'est pourquoi toutes les tentatives communistes du moyen âge, toutes les revendications d'égalité politique et sociale, toutes les réformes démocratiques se réclamèrent, bien avant les grandes révolutions bourgeoises, de l'idée fondamentale du christianisme. C'est pourquoi aussi le socialisme est limité encore aujourd'hui aux pays de culture chrétienne. C'est pourquoi enfin le sentiment chrétien reste l'une des sources les plus fécondes des convictions démocratiques et socialistes.

Il importe de constater que la transformation du sentiment chrétien en sentiment socialiste ne peut se faire que par l'intermédiaire du sentiment démocratique. Depuis que les notions fondamentales de la démocratie politique ont marqué de leur empreinte la mentalité ouvrière, au point de faire corps avec le mouvement ouvrier socialiste, le socialisme ouvrier apparaît, dans son essence, comme un transfert du principe démocratique du domaine politique au domaine économique et social. Considéré sous cet angle, le mouvement socialiste est à la fois le défenseur de la démocratie, que la bourgeoisie a désertée, et le réalisateur de l'idéal chrétien, que l'Église a trahi.

Si donc on voit dans le socialisme quelque chose d'autre et de plus qu'une antithèse du capitalisme moderne, et si on le rapporte à ses racines morales et intellectuelles, on trouvera que ces racines sont les mêmes que celles de toute notre civilisation occidentale. Le christianisme, la démocratie et le socialisme ne sont plus alors, même au point de vue historique, que trois 'formes d'une seule idée. Une source inépuisable d'énergie spirituelle se révèle au socialisme qui prend conscience de cette unité. Dès lors, les buts qu'il poursuit tiennent leur signification non plus seulement de l'économie politique du XIXe siècle, mais de vingt siècles d'histoire de l'humanité. Chacun des faits de cette histoire — du Sermon sur la Montagne à la Déclaration des Droits de l'Homme et au Manifeste communiste, du communisme médiéval au mouvement ouvrier d'aujourd'hui, en passant par l'humanisme, la Réforme, les guerres de libération nationale et la naissance du marché mondial — tout cela n'est plus qu'une série d'étapes dans une vaste évolution vers un grand but. Et chaque action qui nous rapproche de ce but nous relie à l'effort global de toute l'humanité. Il n'est point étonnant que les pionniers du socialisme qui étaient le plus fortement dominés par la conscience de cette unité spirituelle aient exercé sur leur génération un rayonnement incompréhensible aux savants marxistes. Jaurès, par exemple, sembla toujours une énigme aux marxistes sociaux-démocrates allemands pour qui le Capital était lAncien et le Programme d'Erfurt le Nouveau

Testament. Ils l'appelèrent « corrupteur du Parti », parce que, pour lui, le socialisme n'était pas l'accomplissement automatique d'une nécessité économique, mais la réalisation intégrale de l'idéal de la démocratie. Ils ne le prenaient pas au sérieux comme savant, parce que, au lieu de parler la langue de l'économiste, il employait celle du philosophe humaniste et du poète. Et cependant, ce « poète », ce « visionnaire diffus » a exercé une influence socialiste plus grande que n'importe lequel de ses contemporains européens ! Cette influence ne se limitait pas à son parti : pas un adversaire ne pouvait se soustraire à l'effet de sa personnalité et de ses idées, et il a exercé infiniment plus d'influence sur la politique de son pays que s'il n'avait été qu'un tacticien rusé. Faut-il ne voir dans ce rayonnement que l'effet fortuit d'une puissante personnalité ? Je ne le pense pas. La personnalité elle-même n'était que l'œuvre de l'idée ; la grande idée fit le grand homme. Jaurès pouvait agir sur des gens qui pensaient autrement que lui, parce qu'il faisait appel à des mobiles humains qu'il savait devoir retrouver chez eux. Par contre le marxisme, en se réclamant de dogmes de classe, érige des conceptions philosophiques en cloisons étanches et conduit à mépriser les mobiles de l'adversaire et à transformer consciemment toute politique en un simple conflit de forces mécaniques en présence.

En pensant à Jaurès, on est tenté de paraphraser ainsi sa phrase célèbre sur le patriotisme : un peu de socialisme éloigne de la démocratie ; beaucoup de socialisme y ramène. Mais ici, il ne s'agit déjà plus uniquement de la démocratie comme sentiment égalitaire primitif ; fructifiée par l'idée socialiste, elle nous apparaît comme la notion bien plus précise d'une organisation sociale idéale, où chaque lien communautaire serait le résultat d'une volonté autonome individuelle. Ainsi, la démocratie en tant que représentation se trouve à la fin du processus d'approfondissement de la pensée socialiste, dont la démocratie en tant que sentiment formait le commencement. C'est ce noyau démocratique de l'idée socialiste qui permet de résoudre le complexe d'infériorité sociale du travailleur, accablé par le sentiment de l'inégalité du sort, en y opposant la conception juridique d'une société basée sur l'égalité des droits politiques et des possibilités sociales. Ceci ne signifie évidemment pas une égalité absolue des destinées humaines, mais seulement une possibilité sociale égale pour tous de former cette destinée et d'être, selon l'expression de Kant, « des sujets, non des objets » du devenir social.

Tout ceci ne définit toutefois qu'une façon de sentir fondamentale, commune à toutes les aspirations démocratiques. Dans le domaine des représentations intellectuelles, ces aspirations peuvent prendre les formes les plus diverses. Ici encore, la conception juridique compensatrice s'adapte exactement au complexe d'infériorité à résoudre. À chaque forme différente du milieu social et des sentiments moraux et juridiques traditionnels, dont l'action combinée fait naître le sentiment d'inégalité, répond une nuance différente de la conception juridique compensatrice.

Si, par exemple, une classe ouvrière a particulièrement souffert de son exclusion du droit de suffrage, comme les ouvriers anglais pendant le deuxième quart du XIXe siècle, ou les ouvriers belges pendant le dernier quart, son désir d'égalité se symbolisera surtout en revendications politiques. Par contre, depuis qu'elle a conquis le droit de suffrage, la classe ouvrière des pays anglo-saxons ressent d'autant plus fortement les désavantages de sa situation sociale en général ; dès lors, elle est dominée beaucoup plus que ne le sont les ouvriers des pays latins par l'idée d'une égalisation des possibilités sociales. Les pays latins subissent bien plus fortement la pression de l'État, qui emprunte un caractère plus tyrannique à la centralisation bureaucratique, au militarisme et à la tradition du droit romain. Le désir égalitaire de l'ouvrier anglais ou américain réclame de l'État des libertés, celui de l'ouvrier européen continental, des droits. Là-bas, il suffit que l'État n'entrave point les transformations sociales ; ici, on veut qu'il les réglemente par la loi.

Ce désir des travailleurs prend d'ailleurs des formes très différentes dans chacun des pays du continent européen. En France, où prédomine la petite entreprise, où l'économie est essentiellement petite-bourgeoise et paysanne, où triomphe l'idéal du rentier et du bas de laine, et où les traditions anarchistes, proudhoniennes et syndicalistes sont à la fois les causes et les indices d'une mentalité individualiste, ce sera l'individu qui de l'État réclamera l'égalité. En Allemagne, au contraire, c'est la classe en tant que collectivité qui demande à l'État un nivellement par en haut. Ici, l'égalité sociale apparaît à l'ouvrier moins comme une tâche de libération que comme une tâche d'organisation ; on réclame des droits non point pour l'individu, mais pour la classe ; l'idéal instinctif de la masse — bien que les programmes ne le disent pas si clairement — est au fond une nouvelle organisation des « états » sociaux sur une base quasi féodale, avec une classe ouvrière protégée et privilégiée par l'État comme contrepoids à son infériorité économique. Car ici, l'État est issu non pas de la tradition romaine, mais de la tradition patriarcale et féodale ; ici, le passage de l'État paysan et artisanal à l'État industriel s'est accompli en une seule génération. Des millions de gens ont passé, sans transition, de la sujétion féodale du paysan asservi à la sujétion néo-féodale de l'ouvrier de la grande entreprise ; ils se sont sentis prolétaires et, comme tels, membres d'une classe ayant besoin de protection, avant d'avoir pu se sentir hommes, citoyens, individus. Leur complexe d'infériorité fut de prime abord un complexe de classe. La conscience de classe des ouvriers allemands a été pour ainsi dire organisée par en haut, et Bismarck y a autant de mérite que Bebel. Chez eux, la revendication individuelle découle de la revendication de classe, tandis que chez leurs voisins occidentaux, la revendication de classe n'est que l'intégration des revendications individuelles.

Au surplus, l'accentuation marxiste de la revendication de classe se fait au détriment de la notion plus large de la communauté sociale, autant que de la notion plus restreinte de l'individu. Depuis des dizaines d'années, le marxisme est invoqué en Allemagne par la majorité socialiste, qui veut que le Parti social-démocrate se limite à un objectif de classe, contre une minorité qui voudrait que toute l'idéologie du Parti s'inspirât d'intérêts généraux. C'est là en grande partie une querelle de mots, que les mots peuvent aussi facilement résoudre que présenter comme insoluble. En réalité, elle se résout toute seule par la pratique. Dès que les effectifs socialistes se rapprochent de la limite statistique que lui assigne l'importance numérique du prolétariat industriel, la volonté de puissance des partis socialistes les pousse invinciblement à élargir leur domaine de recrutement. À la longue, un parti qui veut recruter des adhérents, et notamment des électeurs, ne peut pas renoncer à faire appel aux mobiles qui font apparaître son programme comme un programme d'intérêt général.

La théorie marxiste peut donc nier tant qu'elle veut l'existence de liens sociaux supérieurs aux intérêts de classe, la pratique fait litière de ces scrupules et établit un compromis là où le dogme édifie une contradiction. En réalité, l'existence de partis de classe n'est nullement incompatible avec les principes fondamentaux de la démocratie politique. Il serait étrange qu'il en fût autrement, car les partis de classe sont précisément le produit historique du constitutionnalisme démocratique et parlementaire. Le régime parlementaire présuppose des partis ; or, sous le règne du suffrage universel, le groupement des partis d'après les intérêts de classe s'avère comme le meilleur moyen de leur assurer le plus de force agissante et de responsabilité à l'égard de leurs électeurs. Il permet de formuler le plus clairement et de porter au premier plan les litiges politiques les plus essentiels. Quand on opère avec des masses, l'appel aux intérêts économiques constitue le ciment le plus fort pour la concrétisation des volontés politiques.

Aussi bien, le caractère des tâches que l'État moderne impose fait que, de toute façon, les mobiles de classe purs, par lesquels les partis s'assurent la fidélité de leurs partisans, doivent faire place à d'autres mobiles à mesure que ces partis se rapprochent du pouvoir. Plus les partis — et non pas seulement les partis socialistes — sont devenus dans tous les pays de suffrage universel des partis de classe plus ou moins avérés, plus il est devenu difficile pour n'importe quel parti au pouvoir de mener une pure politique de classe. Je ne connais aucun pays à l'heure actuelle où un parti gouvernant ne s'inspire que des principes de son propre programme et des intérêts de la couche sociale qu'il représente, ainsi que cela se passait encore dans le régime bipartite à l'époque du suffrage limité. Partout, le compromis est la règle, partout on gouverne en mettant de prime abord dans la balance le poids de l'opposition. Dans tous les pays civilisés, la réalité de l'État confirme donc la conception dynamique de Jaurès, « l'État, expression d'une démocratie bourgeoise où la puissance du prolétariat grandit », et infirme la conception statique du marxisme, « un conseil d'administration pour les intérêts des classes possédantes ». C'est pourquoi, dans le vocabulaire de la lutte politique, l'idéologie du bien public — généralement travesti aujourd'hui en intérêt national — a presque totalement supplanté l'idéologie de l'intérêt de classe. Celle-ci ne joue plus un rôle que dans la propagande auprès des masses. Les programmes sont des moyens de propagande ; la politique que l'on fait dans les parlements ou dans les administrations cherche des alliances avec des intérêts momentanément similaires et des compromis avec les pouvoirs réels de l'adversaire.

L'accentuation dominante du point de vue de classe appartient donc au stade primitif et purement propagandiste du socialisme. À cette époque, l'appel aux intérêts de classe est le moyen le plus efficace de réveiller la volonté politique des masses et d'en faire la première concentration. Dès que cette concentration est faite, comme elle l'est aujourd'hui dans presque tous les pays civilisés, le centre de gravité des mobiles se déplace vers la conception démocratique. Celle-ci ne voit dans les intérêts et les programmes particuliers, représentés par les partis, que des éléments dont l'intégration en une formule totale est la fonction de l'État parlementaire. Une doctrine qui méconnaîtrait cette conséquence finirait par perdre à la longue tout contact avec la réalité. Elle diminuerait, d'après une autre expression de Jaurès, « l'efficacité de l'action populaire et prolétarienne par la contradiction à demi paralysante des mots qu'on redit et des choses qu'on fait ».

# Chapitre IV

## Solidarité, eschatologie, symbolisme religieux

> *« Nous croyons tous que notre religion agonise, alors qu'en réalité elle n'est pas encore née, bien que notre époque en soit visiblement grosse. »*
>
> *G. B. SHAW.*

L e marxisme a tenté d'expliquer le sentiment de solidarité qui anime la classe ouvrière par sa communauté d'intérêts à l'encontre du patronat. Malheureusement, il a faussé ce que cette idée contient de vrai en lui donnant un caractère trop absolu et en interprétant la notion d'intérêt dans un sens purement économique. Il a, par conséquent, répandu dans la classe ouvrière des conceptions mécanistes et matérialistes, qui ont mis obstacle au développement éthique de son sentiment de solidarité. Pour le marxisme, l'éthique de solidarité de la classe ouvrière n'est, par son origine et par son aboutissement, qu'une simple affaire de classe. Il se représente la formation de, la solidarité ouvrière à peu près de la façon suivante : l'entreprise industrielle capitaliste réunit des êtres humains dans des conditions qui leur donnent un intérêt économique commun. Ils apprennent par là à considérer la solidarité de classe comme une nécessité (« d'abord la lutte est engagée par les ouvriers isolés, ensuite par les ouvriers d'une même fabrique, enfin par les ouvriers du même métier dans une localité », selon un passage célèbre du Manifeste communiste) et cette solidarité de classe s'élargira en solidarité sociale le jour où les travailleurs s'empareront du pouvoir et mettront un terme à l'exploitation de classe.

Ceci présuppose : premièrement, que le travailleur pris

individuellement est, au début de ce processus, une sorte d'atome isolé, un être qu'aucun instinct social ne relie encore à son entourage ; secondement, que la formation de son sentiment de solidarité n'est qu'un simple phénomène de connaissance, basé sur la communauté de certains intérêts acquisitifs ; et enfin, que cette solidarité reste l'apanage d'une classe et ne peut devenir une éthique sociale que lorsqu'un pouvoir de classe nouveau aura créé une forme économique nouvelle.

S'il en était vraiment ainsi, le socialisme serait bien mal en point. Car alors, la classe ouvrière, forte de sa plus grande solidarité, pourrait bien s'emparer du pouvoir, mais elle ne s'en servirait vraisemblablement que pour dominer les autres groupes sociaux et pour mettre de nouveaux antagonismes à la place des anciens. Cette conception ne suppose pas la formation de nouveaux mobiles moraux chez la classe ouvrière ; elle ne voit dans l'action présente et future des travailleurs que la continuation mécanique d'une impulsion née de la forme antagoniste de la production capitaliste et qui, en bonne logique, devrait disparaître en même temps que celle-ci. Tenter d'édifier une éthique nouvelle sur la solidarité d'intérêts du prolétariat, c'est marcher à un échec certain, car un sentiment qui n'est dû qu'à la connaissance d'un intérêt n'a rien à voir avec l'éthique. Bien au contraire, l'éthique présuppose un sentiment qui se traduit par une impulsion intérieure, indépendamment de ce qu'exige ou non l'intérêt. On peut même dire que l'éthique ne commence que là où finit l'intérêt, et que la valeur de la volonté morale se mesure à la puissance de l'intérêt opposé que cette volonté est en état de vaincre.

En réalité, la solidarité ouvrière ne constitue pas un mobile nouveau. Elle n'est qu'une forme particulière de cet instinct élémentaire de l'être social que les psychologues appellent l'instinct grégaire et les moralistes l'instinct altruiste, et qui est à l'origine de toute moralité.

L'être humain que présuppose la théorie marxiste de l'éthique basée sur l'intérêt de classe est une vieille connaissance. C'est tout simplement l'« homo economicus » de l'économie politique libérale, l'égoïste et hédoniste parfait, qui ne connaît d'autre instinct que la poursuite de son intérêt « bien compris ». Nous avons appris depuis lors que l'homme réel obéit aussi à des instincts altruistes, qui sont tout autre chose qu'un égoïsme éclairé, notamment l'instinct grégaire et l'instinct de protection sociale. Le travailleur de l'époque capitaliste primitive qui conçut le premier l'idée de la solidarité ouvrière n'était pas une cire vierge au point de vue de ses tendances morales habituelles ; il était déjà dominé par des instincts communautaires ancestraux, modelés en normes éthiques par le christianisme et par l'expérience sociale des siècles passés. C'est de ces instincts et de ces jugements de valeur habituels, et non pas d'une connaissance nouvelle, que surgit son besoin de solidarité. Si cet homme n'avait réellement été capable d'agir que d'après la connaissance de sa situation économique, il n'aurait pas lié son sort à celui de ses camarades de classe exploités ; il aurait, au contraire, tenté de passer à une classe supérieure. S'il n'avait agi, que par intérêt, il serait devenu un arriviste, au lieu d'être le champion héroïque d'une idée nouvelle. S'il choisit cette dernière attitude, c'est parce qu'il se sentait poussé vers la solidarité par des mobiles plus puissants que son intérêt économique. Leur origine dernière est un instinct grégaire sublimé, que le christianisme avait transformé en caritas et la tradition artisanale en confraternité professionnelle. Sans doute l'intérêt de classe joue-t-il un rôle important dans la façon dont ce mobile se manifeste, étant donné surtout l'étendue et le caractère de la communauté à laquelle il se rattache. Mais l'intérêt de classe ne crée pas ce mobile ; au contraire, la formation de communautés de classe présuppose l'existence d'un instinct communautaire éthique.

L'insuffisance de l'interprétation mécaniste et rationaliste de là solidarité par le marxisme m'apparut pour la première fois il y a une quinzaine d'années, quand mon maître, Henri Pirenne, au cours d'une discussion sur le matérialisme historique, me tint à peu près ce langage : « Je me suis trop servi moi-même de l'interprétation économique des faits sociaux pour ne pas savoir quel rôle important les intérêts économiques ont joué dans les mouvements de masses qui dominent l'histoire ; mais de ce que je me suis servi de cette méthode d'examen, il ne faut pas conclure que je suis marxiste. Je ne crois pas surtout que l'on puisse transformer un simple instrument de recherches pour la compréhension du passé en règle prophétique de l'avenir. Le pronostic social du marxisme ne me paraît pas scientifique. Pour me prouver le contraire, il faudrait me donner une réponse à la question suivante : si les mobiles sociaux de la classe ouvrière d'aujourd'hui découlent de ses intérêts de classe, que deviendront ces mobiles dès que la classe arrivée au pouvoir aura, ainsi que le prétend Marx, supprimé les distinctions de classe ? Dès lors, il n'y aura plus d'intérêts de classe pour la guider ; d'où viendront alors les mobiles nouveaux ? »

La réponse que j'essayai alors de donner à cette question me satisfit si peu qu'elle devint le point de départ d'un long examen de conscience, aboutissant à une transformation profonde de mes vues. Depuis lors, d'ailleurs, d'innombrables expériences pratiques, notamment en Russie, ont démontré que la question de mon professeur n'avait pas qu'une importance théorique. Il me fallut bien des années avant d'y trouver une réponse qui me satisfît. La voici : L'intérêt de classe n'explique pas tout. Il ne crée pas de mobiles éthiques. Il se borne, au contraire, à donner une forme et une direction nouvelles à des mobiles existants inhérents à la nature sociale de l'homme. Ces mobiles ne peuvent prolonger leur action Au-delà de la durée d'une situation de classe que dans la mesure où ils concordent avec les commandements généraux de la conscience humaine. Une classe dont la solidarité ne serait fondée que sur ses intérêts ne chercherait, arrivée au pouvoir, qu'à réaliser sous une autre forme les instincts qui motivent cet intérêt, et établirait ainsi une nouvelle domination sociale. La classe ouvrière ne pourra édifier une société moins antagoniste que dans la mesure où elle réussira à transformer les mobiles sociaux modelés par l'intérêt de classe en règle éthique des habitudes journalières. Elle y réussira d'autant mieux qu'elle accentuera plus vigoureusement tout ce qui relie ces mobiles à ceux de l'éthique humaine générale, qu'elle donnera mieux à ses adeptes la conscience de cette unité. Une doctrine qui cherche à fonder le mobile de la solidarité ouvrière sur l'intérêt est donc non seulement indéfendable au point de vue historique et psychologique, mais nuisible au point de vue pratique, car elle détruit le pont qui, dans la conscience de chacun, conduit de l'intérêt économique particulier à la loi morale générale.

C'est parce qu'ils sentent ceci plus ou moins vaguement que tant de marxistes essaient de faire rentrer par la petite porte le « facteur » éthique, qu'ils pensaient avoir éliminé par leur critique de Kant et de la philosophie « bourgeoise ». Pour y arriver, ils élèvent (en ce qui concerne la classe ouvrière seulement !) l'intérêt économique à la hauteur d'un commandement moral. Hélas ! ce que l'on veut réintroduire de la sorte par la porte de service n'est pas la même chose que ce que l'on a expulsé par le porche. Il manque à cette éthique de l'intérêt de classe tous les indices qui caractérisent le devoir moral. Au lieu d'être intuitivement ressentie, elle est dérivée de la connaissance rationnelle. Au lieu de vouloir dominer les impulsions inférieures de l'égoïsme, elle s'offre à être leur servante. Au lieu de s'adresser à tous les membres de la communauté sociale, elle ne s'adresse qu'aux membres d'une seule classe, et l'attitude qu'elle leur commande ne se rapporte qu'à leurs camarades de classe et exclut, par conséquent, tous les autres hommes de la loi morale.

Aussi, la solidarité par connaissance d'un intérêt s'arrête-t-elle là où cet intérêt cesse ou, tout au moins, n'est plus reconnu. Bien entendu, c'est une situation dont il ne manque pas d'exemples dans la réalité ;

seulement, ces exemples prouvent précisément combien cette forme inférieure de la solidarité est inopérante au point de vue éthique. Ainsi, tout le monde sait que dans beaucoup d'ateliers les jeunes ouvriers et apprentis sont loin d'être bien traités par les ouvriers adultes, même syndiqués et solidaires entre eux. On sait aussi combien facilement maint ouvrier élevé à un poste de surveillance ou de commandement se transforme, grâce à la connaissance de son nouvel « intérêt », en pire despote que le patron lui-même. Plus d'un ouvrier marié, qui ne reculera devant aucun sacrifice pour conquérir plus de bien-être et de liberté pour lui et ses collègues, ne pense jamais 'à ce qu'il pourrait faire pour alléger le fardeau des besognes ménagères qui accablent sa femme. Aussi longtemps que les Trade-Unions anglaises n'eurent pas reconnu que les salaires inférieurs des ouvriers non qualifiés pouvaient exposer les ouvriers qualifiés à une concurrence dangereuse, leur sentiment de solidarité se limita aux hommes de métier ; les autres furent tenus à l'écart des organisations et des industries privilégiées. Ainsi le bien-être relatif des syndiqués fut acheté par la paupérisation de la grande masse des non-qualifiés. Il fallut la transformation des conditions techniques, le « nouvel unionisme » qui s'est développé depuis 1885 et les transformations sociales du temps de guerre pour élargir la notion de la solidarité. La situation est sensiblement la même en Amérique en ce qui concerne l'attitude des ouvriers américains envers leurs compatriotes de couleur et même envers les immigrants européens.

Je m'attends ici à l'objection marxiste que tous ces exemples ne font que démontrer l'incapacité d'une partie importante de la classe ouvrière à reconnaître son véritable intérêt de classe. Ainsi, l'ouvrier américain qui exige la défense ou la limitation de l'immigration ne s'inspirerait par là que d'intérêts professionnels particuliers, et non point d'intérêts de classe, qui ne connaissent pas de barrières de race. A supposer qu'il en fût ainsi, cela ne prouverait-il pas précisément que l'intérêt de classe du marxisme n'est pas le résultat d'une expérience économique ? Pour l'ouvrier américain, son intérêt économique le plus évident est de défendre son niveau de salaire contre l'immigration en masse, et cet intérêt l'unit à ses collègues et l'oppose à ses patrons. La notion d'une communauté sociale qui engloberait les Noirs et les Asiatiques lui parait tout au plus bonne pour orner le sermon dominical de son pasteur. Il ne lui viendra même pas à l'idée qu'il puisse s'agir là d'une communauté d'intérêts. Une conception de l'intérêt de classe qui aurait le pouvoir de transformer l'antipathie de l'ouvrier américain pour ses concurrents étrangers en un ardent amour fraternel présuppose une passion humanitaire qui serait aussi manifestement de l'« éthique » que la politique actuelle des syndicats américains est de l'« intérêt de classe ». Ce qui démontre à nouveau que les frontières de l'intérêt de classe et celles de la connaissance de cet intérêt coïncident. L'absence de cette connaissance dans les exemples cités plus haut montre donc dans quelles limites étroites l'intérêt de classe peut engendrer la solidarité. Il en résulte surtout que si l'on vide le sentiment de solidarité de tous ses mobiles autres que l'intérêt économique, on lui enlève tout caractère éthique, c'est-à-dire humain, dans le sens général du mot.

Si, malgré cela, on a le droit de considérer la solidarité ouvrière comme le germe d'une nouvelle éthique sociale, c'est parce qu'elle est, sous sa forme socialiste, tout autre chose qu'une conscience d'intérêt, à savoir une forme particulière d'un instinct communautaire naturel à l'homme, qui n'a été que momentanément étouffé par l'économie compétitive du capitalisme. Or, un instinct ne naît pas de la connaissance, pas plus que l'amour ne naît de la conscience des qualités de l'objet aimé ; c'est bien plutôt le sentiment instinctif qui dirige l'attention et donne un contenu à la connaissance. L'homme se sent solidaire de ceux avec qui il souffre en commun d'une injustice. Plus il sentira profondément cette souffrance, plus il aura conscience d'une communauté de sort et d'intérêt. Pour que la solidarité ouvrière acquière une valeur éthique et civilisatrice, il ne suffit pas qu'elle s'étende, par une connaissance élargie, du groupe professionnel ou national à la classe tout entière ; il faut, en outre, qu'elle prenne conscience de ce qu'elle est née moins d'un intérêt commun que de la révolte commune du sentiment moral contre une injustice sociale.

Ici encore, il y a un parallèle instructif entre la filiation psychologique et l'évolution historique. Dans l'histoire du mouvement ouvrier, la conception de la solidarité oscille entre le pôle éthique et émotif et le pôle économique et rationaliste. Et il se trouve que la forme éthique est la forme primitive. Les théories de la solidarité basées sur la connaissance d'intérêts sont le produit d'une époque ultérieure et correspondent à certaines tendances régressives de l'évolution du mouvement ouvrier, qui menacent de le faire dégénérer en un simple mouvement d'intérêts.

Les professions où la solidarité syndicale s'implanta tout d'abord ne sont aucunement celles où la communauté d'intérêts des travailleurs se manifestait le plus clairement à l'entendement intellectuel. Si le problème de la solidarité n'avait été qu'un problème de connaissance, les ouvriers de fabriques de la grande industrie mécanisée auraient été les premiers à le résoudre : leur concentration en grand nombre, les conditions de salaires semblables, l'absence de préjugés de caste professionnels, leur auraient facilité cette tâche bien plus qu'aux artisans des petits ateliers. Et pourtant ce ne furent pas les ouvriers de fabrique qui créèrent le fondement historique de la coutume et même du vocabulaire de la solidarité ouvrière ; ce furent, au contraire, les typographes, les graveurs, les ébénistes, les maçons, les gantiers, les chapeliers, les tailleurs, les cigariers, bref les travailleurs semi-artisans de la petite industrie. Et cela malgré leur situation moins complètement prolétarisée, malgré les barrières et les préjugés de leurs traditions corporatives, malgré les rapports personnels étroits qui les liaient aux patrons, malgré leur dispersion dans de nombreux petits ateliers ! Il faudrait dire plutôt à cause de tout cela, car leurs conditions de vie comparativement petites-bourgeoises furent dès l'origine animées d'un vigoureux sentiment communautaire, d'ailleurs bien plus directement rattaché à l'ancien esprit corporatif chrétien que ne l'ont cru beaucoup d'historiens. C'est cet esprit communautaire qui, au premier contact avec les idées socialistes, créa la solidarité ouvrière. Aujourd'hui encore, la solidarité des typographes, par exemple, a une signification beaucoup plus profonde et beaucoup plus enracinée dans les habitudes journalières que celle des ouvriers non qualifiés des fabriques, qui correspondent au schéma marxiste du « prolétaire pur » ; chez ceux-ci la solidarité est plutôt une conception politique et théorique qu'une force coutumière. Dans la mesure où le mouvement ouvrier s'élargit partout en mouvement de masses, l'impulsion éthique a été refoulée par des considérations d'intérêt. Actuellement, la solidarité de classe n'a encore — ou n'a retrouvé — la signification d'un mobile socialiste que dans la mesure où elle s'inspire de traditions communautaires et du sentiment moral. C'est ici le point où le complexe d'infériorité sociale de la classe ouvrière, en donnant naissance à une représentation juridique positive génératrice de coutumes, devient un facteur d'enthousiasme, et non plus de dépression. Dès que cette transformation s'est produite, apparaissent des phénomènes de psychologie des masses qui sont si peu des émanations de la connaissance rationnelle de l'intérêt, qu'on ne peut les décrire que dans le vocabulaire de l'histoire des religions et de la psychologie des croyances. Le principal de ces phénomènes est le sentiment eschatologique.

Qui souffre, espère, et qui espère, croit. C'est ainsi que la sagesse des nations exprime la vérité psychologique que tout état affectif désagréable engendre la représentation compensatrice d'un état meilleur. Le complexe d'infériorité de la classe ouvrière, s'accentuant jusqu'à l'indignation morale contre les conditions sociales, donne naissance à un sentiment nouveau, la nostalgie d'un état futur meilleur. L'homme croit toujours à ce qu'il désire et cette croyance est d'autant plus réaliste que les souffrances actuelles sont plus fortement ressenties. Cette foi est un besoin psychologique, qu'on ne peut réprimer sous peine d'amener une démoralisation complète, un écroulement de l'équilibre psychologique. D'où vient que chaque aspiration sociale des masses, qui repose sur la croyance à un lendemain meilleur, a un caractère religieux ? C'est parce que son essence est le sentiment eschatologique, c'est-à-dire la nostalgie des « temps à venir », dont le messianisme juif, le chiliasme du christianisme antique, le « royaume de Dieu » et l'« Éternel Évangile » du moyen âge ne sont que des formes particulières. La croyance des masses d'aujourd'hui à un État socialiste de l'avenir, qui mettra fin à toutes les souffrances et à toutes les injustices sociales, est l'émanation d'un espoir eschatologique ; elle n'est pas du domaine de la connaissance scientifique. Il n'y a pas de science humaine de l'avenir. Il n'y a qu'une foi en l'avenir, et de toutes les forces qui réalisent cet avenir cette foi est l'une des plus agissantes. La connaissance scientifique ne peut qu'aider cette foi en lui montrant les chemins possibles de sa réalisation et en transformant une aspiration vague en une 'volonté consciente. La volonté jaillit de la croyance et se nourrit d'elle, en transformant de simples réactions émotives en des symboles représentatifs qui établissent une direction de mouvement. Les visions d'avenir de la sociologie prophétique ne sont autre chose que de tels symboles, qui assignent un but à la volonté. C'est pourquoi on ne peut comprendre le socialisme qu'en le considérant comme une croyance et en rapportant toute son œuvre doctrinale à sa fonction essentielle, qui est de pourvoir cette croyance de symboles directeurs.

Ici aussi, l'identité des fondements psychologiques du socialisme et du christianisme se manifeste en ce que presque tout le symbolisme du mouvement ouvrier socialiste est d'origine chrétienne. Il n'y a rien d'extraordinaire à cela. Pour que les symboles puissent produire leur effet affectif, ils doivent se rattacher à des associations émotives habituelles. Or, les symboles émotifs du christianisme ont, pour ainsi dire, passé dans le sang de l'humanité occidentale.

Peu importe ici comment on explique la transmission héréditaire de certaines fixations émotives qui rendent les peuples particulièrement réceptifs à certains symboles : soit par l'hypothèse biologique d'une hérédité des caractères acquis, soit par l'hypothèse psychologique d'une mémoire subconsciente héréditaire, soit par le fait sociologique de la transmission du patrimoine de la culture nationale. Ce qui est certain, c'est qu'il faut reconnaître la concordance de la symbolique chrétienne avec certaines façons de penser et de voir qui caractérisent notre civilisation occidentale. Il s'agit moins d'ailleurs d'expliquer les représentations socialistes par les représentations chrétiennes que de les ramener toutes à un commun dénominateur psychologique, ce qui implique l'hypothèse d'une façon de sentir, typiquement occidentale et chrétienne. Cette hypothèse se vérifie aisément par les faits. Ainsi, le caractère dynamique particulier à notre culture occidentale, obsédée par le désir du changement et la hantise de l'infini, s'exprime autant dans les aspirations du socialisme à révolutionner l'ordre social que dans le désir illimité de perfection morale qui anime le christianisme. Le christianisme occidental est la religion dynamique universelle par excellence. Seule, elle suppose un univers illimité et une divinité infinie. Elle assigne à l'homme un idéal de perfection surhumain, le rend seul responsable du salut de son âme, élève le souci de cette âme immortelle au-dessus de toute considération terrestre, et ne voit dès lors dans chaque état moral que le point de départ d'une aspiration vers un état meilleur. Cet élan perpétuel amène chez les masses un état d'âme eschatologique, dès que la tension entre la réalité sociale et son aspiration sociale atteint une certaine intensité. La caractéristique de cette tension est qu'elle n'oppose pas une réalité individuelle à un souhait individuel ; elle aboutit à l'attente d'une transformation radicale de la destinée commune. L'eschatologie sociale implique la croyance à un changement brusque de l'état social, qu'il s'agisse de l'écroulement de l'empire païen de Rome ou de l'élévation des pauvres au-dessus des riches et des puissants.

Le sentiment eschatologique socialiste n'apparaît qu'au moment où les sentiments essentiels du complexe d'infériorité de classe, et en particulier le sentiment de solidarité, sont déjà formés et servent de fondement à un sentiment communautaire s'étendant tout au moins à la classe. C'est l'attente eschatologique d'un autre ordre social qui conduit du sentiment communautaire limité à la classe au sentiment éthique général qui régit la société. L'état nouveau que l'on espère n'est pas un simple changement de la situation de sa classe, mais un ordre social nouveau qui transforme les destinées de tous. C'est ici qu'entre en jeu, dans l'état affectif de la classe ouvrière, le sentiment, caractéristique de toute conviction socialiste, qui charge l'individu de la responsabilité morale de la communauté humaine tout entière. C'est ce, même sentiment que le christianisme symbolise dans sa doctrine du péché et de la rédemption, et que le mysticisme de Dostoïevski a formulé dans la phrase : « La faute de tout incombe à tous. » Tous les autres sentiments élémentaires par lesquels nous avons caractérisé l'état affectif de la classe ouvrière, depuis le sentiment d'exploitation jusqu'à celui de la solidarité de classe (qu'on se rappelle le trade-unionisme anglais non socialiste d'autrefois), peuvent exister sans qu'il soit question de socialisme. Le sentiment eschatologique introduit le premier un instinct dirigé Au-delà du bonheur personnel, auquel se limitent encore l'instinct acquisitif, l'instinct d'auto-estimation et même l'instinct grégaire. Il s'agit ici de l'instinct de protection sociale qui, apparenté de près à l'amour paternel et profondément enraciné dans la nature sexuelle de l'homme, le porte à considérer la participation morale à la destinée de tous ses prochains comme une loi éthique et à se sacrifier à cette loi. Tout sentiment du droit dérive de cet instinct, car il ne peut exister que là où l'homme ressent l'injustice faite à un autre comme son souci personnel.

Le sentiment eschatologique, sans lequel on ne saurait expliquer aucune conviction socialiste, présuppose donc tout autre chose qu'un simple conflit d'intérêts matériels. Il faut d'abord que l'on ressente comme immoral ou injuste l'ordre social qui crée ces oppositions d'intérêts. Ce n'est qu'à cette condition que le nouvel ordre espéré apparaîtra comme la réalisation d'un commandement moral, ce que le vocabulaire de l'Église appelle le royaume de Dieu et celui de la mystique socialiste l'ère de la fraternité ou « le saut du royaume de la nécessité dans celui de la liberté » dont parle Engels. Dans chacun de ces cas, il est une caractéristique essentielle que l'ordre futur apparaisse comme un bien absolu et non seulement relatif. L'image de cet état naît par renversement de l'image de l'état actuel, considéré comme un mal absolu, par un procédé analogue à la transformation d'un négatif photographique en positif. Les utopistes créent leur vision à la façon de frère Jean des Entommeures chez Rabelais, qui détermine les règles de son abbaye idéale de Thélème en retournant tout simplement les règles existantes du monachisme catholique. C'est cette tendance vers l'absolu qui imprime au mouvement ouvrier socialiste son caractère eschatologique et religieux.

Toutefois, ceci ne s'applique pas avec la même intensité à toutes les phases du mouvement. Si l'on examine l'histoire du mouvement ouvrier jusqu'à nos jours, on s'aperçoit que le caractère eschatologique est en général le plus prononcé dans les débuts. Il passe peu à peu à l'arrière-plan dès que le mouvement se cristallise en organisation et que l'activité purement propagandiste du début se reporte sur les tâches concrètes et immédiates, ce que les Allemands appellent la « Kleinarbeit », la menue besogne quotidienne. Il ne faut pourtant pas en conclure qu'il s'agit là d'une évolution schématique et que la phase eschatologique du socialisme appartient irrémédiablement au passé. À y regarder de plus près, on s'aperçoit que de nouvelles vagues eschatologiques peuvent encore apparaître, différentes sans doute, mais non moins puissantes que celles du XIXe siècle.

La disposition eschatologique se développe partout où existe une haute tension entre l'aspiration des masses vers une amélioration sociale et la possibilité de la réaliser immédiatement ou dans un avenir rapproché. Le marxisme primitif de l'époque du Manifeste communiste tenait pour certain que cette tension devait augmenter jusqu'à devenir intolérable à mesure que s'opérerait la concentration des entreprises et que s'aggraveraient les antagonismes économiques de classe. Depuis lors, l'expérience nous a appris que ce phénomène ne se produit pas nécessairement, même si les antagonismes de classe s'accentuent. Il s'agit ici d'un fait psychologique, qui n'est certes pas indépendant de l'ambiance économique, mais qui a sa source dans les conditions psychologiques variables de toute la vie sociale, et plus particulièrement dans le développement du mouvement ouvrier lui-même. Quoi qu'il en soit, le renforcement graduel du sentiment eschatologique prédit par le marxisme ne s'est pas produit. D'autre part, il ne manque pas d'indices qui peuvent faire croire à la possibilité de nouvelles tensions eschatologiques, soit à la suite d'événements, tels que les guerres, situés dans un tout autre plan que l'évolution économique, soit d'une façon plus immédiate sous l'empire de tendances inhérentes aux modifications de la psychologie des masses.

On peut encore considérer le puissant sentiment eschatologique de la Révolution russe depuis 1917 comme une vague attardée du courant qui passa sur l'Europe occidentale et centrale dès le siècle passé ; car il s'agit ici de masses qui avaient végété jusqu'alors dans une morne résignation et qui furent éveillées soudain à une vie nouvelle par l'écroulement de l'ancien régime. Il en alla différemment dans les autres pays, et surtout dans les pays vainqueurs de l'Europe occidentale, en Amérique, en Islam, dans l'Inde, etc. Là aussi, un sentiment eschatologique s'empara, après la guerre, de couches sociales fort étendues. Il se manifesta par l'attente d'une révolution mondiale, qu'inaugurerait le communisme russe. La concentration capitaliste des entreprises n'avait que des rapports très lointains avec ce phénomène. Ses causes immédiates étaient visiblement des transformations psychologiques opérées par la guerre. L'exemple révolutionnaire de la Russie fut comme le symbole d'un acte libérateur qui promettait, après la longue terreur de la guerre mondiale, la guérison immédiate de souffrances devenues insupportables. Il secoua surtout des catégories sociales restées jusqu'alors passives : les couches inférieures, auparavant indifférentes, de la classe ouvrière, les professions libérales, les employés et les fonctionnaires, la bohème, etc. Toutes les aspirations sociales non encore satisfaites, depuis le nationalisme asiatique et islamique jusqu'au mécontentement social des intellectuels européens et américains, en reçurent une impulsion nouvelle.

Cette aspiration des masses était d'autant plus colorée d'eschatologie que les résultats atteints depuis la guerre avaient été décevants. La guerre avait épuisé et appauvri les nations européennes victorieuses autant que les nations vaincues. Les Américains qui avaient cru au programme de paix de Wilson furent aussi découragés par sa faillite que les Allemands. La paix apporta aux Anglais le chômage, aux Français la crise financière permanente ; la Révolution allemande de novembre déçut les révolutionnaires, les nouvelles pompes patriotiques fêtées sur les ruines de l'empire austro-hongrois déçurent les patriotes, la Société des Nations déçut tout le monde, la réaction qui suivit bientôt les concessions faites aux travailleurs durant l'ère wilsonienne aigrit la classe ouvrière. En un mot, une série d'événements, suite d'une catastrophe politique mondiale et non d'une évolution économique, augmenta la tension entre le désir et la réalisation jusqu'au degré où se produit l'attente eschatologique.

Parmi les facteurs sociaux d'origine économique qui déterminent le degré de la tension eschatologique, il faut mentionner en premier lieu l'insécurité de la vie. Plus que les membres des autres classes, l'ouvrier vit au jour le jour. Il pense peu à son propre avenir (d'après le criminaliste hollandais Bonger, les suicides sont moins fréquents dans la classe ouvrière que dans les autres classes, malgré sa situation moins favorable), mais il se préoccupe d'autant plus de l'avenir de ses enfants, à qui il voudrait surtout procurer la sécurité d'existence qui lui manque. Or, c'est précisément au point de vue de la stabilité de l'emploi parmi la classe ouvrière qu'il y a les plus grandes différences de situation, et il semble bien qu'elles soient en voie de s'accroître.

C'est bien plus sur ce terrain que sur celui des salaires que gît la différence entre les deux types principaux de travailleurs industriels, l'ouvrier qualifié et le manœuvre non qualifié. Le premier tend de plus en plus à devenir, comme l'ingénieur, un fonctionnaire d'usine ; le second devient de plus en plus un travailleur occasionnel, un bohème du prolétariat. Il est clair que ce dernier sera plus accessible à la façon de penser eschatologique du socialisme extrémiste. Il est impossible de dire aujourd'hui auquel de ces deux types appartient l'avenir. Il semble probable toutefois qu'une partie de la classe ouvrière se rapprochera de l'un de ces types et l'autre du type opposé, comme conséquence de la différenciation croissante des fonctions purement mécanisées dans l'industrie. Il ne manque pas non plus d'indices qui permettent de croire à la naissance d'une hiérarchie des nations, divisées en nations exploitantes, avec une classe ouvrière privilégiée et assurée de son bien-être, et en nations exploitées, condamnées à une paupérisation générale de toute la classe productive. Il est impossible de dire aujourd'hui à quoi tout cela aboutira. En aucun cas, on ne peut baser de prévisions sur les lois abstraites qui prétendent dévoiler les secrets de l'évolution économique. Les facteurs qui déterminent l'avenir social sont trop différents et trop compliqués pour qu'on puisse les ramener à un facteur commun. Bornons-nous à constater que, dans l'évolution générale du mouvement ouvrier, le sentiment eschatologique constitue une espèce de dominante qui résonne plus fortement chaque fois qu'un groupe social nouveau s'éveille à l'initiative ou que les circonstances du moment exacerbent la tension habituelle entre le désir des masses et la réalité.

L'attente eschatologique constitue donc le fonds commun et quasi chrétien de tous les systèmes de mythes et de symboles qui expriment la vie émotive du mouvement socialiste. Ernest Renan a dit un jour que pour se faire une idée des premières communautés chrétiennes, il suffisait de regarder une section de l'Association internationale des Travailleurs. La Première Internationale appartient au passé ; c'est sans doute la Troisième qui fournirait actuellement le meilleur terme de comparaison. On y constaterait non seulement de curieuses analogies dans les situations psychologiques, mais aussi dans les formes artistiques qui constituent toujours l'expression la plus directe d'une communauté psychologique. On trouvera, par exemple, une singulière ressemblance entre le symbolisme expressionniste de « l'art révolutionnaire » russe et les premières tentatives par lesquelles l'art chrétien chercha à se libérer de l'hellénisme « embourgeoisé », et celles de l'art populaire des débuts du moyen âge pour s'affranchir du byzantinisme officiel. Il faudrait des illustrations pour le prouver ; mais il est encore assez d'autres exemples du parallélisme des eschatologies chrétienne et socialiste pour qu'on puisse s'en dispenser.

Il faut citer d'abord le mythe de la révolution, si formidablement générateur d'émotions qu'il faut y voir le pendant des visions eschatologiques de l'Apocalypse, de la fin du monde, du Jugement dernier, du royaume de Dieu, etc. Le contenu affectif et héroïque de l'idée de révolution en elle-même — ce que l'on a appelé le romantisme révolutionnaire — rend tous les révoltés accessibles au plus haut degré à l'action suggestive de tout exemple révolutionnaire. Cet effet est pour ainsi dire indépendant du but et des caractères particuliers de la révolution qui sert d'exemple ; ce qui importe, c'est la corde émotive sympathique que fait vibrer chaque changement soudain et violent. C'est ce qui explique le propos attribué à Trotsky sur Mussolini — ce même Mussolini qui peut se vanter à bon droit d'avoir écrasé le communisme et le socialisme en Italie — : « Il est notre allié, car il a fait une révolution. » Même si cette parole était apocryphe, l'esprit en resterait caractéristique de toute la politique étrangère du communisme russe, dont l'essence est de sympathiser avec n'importe quelle révolution, même si elle poursuit des buts nationalistes et veut porter au pouvoir une caste militaire ou féodale.

Ce même état d'esprit explique la fascination que la grande Révolution française exerce encore sur le socialisme européen. Ceci s'applique même aux marxistes. La littérature scientifique du marxisme a beau représenter cette révolution comme l'avènement au pouvoir de la bourgeoisie exécrée, le subconscient, qui s'exprime par les images affectives, n'est pas influencé par de pareilles restrictions critiques. Une évolution en ligne droite mène du jacobinisme au bolchevisme, en passant par le blanquisme et le marxisme. Même ceux des marxistes pour qui le socialisme s'oppose à la démocratie ne peuvent se soustraire, dans le tréfonds de leur vie affective, à l'influence magique de la grande Révolution. Me trouvant en Russie en 1917, mes relations avec les dirigeants socialistes des tendances les plus diverses me permirent de jeter un coup d'œil sur les mobiles personnels qui se cachaient sous la surface des opinions exprimées. Je fus constamment étonné de constater à quel point ils étaient tous dominés par l'idée que la Révolution russe devait reproduire l'exemple français dans toutes ses phases. Une croyance semblable reflète toujours un désir subconscient : aussi l'un voulait-il être Girondin, un autre Jacobin, un troisième rêvait d'un 18 Brumaire, etc. Je suis persuadé que le parallélisme parfois étonnant entre la Révolution russe et la Révolution française ne s'explique pas seulement par une certaine analogie des lois psychologiques qui régissent le flux de tous les événements révolutionnaires ; la volonté consciente des dirigeants y est aussi pour quelque chose. Ceux-ci se trouvèrent dans une situation semblable à celle d'acteurs qui, en improvisant une pièce, ne peuvent s'émanciper du souvenir d'un texte familier.

Si les dirigeants dotés d'un esprit critique succombent à cette suggestion, celle-ci agira encore bien plus fortement sur une masse mue par des mobiles affectifs. La Marseillaise, bien qu'en France même elle soit déchue au rang d'hymne officiel, est la mélodie préférée des socialistes dans presque tous les autres pays du continent européen. Le bonnet phrygien, le faisceau des licteurs avec la hache, la pique, la chaîne brisée, les mains croisées, symboles que la Révolution française avait elle-même calqués pour la plus grande part sur des modèles antiques, sont devenus une partie intégrante de l'iconographie socialiste. Dans les pays de langue française, les membres des partis socialistes s'appellent entre eux « citoyen », à l'exemple de la grande Révolution, et, chose curieuse, cette appellation s'implanta à une époque où les ouvriers n'avaient pas encore le droit essentiel du citoyen, le droit de suffrage ! Le calendrier révolutionnaire français a été imité dans d'innombrables variantes socialistes, que seules des raisons pratiques empêchèrent de s'implanter. Il n'est guère de gravure aussi répandue dans les habitations des socialistes de tous les pays que « Rouget de l'Isle, chantant la Marseillaise », à moins que ce ne soit la « Marseillaise » de G. Doré. Le drapeau rouge est également dans la tradition, non seulement des « sections » parisiennes, mais de tous les mouvements révolutionnaires depuis le moyen âge, qui le choisirent comme symbole par une intuition exacte de l'action de la couleur rouge sur les émotions héroïques. Rien de plus caractéristique, d'autre part, que le nom de Spartacus que les partisans de Karl Liebknecht donnèrent à leur organisation révolutionnaire. Ils tenaient plus que quiconque à accentuer le caractère de classe prolétarien de leur programme ; mais cela ne les empêcha point, dans l'extase romantique de leur psychose révolutionnaire, de se mettre sous le patronage d'un chef d'esclaves romains révoltés.

Si l'eschatologie socialiste s'est forgé, dans le domaine du romantisme révolutionnaire, une symbolique laïque qui lui est propre, il ne manque d'autre part pas de créations mythiques et symboliques qui la rattachent directement à l'eschatologie chrétienne.

Un trait religieux caractérise toutes les tentatives de relier la chronologie aux espérances des masses. C'est en vertu de ce principe que les diverses formes de l'eschatologie chrétienne, tel le règne millénaire, la fin du monde à l'an mille, etc., sont intimement liées à la chronologie du calendrier. Rien ne manifeste mieux le caractère inéluctable des lois qui régissent un avenir auquel on veut croire que les lois des nombres qui divisent le temps et en mesurent les cycles. Les pionniers de l'idée socialiste sentirent le besoin impérieux de consacrer la certitude de leur croyance à la révolution par la certitude de leur connaissance d'un nombre. C'est ce qui s'appelle prophétiser. On sait que Marx et Engels eux-mêmes se sont souvent risqués à ce jeu ; ce qui les a rendus victimes de l'inévitable illusion de perspective qui fait toujours paraître le but plus proche qu'il ne l'est en réalité. Chaque mouvement révolutionnaire se croit un nouveau commencement et souhaite, par conséquent, un calendrier nouveau. Chacun d'eux s'intitule « temps nouveaux » — jadis le titre préféré des revues socialistes de tous les pays. La nécessité pratique d'une chronologie uniforme est trop impérieuse à notre époque de communication intense pour qu'un groupe isolé puisse imposer une chronologie particulière, mais l'aspiration est là et n'attend que le moment où elle, pourra se réaliser. Tout récemment encore, le 28 septembre 1924, l'orateur anglais aux fêtes du 600 anniversaire de la II* Internationale à Londres, E. Belfort-Bax, dit ceci : « Qui sait si une époque à venir ne prendra pas l'année 1864 comme le début de son ère à la place de l'ère chrétienne ? » En attendant, on se tire d'affaire en modifiant autant que possible le contenu du calendrier en usage. Des almanachs socialistes historiques, donnant les anniversaires d'événements révolutionnaires et les éphémérides de l'histoire du mouvement ouvrier et des courants d'idées apparentés, sont fabriqués en masse et souvent reproduits au jour le jour par les journaux socialistes. Des calendriers illustrés remplissant les cadres de la chronologie avec un contenu socialiste ornent les murs des logements ouvriers.

Le 1er mai a pour le monde ouvrier une signification Semblable à celle des fêtes du christianisme pour les premiers chrétiens. L'histoire de la fête du 1er mai est un des exemples les plus frappants de l'aspiration de la masse vers une symbolique liée au cours périodique de l'année. Lorsqu'en 1889 un congrès socialiste international appela pour la première fois les ouvriers du monde entier à manifester le 1er mai, ce congrès ne représentait qu'une minorité infime de la classe ouvrière. Il prit encore maintes autres décisions concernant des questions pratiques importantes, qui parurent pour le moins aussi capitales aux congressistes que le choix de la date du 1er mai pour une démonstration annuelle. Et cependant ces décisions ne sont plus connues aujourd'hui que d'une demi-douzaine de chercheurs spécialisés, qui les ont déterrées de vieux procès-verbaux. Par contre, l'idée de la fête de mai trouva un terrain tellement fertile qu'elle se propagea comme une traînée de poudre. La participation à la fête s'étendit d'année en année, et en même temps ce qui était à l'origine une manifestation dans la lutte pour certains objectifs immédiats se transforma graduellement en une commémoration d'un caractère symbolique général. Par le choix du premier jour de mai, les promoteurs assimilèrent adroitement le contenu symbolique de l'antique fête du printemps païenne et chrétienne. Ce qui signifiait pour les païens germains et celtiques la célébration du printemps de la nature et pour les catholiques la fête de la Vierge fleurie, symbole d'un printemps de l'humanité, devint pour les travailleurs socialistes le jour du renouvellement victorieux de tout ce qui a vieilli et dépéri. On s'appropria à cette occasion maintes coutumes traditionnelles des anciennes fêtes populaires : les cortèges fleuris ou ornés de feuillages, les danses autour du maypole anglais, le meiboom flamand, etc.

Le socialisme utilisa aussi la symbolique de fêtes populaires aussi universelles que Pâques et la Noël, déjà adaptées par le christianisme. Dans les pays germaniques surtout, l'article de Pâques et de Noël est de tradition dans tous les journaux socialistes ; on y va même souvent d'un numéro spécial de fête. La Noël rouge n'a pas attendu la consécration officielle que lui a donnée la Russie communiste pour devenir une coutume presque universelle. Un souci analogue se manifestait dans la coutume ancienne de la social-démocratie hollandaise, qui faisait prononcer chaque année par son chef reconnu un « discours de Noël ». Ce discours avait la signification d'un véritable message apostolique. Les camarades de province en lisaient le compte rendu sténographique avec une émotion semblable à celle des premières communautés chrétiennes au reçu d'une épître de saint Paul.

Car le socialisme aussi a ses apôtres, ses prophètes, ses saints et ses martyrs, en vertu d'une disposition psychologique des masses analogue à celle des croyants catholiques. Les êtres humains qu'un idéal commun anime éprouvent le besoin de ce que la psychologie freudienne appelle une identification. Ils projettent en quelque sorte leurs aspirations sur une personnalité idéale, réelle ou imaginaire. Il peut même arriver de cette façon qu'ils créent de toutes pièces des personnages fabuleux. Un phénomène de ce genre se produisit, tout au moins à l'état embryonnaire, dans le mouvement communiste allemand pendant la phase d'exaltation qui suivit la Révolution de novembre. Les affiches qui annonçaient des réunions publiques ne mentionnaient pas le nom de l'orateur, mais elles portaient en grandes lettres : « Spartacus parlera. » Si cela s'était passé il y a deux mille ans, alors que les moyens de communication étaient encore assez rudimentaires pour faciliter la création de mythes par la rumeur, il est fort probable que Spartacus serait devenu, par la simple vertu de la croyance populaire, un personnage à l'identité non douteuse. Mais même ainsi l'effet émotif fut presque pareil : l'orateur, d'ailleurs souvent anonyme, voyait son prestige rehaussé par l'identification partielle et subconsciente de sa personnalité avec un messie incorporel et ubiquitaire.

Un mythe de cette espèce caractérise les débuts de tout mouvement né d'une impulsion unique. Dès que ce mouvement s'étend et s'adapte à des circonstances différentes de temps et de lieu, la diversité des impulsions qu'il subit se traduit par une diversité correspondante de la croyance à ses origines mythiques. Par une espèce d'évolution régressive, cette croyance de monothéiste devient polythéiste. Elle crée une véritable hiérarchie mythologique en élevant un certain nombre de personnages de son histoire à l'état de saints et de martyrs. Le marxisme, tout matérialiste et scientifique qu'il est, ne fait pas exception à cette règle. Dans la Russie communiste d'aujourd'hui, les figures prophétiques de Marx et de Lénine sont aussi réelles aux yeux de la masse que l'étaient autrefois les saints de l'Église. L'Allemagne marxiste est depuis toujours le pays classique de l'iconographie fétichiste socialiste ; on pourrait remplir des musées avec sa production en bustes, cartes postales illustrées, chromos et objets emblématiques de toute espèce, depuis les épingles de cravate à la Lassalle jusqu'aux porte-cigares à l'effigie de Bebel et aux chopes ornées des traits de Wilhelm Liebknecht. À chaque congrès socialiste, les bustes de Marx et de Bebel en Allemagne, ceux de Marx et Lénine en Russie, celui de Jaurès en France, occupent la même place centrale élevée que l'autel et le crucifix à l'église. Dans tous les locaux du parti, dans toutes les habitations de militants, on trouve les images des martyrs de la cause : pour la France, le « Mur des fédérés » ; pour l'Amérique, les « Martyrs de Chicago » ; pour la Belgique, les « morts pour le S. U. » ; pour l'Allemagne communiste, les portraits de Rosa Luxemburg et de Karl Liebknecht appartiennent aux productions les plus recherchées de l'art populaire socialiste.

Le culte des martyrs est un phénomène inséparable de chaque mouvement dont les partisans eurent autant à souffrir pour leur foi que les socialistes des débuts. Des dizaines de milliers d'hommes furent tués dans les luttes révolutionnaires et dans les répressions armées des grèves ; des centaines de milliers furent privés de leur gagne-pain, exilés, emprisonnés, mis au ban de la société ; des millions s'exposèrent, eux et leurs familles, aux privations de la grève. Aujourd'hui encore, le mouvement socialiste exige de la part de beaucoup de ses adhérents et de ses propagandistes des sacrifices constants. Dans un cas pareil, la symbolisation du martyre des précurseurs éveille chez la masse une force qui s'inspire aux mêmes sources que la communauté religieuse s'exaltant dans le sacrifice par l'exemple du Sauveur crucifié. Même la relique tangible ne manque pas dans cet ensemble. Les syndicats anglais qui peuvent rattacher leurs origines à l'époque héroïque des lois contre les coalitions traitent leurs premiers livrets de membres, leurs insignes de sociétés secrètes et les autres souvenirs de ce genre avec une vénération que d'autres organisations ouvrières manifestent pour leurs premiers drapeaux et leurs emblèmes. Lorsque le suffrage universalisé fit entrer dans les parlements les premiers groupes de députés socialistes, on vit éclore partout la mode des calendriers et des chromos reproduisant leurs traits. L'électeur tenait à ce que ces images lui rappelassent que des personnages importants représentaient ailleurs sa volonté. A cette époque d'espérances naïvement exaltées sur les résultats du droit de suffrage nouvellement conquis, il contemplait ces emblèmes avec une joie de se sentir protégé comparable à la reconnaissance d'un croyant catholique à l'égard de ses saints patrons. La façon dont les électeurs socialistes du député sicilien de Felice honorèrent leur chef en 1892 est particulièrement frappante à cet égard. Déjà pendant la lutte électorale, ils élevaient de petits autels portant son portrait et des cierges allumés. D'après ce que rapporte Robert Michels, « pendant le mouvement des Fasci siciliens, en 1893-1894, le peuple portait en même temps dans ses cortèges les effigies de Karl Marx et de Felice, du roi et de la Vierge en signe d'espoir dans les différentes possibilités d'aide sociale ». Une signification semblable s'attache aux cérémonies qui eurent lieu pendant et après les funérailles de Lénine, ainsi qu'aux monuments et aux icônes qui lui furent consacrés, au changement du nom de Pétrograd en celui de Leningrad et à la construction (ou au plan) d'une ville caucasienne consacrée à Lénine, et par-dessus le marché disposée en étoile soviétique — tout à fait comme les églises chrétiennes sont construites en forme de croix.

Le moindre des dirigeants ouvriers s'adapte inconsciemment à cette aspiration de la masse vers une identification symbolique, en se rapprochant par le vêtement, l'attitude, la coiffure, la manière de vivre et de parler, de l'image qui apparaît à la masse comme la personnification de son idéal. On pourrait écrire un petit livre fort amusant sur ce côté du symbolisme socialiste. Il est vrai qu'il lui faudrait des illustrations. Pourrait-on mieux caractériser le socialisme utopique qu'en représentant le gilet fraternel de Saint-Simon, que l'on ne pouvait boutonner par-derrière qu'avec l'aide d'autrui et qui devait ainsi rappeler quotidiennement les hommes à leur solidarité ? On pourrait, d'autre part, faire une excellente étude des transformations de la mentalité socialiste sous l'influence du réformisme, rien qu'avec des photographies prises dans les vestiaires des congrès ouvriers.

L'évolution des chapeaux prendrait de cette façon une signification plus profonde que l'étude comparée des textes de résolutions votés dans les salles. On y constaterait la disparition graduelle des feutres à larges bords et des pèlerines flottantes qui marquaient la phase héroïque et romantique du mouvement ; puis, l'ascendant graduel d'un type nouveau, né de la nouvelle bureaucratie syndicale, essayant au contraire de marquer un caractère « convenable » — l'ouvrier endimanché, mais tout de même encore ouvrier ; et enfin l'envahissement par un type vestimentaire caractéristique du fonctionnaire, habitué au faux col et aux autres dehors de la respectabilité bourgeoise.

Et pourrait-on mieux caractériser les différences des psychologies nationales si ce n'est par une galerie des portraits des dirigeants ouvriers des divers pays ? L'étude comparée de leurs types serait particulièrement instructive, surtout pour les débuts du mouvement, avant que la grise uniformité petite-bourgeoise du fonctionnarisme professionnel n'eût effacé les vives couleurs des pittoresques types primitifs. Le socialiste français d'antan, moins ouvrier que bohème, à la longue chevelure, au chapeau mou d'artiste, à la lavallière flottante, nous rappellerait l'époque romantique des barricades, de l'éloquence de café et des conspirations. Le type Keir Hardie, vêtu d'un ample tweed, l'agrafe géante tenant une large régate ponceau, le brûle-gueule en terre vissé dans un visage de patriarche grisonnant, citant des textes bibliques dans un savoureux dialecte écossais, symboliserait tout ce qu'il y a de caractéristique dans le socialisme britannique d'il y a trente ans par son mélange d'ouvriérisme authentique et de bohème préraphaélite à la Ruskin et à la William Morris. Le type Eugène Debs, par la jovialité proprette de sa physionomie de machiniste au repos, figurerait tout ce qu'il y a d'américain dans le socialisme d'outre-Atlantique, depuis l'enjouement rusé du missionnaire biblique jusqu'à la simplicité démocratique un tantinet ostentatoire d'un descendant spirituel des Puritains, des Quakers et d'Abraham Lincoln.

De même que le dirigeant adapte ainsi son extérieur à l'idéal conforme au sentiment de la masse, celle-ci de son côté imite cette attitude symbolique. Dans l'Allemagne d'avant-guerre, le chapeau de Bebel, la barbe de Bebel et même la façon de parler de Bebel étaient pour beaucoup de militants de moindre envergure, tout aussi fascinants que les moustaches en crocs de Guillaume II l'étaient pour ses sujets loyalistes.

La masse attend de ses dirigeants et de ses représentants qu'ils remplissent une fonction symbolique non seulement dans leur attitude politique, mais encore dans tout leur genre de vie. Point n'est besoin d'avoir lu Freud pour savoir que la sélection des dirigeants s'opère suivant un processus d'identification du moi avec un moi idéal. L'enfant en fournit un exemple, dès qu'il commence, sous l'influence des parents ou des éducateurs, à décomposer son moi conscient en un moi réel non satisfaisant et un moi idéal représenté par une autre personne. Dans un mouvement social de masses mû par la volonté de puissance, la tendance à l'identification se portera naturellement vers un symbole masculin. Il n'est peut-être pas exagéré de prétendre que le marxisme doit beaucoup à la barbe de Marx. Sa physionomie hirsute le rend particulièrement propre à représenter un personnage patriarcal et prophétique, armé de toute l'autorité d'un « père », même au sens le plus freudien. Le style de sa coiffure s'accorde d'ailleurs admirablement avec son style littéraire et son mode de vie. Tout trahit cette certitude autoritaire et ce courroux agressif que le besoin de suggestion de chaque secte attend de son prophète.

Il est clair qu'il faut expliquer surtout par leur signification symbolique l'importance de certaines questions politiques « de principe », âprement discutées par les partis socialistes dans leur stade propagandiste, telles que le refus de certains budgets, l'interdiction de la participation au gouvernement, des visites à la cour, de l'acceptation des titres et des décorations, etc. On sait combien il a été difficile dans tous les pays de rompre avec les traditions anciennes sous la poussée de nécessités politiques nouvelles. On craignait que les masses ne ressentissent l'abandon des démonstrations traditionnelles d'intransigeance comme l'indice d'une tiédeur suspecte chez leurs mandataires. L'histoire des partis socialistes de tous les pays montre que l'aigreur des discussions intérieures était généralement en raison inverse de l'importance pratique de leur objet dès qu'il s'agissait de questions symboliques, qu'elles eussent un caractère général comme le problème des « visites à la cour », ou un caractère personnel, telles que les nombreux cas soulevés par la conduite privée de dirigeants.

Il y a un symbolisme d'adaptation autant qu'un symbolisme d'opposition, selon le caractère général des aspirations des masses dans des phases déterminées du mouvement. Ainsi, il arrive que la masse tienne plus à voir son influence reconnue par les pouvoirs qu'à manifester son intransigeance dans l'opposition. Partout où des portefeuilles furent offerts à des dirigeants socialistes d'origine prolétarienne, le courant « ministérialiste » s'en trouva renforcé chez les ouvriers. Ceux-ci sentaient instinctivement que, dans la personne d'un de ses fils, la classe ouvrière recevait une satisfaction, et que l'offre d'un ministère à un ouvrier équivalait à une reconnaissance symbolique de la capacité politique de leur classe. C'est pourquoi on a bien souvent, en distribuant les portefeuilles, fait la part plus belle à l'élément ouvrier qu'on ne l'eût fait sans cela. Tout groupe social se sent flatté quand un de ses membres accède au pouvoir et aux honneurs. Ce sentiment est d'autant plus fort que les membres de ce groupe attachent plus d'importance à cette accession, et qu'ils se sentent davantage de leur côté sur un pied d'égalité ou de familiarité avec le personnage honoré.

Les manifestations de masses recherchent, elles aussi, un effet symbolique. Leur action suggestive est généralement plus forte sur les participants que sur le monde extérieur. Elles ont pour but de galvaniser la masse par l'impression tangible de sa propre puissance. C'est pourquoi les manifestations socialistes en cortèges ont depuis toujours été populaires dans les pays où les foules sont particulièrement impressionnables par les sens (par exemple en Belgique, dans l'Italie d'avant le Fascio et dans la Russie communiste actuelle), soit que leur manque d'instruction les rende difficilement accessibles aux influences purement intellectuelles, soit qu'elles aient l'habitude historique de la sociabilité démonstrative. Il y a ici un parallélisme évident avec les traditions ecclésiastiques, qui s'adaptent aux mêmes particularités psychologiques nationales : il suffit de penser à la tradition des fêtes populaires et des processions catholiques en Belgique et en Italie, et à la prédilection de l'Église byzantine russe pour le sensualisme des effets de couleurs et de sons. Les drapeaux, les inscriptions, la musique, la décoration florale, les chants en commun, jouent le même rôle qu'il s'agisse du messie Dieu ou du messie Révolution.

Il fut pendant un certain temps de mode parmi les socialistes italiens de donner aux enfants des noms symboliques. Ils ne se contentaient pas seulement de noms empruntés aux saints socialistes, comme « Lassallo » et « Marxina », il y a des enfants qui furent baptisés « Primo Maggio » (Premier Mai). D'après Robert Michels, il y eut même une petite « Maggioranza socialista » (majorité socialiste). Si l'on peut en croire Angelica Balabanoff, un militant enthousiaste alla même un jour jusqu'à utiliser les dénominations des organismes du

Parti : il appela un de ses fils « Comitato Centrale » (Comité central) et l'autre « Gruppo parlamentare » (Groupe parlementaire) ! En Russie, dans une partie assez considérable de la jeune génération actuelle, les garçons s'appellent « Lénine » et les filles « Octobrina » (de la révolution d'octobre) et ainsi de suite. On trouve des exemples pareils dans tous les pays. Il y a une vingtaine d'années, une « Bebelina

Lassallina » fut inscrite à l'état civil de Francfort ; et pendant la grève des mineurs anglais, en 1926, un infortuné poupon gallois fut accablé des prénoms « Cook-Richardson-Herbert Smith ».

On a souvent essayé de donner un contenu socialiste à des cérémonies de l'Église, telles que le baptême et la première communion. Pendant nombre d'années, la première communion rationaliste (vous avez bien lu : rationaliste !) fit fureur dans le bassin de Charleroi ; la déesse Raison de la Révolution française se trouva ressuscitée pour cette occasion. Dans ce même Charleroi, d'ailleurs, la plus ancienne Maison du Peuple s'appelait le « Temple de la Science », de même qu'en Amérique la plupart des maisons syndicales s'appellent « Labor Temple » (Temple du Travail).

Il est intéressant de remarquer combien le symbolisme des stades primitifs du mouvement socialiste présente un caractère gnostique. Il s'y révèle une véritable mythologie rationaliste. Cela tient sans doute à ce que les ouvriers, touchés pour la première fois par la parole socialiste, voyaient dans ce nouvel état de connaissance la délivrance de toutes leurs peines et déifiaient par conséquent les valeurs intellectuelles. C'est pourquoi la forme usuelle de l'image socialiste de propagande reste encore aujourd'hui l'allégorie, qui subordonne l'effet émotif esthétique à la représentation d'une idée rationnelle. Parmi les millions d'illustrations de la littérature de propagande socialiste et communiste depuis ses débuts, il est fort peu d'images qui puissent se passer d'une explication par la parole. Le plus souvent, les figures allégoriques (comme le Capitalisme, l'Impérialisme, le Prolétariat, l'Humanité, la Paix, etc.) sont présentées par des légendes. Il est curieux de constater que dans l'histoire universelle de l'art, cet expressionnisme rationaliste apparaît en même temps comme un phénomène de style extrêmement décadent et extrêmement primitif. La peinture allégorique marque la phase de déchéance la plus pitoyable de l'art de la Renaissance. Mais il n'y a pas de contradiction inéluctable entre le style de la décadence et celui de la primitivité. L'art primitif du christianisme européen — allant des peintures dans les catacombes romaines jusqu'aux mosaïques de Ravenne — a lui aussi utilisé les formes de l'art décadent.

Dans les pays latins et catholiques, l'adoration de Marianne est le pendant direct du culte de la Madone. La Marianne, symbole de la Révolution, dont le culte s'est surtout propagé en France depuis 1848, occupe dans les locaux socialistes et dans les habitations des militants une place analogue à celle de la Vierge chez les catholiques. À vrai dire, sa physionomie furieusement héroïque exprime un sentiment fort différent de celui qui inspire la sainte Vierge. Cela rend d'autant plus remarquable la similitude des mobiles sexuels sublimés qui mettent dans l'un et dans l'autre cas une image féminine à la tête de la mythologie domestique. Depuis le moyen âge, la figure divine centrale de l'Occident catholique est une femme, en l'occurrence une vierge-mère, ce qui doit exprimer la supériorité du principe générateur spirituel sur le principe générateur physique. Un socialiste mahométan songerait aussi peu à se représenter la Révolution sous les traits d'une déesse qu'à s'imaginer la divinité musulmane sous un aspect féminin. Les pays où le culte de Marianne est le plus répandu parmi les socialistes sont précisément ceux où le culte catholique de la Vierge fleurit depuis des siècles. Dans ma patrie flamande, par exemple, du temps de ma jeunesse, la chanson socialiste la plus populaire était une « chanson de Marianne », d'une mélodie d'ailleurs fort entraînante. Elle commençait par les mots : « Je suis Marianne, prolétaires ! » et se terminait par le refrain : « Au jour où sonnera l'heure de la vengeance, m'appartiendra comme époux celui qui marchera le plus bravement à mes côtés ! » Sur quoi le chœur répondait : « Va ! va ! Marianne, conduis-nous, délivre la société », etc. Nous nous trouvons donc ici devant un mariage mystique de l'élu méritant avec une vierge, semblable à l'union avec la vierge immaculée dont rêve le dévot catholique — la manifestation la plus élevée du sens érotique sublimé et spiritualisé, symbolisé sous une forme identique. En chantant l'air de Marianne, j'ai moi-même trouvé dans l'idée de cette union mystique avec la déesse libératrice de l'humanité la même purification des instincts érotiques que cherche le novice monastique prosterné en adoration devant une madone.

Le texte parlé ou écrit peut emprunter une signification symbolique autant que l'image même ; il s'agit alors à proprement parler d'un mythe. Le théoricien du syndicalisme révolutionnaire français, Georges Sorel, appelle franchement l'idée de la grève générale, le point culminant de sa théorie de la lutte des classes, « un mythe, qui symbolise la catastrophe du capitalisme ». Si seulement le socialisme « scientifique » voulait l'être assez pour voir dans ses propres doctrines un objet d'analyse psychologique, il trouverait que des notions telles que la révolution sociale, la dictature du prolétariat ou la société future sont, au point de vue de la psychologie sociale, de simples mythes, c'est-à-dire des symboles de croyance sous forme de récits.

Pourquoi est-il si difficile de trouver par l'analyse le noyau scientifique du concept marxiste de la « classe » ? Tout simplement parce que dans la littérature et le vocabulaire marxistes, la « conscience de classe » a une signification mythique et mystique. Pour le marxisme, la classe est une substance dans le sens de la psychologie des religions. L'identification, forme de l'éducation des masses qui, d'après Freud, donne à un certain nombre d'individus un même moi idéal, ne se reporte pas seulement sur des personnes — les chefs — mais aussi sur des choses. Dans ce dernier cas, suivant l'expression de Lévy-Bruhl dans son ouvrage fondamental (les Fonctions mentales dans les sociétés inférieures), c'est une participation mystique. Il faut entendre par là, d'après la définition de C.G. Jung, un genre particulier de liaison psychologique avec un objet. Elle consiste en ce que le sujet ne peut se distinguer clairement de l'objet, mais se sent uni avec celui-ci par un rapport immédiat, que l'on pourrait appeler une identité partielle. Il en résulte que l'objet exerce dans la plupart des cas une influence sur le sujet. Cette forme de l'identification se retrouve aussi bien dans la psychologie des masses chez les peuples civilisés que dans la psychologie individuelle des peuples primitifs, qui se trouvent au même niveau de la pensée prélogique et symbolique. La participation mystique par l'intermédiaire de la substance se retrouve encore sous sa forme première dans les vestiges de la croyance au rôle identificateur de tout repas pris en commun. Cette croyance anime encore aujourd'hui les coutumes du Bruderschaftstrunk (le hanap commun) germanique, du toast, des repas de clans de l'Écosse et surtout dans la symbolique chrétienne qui se rattache à la Cène. On en trouve un pendant dans la religion moderne du nationalisme, qui substantialise la patrie. On rapporte que les guerriers des communes flamandes ont porté aux lèvres, lors de la bataille de Courtrai en 1302, en s'agenouillant avant le combat, un morceau de cette terre natale dont les soldats de l'Yser devaient, six siècles plus tard, remplir les sacs dénommés « Vaderlanders ». Le drapeau national lui aussi, qui ne doit tomber aux mains de l'ennemi, est une substance symbolique. En mettant à la place de la substance qui est l'objet de l'identification une représentation conceptuelle correspondante, on ne change rien à la nature du processus émotif ; un symbole verbal a tout simplement remplacé le symbole matériel. C'est de cette manière que la notion marxiste de la classe substitue à une substance matérielle un concept substantivé, qui emprunte sa coloration affective à l'expérience subjective de la conscience de classe. Dans le langage de la psychologie analytique moderne, cela s'appelle « une construction intellectuelle auxiliaire visant au rehaussement du sentiment du niveau social ».

L'intellectuel socialiste, dont l'habitude de la pensée exacte a généralement le sens intuitif de la mentalité prélogique des masses, est généralement surpris de constater la signification énorme que les ouvriers socialistes accordent à des notions telles que le « Parti », l'« Organisation », le « Mouvement », la « Solidarité », etc. Pour les masses, ce sont là moins des concepts sociologiques que des symboles d'un état émotif, des « substances » presque tangibles. Celui qui n'est pas socialiste, et même le socialiste qui n'est pas d'origine prolétarienne et n'a pas, comme le travailleur, acquis l'expérience personnelle de ce que l'« Organisation » représente pour celui-ci de sacrifices et d'espoirs immédiats, a peine à comprendre la puissance de cette coloration affective. L'intellectuel dont toute la vie se passe à faire des articles et des discours socialistes ne se considère pas comme très coupable s'il en oublie de. payer à temps sa cotisation aux groupes politiques ; mais l'ouvrier, qui passe le meilleur de son temps à l'atelier et dont la vie d'homme libre ne commence que dans le domaine de l'organisation, est bien près de condamner cette négligence comme un péché mortel, car c'est à la carte de membre « en règle » qu'il reconnaît s'il doit voir en son collègue et en son voisin un ami ou un ennemi de sa cause. L'intellectuel considère, à tort, l'attachement du travailleur à toute la partie matérielle de l'« Organisation » comme une espèce de myopie matérialiste, qui l'empêche de distinguer entre le but et le moyen et de s'élever jusqu'à la compréhension de l'idée « pure ». L'erreur de l'intellectuel consiste à ne pas voir que l'idée pure ne peut créer de réalités que si — telle la divinité par la Cène — elle devient chair et sang et se matérialise tout au moins en symbole. Quand bien même les masses ne verraient dans le « mouvement » que l'« organisation », c'est-à-dire ce qu'il présente de matériel, cela ne serait pas encore du matérialisme, mais plutôt une espèce d'animisme social. Elles donnent une âme à ce qu'elles considèrent comme leur propre création et ressentent de cette façon un rehaussement de la personnalité à un niveau suprapersonnel, ce qui constitue à proprement parler un sentiment religieux. La vigueur de ce sentiment se manifeste d'autre part dans l'importance symbolique que l'on accorde à l'intérieur des organisations à l'appellation mutuelle de ceux qui en font partie. Le socialiste s'appelle en français citoyen ou camarade ; en allemand, Genosse ; en anglais, comrade ou brother ; en italien, compagno ; en russe, tovaritch ; en hollandais, partijgenoot ; en flamand gezel ; en suédois, partivänd, etc. Ces appellations ne sont pas de pure forme ; elles consacrent une communauté spirituelle qui s'élève dans sa propre estimation. La pire injure que l'on puisse faire à un socialiste, c'est de l'appeler monsieur dans un journal ou une réunion du parti.

Le mot emprunte sa signification au sentiment qui s'y associe et qui en fait un symbole. Des témoins dignes de foi racontent que, lors des émeutes causées par la famine parmi les ouvriers wallons en 1886, on put voir dans un cortège une banderole avec l'inscription : Vive la République, À bas Napoléon ! Ces ouvriers, dont la majorité étaient encore presque illettrés à cette époque, se servaient du nom de l'Empereur comme d'un symbole de la tyrannie et de l'oppression sociale et politique contre lesquelles ils se révoltaient. Peu leur importait, pour l'expression de cette volonté de révolte, que ce fût Napoléon qui gouvernât ou Léopold. Même après, quand la classe ouvrière belge eut appris à formuler ses vœux avec plus de précision par la revendication du suffrage universel, la formule du S. U. acquit bientôt une espèce de signification magique. Pendant les luttes pour le droit de suffrage, les initiales S. U. devinrent une véritable image symbolique, douée du même effet psychologique que l'image du poisson pour les premiers chrétiens ou celle de la croix pour les croisés.

L'usage des symboles se manifeste jusque dans la littérature socialiste y compris la littérature théorique. En ce qui concerne la littérature de propagande destinée aux masses, cela est de toute évidence. On y remarque notamment l'imitation fréquente d'exemples tirés de la religion ; ainsi, la forme des Dix Commandements a été usitée dans la littérature de propagande de tous les pays. Il en est de même de la forme du catéchisme. Sans doute ceci peut s'expliquer par le simple fait que les deux formes se prêtent particulièrement à l'analyse des pensées et à leur assimilation par la mémoire ; mais bien que cette considération puisse jouer un rôle, il reste indiscutable que ces formes empruntées à l'Église ont par elles-mêmes une influence suggestive. Celle-ci provient de leur association habituelle avec un contenu de vérité dogmatique et impérative, et quelque chose de cette influence se communique à tout contenu nouveau. C'est, en effet, dans les pays catholiques que la moisson de « catéchismes socialistes » fut, dès les débuts, la plus abondante, car c'est là que cette forme exerce le plus d'influence suggestive. Au surplus, les « catéchismes » et les « commandements » sont les plus nombreux dans les phases du mouvement caractérisées par le sentiment religieux et eschatologique le plus prononcé.

L'efficacité spéciale du verbe imprimé s'explique également par le prestige de la forme. Le caractère mystérieux du procédé qui multiplie et répand en d'innombrables exemplaires le produit d'un cerveau et le transforme en présence tangible et ubiquitaire, fait naître un sentiment de prestige. Ce sentiment sera encore plus fort s'il vient s'ajouter au prestige personnel de l'auteur. Mais, même sans cela, le caractère imprimé exerce une singulière suggestion prestigieuse, ainsi que le prouve la crédulité des lecteurs de journaux, qui ajoutent foi à toutes les nouvelles publiées, même anonymement, rien que parce qu'elles sont imprimées.

Aussi bien, le livre a-t-il toujours joué un rôle prépondérant dans tous les cultes. « L'Écriture le dit », c'est par cette phrase que l'on anéantit toute objection, chez les luthériens comme chez les catholiques, chez les juifs comme chez les mahométans. L'orateur d'assemblées publiques sait très bien qu'on le croira plus volontiers quand il peut s'appuyer sur un texte imprimé quelconque, surtout quand son prestige se rehausse du nom d'un auteur connu. On sait que Lassalle est souvent monté à la tribune d'assemblées ouvrières avec une charge imposante de volumes reliés, qu'il étageait devant lui. Il importait peu qu'il s'en servît pour des citations. Dès l'instant où il apparaissait muni de ces attributs, il avait obtenu auprès du public naïf et facilement enthousiaste d'alors l'effet qu'il désirait. On était tout prêt à croire à l'avance que ce qu'il allait dire concordait avec le contenu évidemment savant de ces formidables in-folio ; la science tout entière, représentée par quelques reliures en veau, lui apportait en quelque sorte à l'avance son témoignage.

La signification du Capital de Marx comme bible du socialisme dépend moins du contenu du livre que de la forme qui l'a rendu spécialement apte à agir comme une révélation d'en haut. Je ne trahis aucun secret en disant que, dans tous les pays, le nombre des socialistes qui se réclament de son texte est plusieurs fois multiple de celui des socialistes qui l'ont lu. Cela n'a rien d'étonnant. Au risque de me faire excommunier, j'ose aventurer l'opinion que le Capital est loin d'être l'œuvre la plus importante et la mieux écrite de Marx. Mais elle est très longue et très difficile à comprendre. Elle est surchargée de considérations extrêmement abstraites et de formules algébriques d'une utilité douteuse ; le lecteur qui arrive à la fin de ce livre se trouve placé devant des conclusions qui font apparaître comme superflus les trois quarts des arguments qui ont précédé. Je suis tout prêt à reconnaître que cette opinion personnelle est une question de goût qui se peut discuter. Mais ce qui ne peut être mis en doute, c'est que le Capital doit une grande partie de son prestige magique précisément aux circonstances qui découragent tant de ses lecteurs dès le début : sa longueur indigeste, son style hermétique, son érudition ostentatoire, sa mystique algébrique. La masse — et pas seulement celle des primaires — traite toujours les savants dont elle vénère le nom à peu près comme le Noir africain traite le sorcier de son village. Plus la science se présente sous des dehors mystérieux et pompeux, plus elle impressionne le profane. Tout médecin sait que la prescription aqu. font. ad 250 a des vertus curatives autrement considérables que son équivalent français : une chope d'eau de fontaine. Il n'a pas fallu attendre Coué pour obtenir des guérisons par ce procédé, du moment que les malades désiraient être guéris et croyaient aux médecins.

La raison a bien peu à voir dans tout cela. C'est pourquoi toute critique qui considère les valeurs rationnelles comme absolues ne peut atteindre le marxisme. Le Capital n'est pas de ces livres que l'on puisse réfuter. On l'a bien vu par le peu d'effet de la critique des révisionnistes, malgré la grande valeur scientifique des arguments que Bernstein a avancés dès 1896. Les objections les plus puissantes qu'on lui opposa n'avaient rien de scientifique ; c'est une considération de psychologie pratique pure qui poussa Bebel, au Congrès de Hanovre en 1897, à accabler Bernstein du reproche indigné qu'il voulait « jeter la confusion parmi les masses ». Le vieux chef opportuniste Auer, plus malicieux et plus détaché, exprima la même chose en ces termes : « Edouard, tu es un âne ! On fait ces choses, mais on ne les dit pas ! » On comprend que, dans ces circonstances, il fallait à « Edouard » une dose plus qu'ordinaire de courage pour parler comme il le fit. Car lui aussi voulait éviter d'introduire de la « confusion » dans l'esprit de la masse, c'est-à-dire d'ébranler la foi en des autorités au prestige desquelles le parti avait lié son sort. Il semblait impossible alors de toucher à la foi aveugle en Marx sans ébranler en même temps le dévouement des militants socialistes au Parti. De là, la façon prudente et hésitante dont Bernstein s'exprima dans ses écrits, sa prédilection pour des arguments appuyés de citations de Marx et d'Engels, ses assurances répétées qu'il ne voulait pas les réfuter, mais seulement les réinterpréter et les « revoir ». Quelles chances une critique scientifique du marxisme aurait-elle d'influencer le parti communiste russe ? Quelque soin qu'elle mît à se borner aux problèmes théoriques de la philosophie et de l'économie politique et à éviter toute allusion à l'actualité politique, elle porterait à vide dans un pays où les écoliers sont déjà entraînés à vénérer les bustes de Marx. Même si on la prenait au sérieux, l'attitude du Parti à son égard serait entièrement dominée par la considération de ses effets « pro »- ou « contre » -révolutionnaires.

Le seul élément d'une théorie qui agit sur les mouvements de masses, ce sont les représentations symboliques des contenus émotifs. Ceci est surtout vrai de tout ce qui concerne la croyance en un ordre social à venir. Tout socialiste éprouve le besoin incoercible de se faire une image de cet ordre idéal. Il est significatif de constater que, parmi les livres socialistes les plus lus, on trouve ceux qui, comme la Femme et le Socialisme de Bebel, contiennent des descriptions de l'« État futur », et les romans utopiques comme les Nouvelles de nulle part, de Morris, ou les Visions de l'an 2000, de Bellamy, dont les meilleurs n'ont aucune valeur scientifique et sont, par-dessus le marché, d'exécrables romans. Jamais, au grand jamais, le socialiste — y compris le marxiste — n'édifiera la vision d'avenir, qui doit désaltérer son cœur assoiffé de justice, par la voie d'une simple déduction logique des tendances d'évolution de l'économie actuelle. Car cette déduction ne lui donnerait aucune image ; elle ne saurait aboutir qu'à une structure squelettique de notions abstraites, incapable de susciter l'enthousiasme même chez l'homme le plus intellectualisé. La vigueur de la pensée socialiste provient précisément de ce qu'elle donne une forme rationnelle à une aspiration émotive aussi éternelle et aussi universelle que la société humaine elle-même. Pour se transformer en action, il faut que cette émotion fertilise l'imagination ; en d'autres termes, il lui faut former une image qui soit un but. Cette image est le produit d'un désir, la représentation concrète d'un état qui satisfait à un sentiment moral déterminé et concrétise un ordre juridique voulu.

# Deuxième partie
# Les buts

# Chapitre V

## L'utopie socialiste

*« C'est l'esprit qui se construit le corps. »*
*Schiller*

Le socialisme comme vision d'avenir d'un ordre social désiré et considéré comme juste — voilà le point où se rencontrent les deux éléments dont l'union forme le mouvement ouvrier socialiste : l'espérance eschatologique de la classe ouvrière en son émancipation, et la doctrine qui justifie, sous une forme scientifique, la croyance en cette émancipation. L'utopie sociale est en même temps le point d'arrivée du processus qui résout le complexe d'infériorité des masses et le point de départ de la création intellectuelle des théoriciens socialistes.

Le marxisme ne fait pas exception à cette règle. Bien que la forme dont il revêt son eschatologie diffère entièrement de la libre fantaisie des désirs de l'utopisme classique, il est lui-même « utopique » en ce qu'il fonde sa critique du présent sur une vision d'avenir qu'il souhaite d'après des principes juridiques et moraux tout à fait déterminés. Il est vrai que le marxisme, par la forme scientifique qu'il donne à ses formules, cherche à éveiller l'impression du contraire. L'image qu'il se fait de l'avenir se précise pour ainsi dire inopinément au cours d'une analyse froide et détachée des tendances d'évolution de l'économie moderne. Mais cela n'est qu'une illusion de la pensée consciente sur les mobiles du subconscient. De même que la Situation des classes ouvrières et le Manifeste communiste ont précédé le Capital, Marx et Engels étaient déjà mus par leur sympathie pour la classe ouvrière et leur désir du socialisme avant qu'ils n'essayassent de prouver le caractère inéluctable de la débâcle capitaliste. Lorsque Marx s'efforçait de lire l'arrêt de mort du capitalisme dans les lois de l'évolution économique, son sentiment éthique et juridique avait depuis longtemps prononcé cette sentence. Plus encore : il se représentait déjà l'ordre social futur qui devait transformer en leur contraire les traits haïs de l'image qu'il se faisait du présent. Car la pensée du savant n'est qu'un cas particulier de l'activité de l'imagination et ne peut donc se soustraire à la loi qui veut que tout désir crée la représentation de sa satisfaction. Ce qui, bien entendu, ne constitue que le point de départ de l'activité scientifique.

Le soin avec lequel Marx, dans ses écrits scientifiques, évite de faire entendre le ton de l'émotion et ne dessine sa vision d'avenir que par une vague silhouette, ne prouve donc ni la faiblesse de l'émotion, ni l'absence de l'utopie. Au contraire, c'est précisément ce refoulement voulu de l'émotion et de l'imagination qui prouve la vigueur particulière avec laquelle ces éléments agissaient sur lui. Ce serait une tâche intéressante et relativement aisée pour un psychanalyste de démontrer les troubles provoqués dans la vie psychique de Marx par ce refoulement violent d'un motif du subconscient hors de son activité littéraire. Les traces des souffrances que devait entraîner une pareille distorsion de la volonté intellectuelle, il les retrouverait dans la tendance de la pensée de Marx vers l'abstraction outrée, dans le caractère extraordinairement passionné et haineux de son style polémique, dans sa façon irritable et méfiante de traiter les gens et, par contraste, dans le débordement de ses besoins d'affection dans le cercle étroit de sa vie privée.

Dans le cas du penseur isolé comme dans celui de la masse purement émotive, la vision d'avenir — c'est-à-dire l'utopie — naît donc de désirs refoulés. Cependant, la nature de ces désirs diffère dans les deux cas. Les mobiles des penseurs créateurs n'ont rien à voir avec leur situation matérielle de classe. Sans doute, on ne trouve parmi eux que des intellectuels d'origine bourgeoise ou aristocratique. Ils sont tous plus ou moins déclassés, c'est-à-dire qu'ils appartiennent à ce groupe social des non-adaptés, de ce que les bourgeois appellent les ratés, parmi lesquels se recrute aussi une grande partie de la bohème intellectuelle et artiste. Mais cela ne justifie pas encore la conclusion que leur situation de classe — et encore moins leur intérêt de classe — « engendre » chez eux des idées socialistes. Les penseurs socialistes créateurs ne constituent pas un groupe social particulier. Ce sont des isolés trop peu nombreux pour que l'on puisse fonder la psychanalyse de leur pensée sur autre chose que l'examen de leurs destinées individuelles.

D'ailleurs leur conviction naît de la tête et du cœur, et non de l'estomac. Elle procède d'une disposition particulière qui, de temps en temps, équipe un être humain d'une combinaison exceptionnelle d'instincts moraux et intellectuels. Pour qu'un homme soit ainsi doué, il faut que ses instincts sociaux soient d'une telle nature qu'il considère l'ordre social de son époque comme injuste, et d'une telle vigueur qu'il soit prêt à se sacrifier à son idéal. Mais pour que de cette conviction naisse une idée créatrice et une doctrine, d'autres conditions, tout aussi rares, sont encore nécessaires. D'abord chez le penseur lui-même : il faut qu'il appartienne à ces êtres d'exception chez qui la passion morale subjugue toute l'activité intellectuelle. G. B. Shaw décrit un être de ce genre dans son Man and Superman : « Tant que je puis m'imaginer quelque chose de meilleur que moi-même, je n'ai point de repos que je n'aie agi pour réaliser cette chose meilleure ou lui frayer la voie. Ainsi se manifeste en moi l'aspiration illimitée de tout ce qui vit vers une organisation supérieure, une conscience de soi plus vaste, plus profonde et plus intensive et une compréhension de soi plus claire. » Mais cette imagination créatrice présuppose que l'être en question, poussé par les instincts qui constituent son caractère, forme à l'égard de la vie certains souhaits non réalisés. Ce sont ces besoins de l'âme que le même Shaw décrit ailleurs dans la préface du Major Barbara : « Des gens riches ou des aristocrates, doués d'un sens très développé de la vie — des hommes comme Ruskin, William Morris et Kropotkine — ont d'énormes désirs sociaux et des appétits personnels très raffinés. Ils ne se contentent pas de belles maisons, il leur faut de belles villes. Ils ne se contentent pas d'épouses chargées de diamants et de filles florissantes ; ils se plaignent de ce que la femme à la journée est mal habillée, de ce que la lessiveuse sent l'esprit-de-vin, de ce que la couturière est anémique, de ce que chaque homme qu'ils rencontrent n'est pas un ami et chaque femme un roman. Ils froncent le nez à l'odeur du puisard du voisin et deviennent malades à la vue de l'architecture de sa maison... L'air même n'est pas assez bon pour eux : il contient trop de fumée d'usines. Ils réclament même des conditions abstraites : la justice, l'honneur, une atmosphère morale ennoblie, une communauté mystique au lieu d'une communauté d'argent. »

On ne saurait mieux définir ce que Karl Kautsky appela un jour dédaigneusement le socialisme éthique-esthétique. Ce qui est immoral est ressenti comme laid par des natures d'artistes, et le sentiment froissé du beau s'ajoute au sentiment froissé du bien pour revendiquer un autre ordre social.

Il est encore bien d'autres combinaisons d'instincts sociaux refoulés qui peuvent servir de point de départ à la formation d'une mentalité socialiste. Celle-ci prendra une coloration particulière suivant le caractère déterminé de l'inhibition dont l'individu souffre dans ses instincts. Cette coloration peut présenter autant de nuances diverses qu'il y a de combinaisons entre les divers caractères humains et les diverses destinées. Ainsi, parmi les instincts d'origine sociale qui déterminent une mentalité socialiste, on trouvera toujours l'instinct combatif, sous une forme qui sera plus ou moins sublimée. Le caractère fortement influencé par cet instinct penchera, toutes conditions égales d'ailleurs, plutôt vers le socialisme que vers le conservatisme ou le libéralisme, parce que l'élément de rébellion et d'agressivité contenu dans le socialisme donne plus de satisfaction à la combativité. D'où la facilité avec laquelle certaines natures, avant tout combatives, passent du socialisme au fascisme, dès que ce dernier leur donne l'impression d'une plus grande agressivité.

Il est vrai qu'un tempérament fortement dominé par. l'instinct combatif se sentira en général plus attiré vers l'activité politique pratique que vers les besognes théoriques et littéraires. Marx, Bakounine, Plekhanov, le Lénine de l'exil, et bien d'autres encore, fournissent, malgré tout ce qui les différencie, des exemples d'un instinct combatif étouffé par des circonstances extérieures, et qui, par conséquent, se spiritualise en dirigeant l'activité intellectuelle vers la critique et la polémique. D'ailleurs, l'instinct combatif ne crée de volonté socialiste qu'en se combinant de façon ou d'autre avec un autre instinct social, d'autant plus qu'il est dans son essence de ne se manifester que lorsqu'un autre désir instinctif se trouve réprimé.

Robert Owen, par contre, est l'exemple le plus caractéristique d'un caractère dominé par l'instinct de protection sociale. Sous la forme d'un devoir moral pour le privilégié de venir en aide aux déshérités, l'instinct de protection sociale, allié à d'autres instincts ou à certaines dispositions de caractère, se manifeste dans un certain nombre de variantes auxquelles il donne une signification typique particulière. La plus fréquente est la sublimation de l'instinct de protection sexuelle en caritas, en amour du prochain, que l'on trouve chez certains chrétiens au sentiment religieux développé. Toutefois, cette disposition ne conduit de la simple philanthropie individuelle à la conviction socialiste que si elle se combine d'une manière quelconque avec l'instinct de combativité. Lassalle représente un type chez lequel un instinct exacerbé d'auto-estimation se nourrit pour ainsi dire de l'instinct de protection sociale, de sorte qu'une certaine pose chevaleresque compense le sentiment latent d'infériorité du juif ambitieux. Soit dit en passant, le parallélisme entre l'activité socialiste de Lassalle et sa lutte dans les procès de la comtesse Hatzfeldt souligne le fait que l'instinct de protection sociale et l'instinct de protection sexuelle sont à leur origine des notions interchangeables, et qu'une forte disposition aux attitudes chevaleresques dans la lutte sociale est inséparable d'une forte érotisation de l'être spirituel.

Par contre, des hommes comme Ruskin et Morris caractérisent une combinaison d'instinct de protection sociale et de profonde sensibilité esthétique. À leurs yeux, ce qu'il y a de plus terrible dans le sort des masses, c'est qu'elles ne peuvent même pas ressentir la laideur du monde qui les entoure. Le jeune Richard Wagner est un représentant allemand de ce type. Il est vrai que son cas est plus compliqué et comporte une forte influence d'un instinct d'auto-estimation très coloré d'érotisme et sublimé en instinct combatif chez les héros de ses drames. Quoi qu'il en soit, ici aussi s'exprime la haine de l'artiste pour l'argent, parce que le triomphe de l'argent apparaît comme le triomphe de la laideur.

Un exemple curieux de conviction socialiste presque uniquement basée sur la vanité issue d'un instinct égocentrique d'auto-estimation est fourni par Oscar Wilde. On pourrait qualifier ses idées de socialisme de dandy. Pour ce « lion » de salons, obsédé par la mise en valeur de sa personnalité, le socialisme était un moyen d'établir une véritable aristocratie de l'esprit, du sentiment artistique et du raffinement des sens, bref une couche supérieure de copies d'Oscar Wilde à la place d'une couche supérieure de philistins ; ce qui n'amoindrit d'ailleurs en rien son mérite d'avoir conduit une des premières attaques littéraires contre l'égalitarisme naïf du socialisme d'estomac.

C'est une tout autre variété de l'instinct d'auto-estimation qui inspire la plupart des formes du socialisme anarchiste. Ici, la personnalité qui cherche à compenser ses inhibitions s'identifie avec la notion d'un tout social. Sans doute le refoulement de l'instinct d'auto-estimation qui conduit à l'anarchisme est dû, dans la plupart des cas, à une expérience personnelle. Il en est ainsi du littérateur déçu dans son ambition, de l'intellectuel entravé dans son action politique par un État despotique, du travailleur à domicile menacé dans son indépendance d'artisan par l'industrialisme, de l'ouvrier « inadaptable » que la contrainte de la discipline d'atelier rebute et pousse vers la vie aventureuse de l'ouvrier migrateur ou du chemineau, de l'original qui prône une « vie simple » par dégoût des conventions citadines : ces cinq types constituent l'essentiel du socialisme anarchiste. Il n'y manque que le type supérieur et réellement créateur, assez rare en vérité, dont le prince Kropotkine est la plus belle et la plus pure incarnation. Ici, l'inhibition de l'instinct d'auto-estimation est dépersonnalisée, du fait qu'une profonde sympathie sociale, une riche imagination et surtout un instinct de protection sociale extrêmement développé transforment l'inhibition de la personnalité d'autrui en expérience personnelle. Il n'y a plus alors, pour ainsi dire, d'autre expérience personnelle que celle de tous les hommes avec qui on s'identifie en imagination. Aussi ne connais-je personne qui ait exprimé de façon plus immédiate que Kropotkine le contenu idéal pur du socialisme, de même qu'à mon avis il n'y a pas de plus beau livre socialiste que ses mémoires.

La disposition instinctive que la psychologie sociale des Anglais et des Américains appelle l'instinct constructif se manifeste en de multiples variantes comme mobile socialiste. Pris en lui-même, cet instinct est un cas particulier de l'instinct d'activité, à la fois condition et résultat du travail et pour une grande part du jeu. L'instinct d'auto-estimation de l'intellectuel, qui cherche à réaliser son moi en dehors de lui-même dans ses rapports avec des objets et avec d'autres hommes, peut diriger cet instinct constructif vers la structure sociale. Ceci suppose toutefois que l'on soit capable de s'identifier avec la destinée sociale ; et comme cette identification n'est rendue possible que par un sentiment de sympathie, c'est l'instinct de protection sociale qui permet d'appliquer l'instinct constructif à la société. D'après la forme particulière de l'instinct constructif qui s'allie à l'instinct de protection sociale, on peut distinguer un certain nombre de types particuliers de cette inspiration socialiste, dont les plus caractéristiques sont le type scientifique, le type économique, le type national et le type eugénique.

Le type scientifique fut bien défini par cette phrase de Bebel : « Le socialisme, c'est la science appliquée à tous les domaines de l'activité humaine. » Il est à remarquer que cette pensée ne suffit pas à faire de Bebel lui-même un représentant de l'inspiration scientifique ; sous sa plume, elle caractérise au contraire la tendance habituelle des autodidactes à surestimer la science. Quoi qu'il en soit, dans notre société industrialisée, l'instinct constructif s'est transformé en grande partie en instinct de connaissance et de coordination scientifiques. Toute la science de notre époque n'est en somme qu'une tentative de l'homme en vue de s'asservir l'univers par la compréhension. Par conséquent, elle est la plus forte expression intellectuelle de son instinct constructif. Or, la connaissance ne devient science qu'en s'ordonnant, en s'organisant en quelque sorte d'après le principe de la causalité rationnelle. Il ne suffit pas cependant d'appliquer ce principe d'organisation à la société pour aboutir au socialisme. L'économie politique classique, par exemple, considère le mode de production capitaliste comme synonyme d'organisation rationnelle, parce qu'elle assigne comme but à la production la création d'une quantité de biens aussi considérable que possible, à moins qu'elle ne se rende compte, comme quelques-uns de ses représentants mieux avertis commencent à le faire, que le capitalisme ne se borne pas à créer des valeurs, mais qu'il en dilapide aussi dans une large mesure. Ce n'est que lorsque l'instinct de protection sociale assigne à l'organisation sociale le but de réaliser le bonheur et la liberté des hommes que le mobile scientifique rationnel conduit à des conclusions socialistes. C'est pourquoi de nombreux savants se sont de tout temps trouvés amenés à construire une utopie socialiste en partant d'un principe ordonnateur qu'ils voyaient à l'œuvre dans leur domaine scientifique particulier. Ceci s'applique surtout aux sciences exactes et purement formelles, dont l'ordonnance rationnelle est d'autant plus évidente qu'elle se déduit généralement d'elle-même. Cet instinct constructif et organisateur fut le mobile principal de tous les grands utopistes jusqu'à l'époque où le socialisme devint un mouvement de masses, ce qui lui donna pour la première fois l'attraction émotive de l'inspiration éthique. Le but de ces utopistes était l'organisation rationnelle de l'État, et non la justice ; ou, pour parler plus exactement, ils ne considéraient la justice que sous l'angle de l'opportunité rationnelle. À cette époque, les hommes d'État devenaient socialistes, tandis qu'aujourd'hui des socialistes deviennent hommes d'État. Bien que le mobile scientifique rationnel ait ainsi perdu de sa signification prépondérante, il joue encore toujours un rôle important. Un des représentants les plus typiques de cette mentalité au XIXe siècle fut l'Allemand Rodbertus.

Ce que l'économiste appelle l'instinct économique de l'homme — le désir de créer le plus de valeurs possible avec le moindre effort possible — n'est en réalité pas un instinct, mais, de même que le mobile scientifique, une forme particulière rationalisée de l'instinct constructif, ce qui présuppose un processus conscient (la représentation de la valeur à créer ou à économiser). Les fabiens anglais ont démontré avec le plus de précision comment le souci d'éviter le gaspillage de main-d'œuvre et de valeurs sociales en général par une organisation rationnelle doit conduire au socialisme.

Parmi les intellectuels, ce seront les ingénieurs et les « efficiency men » (les experts en organisation à la manière américaine) que ce point de départ conduira le plus fréquemment à des conclusions socialistes. Dès que l'ingénieur commence à appliquer les principes d'organisation économique et technique qui régissent son propre secteur de production à l'économie et à la société en général, il aboutit à des propositions socialistes, bien que souvent il n'accepterait pas cette dénomination. Le tayloriste américain H. L. Gantt est l'exemple typique d'un technicien qui — presque à son propre étonnement — a élargi l'idée de l'organisation rationnelle de la production, qu'il n'a d'abord entendu appliquer qu'à l'entreprise isolée, jusqu'à embrasser l'organisation sociale tout entière.

Une variante moins rationaliste, mais d'autant plus « éthique-esthétique » de la disposition constructive découle de l'application d'un instinct constructif à la communauté nationale, dont la notion s'élargit ensuite en communauté sociale. On en trouve les exemples les plus nombreux parmi les couches cultivées des peuples récemment éveillés ou réveillés au sentiment national et dont le sentiment d'oppression s'accompagne d'une vigoureuse conscience de l'originalité de leur culture. Pour que ce sentiment de la communauté nationale se mue en sentiment de la communauté sociale, il faudra que l'instinct constructif intellectuel soit dirigé plutôt vers un but de culture que vers un but purement politique. C'est pourquoi cette disposition est la plus fréquente chez des intellectuels dont les intérêts se portent particulièrement vers les sciences historiques, la littérature et l'art. Une autre des conditions qui doit être remplie est l'existence d'un fort instinct de protection sociale. Alors seulement, l'intellectuel se rend compte que la réalisation de son propre idéal de culture est liée à la transformation des conditions d'existence de tous ceux qui participent à l'unité de la culture nationale et que, par conséquent, le progrès de sa propre nation suppose une élévation universelle du niveau social. Cette combinaison de mobiles nationaux et sociaux, plus ou moins nuancée par d'autres influences, est le cas normal chez la plupart des intellectuels cultivés. On la retrouve tout aussi bien chez Marx et Engels que chez le réformiste Jaurès et chez le socialiste de chaire Masaryk. C'est justement parce que le socialisme marxiste cherche à nier la puissance du mobile national que celui-ci se manifeste avec d'autant plus de force dans le subconscient de l'intellectuel marxiste. Les biographies psychanalytiques d'un grand nombre de socialistes tchèques, polonais, flamands ou irlandais montreraient clairement les différentes phases du passage graduel de ce mobile constructif de l'objectif national à l'objectif social.

Une autre variante de l'instinct constructif est celle que j'ai appelée le mobile eugénique. Elle procède de la concentration de l'instinct de protection sociale et de l'instinct constructif vers l'objectif d'une race saine. On la rencontre évidemment surtout parmi les médecins, les biologistes et les hygiénistes, qui apprennent d'abord à connaître la misère sociale comme une cause de maladies. Le socialisme leur apparaît, par conséquent, surtout comme un moyen d'édifier une société de gens bien portants, ce qui pour eux est synonyme d'une société saine. Le socialiste belge César De Paepe est un exemple de ce genre. Dès que l'angle de vision médical s'élargit en angle de vision biologique, les désirs s'orientent vers un ordre de choses qui éliminerait toutes les causes sociales des souffrances physiques et psychologiques évitables et garantirait à la race humaine un optimum de santé et de longue vie. Ce type a trouvé son représentant le plus populaire dans l'écrivain anglais H. G. Wells, dont la pensée a fortement subi l'empreinte de ses études biologiques.

On retrouve une autre variante de ce mobile eugénique chez certains adeptes américains de l'école « instinctive » en psychologie. Le socialisme leur paraît avant tout comme un moyen d'éliminer l'instinct démoralisateur de la peur, tout-puissant aujourd'hui comme mobile économique du travail et mobile politique de subordination, pour le remplacer par des instincts constructifs d'une plus haute inspiration morale et, par conséquent, d'une plus grande valeur éducative.

Cette orientation se rapproche fort de celle des disciples socialistes du neurologue viennois Alfred Adler, chef de l'école dite de « psychologie individuelle ». L'idée fondamentale de Adler est l'explication de la plupart des troubles nerveux par un « découragement » du sentiment communautaire et par le désir compensatoire d'une « assurance » au moyen d'une autoestimation artificiellement exacerbée. Il n'est pas difficile de baser là-dessus une conception sociale qui fait coïncider le point de vue individuel de l'hygiène avec le point de vue social de la morale : pour bien se porter, il faut cultiver l'altruisme. La psychologie d'Alfred Adler apparaît, certes, comme la tentative la plus extrême qui ait été faite jusqu'à présent pour justifier une thèse de moralité sociale en partant d'un poste avancé des sciences biologiques. Toutefois, les essais de systématisation tentés jusqu'à présent sur cette base sont trop imparfaits pour qu'on puisse en conclure à la réussite de ce plan ambitieux. La synthèse « causale-finale » que souhaite Adler, en d'autres termes la justification de l'éthique par l'hygiène sans l'aide d'une échelle métaphysique des valeurs morales, reste à prouver.

Il serait peut-être téméraire cependant de déclarer d'emblée et par principe qu'il est impossible de justifier le socialisme par la raison pure qui préside à la connaissance scientifique. Il y a certainement une grande force d'unification sociale dans ce que Kant appelle l'unité de la raison. Il est tout aussi certain que l'on voit se réaliser à l'heure actuelle une partie, bien que fort modeste, de cette aspiration vers la solution des conflits sociaux par un critérium raisonnable qui s'impose à tous les hommes. Il serait puéril de vouloir nier l'existence d'un « terrain neutre de la science », entendant par là un terrain sur lequel certaines mesures de politique sociale découlent de certaines constatations exactes de fait, avec une conséquence aussi indiscutable que le résultat d'une expérience de laboratoire. Ce terrain est encore fort étroit, mais il s'élargit petit à petit. Ainsi, les enquêtes sur la situation sociale et sanitaire de la classe ouvrière, dont la pratique s'est généralisée depuis un siècle, ont certainement contribué à faire accepter certaines réformes par l'opinion publique comme des revendications de la raison. D'autre part, la raison des patrons peut être forcée d'adopter, de même que celle des ouvriers, certaines conclusions pratiques de certains rapports de causalité qu'il est possible de fixer exactement entre la réduction des heures de travail et la courbe de production. D'une façon générale d'ailleurs, on peut dire que la propagande socialiste est toujours partie du principe qu'il fallait chercher à convaincre par la raison, surtout quand on s'adresse aux couches non prolétariennes.

Il y a loin cependant de ces constatations jusqu'à l'idée de la réalisation d'un ordre socialiste comme simple conséquence d'une victoire des mobiles rationnels chez une humanité mieux informée des faits de la réalité sociale. Il faudrait d'abord s'entendre sur la signification des mots raison et rationnel. Une victoire du socialisme par la pure persuasion logique présuppose encore d'autres conditions, qui ne découlent pas uniquement du caractère uniforme de l'appareil cérébral de l'homme. Il est certain, d'une part, que l'ignorance des classes dirigeantes au sujet de la situation (surtout de la situation psychologique) de la classe ouvrière est un obstacle très sérieux à l'éveil de leur conscience sociale ; mais il est tout aussi certain que le défaut de science n'est pas la cause dernière du défaut de conscience. Comment se fait-il que le représentant cultivé des classes fortunées est en général mieux informé de l'état d'âme du compositeur du XVIIIe siècle, du céramiste japonais ou du sculpteur d'idoles des îles Fidji, que de celui de l'ouvrier qui habite derrière le coin ? L'explication est bien simple dans le premier cas, il désire et cherche la connaissance dans l'autre, il essaie de l'éviter. Si donc un désir conditionné par la situation sociale préside au choix de la connaissance, combien plus encore l'interprétation des faits connus n'en sera-t-elle pas influencée ? Par exemple, il est reconnu que les conditions de travail et de vie de couches nombreuses de la population influencent défavorablement leur état de santé. Mais, d'un fait de connaissance aussi élémentaire et aussi évident, la raison de tous les hommes ne tirera cependant pas les mêmes conclusions pratiques. La conclusion, qui paraît rationnelle aux socialistes, qu'il faut améliorer les conditions sociales en question, n'influencera le jugement et la volonté que de la petite minorité des gens qui, ou bien se sentent responsables du sort de leurs prochains, ou bien considèrent les conséquences d'une dégénérescence de la santé publique comme plus désavantageuses pour eux que les sacrifices qu'il leur faudrait consentir pour y mettre fin. Une connaissance plus exacte des faits scientifiquement constatables peut donc conduire à des conclusions opposées selon le caractère moral des jugements sociaux habituels. S'il en était autrement, il faudrait que tous les non-socialistes fussent des ignorants, et tous les gens bien informés de la réalité sociale, des socialistes. Or, tout le monde sait qu'il n'en est pas ainsi. Il est instructif de constater, au contraire, que le pourcentage des socialistes est moins élevé dans presque tous les pays chez les savants spécialisés en sciences sociales que parmi beaucoup d'autres catégories d'intellectuels. En général, les artistes et les littérateurs sont beaucoup plus accessibles aux sentiments socialistes que les spécialistes de la sociologie : l'intuition sympathique des sentiments d'autrui, qui caractérise le tempérament émotif, est un meilleur guide de la conscience sociale que le froid respect du tempérament rationnel devant l'objectivité des faits.

Tant qu'il en sera ainsi, toute justification du socialisme par la raison ne sera que la mise en formules d'un objectif que s'est préalablement assigné un désir émotif ; cette formule est elle-même un but qui doit d'abord être désiré. Si l'on peut néanmoins dire de ce but qu'il est possible en principe, c'est en fin de compte parce qu'il faut entendre par raison autre chose que la faculté logique et critique d'ordonner et d'associer des concepts. Tout appel du socialisme à la raison est un appel à cette faculté pratique du jugement qui se nomme le sens commun. Mais ceci présuppose que non seulement certaines lois logiques de la pensée, mais aussi certaines lois pratiques de l'appréciation morale sont une règle axiomatique commune pour tous les êtres humains à un niveau déterminé de civilisation. Ainsi, la justification du socialisme par l'hygiène sociale, même si elle s'appuie sur la documentation inductive la plus formidable, ne paraîtra évidente à tous les hommes qu'à deux conditions : d'abord, qu'ils préfèrent la santé à la maladie, et ensuite, qu'ils préfèrent aussi voir leurs semblables plutôt bien portants que malades. La première de ces conditions se réalise par un jugement de valeur instinctif qui découle de notre organisation physiologique, la seconde présuppose même un sentiment éthique. Il suffit de poursuivre quelque peu cette pensée pour trouver que la notion d'une justification du socialisme par la raison commune à l'humanité n'est soutenable que si l'on entend par raison une norme de jugement qui implique certaines appréciations éthiques. Mais que sont ces appréciations que l'on peut réduire à un commun dénominateur humain ? Voilà une question qu'il est plus facile de poser que de résoudre. Une façon d'apprécier tellement générale que l'on puisse la considérer comme inhérente à la nature humaine est par là même tellement émotive et intuitive que l'on ne pourra jamais la saisir intellectuellement d'une façon parfaite. On se trouve ici devant le genre de contenu émotif dont C. G. Jung a, non sans motif, déclaré impossible en principe la définition verbale, parce que la faculté de compréhension intellectuelle est « incommensurable avec l'essence même du sentiment ». Il n'y a pas de langage commun à toute l'humanité ; rien que de ce fait, dès que l'on commence à définir, on introduit un élément étranger de différenciation, de sorte que l'on ne voit déjà plus qu'un côté particulier du tout que l'on cherche à comprendre. Il est aisé de se réclamer de la conviction intuitive pour affirmer qu'il y a un fonds moral commun à toutes les religions éthiques, et que par exemple l'impératif catégorique de Kant exprime en somme la même chose que la maxime chrétienne : « Ne fais pas à autrui... » et que les « vérités éternelles » de toutes les morales religieuses ; mais il est moins aisé d'habiller de mots la vérité plus haute, plus parfaite, plus générale encore que l'on soupçonne derrière tous ces truchements particuliers. L'expérience nous dit bien que les images symboliques non verbales dont se servent les religions supérieures nous conduisent en principe particulièrement près de cette compréhension totale ; mais le fait est que cette voie est devenue impraticable pour beaucoup de gens, parce que les paroles traditionnelles réclament trop souvent de la raison une abdication au lieu d'une confirmation, et parce qu'au cours des temps elles se sont trop cristallisées en formules particulières d'un fragment d'humanité. L'homme vraiment religieux et en même temps savant de notre époque a une notion intuitive de la divinité qu'il ne parvient pas à intellectualiser à sa satisfaction. Il se refuse à l'identifier, soit avec la trinité chrétienne, soit avec le Jéhovah de l'Ancien Testament, soit avec un Allah, un Bouddha ou un Pan, parce qu'il voudrait y englober tout ceci et cependant autre chose encore. Certes, la voie métaphysique que nous montre le sentiment religieux nous reste en principe accessible et praticable ; seulement, nous voudrions une route unique plus large et plus neuve au lieu des nombreux sentiers trop étroits des religions traditionnelles. C'est pourquoi toutes les difficultés et toutes les désillusions ne parviennent pas à nous faire renoncer à l'espoir qu'un savoir plus étendu, et surtout plus profond, sera le moyen d'élargir les vieux sentiers en une grande route, et de nous mener sinon vers la compréhension finale forcément inaccessible du sens de toute vie, du moins jusqu'à un seuil plus élevé de cette compréhension. Nous sommes obligés à cet espoir et à cette recherche par l'organisation même de nos facultés d'entendement, sans que nous puissions connaître le degré de succès qui attend nos tentatives.

En attendant, il faut bien que nous essayions de nous rapprocher de la solution de l'énigme du mobile dernier de notre dynamique éthique par le chemin, quelque insuffisant qu'il soit, de la connaissance scientifique ; car le sens subjectif d'un phénomène se révèle d'autant plus que l'on connaît mieux ses manifestations objectives. Pour accomplir cette tâche partielle, deux possibilités principales s'offrent à nous : la méthode historique et la méthode psychologique. La méthode historique nous conduit à dégager des actions sociales de l'humanité ce qu'il y a de commun dans leurs mobiles et dans leur inspiration — tâche d'unification, par opposition aux tendances particularistes et au fond nationalistes de la philosophie de l'histoire que nous a léguées la guerre mondiale et qui cherchent surtout les éléments de différenciation. Il s'agit là de réaliser une conception néo-humaniste, orientée vers une synthèse non seulement de toutes les formes d'expression d'une civilisation, mais vers toutes les formes d'expression de toutes les civilisations. La question finale sera dès lors de chercher le sens du devenir historique dans l'aspiration éternelle des hommes vers un état institutionnel qui se rapproche le plus possible de certains jugements de valeur immanents à notre espèce.

La voie psychologique se dirige vers le même but, mais son point de départ est différent. Cette méthode opère sur des faits à proprement parler biologiques, et se rapproche de l'éthique du côté de l'eudémonisme. La psychologie en profondeur que nous devons à Freud et qui, en plus du comment, s'efforce de dévoiler le pourquoi des attitudes individuelles, ne peut effectuer « 'impasse dans laquelle se trouve la psychologie d'Alfred Adler le prouve) le passage de la description à la prescription des actes, sans s'aider de l'hypothèse d'une échelle absolue des valeurs eudémonistes, qui serait en même temps une échelle des valeurs éthiques.

L'existence d'une échelle de ce genre devient ainsi de plus en plus le point de départ commun de toute recherche théologique et scientifique. Venant des côtés les plus divers, nous nous rapprochons concentriquement de l'idée d'un ordre éthique universel absolu, d'une unité nouvelle de l'ontologie et de la déontologie, de l'appréciation éthique et eudémoniste, de l'être physique et du devoir être moral, d'une identité du bonheur, de la vertu et de la sagesse, telle que l'a en dernier lieu formulée saint Thomas d'Aquin. Il faut bien dire que la formule ancienne ne nous satisfait plus, parce que sa nature ne correspond plus à celle de notre outillage moderne de recherches. Mais il faut dire aussi que nous n'avons pas encore trouvé la formule nouvelle que nous cherchons. Nous commençons à peine à créer le langage qui pourra l'exprimer d'une façon appropriée à nos habitudes scientifiques d'entendement. Dans un pareil état de choses, il vaut mieux, quelque convaincu qu'on soit de la réalité d'un ordre absolu des valeurs éthiques immanent à l'humanité (et peut-être à l'univers) et lui assignant un but — il vaut mieux, dis-je, pour le chercheur isolé, ne pas aller assez loin que d'aller trop 'loin dans la voie des formules. Ici, un mot de trop peu est moins dangereux qu'un mot de trop. Il est des forces de croyance et d'habitude dont l'efficacité est d'autant plus formidable qu'elles résistent mieux à la cristallisation en formules

la Constitution non écrite de l'Angleterre est infiniment plus puissante que les Constitutions modèles soigneusement rédigées de l'Allemagne ou du Mexique. Le consentement mutuel du jugement de valeur habituel sans formule rationalisée unit et fortifie, tandis que la formule sans ce consentement divise et affaiblit. Le mot de trop peu peut amener d'autres hommes à chercher Au-delà, le mot de trop peut les rebuter. Or, aussi longtemps que ce que l'on cherche apparaît comme une notion limite irréalisable, il importe plus de chercher que de trouver. C'est pourquoi il me semble déjà dire plutôt trop que trop peu en choisissant, parmi les normes de valeur déjà formulées, les deux suivantes comme des vérités communes à l'humanité et fondant tout jugement raisonnable :

1° Les valeurs vitales sont supérieures aux valeurs matérielles et parmi les valeurs vitales, les valeurs spirituelles sont tes plus hautes. Ce qui, sous l'angle eudémoniste, pourrait s'exprimer ainsi : toutes autres conditions égales d'ailleurs, les satisfactions les plus désirables sont celles que l'on ressent sur le plan de la conscience la plus vive de la réalité du Moi et du milieu ;

2° les mobiles du sentiment de communauté sont supérieurs aux mobiles de l'avantage personnel en puissance ou en biens. En termes eudémonistes : c'est une intuition commune à tous les hommes que l'accomplissement d'un devoir envers autrui devrait être plus désirable que n'importe quelle satisfaction obtenue par une action en sens contraire.

Quelque imparfaites que soient, pour les motifs déjà invoqués, des formules de ce genre, elles peuvent tout de même présenter quelque utilité pour indiquer aux gens plus préoccupés de l'esprit que de la lettre dans quelle direction il faut chercher ce qu'il y a d'universellement humain dans le but socialiste. Il m'importe peu que l'on appelle raison ce critérium final, pourvu que l'on donne à ce terme le sens plus large que lui accorde déjà la philosophie kantienne.

En tout état de cause, l'hypothèse des deux normes que je viens de formuler me semble plus que suffisante pour faire apparaître le fait psychologique commun à toute conviction socialiste, quelle que soit son inspiration intellectuelle, comme le résultat d'une tension entre une certaine façon de juger, dérivée du sentiment de la communauté, et certains états sociaux qui contredisent ces jugements de valeur. Dans la mesure où ces derniers peuvent être l'objet d'une interprétation scientifique, il faut les considérer jusqu'à plus ample information comme inhérents à certaines tendances instinctives innées de l'homme, condensées, sous l'influence d'un long passé historique, en normes déterminées du sentiment moral et juridique.

La racine commune de toute conviction socialiste est donc un état psychologique : la représentation compensatoire et téléologique (c'est-à-dire dirigée vers un but) d'un instinct social refoulé, c'est-à-dire d'une impulsion née du sentiment de la communauté et inhibée par une réalité du milieu social. La multiplicité des formes que ces impulsions et leurs inhibitions peuvent revêtir n'apparaît que médiocrement dans la description que ce chapitre a essayé de faire de certaines variétés typiques de la motivation socialiste. D'après le genre des mobiles inhibés — ou plutôt des complexes de mobiles qui différent d'une personne à l'autre — la représentation téléologique variera également. L'image de l'état idéal souhaité, où l'inhibition ressentie apparaît résolue, dépend et de la nature des mobiles et de la nature des faits qui causent leur inhibition.

Pas plus qu'il n'existe de doctrine socialiste qui ne soit 'dérivée d'une vision utopique de l'avenir, il n'y a d'utopie sociale que l'on ne puisse réduire à l'inhibition d'un mobile intellectuel quelconque. En ce sens, tout socialisme est un socialisme d'intellectuels. Toutefois, pour que la disposition émotive donne lieu à la création d'une théorie, il faut — combinaison rare — que l'imagination créatrice, qui oppose au monde réel l'image idéale d'un monde possible, s'accompagne d'une faculté déterminée de la raison critique et ordonnatrice. Il appartient à celle-ci de rétablir un rapport entre le désir et la réalité, en ramenant l'image idéale à ses coordonnées actuelles, pour tracer ainsi à la volonté de réalisation une voie possible. C'est pour cela que tout penseur socialiste original est en même temps un utopiste et un théoricien de la sociologie.

Dès lors, un nouvel élément de variété vient s'ajouter à la multiplicité des mobiles émotifs qui peuvent diriger la pensée socialiste : c'est la nature individuelle du processus de justification intellectuelle. Le polymorphisme de la pensée socialiste est donc loin d'être un indice de faiblesse ; on pourrait, au contraire, lui appliquer la parole de Mahomet : que la diversité des opinions parmi ses fidèles était un signe de la clémence divine. C'est précisément la multiplicité des formes intellectuelles sous lesquelles se manifeste la révolte des instincts sociaux de l'homme contre le capitalisme qui fournit la preuve d'un puissant courant sous-jacent dans le désir éternel de justice sociale.

À vrai dire, les théoriciens eux-mêmes ne voient généralement pas les choses sous cet aspect ; ils sont trop préoccupés pour cela de justifier leur point de vue particulier. Chaque doctrine est caractérisée par un désir inhérent d'exclusivité, qui la pousse à vouloir se subordonner toutes les doctrines analogues déjà existantes. Depuis que le XIXe siècle a introduit la méthode des sciences exactes jusque dans l'histoire et a ainsi créé l'historicisme, pour subordonner une doctrine on l'ordonne dans le système d'interprétation de l'histoire dont on étaie sa doctrine propre. Marx est jusqu'ici celui qui a le mieux réussi à dresser un tableau systématique de l'évolution des doctrines sociales, dans lequel il assigne, d'après un principe unique, leur place autant aux doctrines qui l'ont précédé qu'aux doctrines contemporaines qu'il combattait. Ce principe unique est l'identité du socialisme et des intérêts de classe prolétariens ; grâce à cette hypothèse, le marxisme dispose d'un critérium unique pour classifier tout socialisme non marxiste, ou bien comme préprolétarien, ou bien comme non prolétarien (et alors de préférence petit-bourgeois).

Il faut en prendre son parti : l'entendement humain est ainsi fait que pour comprendre une pluralité, il veut y voir une unité. Rien qu'en appliquant une dénomination telle que le socialisme à un complexe formidablement étendu et multiforme de phénomènes sociaux et intellectuels, on présuppose l'existence d'un principe unique quelconque. Faute d'une révélation supérieure des fins dernières de l'évolution historique, ce principe ne peut jamais être qu'une hypothèse, dans la mesure où on y voit un objet de connaissance scientifique. Tous les indices font supposer que l'hypothèse matérialiste du marxisme, qui motive le socialisme par l'intérêt de classe, ayant cessé d'être utilisable, les doctrines socialistes de l'avenir prochain, suivant en ceci le courant de l'époque, remplaceront de plus en plus les hypothèses matérialistes par des hypothèses psycho-énergétiques. Alors, le marxisme lui-même n'apparaîtra plus que comme l'une des phases d'une évolution dont le trait d'union ne sera plus l'intérêt de classe unique, mais une façon de sentir commune à toutes les aspirations socialistes depuis les plus anciens utopistes : la subordination des mobiles égoïstes aux mobiles altruistes. Dès lors, le socialisme apparaîtra comme tout autre chose qu'un simple phénomène complémentaire du capitalisme ; on y verra une façon de sentir et de penser aussi ancienne et aussi répandue que la pensée politique elle-même, un courant profond, puissant et éternel auquel l'Europe du XIXe siècle a pour la première fois fourni l'occasion de devenir d'une façon durable le programme d'un mouvement de masses.

Considérée du point de vue exact de la science, cette identification du socialisme avec une force spirituelle créatrice permanente n'est évidemment elle aussi qu'une hypothèse. Ceux qui, comme moi-même, peuvent étancher leur soif de compréhension par la contemplation immédiate et intuitive d'un objet, en demandant la révélation de son sens à cet objet lui-même, peuvent se passer de pareilles hypothèses. Par contre, ceux dont l'esprit est ainsi fait qu'ils ne peuvent comprendre toute évolution psychologique que comme l'effet d'une loi plus générale, trouveront que l'hypothèse énergétique a tout au moins le très grand avantage sur l'hypothèse matérialiste d'expliquer un phénomène psychologique par des lois psychologiques et non par des lois mécaniques. Partant de là, l'hypothèse énergétique explique beaucoup plus que ne le fait le marxisme — y compris le marxisme lui-même. Il n'est aucune forme historique du socialisme qu'on ne puisse mieux comprendre comme phase de l'évolution d'une idée, d'une force psychique se réalisant elle-même, que comme le résultat momentané d'un antagonisme d'intérêts de classe. Si l'on admet, par exemple, les lois d'évolution psychologique établies par Ribot (*Essai sur l'imagination créatrice*, p. 258) pour tous les mouvements reposant sur l'action créatrice de l'imagination, on obtient le développement en trois stades qui suit :

1° Un stade de l'utopisme pur, où l'imagination crée de toutes pièces les images idéales d'un ordre social souhaité. « Entre la création de l'esprit et la vie des sociétés contemporaines. nul rapport : deux mondes à part, étrangers l'un à l'autre. Les vrais utopistes ne se soucient guère d'appliquer » (Ribot, loc. cit.). Ce stade du socialisme s'étend sur l'Antiquité et sur la civilisation occidentale jusqu'à la fin de la Renaissance — en somme, de Platon à Thomas Morus, pourrait-on dire. Pendant cette époque, les mouvements sociaux révolutionnaires des couches opprimées n'ont encore aucune relation avec les courants d'idées utopistes et sont sans continuité entre eux, bien que, surtout dans les mouvements communistes chrétiens du moyen âge et les révoltes de paysans, ils aient une importance beaucoup plus grande que ne le croient les historiens trop uniquement préoccupés des sources littéraires ;

2° Un stade de l'utopisme pratique et expérimental. On peut considérer, avec Ribot, qu'il date des premiers essais de Rousseau et de Locke de rédiger des constitutions idéales à la demande d'intéressés. Il atteint son point culminant avec les colonies coopératives d'Owen et décline depuis le milieu du XIXe siècle, après que la plupart des essais de colonisation communistes ont échoué et que le mouvement ouvrier syndical est passé au premier plan en Angleterre, de même que les mouvements pour le droit de suffrage sur le continent européen ;

3° Un stade de l'utopisme pratique et rationnel. Cette fois, le socialisme s'incarne dans les programmes du mouvement ouvrier. Le marxisme est la forme la plus caractéristique de ce stade, le Manifeste communiste lui donne sa première ligne de direction, la première et la seconde Internationale en sont la réalisation progressive. L'objectif reste un ordre idéal, dont la réalisation est bien encore réservée à l'avenir, mais est attendue cette fois de l'accomplissement de lois de l'évolution sociale nouvellement découvertes. L'imagination du désir revêt ici la forme scientifique pour faire apparaître sa réalisation comme une nécessité historique. Les théoriciens se fixent la tâche de diriger les partis de masses de la classe ouvrière vers leurs objectifs scientifiques et de leur faire adopter leurs méthodes.

On peut concevoir une union encore plus étroite de la doctrine et du mouvement comme l'œuvre d'un quatrième stade, au seuil duquel nous nous trouvons, après que le désaccord entre la théorie et la pratique du marxisme a démontré l'impossibilité de sa formule — union entre l'utopie et la science. On pourrait appeler ce stade pratique et éthique.

Ici, la critique scientifique psychologique ramène l'utopie à ses limites naturelles, en ne voyant plus en elle que le symbole d'une conviction éthique actuelle et en lui refusant la valeur absolue d'un état idéal en voie d'inéluctable réalisation comme effet d'une loi naturelle. En ramenant ainsi l'idéal de l'avenir social au présent individuel, on diminue d'un pas de plus la distance entre l'idéal et la réalité.

# Chapitre VI

## Les intellectuels et l'État

*« Pour valoir, il faut agir et servir. »*

Goethe.

Il est assez curieux que le marxisme, bien qu'il n'ait été à ses débuts, comme toute autre doctrine socialiste, qu'une simple affaire d'intellectuels, n'assigne aucune place à ceux-ci dans sa description de la société. Et cependant, la classe des intellectuels est un produit aussi caractéristique et aussi important de l'époque industrielle que le prolétariat. Il est caractéristique, parce que la séparation du travail intellectuel et du travail manuel n'est devenue la règle de la production que sous le régime capitaliste. Il est important, parce qu'il s'agit ici d'une classe dont la mentalité détermine le contenu tout entier de la civilisation moderne, qui fournit à l'État et à l'activité économique son personnel dirigeant et constitue donc, en fait, le groupe qui gouverne l'ensemble social.

La sociologie marxiste simplifie par trop les choses en identifiant la catégorie économique capitalisme et la catégorie sociale bourgeoisie. Le capital domine il est vrai l'économie industrialisée, mais la conception d'une classe sociale gouvernante implique bien autre chose que la prédominance économique du capitaliste dans la production.

Pour décrire la psychologie ouvrière dans la première partie de cet ouvrage, il a suffi d'appliquer le terme général bourgeoisie à l'ensemble des classes non prolétariennes ou possédantes. Il faudra maintenant y regarder de plus près. L'usage du vocabulaire de propagande d'employer comme interchangeables les termes patronat, classe capitaliste, bourgeoisie, classes dominantes, classes possédantes, etc., répond au penchant émotif des masses à réduire à un type unique tout ce qu'elles haïssent. Un orateur d'assemblées populaires est toujours assuré de son succès si, en suivant ce penchant, il représente une situation compliquée de façon que toute l'émotion puisse se décharger sur un objet symbolique, qu'il s'agisse du patron comme exploiteur ou, en politique, de la « masse réactionnaire unique » du socialisme lassallien.

La sociologie descriptive ne saurait se contenter d'une classification aussi primitive. Les faits concrets dont elle a à s'occuper sont bien trop compliqués et inconstants pour que le concept d'une classe dominante unique puisse lui être d'aucune utilité. Les fonctions économiques, politiques et intellectuelles de la vie sociale sont tellement variées en cette ère de division du travail qu'on ne peut comprendre des fonctions organiques compliquées, telles que celles de l'État, à l'aide d'une catégorie économique pure, telle que le capitalisme. La « bourgeoisie » que nous avons décrite comme la classe sociale dominante, parce que son prestige fournit un exemple à l'instinct d'imitation de tous, embrasse bien plus que le patronat industriel. En particulier, l'identification de la puissance économique capitaliste avec la puissance de l'État est une notion creuse, ce qui ne l'a pas empêchée d'opposer une difficulté très concrète aux tentatives de plusieurs partis socialistes d'adapter leurs doctrines politiques aux réalités nouvelles de l'après-guerre.

Si l'on veut comprendre les faits, il faut partir de la vérité, pourtant si simple, que la classe qui domine politiquement est celle dont les membres exercent les fonctions de la domination politique. Cela comprend avant tout les fonctions de l'administration de l'État et des pouvoirs locaux, de la direction des partis et de la presse en tant qu'organe de l'opinion publique. Dès que l'on accepte cette définition, le concept « classe capitaliste », dérivé de l'organisation capitaliste de la production, n'est plus applicable. En effet, les fonctions politiques énumérées ne sont pas exercées par les capitalistes, c'est-à-dire par les patrons, les banquiers, les gros commerçants, les propriétaires fonciers, etc., mais par des intellectuels. Les capitalistes n'ont en général guère le temps de fort se préoccuper de choses politiques. Ils sont bien trop pris par leurs propres intérêts pour qu'ils puissent se consacrer habituellement aux affaires publiques. l'État et l'opinion publique ne sont pas plus « leur » affaire que celle de la classe ouvrière.

Quoi qu'en pense le Manifeste communiste, l'État est encore autre chose qu'un simple conseil d'administration chargé des intérêts des classes économiquement dominantes. Ces intérêts sont entre les mains des grandes banques, des groupements industriels, des unions patronales, des chambres de commerce, etc. C'est en ces institutions que s'incarnent l'« industrie », le « commerce », la « banque », bref, l'influence politique des « gens d'affaires ». l'État ne peut pas se soustraire à cette influence, car elle représente une partie de l'opinion publique et, surtout, elle dispose d'une grande partie des organes qui forment cette opinion publique. Mais du fait que l'État est soumis à cette influence étrangère, il s'ensuit précisément que la domination capitaliste et l'État sont deux notions non identiques et que l'État constitue une formation sociologique sui generis.

L'État n'est pas uniquement une conception juridique, et légiférer n'est pas sa seule fonction. Si cela était, la volonté qui s'exprime par une majorité parlementaire serait identique à la volonté de l'État. Il faudrait être passablement naïf et n'avoir rien appris depuis les débuts de l'ère démocratique, pour se représenter l'exécution de la volonté populaire sous un jour aussi simpliste. Il y a dans presque tous les pays des ministres ou ex-ministres socialistes qui ont pu expérimenter par eux-mêmes combien il est plus facile de faire adopter des lois par une majorité parlementaire que d'administrer d'après ces lois. La relation entre la législation et l'État n'est pas un rapport unilatéral, dans lequel la majorité imposerait tout simplement sa volonté à l'État. Ceux qui participent aux œuvres politiques ne succombent que trop souvent à la volonté de l'État, et ce qui subsiste finalement de la volonté « populaire » du parlementarisme n'est, dans le cas le plus favorable, qu'un compromis, résultant d'un parallélogramme de forces, dont la moindre n'est pas celle qui émane du fonctionnariat, même quand ce n'est qu'une force d'inertie. l'État est un être distinct, il a sa volonté propre, parce qu'il se compose, en dernière analyse, d'êtres humains. l'État, ce sont des gens. Et je n'entends pas par là la notion abstraite de l'ensemble des citoyens, mais, de façon tout à fait concrète, tous ceux dont la profession est de travailler pour l'État. Quand je pense à l'État, Je vois des gens en chair et en os : des fonctionnaires, des politiciens, des juges et cette armée de subalternes portant casquette - soldats, gendarmes, agents de police, facteurs, cheminots, geôliers, huissiers, etc. —, qui servent l'État et voient en échange leur existence assurée par lui, avec, par-dessus le marché, la satisfaction d'un reflet de son auréole d'omnipotence. Je n'ignore pas que beaucoup de mes contemporains, et particulièrement les Allemands, ne peuvent se contenter de ne considérer l'État que comme une association parmi d'autres ; pour eux, l'État est une entité supérieure, à laquelle l'homme doit obéir et sacrifier. Pour ma part, je ne puis même pas reconnaître que les fonctions les plus sublimes de l'État, la législation et la juridiction, l'élèvent en quoi que ce soit au-dessus de l'imperfection et de la petitesse de toute création humaine ; il m'est surtout difficile d'oublier que les œuvres de l'État sont les œuvres d'hommes, pour qui le service de l'État se confond avec la réalisation de leurs buts personnels.

Au surplus, la fonction de l'État ne s'accomplit pas au sein du processus de la production, mais sur le terrain bien plus étendu des relations juridiques et politiques. Du point de vue de la production — aussi bien en ce qui concerne le capitaliste eue l'ouvrier — il apparaît en somme comme une puissance étrangère qui n'intervient qu'exceptionnellement et que, en retour, on ne peut qu'exceptionnellement influencer. La volonté qui se réalise dans la politique et l'administration comme volonté de l'État est différente de la volonté de gain du capitaliste, qui cherche sa réalisation dans la vie économique. La volonté de l'État, c'est l'effet global immédiat de la volonté de tous les êtres humains qui participent de façon permanente aux destinées de l'État : ce sont des fonctionnaires, des parlementaires, des journalistes, mais ce ne sont pas des patrons ou des capitalistes. Ce ne sont pas non plus des prolétaires. L'identification de l'État avec la domination de classe prolétarienne — prétendue réalité comme en Russie, ou simple revendication comme ailleurs — est une chimère du même genre que son identification avec la domination de classe capitaliste dans la sociologie marxiste. Ces deux conceptions de classe empruntent leurs caractéristiques aux situations respectives des classes dans le processus de production. On ne saurait les transférer à d'autres fonctions sociales. Une dictature politique du prolétariat est un non-sens, rien que parce que la dictature signifie le gouvernement d'un dictateur et non celui d'un monstre mythique à plusieurs millions de têtes. Sous une soi-disant dictature du prolétariat. le prolétaire est tout autant un objet de la politique que l'est le capitaliste dans l'État, eue le marxisme appelle un « conseil d'administration » des classes capitalistes. Le prolétaire aussi n'a pas le temps de gouverner, précisément parce qu'il est prolétaire. On ne peut pas passer sa journée derrière l'établi et gouverner un pays le soir. La politique n'est pas un travail d'heures supplémentaires, mais un métier de spécialistes.

Il est vrai qu'il y a des prolétaires, tout comme des capitalistes, qui occupent des postes politiques dans des corps représentatifs ou administratifs. Mais ils ne pourront y faire de choses décisives qu'à condition de se professionnaliser. Or, du moment où ils deviennent des parlementaires ou des fonctionnaires, ils cessent d'être des prolétaires, quelque importante que soit l'influence de l'intérêt prolétarien sur leur mentalité. Dès lors, ils s'incorporent à la classe des gens qui exercent les fonctions du gouvernement. Ils deviennent des intellectuels, et ils adoptent, en même temps que leur nouvelle profession, tous les signes de leur classe nouvelle, depuis l'attitude, la toilette et les manières, jusqu'à la façon de penser et de vivre. Quand la révolution en Allemagne eut porté à la présidence un ancien ouvrier sellier, ce fut là moins une conquête des selliers sur les intellectuels qu'une conquête des intellectuels sur les selliers.

Il est à peine besoin de dire que l'expression « intellectuels » n'implique aucune idée de supériorité quant à la valeur sociale de l'intelligence requise par un travail. Elle caractérise tout simplement un genre de travail qui, au lieu d'une prestation de force physique, exige exclusivement une mise en œuvre du jugement intellectuel, qui, de son côté, nécessite l'acquisition préalable de certaines connaissances dans le domaine des choses de l'esprit. Il ne s'ensuit nullement que l'intellectuel en soit, ou plus savant, ou plus intelligent que l'ouvrier ou le paysan ; seulement, il utilise son intelligence d'une autre façon et le savoir dont il a besoin pour cela a un autre but et par conséquent un autre caractère.

Il n'existe aucune activité régulière en politique qui n'exige point une spécialisation professionnelle. Toutes les opérations politiques importantes — qu'il s'agisse de l'exécution d'une mesure administrative, ou de la préparation d'une campagne de presse, ou du choix d'une position par un groupe parlementaire — sont l'œuvre de gens du métier. Même et surtout dans la démocratie moderne, ce n'est que dans un sens très médiat et très théorique que la politique est la chose du peuple, c'est-à-dire de tous ; elle est avant tout la chose des politiciens. À notre époque, les communautés politiques sont trop étendues, leurs problèmes sont trop compliqués et leur administration soumise à une trop grande division du travail pour que l'on puisse encore gouverner comme au temps des républiques urbaines de l'Hellas ou des anciennes tribus germaniques. Malheureusement, la politique est encore dominée par des façons de penser qui se justifiaient par ces conditions périmées. Il s'ensuit que maints démocrates ont préconisé des systèmes dont les résultats pratiques n'ont que trop souvent démenti les bonnes intentions. On a voulu la souveraineté parlementaire et on a obtenu la souveraineté des partis, on a voulu donner le pouvoir à l'opinion publique et on l'a donné aux propriétaires de journaux, on a voulu l'autorité du pouvoir législatif et on a établi l'autorité des organes exécutifs, on a voulu étendre les compétences des ministres responsables et amovibles et l'on arriva par là à livrer des ministres débordés à leurs fonctionnaires en fait irresponsables et inamovibles. Cette évolution fut, sinon causée, du moins inconsciemment favorisée par des esprits romantiques, dont le sens de la réalité était obnubilé par une fiction théorique. Croire sans plus à l'identité de l'État et de la volonté populaire, c'est la meilleure façon d'entraver la réalisation de la volonté populaire dans l'État. Le vrai problème est, au contraire, d'organiser un contrôle efficace de l'État par la volonté populaire. Ceci présuppose que l'on reconnaisse le fait de la volonté sociologique propre de l'État, basée sur l'exercice de ses fonctions directrices par une classe de spécialistes.

Par la nature de leur travail et des connaissances que celui-ci nécessite, ces spécialistes appartiennent tous aux professions intellectuelles. De cette manière, le mécanisme de l'État est aux mains des intellectuels, évolution qui débuta par la grande Révolution française, dont le sens fut avant tout la conquête de l'État par les intellectuels. Le point de départ et le symbole de cette évolution est la monopolisation de l'instruction par l'État, qui fut précisément inaugurée par la Révolution française ; car l'instruction publique est le moyen par lequel la couche intellectuelle se perpétue en tant que groupe social. Aucune couche sociale n'a autant que celle des intellectuels lié son sort à celui de l'État. Ils doivent leurs diplômes à ses universités ; l'avocat, le médecin, le professeur ont besoin de sa consécration pour pouvoir exercer leur profession ; les affaires de l'État sont la matière première sur laquelle travaille le journaliste ; l'État entretient l'instituteur ; l'artiste, le littérateur et l'acteur sont obsédés par l'idée de l'État mécène ou patron ; et enfin, les emplois de fonctionnaires sont le but atteint ou rêvé par un nombre important et croissant d'intellectuels, universitaires ou non.

Tous les mouvements qui se cristallisent en organisations de parti partagent en ce sens le sort de l'État que leurs fonctions directrices passent aux mains de spécialistes professionnels, qui sont issus de la classe des intellectuels ou en font rapidement partie. Même la constitution des partis les plus fidèles aux principes de la démocratie, par exemple les partis socialistes, cesse de signifier la détermination de tout par tous, dans le sens complet des démocraties helléniques ou germaniques d'antan. Le problème « masses et dirigeants » devient un problème sociologique. Il comporte une nouvelle stratification sociale, la naissance d'une classe sociologique nouvelle, issue de la spécialisation professionnelle des fonctions directrices des partis. Au point de vue de la psychologie professionnelle et sociologique, le député ou le journaliste socialiste ressemble de plus en plus à ses

« collègues » des autres partis et de moins en moins à ses camarades ouvriers. Ici encore, l'aspect extérieur est symptomatique : le député socialiste, par exemple, se distingue moins de ses collègues du Parlement que de son auditoire dans une assemblée ouvrière. Ce phénomène n'échappe point aux ouvriers. Dans le stade eschatologique du mouvement il les a souvent amenés à formuler contre leurs mandataires le reproche de subir la contagion, voire la corruption, du milieu bourgeois et de l'atmosphère parlementaire. Ces reproches étaient fréquents du temps de l'antiparlementarisme anarchiste et syndicaliste, et le sont encore aujourd'hui parmi les communistes d'Europe. Il faut bien dire cependant que du point de vue de la compréhension totale du mouvement, Ils sont naïfs, et du point de vue des personnes en cause, généralement injustes. Ceux qui ne veulent pas de bureaucrates ne devraient pas installer de bureaux. Si les masses veulent faire de la politique, il leur faut des politiciens. La différenciation sociale entre les dirigeants et les masses est une conséquence inévitable de cette évolution, et il est illogique d'en faire le reproche aux dirigeants.

Cependant, il est tout aussi illogique de faire comme si les dirigeants ne dirigeaient pas. Ils sont des chefs, ils doivent l'être de par leurs fonctions. C'est une fiction de ne voir en eux que de simples représentants de la volonté des membres de leur parti ou de leurs électeurs. Les masses et les dirigeants s'influencent et se déterminent mutuellement. Les intérêts des masses et leurs réactions émotives aux grands événements fixent en quelque sorte les limites dans lesquelles les dirigeants — comités de partis, groupes parlementaires, rédactions — peuvent se décider pour l'une ou l'autre politique, sans perdre pour cela l'approbation de la masse, accord dont ils ont besoin pour exercer une influence sur leurs adversaires. Or, ces limites sont élastiques. Bien qu'elles soient déterminées à chaque décision nouvelle des dirigeants par le caractère d'ensemble de toutes les décisions précédentes, formant une « tradition » et une « mentalité », chaque décision nouvelle implique cependant la possibilité d'une modification, si minime soit-elle, de ce complexe. Quand les coups de barre, d'abord isolés et imperceptibles, se répètent souvent dans la même direction, il en résulte à la longue des changements de direction fort importants, même dans la mentalité des masses. Mais pour bien comprendre l'action réciproque entre la volonté des dirigeants et la mentalité de la masse, il faut tenir compte des deux faits suivants : premièrement, la nature même de la division des fonctions dont nous venons de parler veut que l'initiative de chaque décision, qui constitue un processus de création intellectuelle et non de réceptivité émotive, soit prise par les dirigeants, et secondement, tous les rapports entre dirigeants et masses reposent sur le fait que la masse a plus de confiance dans le jugement des dirigeants que les dirigeants dans le jugement de la masse.

Les assemblées et les congrès de parti ont cessé depuis longtemps de prendre des initiatives. Rien que leur convocation, la fixation de l'ordre du jour, la désignation des rapporteurs, la préparation des résolutions, tout cela présuppose des décisions qui ne peuvent être prises opportunément que par des fonctionnaires professionnels. Il ne s'ensuit pas que les réunions et les consultations aussi directes que possible des membres soient moins utiles ou importantes que du temps où il n'y avait pas encore de bureaucratie de parti. Au contraire, elles deviennent d'autant plus nécessaires que le fonctionnariat se développe, si l'on veut que celui-ci reste en état de bien gérer les intérêts qui lui sont confiés. Il importe seulement de ne pas se dissimuler que ces réunions et ces votes remplissent désormais une autre fonction. Leur tâche n'est plus de prendre l'initiative et de diriger les actions, mais de conseiller et de surveiller ceux à qui l'initiative et l'action incombent. Il y a là une situation analogue à celle que l'on retrouve en petit dans chaque comité d'organisation qui se compose d'un secrétaire permanent et de membres non rétribués : le secrétaire est la « cheville ouvrière » ; c'est lui qui — s'il convient à son emploi — dirige son comité au lieu d'être dirigé par lui, le comité n'est pas là pour prendre des initiatives à sa place, mais seulement pour assigner — souvent après le fait accompli — certaines limites aux initiatives du secrétaire, le conseiller et le contrôler au cours de leur exécution. Le secrétaire remplira dans les meilleures conditions sa charge s'il est moteur et le comité la sienne s'il est frein. Normalement, le rapport du dirigeant à la masse est celui du sujet à l'objet. Le dirigeant part toujours du point de vue qu'il lui appartient de former l'opinion de la masse, jamais de celui que la masse détermine la sienne. La relation normale entre une assemblée de parti et ses représentants élus et rétribués n'est pas celle d'une volonté de masse déterminante et d'une volonté individuelle déterminée ; c'est une tension fait d'attaque et de défense mutuelles. Le dirigeant cherche à se justifier et à se maintenir ; il essaie les limites dans lesquelles il peut affirmer et réaliser sa volonté sans perdre l'appui de ceux qui rendront cette volonté efficace. Si cependant il y a coïncidence entre la volonté du dirigeant et l'état d'esprit de la masse, il est d'autant plus naturel que le dirigeant fasse fonction d'initiative en stimulant et en orientant la volonté collective, qui est un instrument de sa politique, un moyen de pression sur ses adversaires.

Toute fonction dirigeante repose sur un facteur psychologique, qui ne peut être établi par des statuts : la confiance. Actuellement, cela signifie tout autre chose qu'à l'époque héroïque où le dirigeant était constamment exposé à la vue des masses sous la pleine lumière de la publicité. Aujourd'hui, il n'est plus simple agitateur, il doit savoir une quantité de choses que la masse ne peut connaître, parce qu'elles exigent un haut degré de spécialisation professionnelle ; et il doit faire quantité de choses que la masse ne peut faire avec lui parce qu'elles se passent dans l'atmosphère routinière des administrations, des commissions, des comités, des rédactions et des bureaux. Il ne suffit pas qu'on le suive, il faut aussi qu'on croie en lui. Les moyens dont la masse dispose pour influencer la volonté de ses dirigeants n'en impliquent aucun par lequel elle pourrait former leur opinion. Toute la « documentation », tous les « dossiers », toute l'information de fait nécessaire à la formation d'opinions sont aux mains du spécialiste dirigeant. Il dispose en outre, pour une très grande part, des moyens d'information (la presse, etc.) par lesquels son avis peut influencer la volonté de la masse. Tout praticien de l'organisation sait parfaitement qu'une des raisons principales de l'homogénéité intellectuelle des partis ouvriers est que leurs comités de direction disposent de leur presse et détiennent par là le moyen le plus puissant d'influencer l'opinion du parti. Ce fait a une tout autre importance par rapport aux grands problèmes de la politique nationale ou internationale d'aujourd'hui qu'à l'époque primitive de la démocratie locale et régionale. Alors, quand les habitants d'un village discutaient une question de fontaine ou de mare aux bestiaux, tout participant disposait des mêmes possibilités d'information que le dirigeant qu'il honorait de sa confiance ; il n'y avait qu'à y aller voir. Aujourd'hui, des millions de gens se passionnent pour ou contre le Traité de Versailles ou le plan Dawes, souvent même au point d'être prêts à y sacrifier leur vie. Mais combien y en a-t-il parmi eux qui aient lu le Traité de Versailles ou le rapport de Dawes ? En ce qui me concerne, je n'hésite aucunement à avoir une opinion tout à fait arrêtée sur le contenu de ces deux documents dont je n'ai pourtant jamais eu le texte sous les yeux. Bien que je répugne particulièrement à laisser former mon opinion par autrui, je suis moi aussi « masse » en cette occurrence. C'est le sort de chacun par rapport à toutes les décisions politiques sur les dessous desquels il ne saurait être aussi bien informé que le spécialiste à qui il fait confiance comme représentant de ses opinions ou de ses intérêts. Jamais, au cours de l'histoire, tant de gens n'ont cru tant de choses dont ils ne savaient que ce qu'en disaient leurs dirigeants.

De ce que les fonctionnaires d'État ou de parti, qui, d'après une fiction démocratique, devraient jouer le rôle de serviteurs et de représentants, sont en réalité un groupe dirigeant, il faut se garder de conclure qu'il vaudrait mieux abandonner cette fiction et reconnaître l'autorité des dirigeants jusque dans le texte des constitutions et des statuts. C'est précisément quand on souhaite des chefs qu'il est imprudent de le proclamer dans des textes organiques. Dès l'instant où la situation de chef serait constitutionnellement établie, le dirigeant deviendrait un dirigé. Il serait alors dépendant de cette même constitution et devrait consacrer tous ses efforts à ne pas perdre l'appui de la masse qui lui a prêté son pouvoir. C'est alors qu'il deviendrait réellement son serviteur, mais moins dans le sens de la démocratie que dans celui de la démagogie. Jamais un « homme à poigne » n'est venu parce qu'on l'a appelé. Les véritables chefs ne sont pas élus comme tels par la masse, ils s'imposent à elle. Les mouvements qui réclament un homme fort sont des mouvements de faibles. Or, les faibles sont des envieux qui ne supporteraient pas de chef fort ; au fond, ils le voudraient faible envers eux. Plus une constitution reconnaît de pouvoirs à un souverain, plus celui-ci éprouvera de difficultés à en user ; chaque droit nouveau est une chaîne nouvelle : là où un texte promet du pouvoir, il donne en réalité une responsabilité, qui signifie une dépendance. Rien qu'en élisant un dirigeant, on en fait un dirigé ; si l'on veut qu'il dirige vraiment, on doit l'élire comme serviteur. Ainsi, l'Allemagne de Guillaume II a vécu de véritables orgies de byzantinisme ; le romantisme d'une génération de philistins, politiquement mineurs, a voulu voir dans son Kaiser tout ce qu'elle n'était pas elle-même ; elle fit de lui un Lohengrin, un Frédéric le Grand, un Dieu des armées, des cuirassés et des fabriques ; elle vécut toutes les extases de la volupté de puissance quand Il parlait de Son autorité en agitant Son sabre ; et elle finit par avoir, au lieu d'un chef, un acteur assez médiocre, tellement dépendant de la faveur de son public qu'il s'enfuit de la scène dès que le public cessa d'applaudir. Des démocrates clairvoyants ont dit que l'avenir de la démocratie dépendait de sa capacité à former une couche de dirigeants capables de gouverner. Seuls des esprits superficiels peuvent voir en ceci une négation de la démocratie. Les régimes prédémocratiques n'ont pas péri par trop d'autorité gouvernementale, mais par trop peu. Le dominateur ne dominait pas assez, il n'était plus un chef, mais seulement une institution. Il a fallu l'avènement de la démocratie pour ériger sur les ruines des constitutions autoritaires une nouvelle couche de véritables dirigeants. Tout ordre nouveau doit commencer par être un ordre. Un ordre nouveau signifie une direction nouvelle et la puissance de cette direction se mesure à son aptitude à se passer de la sanction d'un texte constitutionnel ou d'une dignité monarchique.

Ce n'est pas par hasard que le mouvement ouvrier est précisément celui dont la constitution organique ignore et interdit le plus complètement l'autorité des dirigeants, et en même temps celui où les dirigeants exercent la plus grande influence et le pouvoir le plus réel. C'est justement parce que la démocratie veille si jalousement sur l'égalité des droits de tous ses membres, qu'elle fait de cette égalité le meilleur point de départ d'une sélection qui permet aux plus aptes d'accéder aux postes de dirigeants ; or, la plus grande aptitude entraîne aussi la plus grande autorité, qui repose sur la confiance. En ne reconnaissant pas l'autorité des dirigeants dans leurs statuts organiques, les démocraties ne nient donc aucunement l'inégalité de fait des aptitudes ; elles se bornent, au contraire, à affirmer l'égalité originelle des droits, qui est le moyen d'une sélection des chefs aussi vaste et aussi rationnelle que possible, donc du plein épanouissement de l'inégalité des aptitudes. Ce qui, au premier abord, semble n'être qu'une fiction hypocrite léguée par le passé, se révèle, en y regardant de plus près, comme une garantie saine et nécessaire d'avenir. La démocratie s'assure la couche de dirigeants dont elle a besoin en disant : rendons l'accès au pouvoir aussi difficile que possible. Le pouvoir de ses dirigeants n'en est que plus réel. Ceci, les statuts ne le disent pas, parce que leur tâche n'est pas de garantir l'autorité des dirigeants ; ils ont, au contraire, pour objet de délimiter cette autorité de telle façon qu'elle ne puisse agir et se maintenir que par un rapport de confiance mutuelle.

Dans les grandes entreprises de l'industrie, du crédit, du commerce et du transport, il y a également un problème « masses et dirigeants » qui n'est pas moins urgent que le problème « salaires et profits ». Ici aussi, la spécialisation et la bureaucratie indispensables ont remplacé la volonté dirigeante individuelle d'un capitaliste patron par un complexe de volontés multiples, en confiant toutes les fonctions exécutives à des non-capitalistes qui appartiennent à des professions intellectuelles. On rencontre là aussi une fiction semblable à celle qui considère le politicien comme le simple représentant de la volonté populaire : au point de vue de la délégation organique des pouvoirs, l'intellectuel spécialiste ne représente que les intérêts de la volonté d'une puissance capitaliste plus ou moins anonyme. En réalité, la spécialisation progressive des fonctions dirigeantes intellectuelles crée ici encore une indépendance progressive de ceux qui exercent ces fonctions. Du point de vue du capitaliste aussi, puissance prêtée devient puissance donnée. On ne demande au manœuvre que sa force, sa prestation physique, mais le travail de l'ingénieur ou du directeur serait sans valeur aucune s'ils se limitaient à l'exécution de tâches intellectuelles prescrites par autrui. Il est de l'essence de ce travail de direction de fixer ses propres tâches et d'animer, de prescrire, d'organiser, de commander, bref, d'être une volonté intellectuelle et créatrice propre.

La plupart des ouvriers, des dirigeants syndicaux et des théoriciens socialistes ignorent le plus souvent combien cette volonté propre des intellectuels dirigeants peut différer de la volonté de gain du capitaliste. La conception marxiste du mouvement ouvrier est trop hypnotisée par la puissance du mobile acquisitif pour comprendre toute l'importance des antagonismes de volonté sociale qui dérivent du conflit d'autres mobiles. Il est vrai que tous les marxistes n'osent pas nier les antagonismes fonctionnels au sein de la prétendue classe capitaliste, tel l'antagonisme entre l'actionnaire et le directeur, entre les appointés qui dirigent et ceux qui exécutent, entre le « point de vue dividende » et le « point de vue fabrique ». Ils dénient néanmoins toute signification sociale à ces faits, parce qu'ils ne veulent connaître d'antagonismes sociaux que ceux qui jaillissent d'une opposition d'intérêts acquisitifs. Or, ils ne peuvent découvrir pareille opposition au fond des antagonismes que nous venons de citer, pour la bonne raison qu'elle n'y est pas. C'est pourquoi le marxisme ne reconnaît pas l'existence de la classe des intellectuels ; il la morcelle en deux ou trois fragments qu'il raccroche, suivant les intérêts acquisitifs qui y prédominent, à la classe capitaliste, au prolétariat ou à la classe moyenne. De cette manière, on rompt un lien décisif et indubitable — la communauté des fonctions et des mobiles du travail — pour préserver un lien secondaire et problématique — l'identité de l'intérêt acquisitif. Cette façon de voir empêche de saisir la portée du fait qu'il y a une couche sociale différant et du patronat et du prolétariat, qui exerce toutes les fonctions directrices de la vie politique et économique. Ce défaut de compréhension serait moins grave qu'il ne l'est s'il ne s'agissait ici que d'une lacune du vocabulaire sociologique. Dans la pratique, la négation de la classe des intellectuels conduit à l'impossibilité de comprendre les données fondamentales du problème de l'État. Par là, toutes les discussions au sein du mouvement ouvrier sur cette question brûlante sont empoisonnées par l'erreur initiale qui consiste à ne voir dans l'État que l'instrument d'une domination de classe. En outre, la conception marxiste empêche le mouvement ouvrier socialiste de saisir les caractéristiques psychologiques de la classe des intellectuels d'une façon qui permette des rapports fructueux entre le socialisme ouvrier et le socialisme des intellectuels. Il n'est donc pas étonnant que ce soit précisément dans les pays à social-démocratie marxiste que ce qu'on est convenu d'appeler le problème des intellectuels constitue depuis toujours, selon l'expression de Bebel, une plaie purulente aux flancs du parti ; ici, l'influence des idées socialistes sur les intellectuels est bien moindre qu'ailleurs. L'exception apparente de la Russie confirme cette règle. Car elle n'a jamais eu de mouvement ouvrier au sens européen. L'intelligentsia que la Révolution a portée au pouvoir ne se composait pas des titulaires de fonctions dirigeantes, mais d'une bohème exclue des fonctions sociales, de condamnés ou d'exilés politiques.

C'est une doctrine néfaste que celle qui voit le seul trait d'union possible entre le mouvement ouvrier et le socialisme des intellectuels dans l'intérêt acquisitif commun des « prolétaires manuels et intellectuels ». Car cet intérêt commun n'existe pas. Les intérêts acquisitifs des différentes couches d'intellectuels sont trop divers et incertains pour qu'ils puissent fournir la caractéristique d'une situation de classe quelconque. Du fait que l'intellectuel ne vit généralement pas de profit capitaliste, mais vend, comme l'ouvrier, sa force de travail pour des appointements ou des honoraires, il ne faut pas encore conclure qu'il est un prolétaire. Si la vente de la force de travail était la caractéristique décisive de la situation de classe prolétarienne, il faudrait ranger parmi celle-ci tous les directeurs de banque et de fabrique qui vivent de leurs appointements. Ce n'est pas le fait de vendre sa force de travail qui est déterminant, mais les conditions sociales spéciales, déjà traitées, dans lesquelles cette vente s'accomplit : le manque de propriété et de protection sociale qui tend à rabaisser le salaire ouvrier à un minimum d'existence physique, l'instabilité du mode de vie, l'insécurité de l'emploi, l'état de dépendance à l'égard des chefs d'entreprises et de leurs représentants, le travail sans joie, l'exclusion des possibilités normales d'une instruction supérieure, l'infériorité sociale subjective, tels sont les faits essentiels qui transforment la classe des ouvriers manuels en prolétariat, en classe « inférieure ». À tous ces points de vue, il n'y a, parmi les soi-disant travailleurs intellectuels, que les couches les moins rémunérées des employés et petits fonctionnaires qui se rapprochent de la classe des ouvriers manuels ; elles forment le « prolétariat en faux col » dont le type est le commis de bureau. Cette catégorie appartient dès lors plutôt au prolétariat qu'à la classe des intellectuels. Son travail ne diffère de celui de l'ouvrier de fabrique qu'en ce qu'il n'exige aucune force physique. L'assimilation de cette catégorie aux intellectuels provient en définitive d'un malentendu, qui consiste à croire que tout salarié qui ne fait pas de travail manuel est pour cela un travailleur intellectuel.

Il ne suffit pas de gâcher du papier pour être un travailleur intellectuel. Le travail intellectuel est une prestation dont la valeur (même du point de vue étroit de celui qui la paie) ne peut être mesurée quantitativement en durée de travail comme le travail manuel ou le travail d'écritures, mais doit être estimée qualitativement, puisque l'essence de l'initiative et du jugement intellectuels est d'incorporer aux valeurs économiques une qualité plus grande. Ceci concerne indifféremment l'invention, la création, l'administration, la direction, la surveillance, l'organisation, l'art de guérir, l'instruction, l'éducation, la récréation, l'information, la recherche, la réclame ou la gestion de n'importe quels intérêts. Ces divers genres d'activité offrent à l'individu une possibilité de mettre en valeur ses capacités qui le place dans une situation sociale tout à fait différente de celle du prolétaire de fabrique ou de bureau. L'acquisition du savoir nécessaire présuppose généralement un certain bien-être, tout au moins dans une mesure suffisante pour ne pas devoir, comme l'ouvrier salarié, gagner des journées dès la fin de l'obligation scolaire. Les relations sociales que l'intellectuel doit, sinon à sa naissance, du moins à ses rapports avec des membres des classes possédantes, constituent pour lui autant de possibilités de protection et d'avancement social qui sont refusées à la grande masse de ce que les Anglais appellent les « unwashed » — les mal-lavés — les « non-recevables ». L'activité intellectuelle n'a de valeur suffisante pour celui qui la rémunère que si elle s'accompagne d'une haute qualification particulière, d'une certaine libération des soucis matériels les plus pressants, de la possibilité d'une adaptation durable à une tâche particulière et d'un contact personnel impliquant une certaine confiance mutuelle entre « employeur » et « employé ». Par conséquent, le contrat de travail de l'intellectuel est généralement de longue durée, et même quand ses émoluments se paient sous la forme d'honoraires occasionnels, ils sont la plupart du temps bien supérieurs à ceux du travailleur salarié. L'autonomie sociale et la sécurité de l'existence s'en trouvent augmentées. Certes, il ne manque pas de cas où le travailleur intellectuel gagne moins que beaucoup de prolétaires, surtout quand il crée des valeurs dont le public payant se passe aisément, telles que les créations des poètes et des philosophes. Il est probable que les heures de travail que m'a coûtées ce livre m'auraient rapporté bien plus si je me les étais fait payer comme ouvrier de fabrique. Ma situation diffère néanmoins de celle de l'ouvrier en ce qu'il n'aurait tenu qu'à moi, au lieu d'écrire un ouvrage scientifique, de me livrer à des travaux plus rémunérateurs. Mon travail, par son but et par son exécution, fut l'œuvre de mon choix. Le bohème littéraire, scientifique ou artiste, dont le pain sec quotidien dépend de la faveur du public, peut trouver un débouché même à des œuvres excentriques grâce à la diversité des goûts parmi le public payant, tandis que l'ouvrier enrégimenté dans une fabrique doit se contenter d'exécuter un travail prescrit sous peine de mourir de faim. L'ouvrier boulanger qui, à l'exemple d'Uylenspiegel, modèlerait des bonshommes surréalistes au lieu de pétrir des pains, se verrait bien vite mis à la porte et ne trouverait pas d'autre patron boulanger qui le paierait pour son art. L'intellectuel qui veut améliorer sa situation dispose pour cela, grâce à son éducation et à ses relations, de moyens beaucoup plus efficaces que ceux que peut employer l'ouvrier à l'égard de son employeur, même avec l'aide du syndicat et du secrétariat ouvrier. Bref, ce qui distingue le plus la situation sociale de l'intellectuel, même le moins bien payé, de celle de l'ouvrier, c'est la possibilité incomparablement plus grande de l'ascension individuelle qui résulte de la possession d'une capacité intellectuelle de travail hautement qualifié, sans laquelle aucune fonction dirigeante ne pourrait s'exercer.

L'unité de direction de la volonté sociale, critérium de la classe sociale, ne repose donc pas chez les intellectuels sur l'intérêt acquisitif, mais sur le mode de travail. Celui-ci présuppose un mobile de travail différent et de celui du capitaliste et de celui du prolétaire. La volonté de puissance du capitaliste, la détresse et la dépendance de l'ouvrier changent chez tous deux la volonté de travail en volonté d'acquisition. L'un travaille pour le profit, l'autre pour le salaire ; leur mentalité est dirigée vers les valeurs quantitatives. Par contre la prestation de travail de l'intellectuel consiste précisément en ce qu'elle incorpore la qualité à ces deux quantités, l'argent et la force de travail. En sa qualité intellectuelle, cette prestation porte en elle-même la mesure de sa valeur sociale. Le mobile de travail qui prédomine chez l'intellectuel n'est donc pas le gain, mais la Prestation en elle-même, c'est-à-dire, du point de vue de la communauté, le service. La satisfaction du mobile acquisitif ne doit servir qu'à libérer la force de travail intellectuel en vue de cette prestation qualitative.

Tout cela n'empêche que le travail intellectuel, lui aussi, est menacé de perdre son âme par la division croissante des fonctions. Les tâches subalternes du fonctionnarisme industriel et administratif se bureaucratisent et se mécanisent de plus en plus. Ici, le travailleur intellectuel est exposé au même sort que l'artisan de naguère : les fonctions que remplissait primitivement un seul individu sont divisées en fonctions de direction et d'exécution, ce qui dépouille ces dernières de leur caractère d'autonomie et d'initiative. Toutefois, ceci signifie moins une transformation des fonctions des intellectuels qu'une transmission continue de ces fonctions à une couche sociale inférieure, le prolétariat en faux col. C'est une erreur largement répandue parmi les socialistes de confondre cette prolétarisation des fonctions subalternes des intellectuels avec une prolétarisation des intellectuels eux-mêmes. Sans doute, cette évolution rejette-t-elle beaucoup d'intellectuels dans les rangs du prolétariat ; mais ils cessent précisément par là d'être des intellectuels. Il arrive, du reste, beaucoup plus souvent que les fonctions mécanisées du bureaucratisme soient remplies par des fils et des filles du prolétariat qui pensent « s'élever » de cette façon. Cela tient à ce que la plupart des ouvriers voient dans une carrière bureaucratique, quelque subalterne qu'elle soit, une ascension sociale, qu'ils recherchent sinon pour eux-mêmes, du moins pour leurs enfants. Le prolétaire en faux col gagne généralement moins que l'ouvrier qualifié, mais il jouit d'une existence plus assurée et de meilleures possibilités d'avancement : il n'est pas tout à fait aussi difficile pour le commis de devenir chef de bureau que pour l'ouvrier de fabrique de devenir directeur. A cela s'ajoute l'attraction d'une appréciation sociale plus élevée, que le faux col symbolise comme indice d'une besogne soi-disant plus cérébrale et en tout cas moins fatigante, moins dangereuse et surtout moins salissante. Ainsi, l'industrialisation des fonctions intellectuelles a pour résultat social, moins de prolétariser la classe intellectuelle elle-même, que de déplacer vers le haut la frontière qui la sépare du prolétariat en faux col.

Loin de prolétariser le travail intellectuel, la division croissante entre les fonctions intellectuelles de direction et les fonctions physiques d'exécution intellectualise de plus en plus les tâches de direction. Ici, le caractère même de la prestation impose une limite à la mécanisation et à la prolétarisation des fonctions, telle qu'elle ne protège malheureusement pas la joie au travail de l'ouvrier d'industrie. Cette dernière fut détruite par la mécanisation jusqu'au degré où la répugnance au travail menace de détruire toute volonté de travailler et, par conséquent, d'annihiler le gain en rendement technique par une perte en prestation. Cette conséquence n'échappe pas au patron. Il y a là une frontière que même le taylorisme américain n'a pu franchir. D'autre part, ce même taylorisme, qui tend à désintellectualiser complètement le travail manuel, n'y peut parvenir qu'en intellectualisant encore plus le travail de direction. Plus l'on veut rendre l'intensité et la qualité de la prestation de travail indépendantes de la volonté du travailleur, plus on les rendra dépendantes des intellectuels qui assument la direction. Mais ceux-ci, pour fournir un travail de bonne qualité, ont besoin de joie au travail. Ceci exige une rémunération plus élevée, un emploi assuré, de bonnes chances d'avancement et une certaine considération sociale ; mais aussi et avant tout, un genre d'activité protégé contre les conséquences les plus abrutissantes de la spécialisation. En résumé, même dans le cas extrême de l'entreprise industrielle hautement concentrée, le progrès technique n'amène pas la prolétarisation générale de tous ceux qui participent à la production, mais une séparation plus profonde entre deux classes de producteurs : d'une part, une classe ouvrière complètement prolétarisée, qui n'est gardée au travail que par l'excitation du mobile acquisitif ; d'autre part, une couche directrice d'intellectuels dont l'esprit d'atelier, l'attachement à la « boîte », la joie à diriger la production constituent le facteur déterminant du rendement des entreprises. Cette dernière couche devient ainsi l'héritière ultime du mobile de production qui animait l'artisanat d'autrefois, et qui s'est ravalé chez le capitaliste comme chez le prolétaire au rang de mobile acquisitif. Cette couche est la seule dont la fonction économique même engendre un mobile de travail qui cherche avant tout à se satisfaire par l'organisation rationnelle et la qualité de la production, c'est-à-dire en servant la communauté. Si cela est vrai pour la grande industrie, qui semble au premier abord livrée à l'instinct acquisitif déchaîné, cela est d'autant plus vrai pour toutes les autres fonctions intellectuelles : la direction des entreprises de commerce, de transport et de crédit, dont le rendement dépend exclusivement de l'initiative intellectuelle ; les professions libérales, l'enseignement, la recherche scientifique, dont l'objet même est une valeur intellectuelle ; et enfin l'État, dont le service se rapproche le plus du service de la communauté. Car bien que l'on puisse servir intellectuellement une de ces œuvres sans y voir un service de la communauté, l'œuvre même requiert — et ceci est décisif — un mobile psychologique de travail dont l'objectif est le travail même et qui, par conséquent, est prêt à servir. Une œuvre qui serait une œuvre de communauté trouverait d'emblée ici des forces de réalisation volontaire, détruites en grande partie chez la classe ouvrière par le dépérissement de la volonté de travail.

Or, le mobile de travail de l'intellectuel peut impliquer autre chose encore qu'une simple disposition à servir. Il peut arriver que le serviteur se cherche un meilleur maître pour, en le servant, pouvoir mieux et plus librement déployer et utiliser ses capacités créatrices. Dans la mesure où l'intellectuel est doué du sentiment communautaire, le souhait d'un maître meilleur le rapprochera de l'idée du service de la communauté. C'est là qu'il faut chercher la racine psychologique du socialisme des intellectuels.

# Chapitre VII

## Le socialisme des intellectuels

*« L'être humain doit travailler pour glorifier Dieu et pour améliorer le sort de l'humanité. »*

*Francis Bacon.*

J e sais fort bien que parler du socialisme des intellectuels après avoir représenté ceux-ci comme la classe réellement gouvernante de la société actuelle, paraîtra au marxiste un paradoxe frisant l'impudence. Le marxisme croit si fermement à l'identité de l'ordre social et de la domination de classe, qu'il n'a pas d'yeux pour les forces de transformation sociale qui ne peuvent s'expliquer par la lutte du prolétariat pour ses intérêts.

Il apparaît ici que faire dériver le concept « classe » de la fonction sociale et de la direction de volonté qui en résulte, signifie tout autre chose qu'une de ces innovations terminologiques chères aux sociologues. Remplacer l'antagonisme mécanique des intérêts par le concept organique de la fonction et de la volonté variant avec la destinée historique, c'est changer complètement de façon de penser. Et c'est seulement par cette façon nouvelle de penser qu'il sera possible de saisir le sens le plus profond du concept de l'ordre social capitaliste, en le séparant de la notion d'une domination de la classe capitaliste basée sur la puissance économique.

Les capitalistes, c'est-à-dire d'après la conception marxiste, les gens qui vivent de l'appropriation de la plus-value produite par des salariés, sont une minorité infime de la population. On peut très bien se représenter un ordre social capitaliste sans classe capitaliste dominante, ainsi que l'existence d'une classe capitaliste dans une société non capitaliste. Une société par actions dont le capital se trouverait exclusivement entre les mains d'une quantité de petits actionnaires, ses propres ouvriers par exemple, pourrait se passer de capitalistes, car la possession de quelques actions ne transforme pas encore en capitalistes des gens dont le pain journalier dépend d'un salaire ou d'un petit commerce. Et pourtant, pareille entreprise serait indiscutablement capitaliste en ce qu'elle se proposerait un gain sous la forme d'un profit revenant au capital. Ce qui est vrai de cette entreprise isolée peut s'appliquer à toute l'organisation sociale ; on peut très bien imaginer une forme coopérative de la production avec un capital tellement éparpillé qu'il n'y aurait plus de classe de capitalistes, sans que cette société cesse d'être capitaliste, ces diverses entreprises coopératives se faisant concurrence dans un but de profit. Inversement, en organisant une industrie en service public, sous une forme ressemblant par exemple au plan Plumb pour l'administration tripartite des chemins de fer américains par les actionnaires, le personnel et le public, on n'éliminerait aucunement les capitalistes de cette industrie. Ils continueraient à exercer le droit de propriété, à toucher des dividendes et à être représentés dans l'administration du service. Néanmoins, cette forme d'entreprise cesserait d'être capitaliste du moment où la majorité des deux tiers, détenue par le personnel et les consommateurs, la transformerait d'une entreprise servant à l'accumulation de capital en une corporation publique au service de la circulation.

Le caractère d'un ordre social dépend bien moins de la façon dont la puissance politique et sociale est répartie à un moment donné entre différentes classes, que du mobile de travail, du principe juridique et du but moral qui déterminent l'attitude de toutes les classes. La domination du capitalisme signifie bien autre chose que la domination de la classe des capitalistes : elle repose sur ce que chacun voudrait devenir capitaliste, c'est-à-dire sent et pense en capitaliste. En d'autres termes, à la base de la société bourgeoise, il y a la civilisation bourgeoise.

S'il en était autrement, il y a belle lurette que le capitalisme aurait cessé d'exister, étant donné d'une part le nombre relativement faible des capitalistes et d'autre part la puissance que la démocratie du suffrage universel accorde au grand nombre. Même dans un pays aussi manifestement capitaliste que les États-Unis d'Amérique, la classe capitaliste est non seulement une petite minorité, mais elle est au surplus très éloignée d'exercer le monopole de la domination politique et sociale, malgré les possibilités étendues qu'elle possède d'influencer l'opinion publique par l'intermédiaire des partis et de la presse, par la corruption individuelle, etc. Il n'y a pas de classe en Amérique où l'on peste plus contre l'État que parmi les capitalistes. La classe réellement gouvernante est la classe moyenne des petites gens d'affaires, commerçants, petits propriétaires de maison, fermiers, employés, fonctionnaires, intellectuels, voire même ouvriers aisés, tous modelés plus ou moins sur le type social que Sinclair Lewis a caractérisé dans Babbitt. Ces gens ne sont pas des capitalistes ; au contraire, ils se déclarent avec prédilection ennemis de Wall Street et des trusts. Et pourtant, c'est précisément le fait de leur domination qui donne à la société américaine son caractère capitaliste. Car ils voudraient être des capitalistes, et ce sont les mobiles de travail et d'acquisition du régime capitaliste qui déterminent leurs appréciations morales et sociales et, par conséquent, toute la civilisation américaine.

Ainsi, le capitalisme signifie moins la domination de la classe capitaliste que la domination de la mentalité capitaliste. Dans le cas particulier des intellectuels, et notamment des intellectuels de l'industrie, la classe capitaliste dispose certes, grâce à la puissance de son argent, de moyens immédiats de domination et d'influence, dont elle use d'ailleurs largement. Cela se voit si aisément qu'il est inutile de s'appesantir sur ce sujet. Ce qui est moins apparent, mais d'autant plus important, c'est que la mentalité capitaliste de la majorité des intellectuels repose en définitive sur le fait qu'ils sont disposés à servir le capitalisme, c'est-à-dire à s'adapter psychologiquement aux exigences de l'ordre de choses capitaliste. L'argent dont dispose le capitaliste ne peut par lui-même exercer de domination ; il lui faut l'intermédiaire des fonctions dirigeantes exercées par les intellectuels dans l'État et dans l'économie. Il suffirait d'un léger changement d'orientation dans la volonté sociale des intellectuels, par exemple le désir d'utiliser les fonctions de domination en vue de conquérir la totalité du pouvoir dominant, pour transformer la classe des capitalistes en un appendice plus ou moins superflu, mais en tout cas impuissant, de la production et de la circulation. Cette volonté de puissance des intellectuels équivaudrait à l'élimination du capitalisme en tant que principe ordonnateur de la société, au refoulement du mobile acquisitif dans l'économie par le mobile du service, à la transformation de la production en un service social orienté vers les besoins et non plus vers le profit. Toute aspiration vers ce but est du socialisme d'intellectuels, c'est-à-dire un socialisme qui veut faire des mobiles inhérents à la fonction sociale et au mode de travail des intellectuels le fondement de l'ordre social tout entier.

Ce socialisme des intellectuels est dans son essence aussi instinctif et aussi profondément ancré dans les courants émotifs du subconscient que le socialisme des masses ouvrières. Le socialisme ouvrier, dans sa forme intellectuelle la plus étroite mais la plus vigoureusement instinctive, veut transformer tous les hommes en ouvriers ; le socialisme des intellectuels, sous la même forme primitive, veut les métamorphoser tous en intellectuels : le chef d'entreprise en un serviteur de la communauté, le travailleur en un directeur de la machine. L'expression la plus claire de cette tendance est le « guild socialism » (le socialisme corporatif anglais), la forme la plus moderne et la plus réfléchie du socialisme des intellectuels. Son contraire est le communisme marxiste, en tant que forme contemporaine typique du socialisme prolétarien instinctif et primitif.

Dans les deux cas, on tend vers une domination de classe nouvelle, bien qu'elle se présente comme suppression de tous les antagonismes de classe. En réalité, cette tendance procède du désir non avoué de ne supprimer que les autres classes. Le prolétaire communiste veut prolétariser toute la société, l'État, la civilisation, et faire du mobile de lutte de classe de l'ouvrier un mobile de travail pour l'État. Le socialiste corporatif veut que le mobile acquisitif du capitaliste et de l'ouvrier fasse place à un nouveau mobile de service communautaire, dont l'incarnation idéale est pour lui l'intellectuel directeur ou fonctionnaire d'usine, libéré de tout souci de gain par des appointements suffisants.

En ceci, le socialisme corporatif est l'héritier du fabianisme. Les fabiens partaient de l'idée fort juste que les intellectuels constituaient déjà la classe dominante en ce qu'ils remplissaient les fonctions de domination, bien qu'au service des intérêts acquisitifs d'autrui. Donc, pour réaliser le socialisme, l'essentiel serait d'y convertir les intellectuels. On les amènerait ainsi par la persuasion individuelle à mettre le mécanisme social qu'ils desservent au service de la communauté et à noyauter l'État, jusqu'à le transformer graduellement en une organisation communautaire. Cette idée a été plus féconde en Angleterre qu'il ne paraît à première vue. Il est vrai que c'est la classe ouvrière organisée syndicalement qui a fini par faire du socialisme anglais une puissance politique de premier rang. Néanmoins, l'idée qu'incarne cette puissance est essentiellement fabienne, et la plupart de ses protagonistes sont des intellectuels qui, comme le socialiste corporatif R. H. Tawney, veulent la transformation de la « société acquisitive » en « société fonctionnelle ». Ils définissent leur but, d'une façon très caractéristique, comme la transformation de l'industrie en une profession, équivalent anglais de l'expression française profession libérale.

Le socialisme corporatif, qui voudrait mettre « l'esprit d'atelier » des travailleurs intellectuels de l'industrie au service de l'État, ne diffère que pour la forme de la variante spécifiquement allemande du socialisme des intellectuels, que l'on pourrait appeler le socialisme des fonctionnaires, et qui voudrait fonder l'activité économique sur le mobile de service — c'est-à-dire « l'esprit de bureau » — du fonctionnaire de l'État. Mobile de bureau et mobile d'atelier ne sont en somme que deux façons différentes d'exprimer l'inspiration commune de tout travail intellectuel : la joie de la création, de la direction, de la responsabilité, l'instinct constructif de l'homme pensant et agissant, l'instinct d'auto-estimation de l'individu qui cherche à se satisfaire en insufflant son âme à une œuvre, le désir de domination sur des choses et sur des hommes.

L'intellectuel est donc professionnellement prédisposé au socialisme dans la mesure où il sentira son mobile de travail entravé par l'organisation sociale capitaliste. Ce fait est beaucoup plus général que ne se l'imaginent la plupart des ouvriers. Ceux-ci sont bien trop dominés par leur propre complexe d'infériorité, qui repose en dernière analyse sur un revenu insuffisant, pour comprendre qu'il peut exister, même dans une situation assurée, un complexe d'infériorité sociale issu d'une inhibition fonctionnelle. C'est la raison pour laquelle, dans ses luttes quotidiennes, la tactique syndicale ne tire que rarement parti des divisions dans le camp ennemi qui proviennent de l'incompatibilité psychologique du point de vue « actionnaire » et du point de vue « producteur ». Les ouvriers ne savent généralement pas assez que l'ingénieur, et même le chef d'entreprise, précisément parce qu'ils sont si fortement animés de l'esprit d'atelier, éprouvent contre la puissance généralement anonyme, généralement absente, généralement despotique et stupide du capital, un ressentiment, différent par bien des côtés de celui du travailleur, mais comparable à celui-ci par d'autres côtés.

Le travailleur intellectuel de l'industrie se sent menacé dans son instinct d'auto-estimation par la bureaucratisation et la spécialisation des fonctions qu'essaie de réaliser une puissance capitaliste sans âme. L'artiste, le savant, l'écrivain, le médecin, et en général le travailleur intellectuel qui dépend directement du public payant, n'a pas besoin d'une dose extraordinaire de sensibilité pour voir une atteinte à la dignité de sa prestation dans le fait qu'il doit la vendre — par-dessus le marché à des gens généralement incapables d'en apprécier la valeur. Celui qui exerce une fonction directrice et qui met en valeur dans cette fonction ce qu'il y a de meilleur en lui, n'aime pas subordonner un mobile de travail d'ordre supérieur à des mobiles acquisitifs étrangers et d'ordre inférieur. On ne sert pas volontiers un maître que l'on n'estime pas plus que soi-même. Le fonctionnaire, auquel l'État demande un refoulement habituel du mobile acquisitif par le mobile de service, n'y parviendra à la longue que s'il lui est permis de croire qu'en servant l'État, il sert la communauté. Pour peu qu'il ait l'amour-propre de son travail, c'est-à-dire qu'il étende son instinct d'auto-estimation à ses prestations journalières, il cherchera à rehausser la signification de son travail en rehaussant le caractère moral de l'employeur pour qui ce travail se fait. Transformer l'État en véritable organe de la communauté, c'est donc augmenter la valeur de son service. Tout compte fait, la prédisposition des intellectuels à la conviction socialiste repose donc, comme chez les ouvriers, sur un complexe d'infériorité, sur une révolte des instincts sociaux contre un ordre social qui leur refuse satisfaction.

Toutefois, ces instincts ne sont qu'en partie les mêmes dans les deux cas envisagés. Le mobile acquisitif, qui peut naturellement être aussi inné et aussi puissant chez l'intellectuel que chez l'ouvrier, est en général mieux satisfait chez l'intellectuel et ne joue, par conséquent, qu'un rôle secondaire dans la formation de son complexe d'infériorité.

Seul l'intellectuel « déclassé » fait exception à cette règle. Son sentiment d'infériorité accuse une plus grande ressemblance avec celui de la classe ouvrière, en ce qu'il découle d'une inhibition, d'origine économique, des instincts d'acquisition et d'auto-estimation. Il se différencie néanmoins du complexe de l'ouvrier, en ce que l'instinct d'auto-estimation, entravé chez l'intellectuel déclassé, est le plus souvent puissamment coloré d'égotisme. Le sentiment qui se condense en solidarité chez l'ouvrier montre ici une tendance à s'exacerber à la façon de l'amour-propre froissé du « génie méconnu » et à devenir de l'envie personnelle à l'égard des mortels plus heureux, surtout parmi ceux qui exercent la même profession. Dans le stade propagandiste du mouvement socialiste à ses débuts, ce type avait d'assez nombreux représentants. C'étaient des avocats sans causes, mais non sans ambition, des fonctionnaires ratés ou révoqués, des demi-savants prétentieux — parmi lesquels on trouvait beaucoup d'instituteurs — des inventeurs méconnus, des poètes non édités, des peintres par trop originaux et des péripatéticiens de boulevard et de café de toutes les variétés. Cet élément était bien plus important dans le mouvement socialiste d'autrefois qu'il ne l'est aujourd'hui. Actuellement, le communisme et le nationalisme fasciste ont, par leur extrémisme, une attraction congénitale bien plus grande pour le nihilisme destructeur de ces refoulés individuels.

La croissance du mouvement syndical, dont les tâches exigent une mentalité constructive, a beaucoup contribué à épurer le mouvement ouvrier de ces éléments, qui se sentent naturellement plus à leur aise dans l'atmosphère fébrile de l'agitation purement politique et parlementaire. Dans l'Europe industrielle d'aujourd'hui, ils n'ont plus d'importance réelle que dans les pays latins. Gustave Le Bon a sans doute raison lorsqu'il attribue ce fait au développement industriel plus arriéré de ces pays, qui pousse beaucoup trop de jeunes gens vers l'idéal d'une carrière improductive de fonctionnaire. Les diplômes de l'État ne sont que trop souvent la marque d'une éducation presque purement théorique et d'application pratique fort réduite, de sorte que le fonctionnaire raté ou mécontent ne trouve ras d'emploi ailleurs, du moins pas d'emploi qui corresponde à ses prétentions d'homme instruit. La difficulté des examens, qui s'inspirent de plus en plus de l'idéal du mandarinat, et les obstacles économiques qui entravent les débuts de la plupart des carrières libérales, rejettent d'autre part de nombreux intellectuels dans la bohème des déclassés, parmi laquelle le socialisme des débuts a recruté beaucoup de ses chefs poli. tiques, de ses orateurs et de ses journalistes. Ceux-ci sont loin de mériter toujours la méfiance que leur témoigne en général le travailleur socialiste, qui les considère comme peu sûrs et arrivistes. Il suffit de rappeler que Marx et Lénine, par exemple, sont issus de cette bohème. Cette méfiance des ouvriers est néanmoins compréhensible, car elle se justifie par la caractéristique psychologique commune à ce groupe social comme tel, c'est-à-dire une mentalité individualiste ambitieuse et grincheuse. Proudhon parlait d'expérience quand, dans le Représentant du Peuple du 29 avril 1848, entre la révolution de février et celle de juillet, il mettait les ouvriers parisiens en garde contre « une révolution provoquée par des avocats, faite par des artistes et dirigée par des romanciers et des poètes… »

Cependant, cette couche a depuis longtemps, dans les pays à mouvement ouvrier développé, cessé d'avoir pour le socialisme l'importance qu'elle avait en France entre 1848 et 1890, ou qu'elle peut avoir encore de nos jours en Bulgarie ou au Mexique. Quand on envisage à l'heure actuelle les rapports des intellectuels et du socialisme dans les grands pays industriels, on ne pense plus au phénomène périphérique des déclassés, mais au phénomène central de la nouvelle classe moyenne des intellectuels, aux gens qui, loin d'être des naufragés, tiennent le gouvernail de l'industrie, de l'État et de la civilisation. Et même si le navire n'est qu'un objet de rapport aux mains de capitalistes, les hommes qui de la passerelle de commandement et de la salle des machines dirigent ses mouvements, sont préoccupés de la course du navire et non du cours des actions. Même si le navire changeait de propriétaire pour passer aux mains d'une guilde de marins ou d'un État coopératif, le nouveau propriétaire ne pourrait pas plus que l'ancien se passer d'officiers de marine. Ceci ne veut pas seulement dire que leur fonction est indispensable, mais aussi que leur mobile de travail est le fondement psychologique indispensable à toute activité pour la communauté. Une société socialiste pourrait fort bien se passer de dilettantes de café, mais elle ne pourrait vivre sans la bonne volonté d'ingénieurs, de savants, d'instituteurs, de fonctionnaires éclairés et d'hommes d'État.

Ceci n'est pas seulement un problème de l'avenir. Nous avons vu que le succès du socialisme dépend de sa capacité de révolutionner, non seulement l'ordre social, mais aussi sa civilisation propre. Il s'agit en somme d'édifier une civilisation nouvelle. Or, à l'heure actuelle, la civilisation est l'œuvre des intellectuels. Même le principe anticapitaliste du socialisme, dans son sens éthique et civilisateur, est le produit spécifique des conditions de vie sociale des intellectuels. L'idée du socialisme a jailli, non pas de la détresse physique du travailleur manuel, mais de la détresse morale du travailleur intellectuel. Les ouvriers, qui se servent de cette idée dans leur lutte pour améliorer leur situation, ne sont vraiment animés par elle que dans la mesure où ils deviennent eux-mêmes des intellectuels, c'est-à-dire dans la mesure où s'opère dans leur mentalité le passage du mobile capitaliste acquisitif, issu de la lutte matérielle pour l'existence, au mobile socialiste de service et de travail, issu de la bonne volonté productrice. Vue de cet angle plus élevé, la réalisation du socialisme apparaît comme une transformation des prolétaires en intellectuels. En s'en tenant aux conditions concrètes de la production industrielle, on pourrait dire la même chose en ces termes : le socialisme ne pourra jamais se réaliser que dans la mesure où l'on réussira à convertir l'ouvrier de serviteur stupide en maître intelligent de la machine. Or, la volonté et la capacité de dominer la machine sont, dans le sens général de la domination des choses par l'esprit, la caractéristique de la fonction et du mobile du travail intellectuel. Toute organisation de la production pour un but communautaire dépend donc de la généralisation de cette fonction et de la victoire de ce mobile.

Il est certain qu'à ce point de vue l'immense majorité des intellectuels est encore aussi loin d'être « mûre » pour le socialisme que l'est l'immense majorité des ouvriers. Fort peu d'intellectuels sont capables d'amplifier de leur propre initiative leur mobile spécial de travail en mobile constructif social. Cette évolution psychologique exige un développement plus que moyen du sentiment social, c'est-à-dire de la capacité de comprendre le sort individuel comme une partie intégrante du sort de toute la communauté. L'horizon social de l'intellectuel moyen se borne trop souvent à la communauté nationale. En tant qu'être « cultivé », dont l'outil est la langue, et dont le sort est souvent étroitement lié à celui de l'État, il voit en la nation, comme communauté de langue, de civilisation et d'organisation politique, un lien bien plus fort qu'en la classe. Du reste, sa mentalité, à l'opposé de la mentalité ouvrière, le rend fortement enclin à l'individualisme. Le travail cérébral est de par sa nature aussi individuel que le travail industriel est coopératif. L'ouvrier vaut d'autant plus qu'il se ligue plus étroitement avec ses compagnons de classe ; l'intellectuel, pour valoir plus, doit se distinguer le plus possible de ses collègues. C'est cette raison qui le rend plus difficilement accessible à l'organisation syndicale. Même l'intellectuel socialiste diffère de l'ouvrier par la tonalité plus individuelle de sa mentalité. Car ce qui prédispose l'ouvrier au socialisme, c'est une réaction instinctive à une situation de masse ; chez l'intellectuel, c'est une réaction cérébrale à une situation individuelle.

De toutes les formes du socialisme ouvrier, c'est le marxisme qui comprend le moins les origines sociales de la prédisposition des intellectuels au socialisme. Pour lui les intellectuels, à moins de s'adapter complètement à la mentalité des masses ouvrières, ne sont, selon l'expression allemande, que des « Mitläufer », des « suiveurs ». C'est pourquoi l'intellectuel qui sert le socialisme en remplissant une fonction dans le mouvement ouvrier ne se débarrasse jamais du sentiment qu'il est infériorisé par son origine de classe. Les intellectuels les moins accablés par ce sentiment d'infériorité sont ceux qui sont financièrement indépendants et vivent en bourgeois : il leur reste alors au moins l'estime, quelque peu tempérée par une honte secrète, qu'inspire à la masse le prestige d'un genre de vie « supérieur ». Même les ouvriers marxistes, qui affichent le plus grand mépris théorique pour tout ce qui est bourgeois, se sentent au fond toujours un peu flattés d'être à tu et à toi avec des chefs vivant d'une façon « distinguée ».

Comme universitaire volontairement déclassé, servant le mouvement ouvrier dans un emploi rétribué, j'ai pu éprouver moi-même combien l'intellectuel se sent dépaysé dans ce milieu nouveau et au fond hostile, quand il a renoncé aux avantages extérieurs de ses origines. Cette renonciation me paraissait, ainsi qu'à presque tous les jeunes gens qui désertent de cette façon leur classe d'origine, un commandement évident de la foi socialiste. Dans l'ardeur prosélytique de mon adolescence, j'aurais considéré comme un bonheur de pouvoir vivre misérablement dans un village ouvrier comme vendeur de journaux socialistes. Cette joie de servir s'accompagnait du sentiment que, pour être un vrai socialiste, il fallait vivre en prolétaire. Je m'efforçai, pendant des années, de dépouiller tout ce qui me différenciait du prolétaire, parce que je ressentais cette différence comme une infériorité psychologique par rapport aux masses que je voulais servir. La pauvreté volontaire et le renoncement à toutes mes relations sociales ne me paraissaient pas suffire à effacer ce stigmate ; je cherchais inconsciemment à diminuer la distance qui me séparait des ouvriers par l'habillement, l'attitude et le langage ; et ce fut trop rarement et trop brièvement à mon gré que je pus réaliser mon idéal : travailler comme ouvrier à une besogne aussi éreintante et aussi salis. sante que possible et me transformer de ce chef en prolétaire authentique. Ce n'est que des années plus tard que je commençai à me faire à l'idée que l'on peut être en fin de compte un bon socialiste sans renoncer aux avantages de son éducation première. Une découverte, qui me fut d'abord une amère déception, m'amena à le reconnaître. Je finis par m'apercevoir que la plupart de mes camarades et principalement les fonctionnaires dirigeants que mon poste m'amenait à coudoyer journellement, étaient au fond bien plus près de la bourgeoisie que moi. Ils considéraient avec envie et admiration précisément ce qui me paraissait le plus haïssable dans la classe dont j'étais sorti. J'aurais pu m'accommoder de barbares, mais il me fut cruel de devoir m'adapter, par amour du prolétariat, à des petits-bourgeois quasi cultivés.

Je fus encore plus humilié de constater que, pour la masse même, toute amélioration de son sort matériel constituait un pas vers l'état de petit-bourgeois. Mon activité dans les œuvres d'éducation ouvrière était dominée par l'idée que le manque de culture du prolétariat constituait le meilleur point de départ pour une culture nouvelle, la culture socialiste. La réalité m'apprit que ceux, peu nombreux, pour lesquels le socialisme représentait un renouvellement de culture, se trouvaient parmi les déserteurs de la bourgeoisie. Mon activité devint une lutte continuelle contre l'aspiration des ouvriers vers la vulgarité à bon marché de la culture d'ersatz petite-bourgeoise, pour ce que je considérais comme le pur socialisme prolétarien. Il me fallut longtemps avant de trouver une consolation dans l'idée que le passage du mouvement ouvrier par le stade petit-bourgeois pouvait constituer une transition inévitable. Il ne me resta plus qu'à conclure que le complexe d'infériorité dont je souffrais en tant que non-prolétaire dans un mouvement de prolétaires était un produit d'autosuggestion : il aurait suffi que je ne crusse pas à l'identité de la conscience de classe prolétarienne et du socialisme.

D'autres causes encore font que l'intellectuel éprouve beaucoup de difficultés à se sentir chez lui dans le socialisme ouvrier. Les ouvriers montrent, en règle générale, peu de compréhension pour les particularités du travail intellectuel et les conditions spéciales qu'il requiert. Si l'on songe que toute l'organisation sociale tend à marquer le travail manuel du sceau de l'infériorité, on comprend que les ouvriers réagissent en affichant un certain mépris pour le travail non manuel. Il répugne à la mentalité prolétarienne d'accorder au travail intellectuel des conditions qui impliqueraient une appréciation plus haute du travail intellectuel comparativement au travail manuel. Cela a pour conséquence que la plupart des coopératives ouvrières et des organismes du Parti paient plus mal le travail intellectuel qualifié qu'il n'est d'usage ailleurs. On préférerait. en somme pouvoir s'en tenir au niveau des salaires ouvriers. Nul n'ignore que cette économie mal entendue a déjà fait péricliter maintes entreprises ouvrières.

Toutefois, ces faits matériels, pour symptomatiques qu'ils soient, ont au fond bien moins d'importance que le manque de compréhension des ouvriers pour le caractère psychologique distinctif du travail intellectuel et particulièrement pour la liberté intérieure qu'il réclame. Il est vrai qu'il n'est pas difficile aux ouvriers de justifier leur méfiance à l'égard de la prétendue instabilité des intellectuels par des exemples fréquents de changements d'opinion. Dans l'histoire de presque tous les partis socialistes, sur vingt cas d'apostasie ayant amené l'exclusion ou la démission d'un membre militant, il est rare d'en trouver plus d'un qui concerne un ouvrier. Quant à savoir si l'on peut en conclure que les intellectuels sont par définition indignes de confiance, c'est une autre question. Il est clair que les racines psychologiques de la conviction socialiste sont autres chez l'intellectuel moyen que chez l'ouvrier moyen. Le travailleur, en devenant socialiste, s'unit plus étroitement à son milieu social, à sa classe ; l'intellectuel qui vient au socialisme se détache de son milieu social et devient un isolé. Or, la mentalité de classe, du fait qu'elle se relie à l'intérêt de classe, a quelque chose de fixe et de général, tandis que le tempérament individuel a quelque chose de fortuit et de particulier, qui peut aisément, par exemple sous l'influence d'expériences nouvelles, s'exprimer par une autre formule intellectuelle, sans pour cela se renier soi-même, c'est-à-dire sans cesser de correspondre à ses mobiles spirituels immanents.

Néanmoins, les ouvriers ne devraient pas trop se hâter d'en

conclure, avec une vive satisfaction d'eux-mêmes, que Dieu merci pareille chose ne peut pas leur arriver. Chez eux aussi, les métamorphoses de la conviction ne sont pas rares, mais cette transformation se produit généralement à cause même de la différence d'origine des mobiles de la conviction, sous une autre forme que chez les intellectuels. Chez ceux-ci les changements d'opinion se manifestent d'une manière individuelle, intellectualisée et par sautes ; la mentalité ouvrière, par contre, se transforme graduellement, instinctivement et de manière collective. Toute l'histoire du mouvement ouvrier de la dernière génération est un exemple gigantesque, en ce qui concerne son contenu d'idées, d'une telle conversion. L'ouvrier reste fidèle à son parti, comme le fonctionnaire syndical à son organisation et le dirigeant à son programme ; mais ils ne soupçonnent que rarement combien, au cours des temps, la signification du programme, du parti et de l'organisation se modifie : la section de l'Internationale devient le parti ouvrier national ; le syndicat directeur de grèves se transforme en gardien du nouveau droit contractuel ; le parti révolutionnaire se mue en soutien de l'État, etc. Le fonctionnaire syndical et le député qui, d'ouvriers sont devenus des intellectuels, n'éprouvent que rarement le besoin de renouveler leur arsenal d'idées déterminées par la tradition et dont la valeur propagandiste leur semble inséparable de l'existence même de leur organisation. Sous la surface de leur fidélité apparente à la lettre de leur foi, se produit un changement dans leur mode de vie, dans leurs jugements sociaux instinctifs et dans les impulsions psychologiques les plus profondes de leur activité. Cette conversion est moins évidente et fait moins scandale que les hérésies d'intellectuels isolés, mais elle a une répercussion bien plus grande et plus profonde sur les destinées du mouvement socialiste.

Il serait aussi absurde de conclure de tout cela à la supériorité du socialisme des intellectuels sur celui des ouvriers qu'inversement. Il faut se contenter de constater la différence des deux mentalités. On pourrait tout au plus chercher un critérium de jugement dans les mobiles psychologiques qui déterminent l'une et l'autre. La question de savoir si le mobile individuel de l'intellectuel-type est supérieur au mobile de masse de l'ouvrier-type ou inversement serait aussi oiseuse que la question de savoir si le travail intellectuel est plus « noble » que le travail manuel. Pour juger les actions et leurs mobiles, il n'y a pas de critérium social, il n'y a qu'un critérium individuel. Le dévouement à une cause chez l'ouvrier qui participe volontairement à une distribution de circulaires peut avoir la même valeur morale que celui de l'intellectuel qui formule une nouvelle théorie ; cela dépend du mobile qui anime ces hommes. D'après cela, on peut juger les individus, mais non les classes.

Il importe au surplus de ne pas s'exagérer l'importance du fait que l'organisation de masses ouvrières paraît être un facteur plus essentiel de la réalisation du socialisme que l'appui de quelques théoriciens isolés ou le militantisme de travailleurs intellectuels. Un débat sur ce sujet ne serait qu'une variation de la sotte question de savoir si l'estomac ou la tête est l'organe le plus essentiel à la vie. On pourrait dire tout au plus que la puissance de l'organisation de classe prolétarienne semble la condition principale qui permettra de surmonter les résistances matérielles au socialisme, tandis que les idées des intellectuels paraissent la condition essentielle pour que ce changement matériel devienne le moyen d'une véritable rénovation morale et sociale. Sans l'influence des mobiles des intellectuels, le mouvement ouvrier ne serait qu'une représentation d'intérêts pour la transformation du prolétariat en une nouvelle bourgeoisie.

On peut souvent faire cette observation en petit, qui vérifie ce phénomène en grand : à savoir que l'ouvrier qui s'élève socialement — même si c'est dans et par le mouvement ouvrier socialiste — s'embourgeoise bien plus facilement que l'intellectuel socialiste en pareille circonstance. La conviction de ce dernier procède généralement d'une révolte contre le milieu de culture bourgeois. Il est d'autant mieux protégé contre les séductions matérielles de l'entourage bourgeois que l'élément individuel et intellectuel l'emporte, dans sa mentalité, sur l'élément matériel qui anime surtout le mouvement ouvrier. Il ne faut pas plus se laisser tromper par la puissance du nombre et de l'organisation de ce dernier que par le texte de ses manifestations littéraires : même dans l'organisation socialiste ouvrière, les socialistes ne sont qu'une petite minorité, du moment qu'on entend par socialistes des gens chez qui le mobile de la réalisation d'un ordre social nouveau est devenu un élément décisif de leur être moral et intellectuel. La différence entre le socialisme des intellectuels et celui des ouvriers provient moins de ce que la conviction socialiste est plus rare dans les couches intellectuelles que de ce qu'il n'existe parmi elles aucun mouvement de classe qui incarne cette conviction. Alors que le socialisme ouvrier se présente comme la volonté de puissance d'une classe, chez les intellectuels, ce mobile est, ou bien absent, ou bien refoulé dans le subconscient.

Il est peut-être regrettable à beaucoup d'égards pour le socialisme qu'il en soit ainsi. La volonté de puissance des intellectuels comme classe serait, il est vrai, aussi loin de signifier par elle-même le socialisme que ne le signifie d'autre part le mouvement de classe des ouvriers. Au surplus, chez l'intellectuel, le sentiment de la dignité de classe n'est pas autant que chez l'ouvrier un stade intermédiaire indispensable pour arriver à la pleine conscience de la dignité humaine, le travail intellectuel n'ayant pas été aussi fortement avili que le travail manuel. Néanmoins, un peu plus de fierté de classe chez les intellectuels pourrait être le moyen de développer leur sentiment social et, par conséquent, leur prédisposition à la conviction socialiste. Pour le mouvement socialiste, il en résulterait un contrepoids salutaire à sa monopolisation par la classe ouvrière industrielle, donc aussi au rétrécissement de l'idée socialiste par son identification avec l'intérêt de classe du prolétariat. Un grand nombre d'intellectuels socialistes, qui actuellement ne se sentent pas chez eux dans l'atmosphère intellectuelle du mouvement ouvrier, trouveraient ainsi un champ d'activité sociale adéquat, tandis que maintenant ils se croient condamnés à un isolement inactif et résigné. Et un régime socialiste futur ne pourrait que gagner si la fringale de puissance d'une classe ouvrière trop longtemps opprimée et fortement organisée était contrebalancée par un groupement d'intellectuels assez solide pour pouvoir exiger le respect et la considération.

Une couche sociale dont le travail est aussi important — et le serait notamment pour un régime socialiste — que celui des intellectuels, ne peut donner à ce travail sa pleine valeur que si elle est suffisamment pénétrée de l'orgueil de sa valeur sociale propre, c'est-à-dire si elle est, dans la mesure que ceci comporte, douée de conscience de classe. Un certain équilibre entre les couches productrices dirigeantes et exécutantes est tellement essentiel à la prospérité économique et à l'ordre politique, que l'on peut dire que sous un régime socialiste, trop de puissance prolétarienne serait plus dangereux que trop peu. L'échec de l'expérience communiste de socialisation en Russie et de tant d'entreprises coopératives ouvrières, par suite de la sous-évaluation de l'importance et du besoin d'autonomie des fonctions intellectuelles de direction, constitue un avertissement suffisamment clair.

Cet avertissement ne serait pas si indispensable si les intellectuels avaient plus de conscience de classe. Sans doute, ils seront toujours moins puissamment organisés que les ouvriers, de par la forme plus individuelle de leurs conditions d'emploi. Mais ceci ne doit pas les empêcher de revendiquer pour leur conviction socialiste, née des mobiles professionnels et sociaux propres à leur classe, une dignité égale à celle du socialisme ouvrier. Ni le socialisme ouvrier ni le socialisme intellectuel ne sont tout le socialisme ; car celui-ci est une aspiration éternelle de l'humanité, élevée au-dessus des classifications sociales qui résultent de l'ordre capitaliste actuel. Cependant, le socialisme des intellectuels est une étape intermédiaire aussi utile et nécessaire sur la voie qui conduit au socialisme tout court que le socialisme ouvrier motivé par l'intérêt de classe. Cette constatation est particulièrement nécessaire à l'égard du marxisme. Elle peut aider la classe ouvrière socialiste à se rendre compte que le socialisme est autre chose encore que la lutte de classe pour les intérêts acquisitifs du prolétariat, et que si le socialisme implique la lutte de classe, la lutte de classe est loin d'impliquer tout le socialisme.

Dès que l'on conçoit le socialisme comme le produit d'une volonté personnelle, inspirée par le sentiment du bien et du droit, cette volonté aura la même valeur, qu'elle provienne du désir de l'ouvrier de combattre la misère de classe ou qu'elle provienne de la révolte de l'intellectuel contre l'avilissement de sa profession. L'ouvrier pourra conclure de là que l'on peut être socialiste sans être ouvrier, de même que l'on peut être un ouvrier organisé et conscient de ses intérêts de classe sans pour cela être socialiste dans l'âme, dans le sens qu'entendait Troelstra en disant : « Il faut nous socialiser nous-mêmes. » Ainsi, l'ouvrier et l'intellectuel apprendront tous deux à bannir de leur âme ce qui les rattache à la matérialité du milieu capitaliste : chez l'ouvrier l'excès de l'égoïsme de classe, chez l'intellectuel l'excès de l'égoïsme individuel ; chez l'ouvrier la foi trop exclusive en la matière, chez l'intellectuel la foi trop exclusive en l'esprit. Ce n'est que par l'union de ces deux éléments sur un plan supérieur, et non par la subordination de l'un à l'autre, que pourra se réaliser « l'union de la classe ouvrière et de la science pour le salut de l'humanité » que revendiquait déjà Lassalle.

Il ne serait pas raisonnable d'attendre du mouvement ouvrier, tel qu'il est représenté par l'organisation politique et syndicale, qu'il remplisse cette tâche par ses propres forces. Pour cela, le parti et le syndicat, conformément à leurs buts propres, sont trop tenus par leurs tâches immédiates et nécessaires, la représentation des intérêts et la conquête du pouvoir. Pourtant, plus le domaine de ces réalisations s'étend et exige une activité spécialisée, plus s'affirme le besoin d'un mouvement que l'on pourrait appeler un nouveau fabianisme, un mouvement qui, tout en reconnaissant, en soutenant, en animant l'organisation de classe des travailleurs, chercherait à exprimer, sur un plan plus élevé que celui des conflits d'intérêts et de pouvoir, le contenu religieux, moral et civilisateur de l'idée socialiste.

# Troisième partie
# Le mouvement

# Chapitre VIII

## Culture prolétarienne
## ou embourgeoisement ?

*« Hélas, deux âmes habitent en moi ! »*

*Goethe*

P our rendre plus compréhensible le rapport entre les idées socialistes et l'état émotif de la classe ouvrière, il m'a fallu envisager jusqu'ici le milieu social du capitalisme comme s'il était invariable dans l'espace et dans le temps. À s'en tenir à cette hypothèse, on pourrait tout au plus comprendre le pourquoi du mouvement socialiste, mais non le comment. Il nous apparaîtrait sous l'image déformée que s'en fait le dogmatisme marxiste. Car si les deux éléments de la réaction envisagée — la nature psychologique de l'individu et le milieu social — restaient immuables, le produit de la réaction, le mouvement ouvrier socialiste, ne serait en effet qu'une progression rectiligne vers un but toujours le même, jusqu'à ce que la réalisation de ce but amenât un ordre social nouveau.

Il n'est pas possible de comprendre de cette manière un phénomène tel que le mouvement ouvrier socialiste, qui s'étend dans le temps sur des générations, dans l'espace sur la moitié du monde. Il est clair par exemple que ce mouvement, considéré comme le produit de la réaction des deux facteurs cités, modifie lui-même tout au moins le caractère d'un de ces facteurs. En effet, le mouvement ouvrier contribue à la transformation constante du milieu social et de ce fait modifie sans cesse son propre caractère, en variant l'un des facteurs dont ce caractère est le produit.

On constate ainsi la série de faits suivants : la situation sociale de la classe ouvrière la rend accessible aux sentiments socialistes ; ces sentiments deviennent le mobile principal de l'amélioration de la situation matérielle et morale des ouvriers ; d'autre part, cette amélioration les expose davantage à l'influence du milieu bourgeois et capitaliste, contraire à la formation d'une mentalité socialiste. Bien que la « culture prolétarienne » soit devenue une expression à la mode depuis une vingtaine d'années dans les milieux socialistes et communistes, il faut voir dans l'attention croissante accordée à ce postulat une confirmation et non une infirmation de l'embourgeoisement de la classe ouvrière. La culture prolétarienne n'est pas un fait, ce n'est qu'une revendication. Comme telle, elle provient d'une minorité d'intellectuels, socialistes convaincus, qui essaient de réagir contre une situation qui les épouvante, à savoir que les masses trouvent de plus en plus la satisfaction de leurs besoins instinctifs dans la civilisation bourgeoise. Il n'est donc guère étonnant que la foi dans la culture prolétarienne soit le produit spécifique d'une mentalité d'intellectuels socialistes. La base de cette croyance est précisément l'hostilité contre la culture bourgeoise qui caractérise le socialisme des intellectuels.

Les défenseurs de la culture prolétarienne se réclament volontiers du passage suivant du Manifeste communiste, qui, sans songer à définir cette notion, crée cependant le vide dans lequel elle se formera plus tard : « Le prolétaire est sans propriété : ses relations de famille n'ont rien de commun avec celles de la famille bourgeoise. Le travail industriel moderne, qui implique l'asservissement de l'ouvrier par le capital, aussi bien en France qu'en Angleterre, en Amérique qu'en Allemagne, a dépouillé le prolétaire de tout caractère national. Les lois, la morale, la religion sont pour lui autant de préjugés bourgeois, derrière lesquels se cachent autant d'intérêts bourgeois. »

Il importe peu ici de savoir dans quelle mesure la situation de 1848 correspondait à cette description. Il suffit de constater que la réalité a transformé chacune des phrases citées plus haut en son contraire.

Aujourd'hui, le prolétaire est bien moins dénué de propriété qu'en 1848. La famille a pour lui plus d'importance encore que pour le bourgeois : ses liens avec sa femme sont plus étroits parce qu'elle est son aide unique et indispensable pour les travaux du ménage. Il en est de même pour les enfants, parce qu'ils contribuent ou contribueront au salaire de la famille. L'« asservissement moderne au capital » n'est pas caractérisé par la « disparition », mais par une accentuation plus forte du caractère national ; les différences entre les situations sociales, ainsi que dans la façon de penser de la classe ouvrière, « aussi bien en France qu'en Angleterre, en Amérique qu'en Allemagne » sont devenues plus profondes depuis 1848. En ce qui concerne le respect des lois, de la morale, de la religion, la classe ouvrière est aujourd'hui peut-être la seule classe qui ne considère pas ce sentiment comme un « préjugé bourgeois ». Elle y croit en tout cas plus fermement que la bourgeoisie elle-même. Chose caractéristique par-dessus tout : c'est précisément l'avant-garde la plus intelligente et la plus rapidement ascendante de la classe ouvrière qui s'assimile les « préjugés bourgeois » du Manifeste, pendant que l'avant-garde la plus intelligente de la bourgeoisie s'en émancipe.

La culture prolétarienne est ou bien une spéculation théorique sur l'avenir, ou bien un concept propagandiste ; mais en aucun cas, une réalité actuelle. Les deux concepts prolétariat et civilisation s'excluent mutuellement, pour peu que l'on donne au mot prolétariat son sens primitif et marxiste. La situation de classe typique du prolétariat est un état de non-propriété, de dépendance sociale, de travail déqualifié. Or, la culture présuppose un minimum de propriété, d'autonomie spirituelle, de loisirs, de joie de vivre et de travailler. Jamais une classe opprimée n'a créé une civilisation nouvelle ; elle a toujours dû s'approprier d'abord la civilisation des classes dominantes pour ne pas rester opprimée. La primitivité de toutes les civilisations à leurs débuts, telle par exemple la civilisation romane de notre moyen âge naissant, ne découlait pas de la primitivité d'une classe opprimée ; c'était une culture jeune, infantile presque, mais en tout cas une culture des classes supérieures d'alors. Le prolétaire de notre ère industrielle n'est pas un primitif, c'est un non-possédant dans une civilisation qui repose sur la possession. Il n'y a pas de culture sans autonomie et responsabilité ; or, la caractéristique du travail prolétarisé est précisément la dépendance et l'irresponsabilité.

Il est vrai que le même marxisme, qui croit à une classe ouvrière absolument prolétarisée, prétend que la lutte de classe est pour le prolétariat l'élément constitutif d'une culture nouvelle, radicalement opposée à la civilisation bourgeoise. Ici aussi, nous avons un exemple typique de l'optimisme des intellectuels en ce qui concerne les masses. L'intellectuel, qui rapporte toute la lutte de la classe ouvrière à l'objectif d'un nouvel état de civilisation, prête bien à tort au prolétariat son propre mode de pensée. C'est précisément parce que la lutte de classe des travailleurs est une lutte pour des possibilités de culture que l'activité combative exclut la formation d'une culture propre. Le renouvellement de la culture ne sera possible, à prendre les choses au mieux, qu'après que la lutte aura apporté la victoire et procuré aux combattants la sécurité et le loisir nécessaires à la formation de toute civilisation.

Il n'est évidemment pas interdit à l'intellectuel de se livrer à des spéculations d'avenir, par exemple sur les fondements de l'art dans un régime socialiste hypothétique. S'il est lui-même artiste, il pourra essayer de concrétiser ses revendications d'avenir en des œuvres, par une combinaison de l'intuition personnelle et de la pensée abstraite. Mais il faut bien dire que, dans la plupart des tentatives de ce genre, la pensée théorique domine l'intuition émotive d'une façon qui entrave la liberté et la spontanéité indispensables à tout travail créateur. Aussi, la plupart des œuvres littéraires et plastiques produites dans ces conditions souffrent-elles d'une anémie qui se trahit par « le pâle reflet de la pensée » dont parle Hamlet. Il est rare que des artistes spécialement doués parviennent de cette façon à anticiper sur l'avenir par des créations qui ne se contentent pas d'exprimer une idée nouvelle, mais qui le font sous une forme nouvelle et adéquate, sans laquelle il n'est pas de création artistique. Il est intéressant de constater qu'il s'agit alors chaque fois de penseurs et d'artistes qui se sont abondamment abreuvés à toutes les sources de la culture bourgeoise, c'est-à-dire classique. La valeur de leur œuvre découle alors, non point d'un manque prolétarien de culture, mais d'une abondance bourgeoise de culture. On en trouvera notamment une preuve dans le désir conscient de s'inspirer d'un passé déterminé que l'on peut constater dans tous ces cas. Par une intuition naturelle de la parenté qui unit toutes les tentatives de création d'une culture nouvelle, ces modèles sont généralement choisis dans la période primitive d'une civilisation ancienne quelconque, c'est-à-dire pour notre époque parmi l'héritage de la civilisation « bourgeoise » actuelle.

Ce qu'il y a de curieux dans cette situation, c'est que ces créations — d'ailleurs plutôt rares — des précurseurs conscients d'une civilisation socialiste ne sortent pas du tout du cadre de l'évolution d'ensemble de la civilisation de l'époque. Elles ont leur place tout naturellement marquée dans la chaîne des manifestations d'art et de pensée qui lie entre eux et à l'esprit d'une époque tous ceux qui essaient d'exprimer un aspect évolutif quelconque de cet esprit. En fait, les œuvres d'art socialistes, c'est-à-dire celles dont les créateurs sont animés par la volonté consciente d'anticiper sur la civilisation socialiste future, ne sont pas de la culture prolétarienne, mais tout simplement ce qu'il y a de plus nouveau et de plus vivant dans la culture « bourgeoise ». Les artistes socialistes partagent par là le sort de leurs collègues bourgeois qui veulent rénover l'art pour des motifs purement individuels et intuitifs et sans aucun souci des théories sociologiques ; on ne saurait détacher leur œuvre de l'ensemble de la civilisation contemporaine, elle est déterminée par cet ensemble et contribue elle-même à le déterminer. Tout futurisme qui veut condenser une philosophie nouvelle en une forme esthétique nouvelle finit invariablement par faire des bibelots pour les salons de ceux qui sont en état de les payer. C'est même souvent par là qu'il commence à notre époque. Chaque poète et chaque musicien qui parle une langue nouvelle, s'adresse en définitive à ceux qui peuvent comprendre cette langue. Ce qu'il y a de plus curieux dans tout bon art socialiste — j'entends par là celui qui ne se borne pas à verser un vin nouveau dans de vieilles outres — c'est que l'immense majorité des gens qui comprennent sa langue se trouvent dans les rangs des intellectuels bourgeois.

Je ne sais que trop par ma propre expérience que la classe ouvrière trouve tout cet art non seulement « trop élevé », mais encore incompréhensible et franchement laid. La simplicité consciemment primitive, bien que fortement pensée, que les meilleurs pionniers de l'art socialiste considèrent comme le style des temps à venir, est précisément ce qui déplaît au prolétaire. Les motifs de ce déplaisir sont ceux-là mêmes qui poussent les philistins bourgeois à rejeter tous les styles non traditionnels. L'ouvrier n'aime pas la primitivité, mais la sentimentalité. Il considère comme art socialiste, dans la mesure où il se représente par là quelque chose de déterminé, toute œuvre de tendance, même si elle se présente sous les dehors du goût bourgeois le plus lamentable. On trouve partout des bâtiments d'organisations ouvrières, dont il faut malheureusement dire que le style voulu par ceux qui les firent construire exprime la manie décorative sans goût du petit-bourgeois parvenu. De même en ce qui concerne le style littéraire, musical ou plastique, il n'est hélas pas permis de douter que le goût de la masse prolétarienne est romantique et sentimental.

Il ne faudrait pourtant pas conclure de tout ceci qu'il vaut mieux ne pas tenter de reporter la notion politique et sociale de l'idéologie de classe sur le terrain de la culture. La civilisation d'une époque n'est autre chose que l'expression d'une façon commune de sentir et de penser dans des formes déterminées, dont l'ensemble constitue le style de l'époque. Il est de l'essence de ces formes qu'elles soient générales et communes à tous ceux qui participent à une civilisation. Elles le sont comme l'est le langage qui fait d'un peuple une communauté dont l'influence s'étend sur tous ceux qui le parlent. Les frontières d'une communauté de ce genre n'ont rien à voir avec celles des classes ; elles dépendent simplement de la compréhension que trouve le langage commun, qu'il s'agisse du langage d'un poème, d'une construction ou d'une œuvre musicale. Or, une façon commune de s'exprimer signifie au fond la même chose qu'une façon commune de sentir et de penser. La civilisation, en tant qu'ensemble de façons communes de concevoir, appartient à une époque et non à une classe ; le socialiste cultivé d'aujourd'hui ressemble plus au bourgeois de niveau intellectuel correspondant qu'à Marx, qui de son côté s'apparente d'autant plus à tous ses contemporains, même et surtout à ceux qu'il a le plus violemment combattus.

À côté des façons esthétiques de sentir, les conceptions morales, philosophiques et religieuses d'une époque caractérisent le contenu de la civilisation. La science n'est pas subordonnée au point de vue de classe. Il n'existe pas de physique prolétarienne qui transformerait en leur contraire les postulats de la physique bourgeoise. Quant à la philosophie, il y a bien des marxistes qui souscrivent à la phrase célèbre du marxiste hollandais Pannekoek, d'après laquelle l'histoire de toute philosophie jusqu'à nos jours n'est que l'histoire de la pensée bourgeoise ; mais s'il en était ainsi, on pourrait se demander où il faut chercher alors la philosophie prolétarienne. Dans le sens qui permet de qualifier toute philosophie passée et présente de bourgeoise, on pourrait dire aussi que toute l'astronomie jusqu'à nos jours est une astronomie bourgeoise. On peut douter toutefois que le Dr Pannekoek, astronome de son métier, admette que les formules dont il se sert quotidiennement à son observatoire cachent des intentions antiprolétariennes. Il n'est pas jusqu'à la sociologie marxiste qui n'ait emprunté à la philosophie « bourgeoise » de son époque ses hypothèses générales, sa théorie de la connaissance et sa dialectique.

Bien plus étroitement et plus immédiatement que la science et la philosophie, l'éthique et la religion sont reliées à la réalité sociale. Mais c'est précisément à leur sujet qu'il peut s'agir le moins d'une culture prolétarienne. Certes, de nombreux savants socialistes ont cherché, comme leurs confrères bourgeois, à établir des relations entre l'évolution sociale et la transformation des formes du sentiment religieux et éthique. Dans les cas les plus favorables — ceux où ils n'essayaient pas de trop prouver — ils sont parvenus à faire valoir des vues intéressantes et nouvelles sur le conditionnement social de l'éthique à des époques différentes. Malheureusement pour eux, chacun de leurs arguments pour la dépendance de l'éthique de la structure sociale et de la civilisation générale d'un peuple est un argument contre la théorie qui fait dépendre l'éthique d'une situation de classe particulière. D'ailleurs, la science de la morale et la morale elle-même, sont choses tout à fait distinctes. L'homme peut écrire de façon spirituelle et profonde sur la relation entre l'organisation économique et la moralité chez les tribus polynésiennes ou sur l'arrière-plan économique de la Réforme, sans changer quoi que ce soit à sa propre nature morale, et même sans acquérir la moindre connaissance nouvelle de ses propres instincts éthiques.

Certes, la situation de classe exerce une grande influence sur la morale et la moralité. En outre, la lutte de classe peut contribuer à modifier les conceptions éthiques d'une classe ; mais elle ne peut jamais faire naître des mobiles moraux qui n'existaient pas déjà avant cette lutte. L'être humain a en lui un fonds éternel et intangible de dispositions morales — la faculté de percevoir des actions comme bonnes ou mauvaises — qu'aucune science sociale ne saurait justifier, parce qu'elles sont antérieures à toute expérience sociale et constituent même la condition préalable à toute activité économique et à tout groupement social. La nature morale de l'homme doit être reconnue par toute science comme une donnée dont on peut décrire les modifications de forme, mais dont on ne peut pas connaître, et encore moins justifier, l'essence.

De plus, la moralité d'un groupe social — c'est-à-dire la façon dont il se conforme à une norme qu'il admet — est tout autre chose que la morale, c'est-à-dire cette norme même. La morale, ou l'éthique, est de par sa nature un concept social, la moralité par contre, un concept de l'attitude individuelle, qui ne peut être étendu à des groupes sociaux que par voie d'analogie. La stabilité relative des commandements moraux des religions par rapport aux variations de la moralité sociale est le signe le plus probant de ce que l'éthique est autre chose que le produit des conditions sociales du moment et que, pour reprendre les expressions du Manifeste, « les lois, la morale, la religion » sont autre chose que des « préjugés bourgeois ».

Ceci est vrai avant tout de la classe ouvrière. Si le travailleur n'était assujetti qu'à une morale de classe, justifiée par l'intérêt commun, qu'est-ce qui le retiendrait de tuer son adversaire de classe ou de reprendre par la violence la propriété que la théorie de la plus-value démontre être injustement acquise ? Le marxiste conséquent répondra sans doute que c'est justement l'intérêt de classe bien compris qui commande de ne pas transformer la lutte de classe en une guerre de classe, en ajoutant peut-être cette restriction : jusqu'à la révolution, c'est-à-dire jusqu'au moment où les rapports de puissance se seront modifiés de telle sorte qu'on peut compter être le plus fort. N'y aurait-il donc vraiment que la coercition légale pour empêcher la lutte de classe d'être menée au moyen du crime collectif, ou n'y a-t-il pas des entraves morales intérieures ? J'incline vers cette dernière hypothèse. Quelles sont donc les conceptions morales qui retiennent l'ouvrier socialiste de mettre en pratique le marxisme communiste — « Volez le bien volé » ? Ces conceptions ne sont rien autre que les « préjugés » du Manifeste, et chose plus remarquable encore, ce sont ces mêmes « préjugés » qui amènent cet ouvrier à la lutte de classe. Sans le sentiment moral qui le soumet à la norme sociale, il y aurait vol, vengeance et meurtre, mais pas de lutte en commun, puisque celle-ci présuppose un sentiment commun du droit. Ce sentiment du droit, de son côté, n'est autre que celui dont se réclament toutes les classes, encore que toutes ne l'appliquent pas de la même façon. Le socialisme, c'est la condamnation de la moralité régnante au nom de la morale générale, ou encore, si l'on n'a pas peur des mots, la condamnation du capitalisme au nom du christianisme.

Du reste, il convient de ne pas oublier que la lutte de classe n'est pas la seule occasion où la conscience morale du travailleur trouve à s'exprimer. Il n'est pas uniquement membre d'une classe, mais avant tout être humain, père de famille, citoyen, voisin, camarade, voire même — ce qu'oublient trop souvent les théoriciens - travailleur, c'est-à-dire un membre d'une communauté de production où l'on s'occupe encore d'autre chose que de la lutte de classe et où il existe encore d'autres relations humaines que l'antagonisme entre exploiteurs et exploités. Dans toutes ces relations, l'ouvrier — bien qu'il ne s'en rende que rarement compte — est assujetti à la morale, non seulement d'une communauté abstraite de classe, mais encore et surtout de la communauté humaine fort concrète à laquelle il est relié par une langue commune. Cette communauté humaine peut être, selon le cas, plus vaste que la classe, ou plus étroite. Elle supposera néanmoins l'existence d'une hiérarchie sociale générale. Dans cette hiérarchie, même les jugements moraux sont réglés par le prestige des couches sociales qui proclament cette morale. Ceci s'applique autant à la morale qu'à la moralité : à l'ouvrier aussi, la morale chrétienne commande l'amour du prochain et le mépris des biens terrestres, tandis que la moralité capitaliste lui commande la concurrence et l'acquisition de l'argent.

La moralité de chaque époque, que le marxisme décrit comme la moralité de la classe dominante de cette époque, est par cela même la moralité de toutes les classes de cette époque. La domination d'une classe repose uniquement en dernière analyse sur ce qu'elle crée des conditions qui imposent ou suggèrent aux autres classes les normes de sa moralité. Les mouvements de révolte contre cet état, tel le socialisme, s'inspirent non point d'un sentiment éthique nouveau, mais de celui qui existe et est transmis par le passé social. Aucune révolution ne se réclame de droits de l'homme nouvellement découverts. Chacune revendique les droits éternels de l'homme. Elle se base sur le passé pour proclamer que ces droits découlent de la nature morale de l'homme et accuse le présent de faire violence à cette nature.

C'est pourquoi la moralité des classes dominées ne s'émancipe pas aussi facilement de la morale traditionnelle que celle des classes dominantes ; car au plus profond de leur être, les opprimés tirent leur espoir et leur courage du sentiment du bien et du mal, de l'intérêt public, de la dignité humaine, de l'amour du prochain ; bref de ce qui, à chaque époque, apparaît comme le sentiment moral commun à tous les hommes.

D'autre part, dans la mesure où une classe ascendante puise sa force dans la norme morale de son milieu social, elle se met dans une situation particulière et pleine de contradictions en ce qui concerne sa propre moralité coutumière. Toute élévation sociale signifie une augmentation des surfaces de contact avec la civilisation des classes dominantes. Tout d'abord chaque amélioration du sort matériel se reflète dans la conscience de celui qui en profite comme un succès de l'instinct d'acquisition. et, par conséquent, renforce cet instinct. Quelle que soit l'atmosphère de lutte éthique pour la solidarité et d'indignation morale contre le capitalisme dans laquelle s'est déroulée une grève pour une augmentation de salaire, quand la lutte est terminée, le mobile socialiste du sacrifice consenti fait place au mobile capitaliste de la conservation du résultat matériel obtenu. C'est un phénomène psychologique de cette espèce qui a présidé à ce que des socialistes allemands ont appelé la dégénérescence de la révolution allemande de 1918 en un mouvement de salaires. Celui qui n'a rien à perdre que ses chaînes, sent en révolutionnaire ; celui qui a conquis quelque chose, sent en conservateur par rapport au bien conquis.

Il importe de noter ici que la façon dont la satisfaction d'un désir réagit sur l'intensité de ce dernier dépend de la nature de ce désir. Cette réaction sera autre selon que l'instinct qui préside au désir est dirigé vers des satisfactions matérielles ou au contraire morales. Les vérités populaires « l'appétit vient en mangeant : ceci ne s'applique pas seulement au repas, lorsque contredire, mais sont également vraies toutes deux. Seulement, chacune d'elles s'applique à un cas différent. L'appétit vient en mangeant : ceci ne s'applique pas seulement au repas, lorsque l'appétit augmente au début par suite du rapport physiologique entre l'arrivée de nourriture fraîche dans l'estomac, la sécrétion activée du suc gastrique et la sensation de faim qui en résulte ; cela concerne également, dans un sens purement psychologique, toutes les satisfactions qui renforcent encore par de nouvelles impressions la tonalité émotive de l'image qu'on se fait de l'état souhaité. Mais cela n'est vrai qu'au début de la satisfaction. Si celle-ci progresse, elle amène d'abord la satiété, c'est-à-dire la diminution et finalement la disparition du désir, et peut même aboutir à la réaction contraire de la saturation et du dégoût. Ceci est le cas de toutes les satisfactions dirigées vers un bien-être matériel ou physique, qu'il s'agisse d'une volupté sensuelle ou de l'acquisition d'un bien quelconque. Il en est tout autrement des désirs qui naissent de sentiments suprasensuels, comme le sens du bien, du beau ou du juste. Ces désirs-ci ne peuvent pas être rassasiés ; au contraire, ils présentent la particularité d'être encore exacerbés par chaque satisfaction partielle.

Cette distinction entre deux catégories de désirs s'applique également à ceux que la situation de classe fait naître dans la classe ouvrière. Dans la mesure où ces désirs reposent sur l'instinct acquisitif, sur l'envie matérielle, sur le souhait d'un bien-être assuré, l'appétit peut être augmenté au début par la satisfaction ; mais il viendra bientôt un moment où le désir sera atténué par sa satisfaction même. L'homme rassasié est autre que l'homme affamé. L'ouvrier qualifié anglais de l'ère du trade-unionisme classique et le syndicaliste américain conservateur d'aujourd'hui prouvent qu'une pareille saturation des besoins matériels prolétariens est parfaitement compatible avec le maintien du mode de production capitaliste. Un embourgeoisement du même genre se présente fréquemment dans le cas individuel d'ouvriers ayant conquis une existence assurée de fonctionnaire, même quand cette ascension sociale se produit dans le cadre de l'organisation ouvrière, et bien que la personne en question puisse rester fidèle à la formule intellectuelle d'une conviction marxiste.

Mais comment expliquer alors qu'au cours du dernier siècle, la distance entre le désir et sa satisfaction n'ait fait que croître chez les masses ? C'est que ce désir contient des éléments qui le protègent contre la saturation. En d'autres termes, c'est parce que, même en revendiquant plus de bien-être, ces masses sont poussées par un besoin de justice. Ceci donne à leurs désirs, même matériels, une coloration éthique qui les fait rentrer pour une part dans la catégorie des besoins non rassasiables. Les éléments de deux espèces qui forment l'ensemble des besoins sociaux de la classe ouvrière militante subissent donc, au cours des temps, un sort différent : l'un conduit à la saturation et à l'embourgeoisement, l'autre à une élévation qualitative du niveau des besoins. Ce n'est que dans la mesure où les revendications ouvrières s'inspirent du sens éthique et juridique que le mobile révolutionnaire et anti-bourgeois, qui a inspiré les débuts du mouvement socialiste, est renforcé au lieu d'être assouvi par chaque nouvelle amélioration du sort de la classe ouvrière.

La dualité des mobiles du mouvement ouvrier se traduit donc par une dualité croissante de leurs effets psychologiques.

Le progrès du sentiment de classe se manifeste dans deux directions qui s'écartent de plus en plus l'une de l'autre. Il n'y a là qu'une manifestation particulière de la dualité tragique de toutes les aspirations humaines, de la tension éternelle entre l'habitude instinctive et l'imagination créatrice. C'est pour cela que l'aspiration de la classe ouvrière vers la compensation de son complexe d'infériorité sociale agit dans deux directions différentes. Elle provoque à la fois une réaction d'adaptation (l'imitation des classes supérieures) et une réaction contraire (le souhait eschatologique d'un ordre futur anticapitaliste). Nous avons déjà reconnu que la réaction d'adaptation ne repose pas uniquement sur l'instinct acquisitif ; cet instinct lui-même ne sert ici qu'à fournir à l'instinct d'auto-estimation le moyen de se satisfaire. L'augmentation désirée du revenu doit mettre fin à l'infériorisation sociale et rehausser la considération de l'entourage de l'intéressé. Plus la tension est forte entre le besoin d'égalité économique et l'inégalité économique de fait, plus on essaie vigoureusement de trouver, en dehors du domaine économique propre, une compensation à cette inégalité. La classe ouvrière cherche à atteindre cette compensation avant tout sur le terrain de la culture, où elle suit la ligne de moindre résistance.

Pendant que les théoriciens s'évertuent à définir la culture prolétarienne, la masse du prolétariat, qui sent instinctivement l'unité de la suprématie de culture et de puissance, essaie tout simplement d'imiter la bourgeoisie, qui lui apparaît comme un modèle de culture et de manières.

Certains esthètes socialistes, dégoûtés par les orgies de laideur du goût bourgeois, mettent leur espoir en la venue d'une culture nouvelle dans la classe ouvrière, qu'ils considèrent à ce point de vue comme une cire vierge. L'histoire de l'art et de la civilisation devrait peut-être nous inspirer une certaine méfiance quant à la réalité des cires vierges. La manie de classification et de systématisation de la philosophie historique a érigé entre les périodes de civilisation bien des cloisons qui reposent plus sur la spéculation logique constructive que sur la vision concrète des produits de la culture. Le savant qui lit cherche des lignes de démarcation, tandis que l'historien de l'art et de la civilisation qui regarde est dominé par l'impression de la continuité de tout l'effort de l'humanité. Il me semble, par exemple, que l'héritage romain, grec et byzantin compte infiniment plus dans notre moyen âge roman et gothique, de même que l'héritage gothique dans le prétendu nouveau départ de la Renaissance, que ne l'imagine la sagesse livresque des professeurs. Mais quoi que l'on puisse penser de la question d'ensemble et de principe du « nouveau départ », il suffit d'ouvrir les yeux dans le monde actuel pour voir que la « cire vierge » de la culture ouvrière n'est qu'une fiction théorique.

Dans la mesure où la culture prolétarienne n'est pas une chimère, elle appartient au passé. À l'époque primitive du capitalisme, quand la misère et l'ignorance du prolétariat l'isolaient presque entièrement des influences d'en haut, il n'avait pas encore de conscience de classe au sens socialiste du terme. En effet, cette conscience de classe découle elle-même de l'entrée en contact avec la civilisation de l'époque, contact rendu possible par l'accroissement du prolétariat, le développement des grandes villes, l'enseignement populaire et le progrès des moyens de communication matériels et intellectuels. À cette époque, le prolétariat n'avait certes pas de culture socialiste, mais il avait une culture de classe prolétarienne qui, bien que rudimentaire, se manifestait par le caractère propre de son mode de vie, de ses manières, de sa façon de sentir, de ses vêtements et de ses us et coutumes.

Cette culture était le produit d'une survivance de traditions d'artisans, de paysans et de pauvres gens, le tout fortement influencé par la croyance chrétienne populaire. Le fondement matériel de cette culture était la pauvreté, qui obligeait à un style de vie propre, distinct de celui des autres classes. Ce style était d'ailleurs aussi peu homogène que l'origine sociale de la classe elle-même. Le prolétariat d'il y a un siècle ne pouvait s'offrir qu'une blouse de toile, une casquette et des sabots, et sa chaumière n'était garnie que de quelques meubles grossiers, sans autre décoration que des images religieuses ou un vieux calendrier. Il y avait peu de « culture » dans cette façon de vivre, mais ce peu était particulier à la classe du prolétaire. Celui-ci ne lisait guère, en dehors de quelques écrits religieux, mais sa mentalité en demeurait d'autant plus originale, d'autant plus directement en rapport avec son propre plan social, comme cela se trouve encore aujourd'hui chez les paysans dans les coins perdus des campagnes. Ce prolétaire n'aurait jamais songé à imiter les manières bourgeoises autrement qu'en enlevant sa casquette devant le patron ou le curé. La manifestation la plus particulière de cette culture de classe se retrouvait dans les mœurs des compagnonnages, dont seuls les pays de langue allemande ont encore gardé quelques vestiges. Il n'y a plus que ces vestiges qui nous rappellent l'époque où les coutumes de travail et de voyage à pied embrassaient tout un système de croyances collectives, de traditions d'atelier, de manières, de modes vestimentaires et de façons de parler qui alimentaient un vaste ensemble littéraire de légendes, de maximes, de chansons et de vocabulaire d'argot. Tout cela, bien que transmis par tradition orale, n'en était pas moins vivant. Toute cette culture prolétarienne a disparu de la même façon que les costumes régionaux des paysans, mais plus rapidement encore.

Le prolétaire de notre époque a abandonné la blouse, le bonnet et les sabots pour briller avec un costume de confection bourgeois, un chapeau de feutre bourgeois et des bottines bourgeoises. Au lieu des chansons populaires d'antan, il fredonne les couplets à la mode ou les airs de danse nouveaux qui lui viennent du café-concert ou du dancing de la ville la plus proche et qui peuvent avoir été « lancés » indifféremment de Broadway, de Montmartre, du Strand ou du Kurfürstendamm. À la place qu'occupaient jadis les meubles grossiers, mais simples et pratiques, hérités du grand-père, règne maintenant le luxe du « salon », qui fait penser à un musée des horreurs du succédané bourgeois. L'armoire en pitchpin teintée acajou, la chaise rembourrée de solidité douteuse, l'étagère aux montants en tire-bouchon, les napperons brodés, les vases peints contenant des fleurs artificielles, la galerie photographique des ancêtres et des parents endimanchés, tout le fourbi de bibelots de laiton, de fer-blanc, de porcelaine, de verre, de celluloïd, de bois chantourné, de coquillages, les souvenirs de voyage, les chromos et les cartes postales illustrées, les bustes de plâtre ou de terre cuite, les palmes artificielles dans des pots entourés de papier plissé, les portemanteaux instables en bambou, les rideaux en filet, les diplômes encadrés, les douilles d'obus gravées, les presse-papiers originaux, les cadres dorés ou de peluche, les albums à appliques de ferronnerie, « la lanterne en imitation de fer forgé avec verres de couleur » — tout y est ! Et tout y ressemble à l'installation typique du petit-bourgeois, mais — si extraordinaire que cela puisse paraître — en plus laid, en plus vulgaire, en moins pratique encore, parce que cela doit être meilleur marché et parce que le courant de la mode ne s'infiltre qu'après des années jusque dans les couches inférieures de la société. Les oscillations des modes vestimentaires bourgeoises se font également sentir chez les prolétaires et chez leurs femmes, bien que sous une forme moins excessive, étant donné le retard qu'elles mettent à leur parvenir. Le choix des amusements du prolétaire des villes tout en correspondant, comme le fanatisme sportif de la jeunesse, à ses besoins spécifiques de compensation, est en outre fortement influencé par l'instinct d'imitation des exemples d'en haut. L'infériorisé social ressent une certaine satisfaction à faire partie, comme membre d'un cercle de sportifs ou de spectateurs, d'une communauté dans laquelle des messieurs et des dames authentiques, ou supposés tels, donnent le ton. Il n'est pas jusqu'au fait, insignifiant en apparence, du refoulement graduel de la pipe par la cigarette qui ne témoigne du désir de diminuer autant que possible les signes distinctifs extérieurs qui différencient les styles de vie.

La loi des tendances psychologiques compensatrices pour les complexes d'infériorité, transposée sur le plan social, pourrait se formuler ainsi : moins on est, plus on cherche à paraître. Le pauvre envie le riche moins pour son confort que pour son luxe, moins pour sa salle de bains que pour sa motocyclette, moins pour son bon linge que pour sa pochette de soie. Comme l'a très bien exprimé G. B. Shaw : « Les pauvres ne désirent ni la vie simple ni la vie esthétique, ils veulent la vulgarité riche. »

Les frais de représentation, c'est-à-dire les dépenses faites en vue d'affirmer un prestige social, occupent proportionnellement une place moindre dans le budget du millionnaire que dans celui de l'ouvrier moyen. Leur importance par rapport aux dépenses totales de la famille croît à mesure que s'abaisse le revenu. Il n'y a rien de plus probant à cet égard que les dépenses, incroyablement élevées par rapport au budget, que la plupart des familles ouvrières s'imposent à l'occasion de funérailles. Lorsque le défunt était encore en vie, on retournait dix fois plus longtemps chaque billet de vingt francs qui eût pu servir à sauvegarder sa santé, que les billets de cent francs qu'il faut pour que le mort soit « convenablement » enterré. La plupart des non-ouvriers ne se doutent pas du fardeau parfois fatal dont les dépenses de ce genre, motivées par le qu'en-dira-t-on, accablent beaucoup de budgets ouvriers. De même qu'aux temps primitifs de notre civilisation, les objets de valeur enterrés avec le défunt devaient témoigner de son rang social, de nos jours la cérémonie funèbre d'après des rites aussi bourgeois que possible doit constituer pour le pauvre diable une compensation symbolique de sa vie de misère, d'ailleurs au prix d'une misère plus grande pour ses dépendants.

Cependant, l'action prestigieuse des normes de vie bourgeoises ne se limite pas aux choses extérieures. Le désir d'être « convenable » détermine également l'attitude intérieure. L'acceptation des normes morales des classes privilégiées constitue aussi une compensation sociale. La moralité de fait de la vie prolétarienne est le produit, variant selon le cas, de deux séries de facteurs déterminants : d'une part, les conditions matérielles — la pauvreté, l'insécurité de l'existence, les difficultés de logement, la promiscuité, les tentations de la vie de grande ville, etc. — ont une action dissolvante sur les liens traditionnels de la famille et de la morale ; d'autre part, le facteur psychologique de l'aspiration compensatrice aux convenances bourgeoises réagit d'autant plus fortement contre ces tendances. Il s'ensuit que la classe ouvrière actuelle constitue, au point de vue moral, un groupement social bien plus différencié qu'il y a deux ou trois générations. Chose très significative, la prédominance des tendances d'adaptation sur les tendances de dissolution est la plus marquée dans la partie de la classe ouvrière qui a reçu l'empreinte de l'idée syndicale et socialiste. Et bien qu'il puisse sembler paradoxal d'en conclure que les ouvriers socialistes sont aussi les plus embourgeoisés, à y regarder de plus près, on aperçoit un parallélisme tout à fait naturel entre ces deux conséquences différentes d'un même désir de nivellement social. Ce sont précisément les descendants de ceux qui ont suivi l'appel du *Manifeste communiste* : « Prolétaires de tous les pays, unissez-vous ! » qui réfutent avec le plus d'éclat ce même Manifeste là où il parle du mépris du prolétariat pour les « préjugés bourgeois », la loi, la morale et la religion.

De l'ensemble des phénomènes par lesquels la culture des classes supérieures déteint sur les classes inférieures, se détachent quatre influences particulièrement importantes : la vie de grande ville, la presse, le cinéma et le roman. La promiscuité intense de la vie citadine a en quelque sorte supprimé la distance qui séparait jadis le milieu des riches de celui des pauvres. Ces milieux s'interpénètrent constamment dans le tourbillon des mille et une impressions qui viennent chaque jour de la rue, des transports en commun, des étalages et de la réclame, des divertissements publics, etc. Bien que l'on ait pu avec raison décrire la grande ville comme le foyer de la pensée rationaliste et critique, il ne faudrait pourtant pas en déduire que cette pensée aurait libéré les masses citadines de toutes les impressions non rationnelles et affectives. Bien au contraire, la vie intellectuelle de la grande ville, qui émancipe une minorité, asservit la masse aux impressions coutumières inconsciemment assimilées. Le citadin moyen parle plus — il arrive même qu'il sache plus — que le campagnard, mais il pense généralement moins et, dans tous les cas, moins par lui-même. Il n'en a pas le temps, car avant qu'il ait pu digérer une impression — peu importe qu'elle soit produite par une conversation de tramway, une édition spéciale d'un journal, une scène de rue, une réclame lumineuse ou une visite au cinéma — elle se trouve déjà effacée par une autre. L'habitant des grandes villes n'est plus qu'un « objet » pour l'action intellectuelle d'une minorité ; celle-ci agit d'autant plus sûrement par des impressions sensorielles sur le subconscient du citadin que la multiplicité et la répétition habituelle de ces impressions endort son intelligence critique. Même quand ces impressions produisent par réaction une attitude habituelle de scepticisme méfiant, il n'en résulte le plus souvent qu'une sensation de fausse sécurité : car tel qui se croit un malin, tombe d'autant plus facilement dans le piège nouveau qui l'attend. Toutes les espèces de superstitions fleurissent plus actuellement dans les grandes villes que dans les régions « attardées ». Ceci ne s'applique pas seulement au phénomène traditionnel des cures magiques et des prédictions, mais encore et surtout à ces superstitions modernes et beaucoup plus dangereuses que sont la croyance à la parole imprimée et la persuasion des masses par la réclame.

C'est sur une action suggestive analogue que repose le nivellement intellectuel sous l'influence des journaux. Le journal influence la volonté sociale politique moins par l'argumentation ouverte des articles de fond que par l'action suggestive sournoise de ses nouvelles, de ses feuilletons et même de ses titres et manchettes. D'ailleurs, la plupart des lecteurs ne lisent même pas les articles de fond. Par contre, la blanchisseuse aux trois quarts illettrée, qui déchiffre péniblement les faits divers et suit anxieusement les tribulations et les hauts faits des héros du feuilleton, ne peut se soustraire à l'action prestigieuse de ce récit. Par là, elle prend part à la vie d'êtres réels ou imaginaires en dehors de son propre milieu social. Le prestige suggestif des classes supérieures y gagne particulièrement ; sans cela, les romans-feuilletons ne se dérouleraient pas presque tous dans un monde où le comte déclare son amour à la princesse et où le banquier épouse sa dactylo. Même les journaux socialistes doivent, du fait qu'ils sont des journaux, c'est-à-dire des organes d'information en concurrence avec d'autres, remplir une série de fonctions qui augmentent les surfaces de contact avec le milieu bourgeois. Ceci s'applique notamment aux annonces, aux suppléments de sport, de mode, du cinéma, etc., et aux faits divers et nouvelles judiciaires, qui, malgré leur apparence de matières politiquement neutres, peuvent exercer une influence énorme sur l'éducation sociale.

Le cinéma exerce une action analogue, mais qui est encore renforcée par deux circonstances. Tout d'abord, l'image lumineuse animée impressionne plus fortement la mémoire, spécialement la mémoire affective du subconscient, que ne le ferait n'importe quelle lecture. Ensuite, le spectateur ne possède pas cette légère méfiance que le lecteur d'un journal a généralement à l'égard des intentions politiques ou autres des articles de fond ; en tout cas, le caractère photographique des images suggère une réalité plus grande. La partie documentaire du cinéma agit plus fortement encore que les nouvelles du journal ; par elle, le public participe à la vie d'un monde étranger, qui est surtout le monde des riches.

Une bonne partie de l'attrait que les drames cinématographiques exercent sur les masses provient du décor social qui dépeint de façon plus ou moins véridique la vie des classes riches. Pour avoir du succès, le drame de l'écran doit montrer des intérieurs luxueux, de riches toilettes et des manières distinguées. Il faut que de mirifiques autos filent sous des palmiers, que des dames couvertes de fourrures et de bijoux et des messieurs en habit se promènent, dansent et flirtent sur des parquets miroitants et sous des lustres étincelants, pour que le pauvre diable au second rang puisse au moins se repaître de la vue d'un monde paradisiaque. L'homme et la femme du peuple apprennent au cinéma à imiter le maintien et les gestes des messieurs et des dames de la société. Toute impression nouvelle des sens devient, surtout si elle est accompagnée d'une coloration émotive admirative, une impulsion à l'imitation inconsciente. Maint enfant du prolétariat nourrira sa vie durant l'envie et l'ambition sociale que lui ont suggérées les images ensorcelantes du film.

Ce que les masses aiment dans le cinéma, elles le cherchent et le trouvent également dans la littérature romanesque populaire. Les représentations littéraires de la vie populaire et ouvrière n'intéressent guère la classe ouvrière. Pour avoir du succès, la littérature populaire doit satisfaire, non seulement aux besoins généraux de tension émotive, mais surtout à l'intérêt tout spécial des pauvres pour le monde des riches. Depuis que les tortures de l'enfer et les béatitudes du ciel ont perdu leur réalité pour la plupart des gens, l'éducation de la moralité sociale des masses se fait pour une part considérable par le roman. L'exemple de héros et de gredins suggère des jugements moraux ; des attitudes et des actes sont présentés par insinuation comme dignes d'imitation ou de mépris. Telle est aussi la méthode suivie en temps de guerre pour former des héros à l'aide d'une littérature appropriée. Sans doute, cette suggestion ne réussirait-elle pas si elle ne rencontrait à l'avance chez la masse une disposition instinctive qui aspire pour ainsi dire à sa propre idéalisation ; il n'est pas de mensonge qui ne contienne une parcelle de vérité, et c'est précisément le fait du romanesque de satisfaire un désir de réalité par une illusion et de transformer des sentiments vrais en fausse sentimentalité. Par là, le romantisme social de la littérature, qui nourrit les masses des succédanés de la moralité bourgeoise et du style de vie bourgeois, répond dans une certaine mesure à un besoin des masses. L'orientation du goût des masses vers les normes bourgeoises, pour n'être pas causée par cette littérature, est au moins favorisée par elle.

Cette évolution est rendue possible techniquement par l'orientation croissante de l'industrie vers la production en masse d'articles à bon marché. Il suffit de songer aux conséquences sociales de l'introduction de la bicyclette parmi la classe ouvrière, qu'une partie des ouvriers américains a déjà remplacée par la Ford. Les produits à bon marché de l'industrie de la confection, de la chaussure et des chapeaux ont permis à la mode de se vulgariser à un degré inconnu au temps où un costume fait à la maison vivait presque aussi longtemps que son propriétaire. Il y a à peine cent ans que la mode n'intéressait encore qu'une infime minorité de la population ; aujourd'hui, le plus obscur d'entre nous ne peut se soustraire à son empire. Le principe fondamental de toute la production en masse moderne, « beaucoup, bon marché et mauvais », n'effraie pas l'acheteur peu fortuné. Car il recherche surtout l'apparence, qui sert à établir l'appréciation sociale. Ce qu'il y a d'effrayant dans cette culture de succédanés, ce n'est pas que les masses désirent tant, c'est plutôt qu'elles se contentent de si peu dans la réalité. Si l'on compare la situation moyenne de l'ouvrier d'aujourd'hui à celle de l'ouvrier d'il y a cent ans, on est frappé de constater, d'une part, une diminution de la qualité des objets par lesquels il satisfait ses besoins, et, d'autre part, une augmentation de leur quantité en même temps que de leur caractère représentatif et somptuaire. C'est cette modification du genre des besoins qui rend si difficile toute conclusion générale quant au problème si débattu de l'appauvrissement relatif de la classe ouvrière. Ce qui est certain, c'est que les statistiques de salaires et de budgets ouvriers ne peuvent jamais saisir qu'un élément quantitatif de ce problème. Au surplus, il est des satisfactions impondérables qui échappent à la statistique par leur caractère immatériel ; comment évaluer, par exemple, le fait que l'ouvrier émigrant de la campagne vers la ville y perd le bénéfice de l'air pur, de la lumière, de l'intimité et de la tranquillité (notamment au point de vue du bruit) que ses ancêtres ont toujours eus pour rien ? Toute étude de l'évolution des genres de vie doit donc partir de l'étude qualitative des besoins, qui implique des faits psychiques ; car le degré d'une satisfaction ne peut se mesurer qu'à l'espèce du besoin, variable psychologique réfractaire à toute statistique.

On peut se demander si les idéaux socialistes du mouvement ouvrier ne constituent pas une contre-tendance, qui pourrait à la longue prendre le dessus sur les tendances vers la généralisation de la culture bourgeoise. Pour ma part, je ne crois pas qu'il puisse y avoir dans aucun ordre social hiérarchique d'autre culture de masses que celle dont l'exemple vient des classes supérieures. Cela ne doit pas nous empêcher de chercher à renforcer la contre-tendance socialiste, même si nous ne croyons pas à sa victoire immédiate. Au contraire, si l'on parvenait déjà à suffisamment activer les mobiles moraux nouveaux du mouvement ouvrier pour qu'une élite tende au moins vers leur réalisation, ce serait un résultat énorme. Cette élite constituera alors un exemple opposé à l'exemple bourgeois dans la mesure où elle parviendra, bien entendu, à régler son genre de vie sur son idéal. Même s'il n'y a guère d'espoir de transformer ainsi la réalité de la culture actuelle, il y aurait au moins un objectif visible pour les efforts d'une minorité, pouvant devenir majorité dans des conditions sociales différentes. Mais il est clair qu'il ne faut pas attendre la formation et l'objectivation de cet idéal d'une action spontanée des masses. Une culture nouvelle ne peut être que l'œuvre de gens cultivés. Cette tâche incombe donc à l'heure actuelle aux intellectuels qui prennent comme ligne de conduite les paroles de Bertrand Russell : « La grande tâche de notre époque est moins la lutte de classe des travailleurs contre le capitalisme que la lutte de l'humanité contre la civilisation industrielle. »

Pour cette tâche, le mouvement ouvrier peut tout au plus servir de terrain d'expériences, d'ailleurs dans des limites fort étroites et dans l'hypothèse de conditions particulièrement favorables. Car il est avant tout, selon l'expression d'un porte-parole du « Jungsozialismus » allemand, un mouvement de capitalistes entravés. Et au fond, il peut difficilement être autre chose s'il veut rester une représentation d'intérêts des masses. Seul peut s'élever au-dessus des impulsions instinctives de la lutte d'intérêts l'esprit doué d'assez d'imagination créatrice et de force de sublimation pour faire de l'image idéale d'un autre état de culture le mobile de toutes ses actions. Cet esprit ne peut jamais être que celui d'une minorité, qui se sert des tendances instinctives de la masse comme d'un instrument pour créer les bases sociales d'un nouvel état de civilisation. D'ici là, toute action éducative vraiment socialiste est essentiellement l'affaire d'une élite spirituelle dirigeante. Il appartient à celle-ci de présenter en quelque sorte au goût des masses un choix de satisfactions pour lesquelles ce goût n'est pas encore mûr, et de le présenter et le représenter avec une inlassable patience, jusqu'à ce que vienne le moment imprévisible où la masse l'acceptera. Il importe seulement de se rendre compte que ce moment ne saurait venir aussi longtemps que la minorité qui incarne le nouvel idéal n'aura pas pour les masses le prestige d'une nouvelle aristocratie dirigeante.

Il est à peine besoin de dire que ceci ne doit décourager en rien l'effort des œuvres d'éducation ouvrière. J'y ai moi-même consacré mes forces pendant près d'une vingtaine d'années, et mon zèle pour cette cause ne s'est nullement refroidi au cours de cette lutte. Seulement, je me rends compte mieux qu'avant des limites naturelles que la réalité sociale impose à cette activité. Il n'est pas de tâche plus noble et plus urgente que de frayer à la classe ouvrière l'accès à la civilisation. Mais cette tâche ne peut être fructueuse qu'à la condition d'une claire conscience de son caractère et de ses limitations. Seule cette conscience peut nous garder de fautes néfastes et d'illusions qui mènent fatalement à un découragement plus néfaste encore. Il faut que l'on voie que la civilisation dont la classe ouvrière réclame l'accès n'est autre que la civilisation bourgeoise. Cette perspective est bien moins décevante qu'elle ne le paraît au premier abord, dès que l'on constate que ce terme générique embrasse un état de choses extrêmement divers, et au surplus extrêmement flottant, puisqu'il signifie tout simplement l'état de culture des couches cultivées et intellectuelles. Or, l'idéal d'une civilisation socialiste est précisément l'un des éléments d'évolution et de progrès les plus vigoureux parmi ces couches.

En ce qui concerne les masses ouvrières, il importe surtout de voir clairement le point de départ réel qui s'impose à toute action éducative. Il faut pour cela reconnaître la culture des masses prolétariennes pour ce qu'elle est : une culture de succédanés imitant la petite bourgeoisie. Et ceci n'implique pas seulement que la masse ouvrière subit cette culture, mais encore — fait beaucoup plus important et significatif — qu'elle n'en désire pas d'autre. Elle y aspire du plus profond de ses besoins vitaux, et le mouvement ouvrier l'aide à remplir les conditions grâce auxquelles elle peut réaliser cette aspiration.

Ces conditions, d'ailleurs, sont préalables à tout état de civilisation, quel qu'il soit. La réceptivité des masses aux besoins spirituels présuppose un minimum de satisfaction touchant certains besoins matériels urgents, qui sont loin d'être rassasiés. Cette satisfaction n'est pas indispensable pour que certains parviennent à l'idéal d'une culture nouvelle, mais elle est nécessaire pour permettre l'adoption de cet idéal par les masses. En d'autres termes, rien n'empêche une élite d'intellectuels et d'ouvriers socialistes de vouloir, et de réaliser pour eux-mêmes, un idéal de vie inspiré par leur conviction socialiste ; mais les fondements psychologiques de l'ordre social actuel empêchent cette culture de se généraliser. La fonction propre du mouvement ouvrier n'est donc pas de fonder une civilisation nouvelle, mais de créer pour les masses certaines conditions matérielles préalables à toute civilisation, y compris une civilisation socialiste à venir. Comme celle-ci n'existe pas encore, toute amélioration de la condition matérielle des ouvriers les soumet davantage aux normes d'existence des classes sociales adjacentes. Chaque barrière sociale que renverse l'action syndicale ou politique de la classe ouvrière peut ouvrir, au point de vue des possibilités de l'avenir, une voie qui conduit du capitalisme au socialisme ; au point de vue de la réalité actuelle, c'est une barrière qui tombe entre le prolétaire et le bourgeois.

# Chapitre IX

## Le socialisme dans le temps : de la révolution à la réforme

> « *Partout où j'ai trouvé des êtres vivants, j'ai trouvé la volonté de puissance.* »
>
> *Nietzsche.*

L'entrée de la classe ouvrière dans la sphère de la culture bourgeoise ne résulte pas seulement de l'ascension sociale générale des masses ouvrières, mais encore, dans un sens plus spécial, de l'action organisée du mouvement ouvrier. Chaque avance nouvelle, chaque reconnaissance nouvelle de la puissance des organisations ouvrières crée de nouvelles surfaces de contact, par lesquelles s'accomplit l'adaptation aux normes du milieu bourgeois. Chaque élu ouvrier au Parlement, à un conseil municipal, à un corps administratif quelconque, chaque membre du Parti qui devient fonctionnaire pour consolider l'influence du Parti, doit, pour pouvoir remplir ses fonctions, s'adapter au genre de vie de son nouvel entourage. Il cherchera à s'y conformer, le plus souvent même avec un empressement d'autant plus grand qu'il espère par là se libérer de la marque d'infériorité qui excluait auparavant les représentants de sa classe des fonctions publiques. Dans les débuts, cette participation n'apparaît que comme de l'opposition purement propagandiste, mais il vient toujours un moment où l'opposition devient si puissante, qu'elle ferait obstacle à la réalisation de ses propres revendications si elle n'assumait pas tout au moins une partie de la responsabilité du pouvoir. Le communisme n'échappera pas plus à ce sort que n'a pu le faire le socialisme.

Le mouvement syndical et le mouvement coopératif subissent la même évolution. Il n'est pas besoin de s'en tenir à l'exemple frappant d'institutions permanentes, telles que les commissions paritaires, qui établissent une surface de contact constante ; il suffit de songer que chaque négociation, chaque signature de contrat, chaque exécution de contrat — et finalement, toute lutte aboutit à un ordre contractuel — a un effet analogue. Le représentant ouvrier qui négocie avec le patronat sort d'un pas de son milieu social pour pénétrer dans celui de l'adversaire. Le délégué d'une puissance jeune et croissante, mais encore inférieure, qui exige d'être reconnue par une puissance ancienne et chancelante, mais encore supérieure, négocie forcément sur le terrain de l'ordre qui consacre la puissance prépondérante. Le fait que le délégué ouvrier se rend pour cela au bureau du patron est un symbole. Il importe peu à ce point de vue que le représentant ouvrier nie théoriquement le droit patronal. Ce qui est décisif, c'est qu'en allant au bureau patronal dans l'intérêt de la cause à défendre, le délégué ouvrier s'oblige à une attitude qui constitue une adaptation au milieu social de son adversaire jusque dans le symbolisme des formes de la civilité. Dès que cette négociation devient la tâche normale d'un fonctionnaire rétribué, l'atmosphère de ce milieu devient son atmosphère professionnelle. Le « dirigeant » syndical peut être aussi révolutionnaire qu'il le veut, il ne pourra remplir sa tâche professionnelle que s'il s'adapte aux coutumes de ceux avec qui il est en rapports journaliers.

Il en est de même du mouvement coopératif. Celui-ci veut éliminer, dans l'intérêt des consommateurs ouvriers, le commerce intermédiaire bourgeois, et même la production bourgeoise orientée vers le profit ; mais il ne peut se rapprocher de ce but que par la concurrence. En outre, il doit acheter et souvent même emprunter, à des sources « bourgeoises ». Si la coopérative s'abstient de vendre des boissons alcooliques, elle abandonne ce commerce à l'entreprise privée ; si elle se refuse à faire de la réclame, elle se laisse devancer par l'entreprise capitaliste qui en fait. Si les femmes ouvrières, influencées par la mode bourgeoise, réclament des souliers à hauts talons, la coopérative doit ou les vendre ou renoncer à ce profit. Si elle achète à la Bourse, elle doit y envoyer des gens qui, au lieu de révolutionner la Bourse, se soumettront à ses règles. Emploie-t-elle des voyageurs de commerce, ceux-ci devront recommander leur marchandise par d'autres arguments que la critique du capitalisme ; car ils cherchent des preneurs, non pas pour l'idéal social coopératif, mais pour de la confiture coopérative ou du cirage coopératif. La première chose que doit faire le représentant coopératif, comme visiteur de la Bourse ou voyageur de commerce, c'est éliminer le préjudice commercial qui résulterait d'une attitude

« prolétarienne ». La première mesure prise en cette occurrence est l'achat d'un nouveau costume, la seconde, l'acquisition de nouvelles manières.

Dans tous les pays à mouvement ouvrier développé, s'est formée ainsi une couche supérieure de fonctionnaires, qui orientent par leur propre exemple les masses qu'ils représentent et les conduisent vers les normes de la culture bourgeoise. Ainsi, le dirigeant ouvrier devient l'intermédiaire entre la masse et la civilisation bourgeoise.

Sans doute s'agit-il là d'un effet involontaire ; mais son assujettissement à une loi d'évolution inéluctable n'en est que d'autant plus évident. Cette loi fait qu'à la longue tout moyen employé à la réalisation d'un but éloigné devient un but en lui-même. Selon la nature du moyen, ce nouveau but pourra différer très fortement du but primitivement poursuivi.

Ce phénomène repose en dernière analyse sur une particularité psychologique analogue à celle que Wundt a appelée l'hétérogénéité des buts. Elle se manifeste par une déviation du mobile sous l'influence d'une activité que ce mobile même a déclenchée. Dans les cas où, comme dans tout mouvement de masses, des mobiles de nature différente ou même opposée agissent en même temps, il peut arriver qu'à la longue, le centre de gravité des mobiles se déplace d'un pôle psychologique vers l'autre. Ce qui favorise cette évolution, c'est qu'elle se soustrait généralement pour la plus grande part à l'attention consciente. Elle se produit principalement dans les profondeurs du subconscient. C'est pourquoi l'être humain qui la subit peut rester fidèle aux formes de sa pensée et de son expression, pendant qu'il se transforme en un être tout à fait différent dans la région plus profonde de ses jugements affectifs spontanés. Un exemple d'une évolution de ce genre est fourni par un couple qui reste uni jusqu'à la mort par l'amour, mais pour qui l'amour aura un contenu sentimental tout à fait autre dans l'âge mûr que pendant la lune de miel. Les faits d'expérience qui ont été créés par le mobile initial ont dans l'intervalle, en créant des habitudes, réagi eux-mêmes sur la vie affective et ont, sans qu'il y paraisse, métamorphosé le mobile initial. C'est dans ce déplacement du mobile que gît la tragédie intérieure d'une destinée historique individuelle comme celle de Napoléon 1er. L'effet de son propre succès, combiné avec les déceptions que lui causa son entourage humain, transforma le jeune enthousiaste révolutionnaire en despote. Cette évolution, qui le conduisit d'un pôle des mobiles au pôle opposé, fut graduelle et suivit une ligne ininterrompue. Seulement, il n'y a pas en psychologie de ligne droite ; une évolution de ce genre décrit une courbe dont la direction est déjà donnée par le mobile initial.

Dans un cas de cette espèce, toute action nouvelle apparaît à la conscience comme étant en rapport avec le but correspondant au mobile initial. Mais comme c'est désormais l'utilisation journalière du moyen qui par l'habitude agit sur les émotions et les transforme, la chaîne des moyens devient bientôt une chaîne de buts. À ce sujet, les partis, l'Église, les pouvoirs publics sont soumis au même sort que les individus. Ils ont eux aussi leur jeunesse, où le but domine le mobile idéal, leur maturité, où le désir de réaliser le but se renforce petit à petit du mobile plus proche du moyen, et leur vieillesse, où le but initial survit encore à l'état de fiction intellectuelle, mais où le mobile de réalisation du moyen est devenu la véritable raison d'agir. On s'enthousiasme pour un idéal politique ou social, mais pour le réaliser, il faut de la puissance. La recherche de cette puissance, que l'on conçoit d'abord comme un simple moyen, suscite le mobile spécial de la volonté de puissance. Plus on conquiert de puissance, plus on s'efforce ensuite de la conserver et de l'augmenter. Finalement le but initial, pour lequel on voulait le pouvoir, ne sert plus qu'à se faire illusion à soi-même (et aux autres) sur le fait que la volonté de puissance, de moyen est devenue but.

Ce serait pure sentimentalité que de se lamenter sur ce fait. On a peine à croire qu'un mouvement comme le socialisme puisse échouer à la suite d'une pareille hypertrophie de ses moyens de réalisation, car il puise sa force principale dans une volonté eschatologique qui s'entretient par l'image d'un but absolu. Les dirigeants qui s'éloigneraient de ce but verraient dépérir l'impulsion eschatologique, sans laquelle aucun grand mouvement historique ne peut subsister. Il faut donc, ou bien que l'organisation se rapproche toujours à nouveau de cette source d'enthousiasme, ou bien, si elle s'en est par trop éloignée pour en être encore capable, qu'elle fasse place à une forme nouvelle du « moyen » organisateur et réalisateur. C'est pourquoi l'évolution historique ne suit jamais la ligne droite qui se dirige vers un but en passant par une forme de réalisation. Au contraire, un grand but n'est jamais atteint qu'à travers plusieurs réalisations successives. Chacune de ces formes de réalisation finit par dépérir, pour faire place à une autre, qui dépérit à son tour et ainsi de suite. Chacune de ces nouvelles formes est semblable à une marche qui commence un peu plus haut que la précédente, mais finit elle-même un peu plus bas qu'elle n'a commencé. Cette relève perpétuelle d'une forme par une autre n'a rien de la croissance et du dépérissement graduels de la vie végétale ; elle ne va pas sans combats, car il faut toujours que l'instinct de conservation des volontés vieillies soit vaincu de haute lutte par la puissance plus grande des volontés jeunes, qui tirent cette puissance de leur conscience d'une tâche nouvelle.

Toute forme nouvelle d'un moyen se maintiendra d'autant mieux comparativement à la forme précédente, qu'elle parviendra mieux à diminuer la différence entre le caractère du but et celui du moyen. La revendication idéale et jamais entièrement réalisable dans ce domaine est celle que Lassalle, puisant dans Hegel, a formulée ainsi : « Le but doit déjà être exécuté et réalisé dans le moyen. » Traduit du jargon métaphysique hégélien en langage concret, cette revendication pourrait s'exprimer en des termes semblables à ceux qu'employait récemment J.P. Warbasse, le théoricien du mouvement coopératif américain : « Les seuls grands changements sociaux qui soient permanents sont ceux que l'on réalise par des moyens dont le caractère est semblable à celui du but poursuivi. » Mais en quoi consistera cette ressemblance ? Il ne nous servirait pas à grand-chose de la chercher avec Hegel dans l'« identité de l'idée », qui s'accomplit dans les régions éthérées de la pensée pure. Car l'identité de l'idée est précisément cette même illusion à laquelle s'accroche le conscient pour s'abuser sur la transformation du mobile qui s'est faite dans le subconscient.

Le même vieux « principe » sert toujours à justifier des « tactiques » nouvelles, jusqu'à ce qu'à force de tactique il ne reste plus rien du principe. Eh bien non ; il n'y a identité du moyen et du but que là où le même *mobile psychologique* s'exprime en tous deux. À son tour, l'indice le plus sûr de cette identité est l'identité des réactions émotives qui tendent vers le but et président à l'emploi des moyens.

L'effet d'une politique est déterminé non pas par les idées que renferme son programme, mais par la qualité affective des mobiles qu'elle représente ou anime. Le moyen conduit au but s'il s'alimente au mobile même qui a fait naître la représentation du but. Les constructions intellectuelles qui servent à justifier un moyen par un but sont ad libitum au gré du penchant individuel des logiciens ; mais les effets psychologiques par lesquels une activité, considérée comme moyen, transforme les êtres humains jusque dans leurs mobiles les plus intimes, sont une réalité indiscutable et inéluctable. Ce n'est pas par un mauvais moyen, la participation à la guerre, que l'on peut atteindre un bon but, la suppression de la guerre, car le moyen de la guerre met en action des mobiles passionnels qui sont des mobiles de guerre, aggravent et prolongent celle-ci et lui survivent. Il est tout aussi impossible de réaliser la liberté par le despotisme, la démocratie par la dictature, la non-violence par l'emploi de la violence.

C'est pourquoi jamais encore il n'y a eu de révolution violente qui n'ait aplani le chemin à un despote. Chaque révolution fut une de ces marches du progrès qui commencent plus haut qu'elles ne finissent. La différence d'élévation entre le commencement et la fin de la marche a toujours dépendu du degré auquel la révolution a employé la violence, la dictature et le terrorisme.

Quand Robespierre définissait le gouvernement de la Révolution comme le despotisme de la liberté contre la tyrannie, il nous donnait la mesure dans laquelle le despotisme devait rester un fait réalisé et la liberté un idéal inassouvi. Quand le marxisme dit de la révolution sociale, qui doit mener le prolétariat au pouvoir et supprimer de ce fait toutes les différences de classe, que le caractère radical de cette révolution rendrait impossible, pour la première fois dans l'histoire, la rechute dans le despotisme et dans la Restauration, il prend son désir pour la réalité. Le désir est sincère, mais la foi en sa réalisation est singulièrement naïve. Admettons qu'une révolution prolétarienne victorieuse établisse, après un laps de temps plus ou moins long, des conditions juridiques et économiques qui supprimeraient l'antagonisme de classe actuel entre la bourgeoisie et le prolétariat, ne faut-il pas croire à la probabilité d'antagonismes de classes nouveaux prenant aussitôt la place des antagonismes anciens ?

Il y a dès aujourd'hui assez d'indices de conflits sociaux d'intérêts autres que celui entre patrons et ouvriers. Citons seulement l'antagonisme d'intérêts entre les producteurs agricoles et les consommateurs citadins — entre tous les grands groupes de producteurs et les consommateurs par rapport aux prix et aux conditions de travail — entre les travailleurs intellectuels de l'industrie et les ouvriers manuels par rapport au salaire, au traitement individuel et à la discipline d'atelier — entre les diverses catégories professionnelles de la classe ouvrière par rapport à l'adaptation des conditions de salaire et de travail aux divers degrés de la qualification du travail, de son utilité sociale, de sa difficulté et de son danger — entre les professions matériellement productives et celles qui créent des valeurs intellectuelles comme l'art et la littérature.

Avant même que le mouvement ouvrier actuel ne soit en situation d'exercer une puissance qui lui impose la responsabilité de la solution de conflits de ce genre, il a suffisamment d'occasions de constater leur réalité. Mais peu de gens sont capables de discerner derrière le fait actuel, fortuit ou isolé, le souci normal de l'avenir. Ici, les syndicats s'opposent à un mouvement de salaires des typographes, en arguant de la subordination des intérêts professionnels à l'intérêt général de la classe ouvrière qui veut voir paraître ses journaux. Ailleurs, une Commission Syndicale désapprouve, au nom des intérêts des consommateurs, la revendication des boulangers quant à la suppression du travail de nuit dans les grandes boulangeries. Ailleurs encore, une grève des acteurs jette la direction des théâtres ouvriers dans le camp du syndicat directorial. Et une caisse d'assurance sociale après l'autre subit une grève des médecins contre l'administration ouvrière. Pour énumérer ces exemples, il m'a suffi de me reporter aux journaux allemands de la semaine qui précède le jour où j'écris ceci. Mais ce sont là des phénomènes universels et constants. Les coopératives ouvrières n'échappent pas non plus aux conflits avec leur personnel. Dans tous les pays à mouvement coopératif développé, spécialement dans le domaine de la production industrielle, les grèves du personnel des coopératives sont depuis quelques années presque aussi fréquentes que dans l'industrie privée. Elles ne se contentent pas d'ailleurs de revêtir la forme de grèves ordinaires, comme celle du Magasin coopératif de gros anglais en 1923 ; la verrerie ouvrière d'Albi a été le théâtre de luttes violentes, et en l'année 1925, il y eut même un lock-out des employés syndiqués de la coopérative de gros de Grande-Bretagne, qui a fait dire à un journal socialiste que la direction y avait montré moins de compréhension sociale qu'un patron moyen. Quand l'aiguillon de la faim ne sera plus là pour pousser le producteur à un travail dont tous ont besoin, mais que personne n'accomplit volontiers, — cette coercition devra être exercée sous une forme quelconque par l'autorité de l'État, de la guilde ou d'un autre service public. Il faudra, au surplus, étendre cette puissance coercitive aux conditions du contrat de travail. Il faut une grande dose d'optimisme naïf pour s'imaginer que tout cela pourra se passer sans donner lieu à la formation de nouveaux et profonds antagonismes sociaux. Il est clair que la disparition de la hiérarchie capitaliste dans la production aura précisément pour conséquence de concentrer une puissance d'autant plus grande aux mains de l'État ou d'autres corporations soumises au droit public. Aux fonctions que ces corps constitués exercent déjà, s'ajouteront de gigantesques tâches économiques et sociales. Or, en fin de compte, ces tâches incomberont à des hommes. Ces hommes devront pour cela se spécialiser professionnellement ; ils formeront des bureaucraties, ils acquerront du pouvoir sur d'autres hommes ; ils tendront naturellement à conserver et à consolider ce pouvoir, quand ce ne serait que pour « sauver la révolution », et leurs instincts sociaux héréditaires feront qu'ils se sépareront à nouveau en dirigeants et dirigés, en conservateurs et progressistes, en centralistes et fédéralistes, en orthodoxes et en hérétiques de la foi révolutionnaire.

Il faut toute la naïve croyance du marxisme à la détermination des mobiles psychologiques par un but rationnellement conçu, pour s'imaginer l'avenir sous un aspect différent. Le marxisme s'est fait le propagateur de la dangereuse superstition qui se traduit dans la phraséologie traditionnelle des partis quand ils parlent du « moyen politique pour un but économique », de la différence entre « tactique et principes », du « stade transitoire de la dictature », de « l'évolution vers la non-violence par la violence », etc. Parmi le grand nombre de choses sensées qu'a écrites Proudhon, se trouve sa critique de « cet aphorisme du parti jacobin, que les doctrinaires et les absolutistes ne désavoueraient assurément pas : *La révolution sociale est le but ; la révolution politique* (c'est-à-dire le déplacement de l'autorité) *est le moyen. Ce qui veut dire : donnez-nous droit de vie et de mort sur vos personnes et sur vos biens, et nous vous ferons libres ! … Il y a plus de six mille ans que les rois et les prêtres nous répètent cela ! »* Proudhon eût été le dernier à conclure de ceci que la révolution ne peut jamais être un moyen de progrès social ; le livre qui contient ce passage s'appelle *Confessions d'un révolutionnaire* et fut écrit en prison. Mais ses paroles sont une mise en garde, inspirée par l'expérience personnelle, contre la chimère d'une transformation économique par la coercition politique.

La casuistique marxiste a usé jusqu'à l'abus de la formule qui permet de présenter des actes politiques importants comme des questions de tactique et non de principe. Elle a justifié de cette façon maintes attitudes des partis ouvriers fondamentalement opposées à ses propres préoccupations. Il en est résulté bien des malheurs, notamment pour le marxisme lui-même. Car si le principe ne détermine pas la tactique dans le sens où chaque moyen justifié par un mobile correspond a ce mobile et le renforce chez ceux qui se servent du moyen, ce sera à la longue la tactique qui déterminera le principe. Il ne reste plus alors aux théoriciens, chargés de la garde du temple, qu'à interpréter la lettre du principe de façon à rendre imperceptible la différence entre le principe et la tactique.

La maxime de la dictature comme phase de transition méconnaît les faits fondamentaux, à savoir qu'il n'y a pas de dictature sans dictateur et que celui qui est devenu dictateur renoncera malaisément à son pouvoir. Il est tellement plus agréable de gouverner sans opposition que jusqu'à ce jour on n'a jamais vu un dictateur, se souvenant de ses promesses antérieures, rentrer volontairement dans la fosse aux lions parlementaire. L'expérience indique qu'il n'y a qu'une façon de se garantir contre une dictature permanente : c'est de ne pas s'y aventurer. Cela est d'autant plus prudent que l'inclination personnelle du dictateur est loin d'être le seul motif de la permanence de la dictature. Il est bien plus aisé d'habituer les masses à la soumission qu'à l'indépendance. De plus, lorsque la dictature dure aussi longtemps que le communisme russe, par exemple, l'affirme nécessaire à sa propre consolidation, les hommes qui continuent la dictature ne sont plus ceux qui l'ont commencée, car les dictateurs s'usent vite. Leurs successeurs sont alors des hommes nouveaux, grandis dans une atmosphère intellectuelle différente de celle qui a vu naître le but initial. Ce qui n'était réellement qu'un moyen pour le précurseur conquérant, devient un but pour son successeur administrant. Celui qui inclinerait à sous-évaluer l'importance de ce fait n'a qu'à comparer l'atmosphère du régime bureaucratique actuel au Kremlin de Moscou avec la période d'effervescence enthousiaste qui porta Lénine au pouvoir.

Quant à la formule récemment encore préconisée par Max Adler du « passage à la non-violence par la violence », elle n'oublie qu'une seule chose, c'est que la violence forme des êtres violents et que ceux-ci ne conviennent pas pour établir un ordre d'où la violence serait bannie. Les effets psychologiques de la guerre mondiale sont suffisamment probants à cet égard. La « guerre pour mettre fin à la guerre », dont a parlé Lloyd George, la « guerre contre le militarisme », à laquelle j'ai cru moi-même, s'est réduite d'elle-même à l'absurde. La guerre ne connaît d'autre but que la victoire. Celui qui table sur la victoire de la violence, donne à la violence la victoire, et jusque sur lui-même. Bertrand Russell a fort bien dit : « Vouloir atteindre un idéal par la guerre, c'est comme si l'on voulait rôtir une tranche de pain en boutant le feu à une tonne de dynamite. »

Il est vrai qu'il serait inexact de prétendre que le mouvement ouvrier emploie des moyens en contradiction avec son but. Mais il est exact qu'une divergence croissante se manifeste au cours des temps entre une partie des mobiles qui président à son activité et les objectifs du début. Il en résulte un déplacement des mobiles que l'on pourrait caractériser comme un refoulement graduel de la mentalité révolutionnaire par la mentalité réformiste. Il faut chercher les causes de cette évolution — à côté des effets psychologiques généraux de l'ascension sociale des masses ouvrières sur les masses elles-mêmes — en premier lieu dans le fait de l'organisation.

Chaque organisation, que ce soit un parti, un syndicat, une coopérative ou une mutualité, a son but spécial immédiat, pour lequel elle a été créée et qui détermine sa structure. À certaines phases de l'organisation, ce but apparaît comme identique au but intégral, plus vaste et plus lointain qu'affirme la croyance eschatologique, à savoir la révolution juridique et morale de tout l'ordre social. Ceci a lieu habituellement à l'époque où l'organisation se crée et commence à s'affirmer, ne serait-ce que parce qu'il faut alors surmonter des obstacles qui se rattachent à l'organisation intégrale de la société et ne peuvent être vaincus que par un esprit exceptionnel de sacrifice. Ces sacrifices ne seront consentis que par des hommes qu'enthousiasme, au-delà de toute pensée à des avantages matériels ou immédiats, l'image d'un but eschatologique. Ce fut le cas des premiers syndiqués, qui durent affronter les lois défendant la coalition, le renvoi par les patrons et les risées de leurs propres collègues. Les partis socialistes à leurs débuts n'eurent pas la besogne plus facile. Il fallut commencer partout par conquérir l'égalité du suffrage et la liberté d'organisation et de propagande, avant de pouvoir réellement tirer parti de l'influence politique acquise ; et cette lutte pour un objectif médiat exigeait un état affectif héroïque, animé par des buts vagues peut-être, mais enthousiasmants. Chaque coopérative ouvrière, chaque journal ouvrier, chaque local ouvrier, chaque pierre apportée par le travail des pionniers au formidable édifice des institutions sociales, utilisées aujourd'hui par tant de millions d'hommes comme un avantage allant de soi et pour ainsi dire donné, tout cela exigea des sacrifices que l'on peut sans exagération appeler héroïques. Ceux qui les firent ne pensaient pas à leur intérêt, mais satisfaisaient à une exigence morale de leur propre idéal.

Ce qu'une génération a créé dans un tel esprit, la génération suivante, qui ne connaît cette préhistoire que par la tradition, le développera et l'utilisera dans un esprit différent et pour des mobiles différents. Les avantages matériels de l'organisation, qui n'étaient pour les précurseurs qu'un moyen de gagner les masses à l'idéal, deviennent maintenant la force principale d'attraction. L'époque des sacrifices sans avantages est suivie — pour les masses tout au moins — d'une époque où l'on cherche les avantages sans sacrifices. L'héroïsme fléchit, les propagandistes et les fondateurs font place aux usufruitiers et aux administrateurs.

En même temps, à la suite des progrès de l'organisation et des tâches techniques nouvelles qui en découlent, le fossé social se creuse entre les masses et les dirigeants. Le dirigeant devient un professionnel et son activité devient du travail de bureau. Le mobile de l'organisation s'en trouve peu à peu changé. On ne renonce pas néanmoins au but final primitif, ne serait-ce qu'à cause de l'influence qu'il continue à exercer sur une partie des masses ; il reste donc un excellent argument de propagande, non seulement pour accroître les effectifs, mais surtout pour encourager le travail volontaire et l'esprit de sacrifice des militants. Le mobile du but final continue d'ailleurs à exister chez la plupart des dirigeants rétribués. L'enthousiasme qu'il engendre est un élément important des aptitudes morales et intellectuelles qui déterminent la sélection des dirigeants. Et plus d'un parmi eux renoncerait volontiers à son emploi, malgré les avantages — d'ailleurs souvent problématiques — d'une situation de fonctionnaire, s'il ne pouvait de temps en temps se retremper à la source d'enthousiasme qui jaillit de l'idée, et se consoler de maints déboires en pensant que son activité est aussi un moyen de réaliser un but final élevé. Mais dans le train-train des besognes journalières, ce dernier mobile n'est plus guère un motif d'action immédiate ; ici, il est refoulé par d'autres qui se cristallisent dans la tendance de l'organisation à se préserver elle-même et à devenir un but absolu.

Toute communauté religieuse devient avec le temps une Église ; tout parti, ce que les Américains appellent caractéristiquement une « machine » ; tout syndicat, un « trust du travail » ; toute coopérative, une « affaire ». Tout au moins chaque organisation manifeste-t-elle une tendance progressive dans cette direction. La mesure et la vitesse des progrès de cette tendance dépendent du but spécial de l'organisation, de la rapidité de sa bureaucratisation, et de l'efficacité des contre-mesures démocratiques qui peuvent apporter certains tempéraments à la prédominance de l'esprit bureaucratique.

Cette tendance est la cause principale du changement de caractère du mouvement ouvrier qui s'est produit depuis un demi-siècle. Elle constitue la trame de toute son histoire au cours de cette époque, que l'on pourrait résumer en l'appelant le passage de l'esprit révolutionnaire à l'esprit réformiste. Ces deux termes désignent moins des systèmes théoriques différents que des mentalités différentes, caractérisées chacune par la prédominance d'un mobile affectif différent. Il est évident qu'il n'y a entre la nation de la révolution et celle de la réforme aucune contradiction logique ; un nombre illimité de choix s'offrent à la raison par lesquels ces deux notions peuvent s'unir en un système théorique qui réaliserait, d'après la formule hégélienne, le caractère du but final dans chaque moyen partiel. Le réformiste est celui pour qui la réforme, c'est-à-dire la réalisation journalière, immédiate et tangible, est le mobile d'action prédominant. Le révolutionnaire est celui dont les actions sont dominées par le mobile eschatologique d'une transformation radicale et absolue de l'ordre social. Ce qui distingue ces deux mentalités, qui peuvent très bien se rejoindre dans le domaine théorique en une formule commune, c'est une simple différence d'accent psychologique. Mais il faut se garder de ne voir en ceci qu'un effet éternel de la diversité des tempéraments individuels. Il en est des volontés sociales comme de la musique : c'est l'accent qui fait le rythme et la mélodie. L'accentuation d'un mobile émotif particulier dans un mouvement de masses est un phénomène bien plus essentiel qu'un changement de formules théoriques, parce que c'est le mobile émotif qui détermine l'action. Révolutionnarisme et réformisme sont donc en somme des modes différents de la réaction des hommes à leur propre activité sociale. Ces deux états d'âme peuvent en principe coexister chez le même individu et dans un même système théorique ; mais dans la pratique psychologique des mouvements de masses ce sont des contraires, car ici l'un des mobiles ne peut jamais agir, c'est-à-dire provoquer des émotions et des volitions, qu'aux dépens de l'autre.

Toute activité pratique, qu'elle s'exerce sur le terrain politique, syndical ou dans tout autre domaine, est une lutte dont l'enjeu est un objectif déterminé. Et cette lutte finit toujours par un accord, dont le contenu dépend de la relation entre les forces adverses en présence. Même la force qui tend vers un but global ne se réalise jamais que par une série de compromis sur des questions de détail. Quand on cherche à déterminer la valeur d'un but final suivant le jugement éthique du bien et du mal, c'est une question de tout ou rien, il faut choisir entre l'une ou l'autre ; par contre, en jugeant de la valeur pratique d'un accomplissement immédiat, c'est une question de plus ou moins ; il se retrouve un peu de toutes les volontés dans un compromis. Or, chaque compromis que l'on accepte représente un choix, imposé à la conscience, entre le but poursuivi et l'objectif partiel réalisable. L'habitude de ce choix amène le praticien, dont l'activité comporte la réalisation d'une série d'objectifs partiels parfois infimes, à voir en ceux-ci le but essentiel. Il en arrive bientôt à borner dès le début son ambition à la conquête des objectifs limités qu'il croit pouvoir atteindre, et se livre tout entier aux mobiles particuliers et partiels qui tendent 'vers ces objectifs. Il subit ainsi l'influence combinée de l'habitude professionnelle et de l'instinct d'auto-estimation, qui pousse tout être agissant volontairement à attribuer à sa propre activité, en laquelle tout son être se reflète, le plus de valeur possible.

Un effet de l'action publique, en apparence minime, mais gros de conséquences, c'est qu'elle implique toujours un certain rapprochement personnel avec les adversaires politiques et sociaux. L'expérience qui a dicté le proverbe romain *Senatores boni viri, senatus bestia* se vérifie alors dans l'ordre inverse des constatations : le Sénat est une bête féroce, mais on trouve de « braves bougres » parmi les sénateurs. Expérience humaine éternelle, que le vieil essayiste anglais Charles Lamb a exprimée par ces belles paroles : « Je ne puis haïr un homme que je connais. » Elle se vérifie presque aussi souvent à l'égard de l'adversaire que de l'ami politique, et elle a déjà amené plus d'un homme politique à arrondir les angles de ses jugements même sur des questions d'opinion.

Un autre fait vient encore favoriser le déplacement des mobiles chez les dirigeants. Le développement de l'organisation crée petit à petit un critère nouveau pour la sélection des chefs, ce qui porte au premier plan un nouveau type psychologique. Cette évolution s'accomplit de deux façons. D'abord, le genre d'activité réagit sur la mentalité de la personne agissante en formant chez elle des habitudes ; et en outre, une activité différente attire de prime abord à elle des hommes différents par le tempérament et les penchants intellectuels. Le temps n'est plus où le mouvement ouvrier n'avait besoin à sa tête que de tempéraments héroïques ; il lui faut maintenant des fonctionnaires capables, des caissiers intègres, des négociateurs avisés, des journalistes et des orateurs habiles. Dans le bureau d'un syndicat ou d'une coopérative d'aujourd'hui voire même à la tribune parlementaire, le symbolisme des faits et gestes des militants du début ferait l'effet d'un donquichottisme inutile et sans sincérité. Il se manifeste encore dans le mouvement ouvrier énormément d'enthousiasme inspiré par l'idée du but final, mais cet enthousiasme agit moins comme mobile de direction proprement dit, que comme impulsion au travail auxiliaire volontaire qu'accomplissent les « sous-officiers et soldats » : la propagande des militants locaux à l'atelier et après le travail, l'action syndicale des sectionnaires et des délégués d'atelier, la distribution de tracts, le service d'ordre, les millions de petits et grands sacrifices de temps, de forces et souvent de bonheur familial que l'on consent partout librement à la cause. Il y a déjà presque vingt ans que j'entendis Victor Adler dire que le plus grand danger pour le socialisme naîtrait de sa propre bureaucratisation. Ce qui n'était alors qu'une prophétie hardie est devenu aujourd'hui un problème de technique organisatrice de la plus pressante actualité.

Les praticiens de l'organisation le reconnaissent eux-mêmes clairement, bien que peu profondément, lorsqu'ils se plaignent de ce que tout le travail d'initiative intellectuelle est de plus en plus abandonné à la bureaucratie des organisations, alors que le zèle volontaire des militants subalternes est émoussé par les besognes d'exécution mécanique de la « cuisine » des partis. Dans l'organisation technique politique aussi, la mécanisation et la bureaucratisation posent le problème de la répugnance au travail. Un des symptômes les plus significatifs de cette situation est une certaine tendance vers l'hérédité des fonctions bureaucratiques. Je connais dans plusieurs pays de nombreux fonctionnaires d'organisations ouvrières qui font donner à leurs enfants une éducation d'employé dans l'intention de les placer aussi dans l'organisation. Il va sans dire que la sélection des fonctionnaires d'après cette méthode se règle sur d'autres caractéristiques psychologiques que la sélection originelle qui a fait entrer dans les bureaux les pères, par-ci par-là même déjà les grands-pères. En ce temps-là, pour devenir fonctionnaire du mouvement ouvrier, il fallait d'abord être un chef, et pour être un chef, il fallait manifester un tempérament et des aptitudes de conducteur d'hommes. Mais ce tempérament, assez rare d'ailleurs, ne s'hérite que dans des cas tout à fait exceptionnels. Par contre, l'éducation qui prépare aux tâches techniques d'une carrière de fonctionnaire convient de prime abord et de préférence aux natures peu héroïques. Elle attire plutôt les caractères médiocres et les esprits subalternes ; et l'éducation qu'ils reçoivent en vue d'une carrière de ce genre n'est aucunement un moyen de développer en eux ce qu'ils pourraient avoir de dispositions à l'initiative intellectuelle et à l'indépendance de caractère.

Il est fort significatif que la rapidité plus ou moins grande de la transformation du révolutionnarisme en réformisme dans les diverses branches du mouvement ouvrier dépend moins des fonctions particulières de l'organisation que du degré de sa bureaucratisation. Il est vrai que nombre de marxistes ont cru (ou croient encore) que l'atmosphère normale de la lutte politique est le révolutionnarisme, tandis que le mouvement syndical et coopératif favoriserait naturellement la mentalité réformiste. Pour certains motifs, cela est exact, car l'état d'âme eschatologique, toutes conditions égales d'ailleurs et notamment au même degré de bureaucratisation, se maintient plus longtemps dans le parti que dans le syndicat ou la coopérative. La volonté politique est dirigée vers un but plus éloigné, plus radical que la volonté syndicale ou coopérative ; l'action politique exige en général de ses participants volontaires des sacrifices plus grands pour des avantages moins immédiats. La démocratie parlementaire implique des égards continuels pour l'état d'esprit des masses, et celles-ci, malgré le souci qu'elles ont de leurs intérêts matériels, subissent très fortement l'influence émotive du but final des programmes, de la phraséologie politique, des déclarations de principes. Il faut ajouter à cela que le parti, à la différence du syndicat, ne recrute pas seulement ses adhérents parmi les prolétaires. Par là, des intellectuels peuvent participer à son action et même à sa direction. Or la mentalité de l'intellectuel penche plus aisément vers le révolutionnarisme — tout au moins à l'origine — du fait que l'objectif lointain l'emporte généralement chez lui sur les soucis matériels immédiats.

Cependant, il peut en être autrement. L'histoire du mouvement ouvrier international fournit de nombreux exemples d'une situation où les organisations économiques apparaissent temporairement comme le refuge naturel des réactions de l'humeur extrémiste contre le réformisme du parti. Il suffit de songer au syndicalisme révolutionnaire français dans les premières années de ce siècle. Ici, c'est précisément le fait que le parti s'adresse à des électeurs de toutes les classes qui l'avait conduit, dans un pays relativement peu prolétarisé, à s'adapter dans une large mesure à la mentalité d'électeurs non prolétaires (par sans, petits-bourgeois, etc.) Il s'ensuit que les syndicats apparurent aux intellectuels extrémistes comme le rempart du révolutionnarisme prolétarien. Lorsque après le premier tiers du XIXe siècle, la marée du chartisme anglais reflua avec rapidité, les difficultés et les déceptions de l'action politique amenèrent les ouvriers anglais à une réaction de révolutionnarisme ; elle se traduisit par une estimation exagérée de la fonction révolutionnaire des syndicats et des coopératives. Un phénomène analogue peut se produire quand une coalition politique amène un parti ouvrier au pouvoir. Cet événement ne peut faire disparaître complètement le mécontentement social de la classe ouvrière, et celui-ci se décharge alors dans le mouvement syndical, qui représente naturellement une classe économiquement plus faible et socialement désavantagée. Une situation de ce genre se produisit en Belgique en 1921. La classe ouvrière se montra alors de moins en moins enchantée de la participation à un gouvernement de coalition, héritage de l'époque de guerre. Sous la pression du mécontentement qui se fit jour dans les syndicats, les chefs syndicaux, d'ordinaire si modérés, se prononcèrent en faveur d'une politique plus intransigeante. Dans la Russie des Soviets, les syndicats ont, au cours de ces dernières années, souvent exprimé le mécontentement des ouvriers extrémistes contre l'opportunisme de la bureaucratie communiste régnante. En Angleterre, la fin du gouvernement MacDonald en 1925 a été suivie par une vague d'extrémisme dans le mouvement syndical.

Dans la mesure où l'état d'esprit révolutionnaire se maintient vraiment mieux dans le mouvement politique, la raison essentielle en est que les partis se bureaucratisent moins rapidement que les syndicats et les coopératives ; du moins tant qu'ils n'ont pas conquis tout l'appareil de l'État et transformé la bureaucratie du parti en bureaucratie gouvernementale. Jusque-là, les emplois administratifs les plus importants qu'un parti ait à distribuer sont moins assurés que les emplois syndicaux ou coopératifs, puisqu'ils dépendent de l'humeur politique assez variable des masses électorales. De plus, l'action politique — dont la technique est moins compliquée et qui exige plus de prestations volontaires — réclame relativement moins d'employés que les organisations économiques. Dans la plupart des pays d'Europe, le mouvement syndical par exemple s'est plus rapidement bureaucratisé au cours de la dernière vingtaine d'années que les partis socialistes en un demi-siècle.

Il ressort de tout cela que la tendance au réformisme est inhérente à toute forme d'organisation, mais que sa victoire sera la plus aisée là où les circonstances favorisent le plus la transformation du but particulier de l'organisation en un but absolu, la prédominance de la volonté de puissance et la bureaucratisation des dirigeants. Toute organisation est animée d'un tempérament radical tant qu'elle est jeune. Cela S'applique même à un mouvement aussi peu révolutionnaire que la coopération. Celle-ci aussi a connu une époque d'enthousiasme juvénile, où elle était dominée par des têtes chaudes qui voyaient en elle un moyen de renverser l'ordre capitaliste. Les disciples d'Owen et les *Equitable Pioneers* de Rochdale étaient sans aucun doute des gens fort différents des administrateurs actuels du mouvement coopératif anglais. Ils étaient jeunes et enthousiastes. Les dirigeants actuels du Magasin de gros anglais sont de vieux messieurs circonspects et cossus, bien trop absorbés par le prochain bilan annuel pour se préoccuper beaucoup du bouleversement de la société. Leur programme est encore le même que celui des pionniers de Rochdale, mais leurs soucis principaux résultent du fait qu'ils sont responsables de la plus grande entreprise commerciale du Royaume-Uni : la méthode qui est partie de Rochdale est encore la même, mais les gens sont autres. Ceux de 1844 créèrent la méthode, ceux d'aujourd'hui ont été formés par elle. Il n'y a pas moins de tempéraments révolutionnaires, pareils à ceux des vieux Rochdaliens, dans la classe ouvrière anglaise d'aujourd'hui que dans celle d'alors, mais on les trouvera moins parmi les dirigeants du mouvement coopératif que parmi les délégués d'atelier, les militants politiques ou encore chez les communistes. Si les pionniers de Rochdale ressuscitaient, l'organisation dont ils posèrent les premières pierres pourrait tout au plus les employer comme magasiniers ou comme garçons de course. Ils ne pourraient être d'aucune utilité à la tête d'une entreprise dont le chiffre d'affaires annuel atteint un milliard de dollars et qui occupe environ 20 000 ouvriers et employés. Il est fort probable qu'entraînés par leur tempérament à tenter des expériences inconsidérées et des innovations hardies, ils conduiraient à sa perte l'œuvre dont ils furent les initiateurs.

Le déplacement des mobiles qui se produit dans chaque organisation entre la jeunesse et l'âge mûr, s'accomplit particulièrement vite dans le mouvement coopératif, parce que sa fonction est d'atteindre un but de transformation sociale par des moyens purement commerciaux. Son programme de principes est la suppression du profit, le refoulement dans la production du mobile acquisitif par le mobile du service. Mais la concurrence le force bientôt à se livrer au mobile acquisitif. En effet, les fonctions principales et immédiates, dont dépendent le maintien et le succès de l'organisation coopérative, sont celles du commerce et non celles de la propagande d'idées. Il s'ensuit que, relativement à son effet de réforme et d'éducation sociale - indiscutable d'ailleurs —, elle nécessite une bureaucratie bien plus considérable que, les syndicats ou le parti. C'est ainsi que peu à peu les caractéristiques qui la différencient organiquement des entreprises privées (absence de capital rétribué, partage démocratique des bénéfices, organisation sociale du travail, idéal éducatif, etc.) deviennent ou bien de simples fictions, ou bien des caractéristiques singulièrement moins décisives que ne l'avaient voulu les fondateurs. Ceux-ci voyaient dans l'administration directe des coopératives par les membres-consommateurs la garantie la plus sûre d'un mobile anticapitaliste permanent. Ce self-government apparut généralement comme une illusion dès que la coopérative cessa d'être une entreprise saine. Le rapport aux membres et la décision par le vote, qui ont un sens dans les assemblées politiques, deviennent un non-sens dès qu'il s'agit d'administrer une grande entreprise commerciale.

Dans toutes les grandes coopératives ouvrières que je connais, la meilleure volonté démocratique des dirigeants ne peut empêcher que la gestion des affaires par les consommateurs associés ne soit une fiction au même degré que la direction de la plupart des entreprises capitalistes par les assemblées d'actionnaires. Les membres, qui participent à la coopérative par un capital nul ou ridiculement petit, n'ont pas même autant d'intérêt direct à la bonne marche de l'entreprise qu'un actionnaire moyen. De plus, il leur manque les connaissances de la technique financière et commerciale qui leur permettraient de juger et d'étudier les bilans et les autres rapports et de suivre la marche des affaires dans toutes leurs ramifications. C'est pourquoi, dans la pratique, la vox populi ne s'élève généralement que pour s'occuper de détails accessoires ou de personnalités à moins qu'elle ne serve à masquer par de l'éloquence la réalité inévitable de l'absolutisme bureaucratique. Je connais peu de coopératives dont la direction sincèrement socialiste essaie aussi assidûment de faire participer ses membres à une gestion vraiment démocratique que la Maison du Peuple de Bruxelles ; il est pourtant arrivé, du temps où j'en faisais moi-même partie, qu'une commission de plus de trente personnes discutait pendant plusieurs heures sur l'achat d'une machine à écrire, alors que moins de deux douzaines de coopérateurs sur plus de vingt mille assistaient à une assemblée générale pour entendre la lecture d'un bilan dont la plupart ne comprenaient pas un mot. Il se peut que l'on réussisse mieux de-ci de-là ; il n'en est pas moins vrai qu'à la longue, le mobile commercial qui s'impose aux dirigeants, triomphe partout de l'indifférence des membres, qui devraient veiller sur l'idéal démocratique.

Le caractère hybride de la fonction des syndicats, en tant qu'organisations de combat et d'assurance, fait naître un antagonisme de mobiles du même genre, quoique moins violent. L'assurance est nécessaire à la lutte, mais ici encore le désir de garder les caisses aussi remplies que possible, en prévision de luttes futures, crée une opposition de mobiles entre les masses qui veulent le combat et les dirigeants responsables qui « défendent la caisse ». Cet antagonisme existait déjà avant que les dirigeants ne fussent des fonctionnaires ; il n'en devient que plus violent dès que la bureaucratisation entraîne les fonctionnaires à considérer de plus en plus l'organisation comme un but en soi. Il en va alors du mouvement syndical comme du Ludwig Boerne de la satire de Heine : depuis que le pauvre diable s'est acheté un beau service en porcelaine dorée, il est tourmenté par la crainte de le casser, au cas où une activité révolutionnaire trop intense compromettrait sa tranquillité domestique. Sa théière devient un boulet de forçat pour sa liberté d'action.

Le parti aussi a ses théières. Je n'oublierai jamais une petite scène qui marqua la dernière séance du Bureau de la Deuxième Internationale avant la guerre, dans les derniers jours de juillet 1914, à Bruxelles. Les délégués autrichiens et tchèques avaient quitté leur pays alors que la mobilisation contre la Serbie avait déjà commencé. Ils étaient en proie à une agitation bien compréhensible. Mais je fus surpris de constater que leur conversation trahissait, comme cause principale de cette agitation, le souci du danger que courait l'organisation. Il est certain qu'en socialistes convaincus et intelligents, ils pensaient en outre aux autres malheurs que la guerre allait déchaîner sur l'humanité, mais ils parlaient surtout de l'organisation menacée de dissolution, des locaux du parti confisqués, de la presse du parti muselée, des camions de l'organe central du parti réquisitionnés par l'armée... Il serait assurément injuste d'expliquer la politique de la social-démocratie allemande inaugurée le 4 août 1914 par le souci de sauver la théière ; elle avait aussi des causes plus profondes et plus idéales. Néanmoins, aucun de ceux qui ont vécu cette époque ne niera que le désir de sauvegarder l'organisation n'ait joué un rôle décisif dans le subconscient des dirigeants. Bientôt après, un grand nombre de socialistes allemands et autrichiens ont fait passer ce mobile à l'état de conscience et l'ont érigé en une véritable idéologie des théières, destinée à justifier la guerre par l'objectif d'un triomphe universel de l'idée d'organisation. Friedrich Adler n'exagérait guère quand il désignait (dans le Kampf de juillet 1916) l'idée de l'organisation en soi comme le noyau des « idées de 1914 », « sur lesquelles les bureaucrates de toutes classes et de tous genres se mirent d'accord ». La phrase d'un des théoriciens allemands de cette idéologie, « le socialisme, c'est l'organisation », fournit la clef de la conception suivant laquelle « notre société est devenue plus socialiste par la guerre ». Le député au Reichstag, Lensch, formula cette pensée sous une forme involontairement comique en disant que le chancelier Bethmann-Hollweg était le chef de la révolution mondiale. Il est vrai que, même alors, cette conception était loin de trouver l'assentiment de tous les socialistes allemands. Mais ceux d'entre les sociaux-patriotes de cette époque qui peuvent se replonger dans leur état d'âme d'alors se rappelleront combien, chez eux, le mobile de l'organisation comme but absolu se combinait obscurément sur un fond « feldgrau » avec leur désir de la victoire et de l'hégémonie économique des Puissances centrales. Cette mentalité était naturellement plus marquée chez les fonctionnaires syndicaux. Néanmoins, chez les militants politiques aussi, la bureaucratisation du parti avait favorisé un état d'âme dominé par le souci de maintenir l'organisation la presse et la représentation parlementaire du parti.

Dans le domaine politique aussi, le développement de l'organisation amène à confondre de plus en plus la cause du socialisme avec la cause du parti. C'est là une erreur qui peut devenir aussi néfaste que l'est, sur le terrain religieux, la confusion de l'efficacité réelle de la foi avec la puissance temporelle de l'Église. L'expérience démontre que l'accroissement de la puissance de l'Église fut loin de signifier un progrès de la foi. L'histoire fourmille d'exemples qui prouvent que la religion se porterait mieux si les Églises se portaient moins bien.

Ce n'est pas nier le caractère indispensable de l'organisation comme moyen vers un but, que de constater que tout mouvement intellectuel organisé finit par atteindre un stade de développement où la puissance de son organisation devient l'obstacle principal à la réalisation de son but. Même la sagesse à courte vue du politicien opportuniste reconnaît qu'un parti n'est jamais plus faible que lorsqu'il semble être à l'apogée de sa puissance. Dans tous les pays soumis au régime parlementaire, il saute aux yeux qu'un parti qui dispose au Parlement d'une forte minorité exerce plus d'influence sur la législation que celui qui doit gouverner avec quelques voix de majorité. Car c'est précisément dans ce dernier cas que le parti au pouvoir a le plus d'intérêt à couper l'herbe sous les pieds de l'opposition. Depuis la guerre, les conditions sont telles dans presque tous les pays d'Europe, sauf en Russie, que les partis ouvriers socialistes — surtout quand ils sont au pouvoir — doivent faire une politique de conservation et les partis bourgeois une politique de réformes. Il n'est presque pas de réforme revendiquée par les programmes socialistes dont la réalisation au cours de ces dernières années n'ait été l'œuvre des partis antisocialistes. Par contre, partout où les socialistes ont exercé le pouvoir, soit seuls, soit avec l'aide d'autres partis, ils ont dû concentrer toutes leurs forces sur des tâches conservatrices, telles que le maintien de la République et l'affermissement de l'État en Allemagne, ou la reconstruction de l'économie capitaliste et la lutte contre l'inflation dans les pays dévastés par la guerre. Pour cela, et pour ne pas perdre l'influence politique que cette tâche exigeait, ils ont dû éliminer le plus possible de leur politique pratique toutes les revendications spécifiquement socialistes. Ce phénomène a un sens bien plus profond que celui d'un simple ménagement des partis avec lesquels on gouverne, car il apparaît de façon peut-être encore plus marquée dans le cas d'une majorité socialiste. Un gouvernement du parti ouvrier anglais qui s'appuierait sur une majorité propre ne pourrait guère se comporter d'une façon plus révolutionnaire que le fit le gouvernement minoritaire de MacDonald en 1924, car il serait renversé du jour où il repousserait, par une réforme radicale quelconque, les éléments flottants, dont la Bourse est le baromètre, dans les bras de l'opposition conservatrice. Par contre, ces mêmes éléments se sentiront bien moins inquiets si une réforme pareille, ou même plus radicale, est réalisée par un gouvernement conservateur ; car la réforme perd dans ce cas son apparence dangereuse de par les intentions et le caractère de ceux qui l'accomplissent. En outre, l'opposition n'a alors aucun intérêt à représenter la réforme proposée comme radicale ; elle cherche au contraire, par sa critique, à en démontrer l'insuffisance et aide ainsi à affermir dans l'opinion publique la croyance à son caractère anodin. Au surplus, toute réforme sociale coûte de l'argent. Cet argent doit venir soit des banques, soit des contribuables. Or, la prestation des contribuables est en réalité un élément presque aussi bénévole que celle d'une banque, car la possibilité de percevoir les impôts est conditionnée par la limite psychologique où la mauvaise volonté des imposés dépasse un degré acceptable. En outre, chaque contribuable est un électeur, qui peut aider à renverser le gouvernement.

Tout ceci aboutit à une situation paradoxale qui démontre brillamment la théorie de l'hétérogénéité des buts. Précisément dans le stade actuel de l'influence politique fortement accrue de la classe ouvrière, on peut attendre plus de réformes socialistes des gouvernements bourgeois que des gouvernements socialistes, ce qui n'exclut naturellement Pas le fait que l'impulsion vers ces réformes sera toujours directement proportionnelle à la puissance des partis ouvriers. Tout fait prévoir dans tous les États industriels un va-et-vient du pendule politique, amenant alternativement au pouvoir les deux partis extrêmes - conservateur et socialiste - soit seuls, soit avec l'appui des éléments apparentés. Cette tension croissante — une des conséquences du développement du socialisme — agit dans deux directions différentes. Les partis du centre, le libéralisme en premier lieu, perdent de leur importance ; mais l'assimilation de leurs éléments et de leurs mobiles par les partis extrêmes amène par contrecoup ceux-ci à se dépouiller du caractère extrémiste qui leur vient de leur but final. Ce qui accentue encore cet effet, c'est que les partis extrêmes considèrent chaque période d'opposition comme la préparation à une période de gouvernement et chaque période de gouvernement comme un état précaire. Plus la tension politique est forte et l'équilibre instable, plus facile sera le revirement, qui dépend toujours des masses électorales flottantes, normalement plus ou moins indifférentes, mais d'autant plus exposées aux sautes d'humeur. Dans une situation pareille, les deux partis, et surtout le parti gouvernant, deviennent de plus en plus modérés dans leur pratique. À notre époque de reconstruction économique et internationale, il se produit une espèce de division du travail, dans laquelle les partis socialistes doivent d'abord consacrer leurs forces à conserver ce qui existe et les partis bourgeois conservateurs à l'améliorer, bien qu'ils souhaitent tous le contraire. Les partis ouvriers doivent veiller à ce que l'économie et l'État, menacés tous deux des façons les plus diverses par les tendances destructrices déchaînées par la guerre mondiale, restent en état de fonctionner. Il n'existe pas d'autre solution, parce que le bien-être de la classe ouvrière dépend en premier lieu de la marche continue et ordonnée de la production, parce que la classe ouvrière voit à bon droit dans l'État démocratique un des remparts de sa lutte et parce que sa tâche primordiale et urgente est la pacification du monde. Or celle-ci ne pourra se réaliser que par une collaboration plus intime de toutes les forces économiques essentielles, pour le dire tout de go : par la reconstruction de l'économie mondiale capitaliste.

Cette constatation ne confirme aucunement la critique communiste, qui traite de « rôle de laquais » le concours apporté par les ouvriers occidentaux dans la restauration du capitalisme après la guerre. En aidant au rétablissement de la production capitaliste et à la conservation de l'État existant, les partis ouvriers remplissent une tâche préliminaire à tout progrès ultérieur. Avant de révolutionner un mode de production, il faut commencer par en avoir un qui produise. Et les expériences faites dans son propre pays par le communisme russe ne sont pas de nature à justifier chez la classe ouvrière européenne le désir de se cramponner également à une épave dans le chaos d'après-guerre. En tout état de cause, il est pratiquement impossible à la classe ouvrière de n'importe quel pays industriel de s'assurer une existence décente sur la base des forces productives existantes, à moins qu'elle ne mette fin auparavant à la situation héritée de la guerre mondiale, qui empêche le développement de ces forces productives par les antagonismes nationaux, et menace même de les employer de nouveau aux tâches destructrices de la guerre. Si les éléments capitalistes intéressés à la reconstruction de l'économie mondiale, et par là à l'unité politique du monde, désirent la même chose, eh bien, ce sera tant mieux, car les chances de succès de la classe ouvrière dans ses efforts pour sauver le monde seront accrues d'autant. Il se pose ici en grand le problème qu'affronte la classe ouvrière en petit chaque fois qu'il s'agit de prendre des mesures pour diminuer le chômage dans une industrie par l'amélioration de la marche des affaires.

Les partis ouvriers s'abusent sur leur propre destin, s'ils ne voient dans le désaccord de plus en plus manifeste entre le but socialiste et la réalisation capitaliste que l'effet fortuit d'une situation anormale d'après-guerre. Personne ne sait combien cette situation durera ; mais chacun expérimente journellement que la reconstruction économique et politique de l'après-guerre est un processus bien plus long qu'on ne se le représentait d'abord. Une des raisons en est que cette reconstruction présuppose la liquidation de beaucoup d'effets psychologiques importants de la guerre mondiale qui entravent la formation d'un sentiment de solidarité européenne. Pareille liquidation ne peut jamais être, à prendre les choses au mieux, que l'œuvre de la génération suivante, dont la mentalité n'a pas été modelée par les passions de la guerre. Tout indique que la génération qui vient sera encore sollicitée par une tâche fort semblable à celle de la génération qui fait actuellement la politique. Cette tâche est moins une réalisation qu'une préparation à un régime socialiste. C'est la guerre mondiale qui l'a imposée au socialisme ; on pourrait la définir comme l'édification d'une unité politique du monde correspondant à son unité économique. Car il est apparu que la concentration des entreprises industrielles et la monopolisation capitaliste des grands moyens de production ne sont pas la condition suffisante à la réalisation du socialisme. Aussi longtemps que l'économie mondiale capitaliste ne se prolongera pas en une organisation mondiale politique, la classe ouvrière se trouvera devant un véritable travail de Sisyphe : la seule possibilité d'une guerre, ou même d'une perpétuation des antagonismes nationaux actuels suffit à frapper ses efforts de stérilité. Il faut avant tout que la phase universelle du mode capitaliste de production se réalise également dans ses conséquences politiques. Dans l'époque de l'histoire universelle qui vient de débuter et que rempliront les luttes autour de ce but, il faudra s'accommoder de la dualité fonctionnelle de la politique socialiste, devenue flagrante depuis la guerre, comme d'un fait normal de longue durée.

# Chapitre X

## Le socialisme dans l'espace : du cosmopolitisme au social-patriotisme

*« Rien de vivant n'est une unité,
c'est toujours une pluralité. »*

*Goethe.*

L e déplacement des mobiles, qui s'accomplit dans le temps sous la forme d'une évolution vers le réformisme, s'accompagne d'une évolution dans l'espace qui refoule le mobile primitif du cosmopolitisme socialiste par celui du social-patriotisme. Depuis la Première Internationale, le mouvement ouvrier subit une différenciation nationale croissante des mentalités et des méthodes, une tendance croissante des organisations nationales vers l'autonomie intellectuelle, une accentuation progressive des mobiles qui précipitent l'intégration de la classe ouvrière de chaque pays à la communauté nationale. Cette évolution a atteint un point culminant au commencement de la guerre mondiale. Pour la bien comprendre, il faut examiner successivement les transformations des deux facteurs de la réaction qui influent sur l'état affectif de la classe ouvrière : le milieu social et la disposition psychologique propre.

Même en ce qui concerne les intérêts purement économiques, le capitalisme est loin d'avoir créé une Cosmopolis parfaite. On peut comprendre que Marx ait fait porter l'accent principal de sa thèse sur les tendances cosmopolites de l'économie capitaliste. Sa pensée économique se mouvait dans l'atmosphère qui avait également donné naissance à l'optimisme cosmopolite de ses contemporains manchestériens. Les conflits nationaux de son époque apparaissaient comme les effets d'institutions et de traditions précapitalistes et dynastiques périmées. Sans doute l'Angleterre, le pays à l'évolution industrielle la plus avancée de ce temps, et qui fournit d'ailleurs à Marx sa documentation principale, édifiait-elle déjà son empire économique ; mais comme elle n'avait pas encore de concurrents à craindre, son impérialisme se réclamait de l'esprit cosmopolite et pacifiste du libre-échange. C'est pourquoi Marx n'était obsédé que par l'apocalypse de la révolution mondiale ; il ne soupçonnait guère l'apocalypse de la guerre mondiale, beaucoup plus proche. Ce n'est que vers la fin du XIXe siècle, quand l'Angleterre commença à sentir son monopole mondial menacé par la concurrence de l'Allemagne et de l'Amérique, que les tendances impérialistes assumèrent la forme qui donna son empreinte à la guerre mondiale. L'on sait combien le marxisme éprouva de difficultés à apprécier l'importance du fait nouveau de l'impérialisme ; dans la mesure où il le tenta, il se mit hors d'état d'en comprendre toute la portée par son accentuation exclusive des conflits d'intérêts entre des groupes capitalistes. L'importance des effets politiques, sociaux et psychologiques du nationalisme, surtout par rapport à la mentalité ouvrière, lui échappa complètement. Il méconnut surtout le fait que les antagonismes d'intérêts économiques entre les peuples à l'époque de l'impérialisme affectaient également la classe ouvrière des différents pays.

L'intérêt économique de la classe ouvrière cesse d'être en opposition exclusive avec celui du patronat dans la mesure où son influence sur la fixation de ses conditions de travail et d'existence grandit, grâce à son action syndicale et politique. À côté de l'antagonisme international entre ouvriers et patrons apparaissent des communautés nationales d'intérêt entre certains groupements d'ouvriers et de patrons, voire entre la classe ouvrière et le patronat. Or, chacun de ces liens nationaux d'intérêt oppose des intérêts ouvriers nationaux à des intérêts ouvriers étrangers.

De prime abord, tous les intérêts des ouvriers ne sont pas opposés à ceux des patrons. Ainsi les deux groupes sont intéressés à la prospérité générale de leur industrie. Celle-ci dépend souvent de la politique extérieure de l'État. Le sort de l'ouvrier cotonnier du Lancashire dépend autant que celui de son patron du bon marché du coton brut et de l'existence d'un grand débouché ; et cet ouvrier sera porté à soutenir toute politique qui tend à lui assurer ces deux éléments. Le mineur allemand de Haute-Silésie est intéressé à une frontière polonaise-allemande qui ne sépare pas son industrie de ses débouchés. Il est hors de doute que la fabuleuse prospérité industrielle dont la guerre mondiale a doté l'Amérique a sensiblement amélioré la situation des travailleurs américains. Si la guerre avait eu pour l'Allemagne le résultat rêvé par ses chefs politiques et militaires, la classe ouvrière allemande aurait tiré profit de la prospérité accrue de l'industrie allemande par la conquête de ports, de voies de communication, de régions agricoles et de marchés nouveaux, par le transfert des charges de guerre aux peuples vaincus, par l'étranglement de la concurrence étrangère à l'aide de mesures douanières et militaires, etc. Les sentiments que la prise d'Anvers et du bassin de Briey, par exemple, éveilla dans certains cercles de dirigeants syndicaux allemands, prouvent que l'on en avait conscience. Inversement, la classe ouvrière belge n'aurait pas pu, après la guerre, améliorer ses salaires au-delà du degré de renchérissement de la vie — en contraste heureux avec ce qui se passait dans les pays voisins — si le traitement de faveur de la Belgique lors du règlement des réparations n'avait pas rendu ceci possible en fin de compte aux frais de la classe ouvrière allemande. C'est là une des raisons pour lesquelles le Parti ouvrier belge a toujours évité de mettre en question les réparations exigées par le Traité de Versailles. Son principal argument contre l'occupation de la Ruhr fut que, contrairement aux sanctions économiques, la coercition militaire mettrait en danger le paiement des réparations. On ne peut comprendre les difficultés de l'Internationale jusqu'en 1923, en ce qui concerne la politique des réparations, si l'on ne reconnaît pas que la classe ouvrière allemande tenait à ce que la somme en fût fixée aussi bas que possible, tandis que les ouvriers français et belges avaient intérêt à une somme aussi élevée que possible ou, ce qui revient au même, croyaient l'avoir. Par contre, les Anglais se sentaient au-dessus de ces soucis. Ils renoncèrent même à proclamer leur conviction de l'absurdité du principe des réparations, conviction pourtant bien établie chez leurs chefs les plus clairvoyants et qui correspondait d'ailleurs aux meilleures traditions du radicalisme anglais. Ils n'abandonnèrent leur calme — mais alors, à fond — que pour protester contre les prestations en charbon de l'Allemagne, parce que celles-ci refoulaient le charbon britannique des marchés continentaux, c'est-à-dire avilissaient le prix de ces charbons et les salaires des mineurs.

Ce qui préserva l'Internationale de l'effet dissolvant de ces antagonismes, ce fut uniquement son impuissance. Elle savait qu'elle devait, de toute façon, en laisser la solution à une puissance supérieure. Elle pouvait donc se contenter de la tâche, d'ailleurs fort importante, d'établir des directives pour une exécution conciliante de la politique des réparations, sans devoir prendre de responsabilité quant au principe lui-même ou quant à la fixation du montant des indemnités. Cependant, si ces mêmes dirigeants ouvriers qui assistaient aux conférences de l'Internationale avaient dû se mettre d'accord sur une solution de fait en tant que représentants responsables de leurs gouvernements, ils ne s'en seraient certainement pas plus mal tirés que des diplomates de carrière, mais ils auraient, comme eux, dû chercher un compromis entre des intérêts opposés qui concernaient également les ouvriers des différents pays. Ces constatations n'impliquent aucune dépréciation de l'activité de l'Internationale durant ces années critiques ; elle a fait ce qu'elle a pu et a paré au plus urgent. Mais il en ressort que les antagonismes d'intérêts nationaux existants entraînent d'autant plus la classe ouvrière dans leur orbite qu'elle croît en puissance et assume plus de responsabilité. Le communisme ne fait pas exception à cette règle : Trotsky lui-même a justifié la conquête de la Géorgie par l'armée rouge en disant que l'intérêt économique de la Russie exigeait une « coordination de la production mondiale », en d'autres termes, la possession des sources pétrolifères du Caucase.

Toutefois, celui qui chercherait à ramener les conflits nationaux qui tiraillent le mouvement ouvrier aux seuls antagonismes d'intérêts économiques, tomberait dans la même erreur que le marxiste qui, de l'universalité abstraite de l'intérêt de classe, conclut à l'unité universelle de la volonté politique. La différenciation nationale croissante a des causes encore bien plus profondes que de simples oppositions d'intérêts.

La vraie difficulté commence seulement lorsqu'il s'agit de transformer en une volonté politique internationale ce qu'il peut déjà y avoir de compréhension d'un intérêt supranational. L'économiste peut facilement prouver que les intérêts de la classe ouvrière sont plus fortement liés internationalement que nationalement ; cette démonstration est d'ailleurs tout aussi facile à faire en ce qui concerne toute autre classe de la société, y compris celle des capitalistes. Quelle est la classe qui ne trouverait pas son intérêt économique à ce que l'Europe, par exemple, devînt une unité comme les États-Unis d'Amérique ? La difficulté, c'est que la volonté des masses — celle des couches cultivées comme des autres — n'est pas déterminée par l'intelligence de vérités économiques, mais par des passions bien plus profondes, qui conditionnent d'ailleurs la façon dont les diverses classes entendent leurs intérêts. Y avait-il en 1914 un seul homme qui attendait de la guerre un profit économique quelconque pour le monde ou pour n'importe quelle classe sociale ? Et pourtant, ce sont précisément ceux qui songeaient le moins à un avantage de ce genre qui se sont jetés avec le plus d'enthousiasme dans la guerre et l'ont faite pendant quatre ans et demi. Ceci s'applique notamment aux travailleurs. En effet, leur solidarité internationale d'intérêts ne peut avoir de résultat politique que dans la mesure où elle peut engendrer une volonté politique.

Ce qu'il y a de significatif dans ce sentiment national de la classe ouvrière depuis une génération, c'est qu'il n'est aucunement une survivance de l'époque où elle ne possédait pas encore de conscience de classe : il est au contraire un résultat de son ascension politique et sociale. Voici encore un exemple de l'hétérogénéité des buts, car c'est justement le sentiment de l'internationalité de ses intérêts et de ses tâches qui fut un des facteurs les plus efficaces de l'ascension sociale du mouvement ouvrier.

« Prolétaires de tous les pays, unissez-vous ! » Tel fut le premier appel qui trouva de l'écho parmi les travailleurs par-dessus les frontières. Quelques années plus tard, ils se constituèrent pour la première fois en mouvement de masses sous le drapeau de l'Association internationale des Travailleurs. Celle-ci périclita par suite de la tension entre la volonté doctrinaire de sa direction centralisatrice et la diversité des aspirations de ses sections nationales. Mais ces dernières se maintinrent et devinrent petit à petit de puissants partis dans leurs pays respectifs. Quand, vers la fin du siècle dernier, elles formèrent une Internationale nouvelle, ce n'étaient plus de simples sections de propagande d'une secte internationale, mais d'influents organismes nationaux constitués pour la représentation des intérêts de la classe ouvrière. Leur volonté de puissance, alliée à celle du mouvement syndical, s'affirma avec un tel succès que le socialisme était devenu ministrable dans la plupart des pays d'Europe déjà avant la guerre mondiale. Grâce à la conquête du suffrage universel et à son utilisation par des partis de classe, le socialisme passa du stade de la propagande pure à celui de la réalisation graduelle des revendications prolétariennes. Les partis ouvriers collaborèrent à la législation, souvent même, principalement sur le terrain local, à l'administration. De même que les partis prenaient part à l'élaboration du droit, les syndicats coopéraient à la réglementation coutumière des conditions de travail, qui se cristallisèrent bientôt en un droit contractuel nouveau. Or tout contrat, qu'il se traduise par un barème de salaires ou par une loi, constitue un lien. Les objectifs de lutte étant limités nationalement, ces liens revêtirent un caractère national.

En pensant aux prolétaires de l'an 1848, le *Manifeste communiste* pouvait dire avec raison qu'ils n'avaient pas de patrie, en ce sens qu'ils n'avaient réellement lien à perdre que leurs chaînes. Ils ne possédaient ni le droit de suffrage, ni le droit de coalition, ni le droit de participer à la fixation de leurs conditions de travail ; analphabètes pour la plupart, ils étaient aussi effectivement exclus de la communauté nationale que s'ils avaient été des barbares. Aujourd'hui, la classe ouvrière est en grande partie organisée dans des syndicats. Partout l'égalité du droit de suffrage a été conquise, l'instruction obligatoire réalisée, des lois de protection et d'assurance ouvrières mises en vigueur. Il y a à peine un pays ou une ville d'Europe où la classe ouvrière organisée ne participe pas à l'exercice du pouvoir. Le temps n'est plus où les travailleurs étaient bannis de la civilisation. Aujourd'hui, ils auraient à perdre bien des choses qui représentent pour eux un morceau de patrie. Ils ont avant tout conquis de l'influence sur l'État, parce que là — grâce à l'importance que les constitutions démocratiques accordent au grand nombre — se trouvait la ligne de moindre résistance. Or, la consolidation de leur influence sur l'État se confond de plus en plus avec la consolidation de l'État lui-même. Plus les classes économiquement dominantes voient s'effriter leur monopole du pouvoir politique, plus elles se mettent à saboter l'État. La dépendance financière de l'État à l'égard des établissements de crédit, de l'humeur de la Bourse et de la bonne volonté fiscale des gros contribuables, la puissance monopolisatrice croissante des grands industriels, le besoin d'argent des journaux et des partis, le recrutement des hauts fonctionnaires, des officiers et des juges parmi les classes maîtresses, tout cela fournit à la classe capitaliste le moyen d'ériger un État dans l'État en dehors de la constitution et de saper le gouvernement parlementaire. En présence de ces faits, la classe ouvrière se voit obligée d'employer toutes ses forces à empêcher que l'État ne devienne une coquille vide. Les socialistes sont devenus à. l'heure actuelle, dans tous les pays d'Europe, le vrai soutien de l'État. Et plus le socialisme devient le véhicule de l'idée de l'État, plus il devient aussi le véhicule de l'idée de la nation, qui s'incarne dans l'État.

Il n'y a qu'à songer au contraste qui apparut clairement lors de l'occupation de la Ruhr, en 1923 et 1924, entre l'attitude des capitalistes allemands et celle des ouvriers allemands. Les grands industriels traitèrent avec la puissance occupante pardessus la tête de l'État. Ils essayèrent de mettre le gouvernement du Reich devant des faits accomplis, pour pouvoir éliminer de leurs calculs le facteur de puissance que la social-démocratie représentait dans la politique nationale. La classe ouvrière, dans sa résistance contre ces tentatives, se montra comme la vraie force qui soutenait, à l'extérieur comme à l'intérieur, la souveraineté de l'État national. La social-démocratie allemande se vit forcée, pour défendre la forme d'État républicaine, selon l'expression du ministre socialiste de l'Intérieur de Prusse Severing, « de concentrer toutes les forces conservatrices de l'État, pour faire une nation du peuple allemand écartelé ». Le symbole de ce changement de mentalité se manifesta par le remplacement graduel du drapeau rouge par les couleurs nationales noir-rouge-or.

La social-démocratie autrichienne dut lier son sort à celui de l'État national d'une façon toute différente, mais pour des raisons semblables, afin de faire contrepoids à la tutelle de la Société des Nations, au nom du droit des peuples à disposer d'eux-mêmes. Ceci amena ces antimilitaristes à s'opposer aux efforts du commissaire général de la S.D.N. pour diminuer l'armée, parce qu'ils voyaient en elle un moyen de défendre la République, entre autres contre le danger d'une agression hongroise. L'on pourrait citer des exemples de ce genre dans chaque pays — et en tout premier lieu dans les pays des Soviets — pour montrer que tout mouvement, à mesure qu'il conquiert l'État national, est poussé par la volonté de puissance à devenir un rempart de l'État et de la nationalité. En ceci, la classe ouvrière révolutionnaire ne fait que répéter une expérience que les Indépendants de la Révolution anglaise du XVIIe siècle et les Jacobins de la Révolution française du XVIIIe avaient déjà faite avant eux.

Cette évolution apparaît de façon symbolique si l'on compare la Première Internationale à la seconde. Le Conseil général de l'Internationale marxiste se composait pour la plus grande partie de membres d'une bohème cosmopolite d'exilés politiques. Un demi-siècle plus tard, le citoyen Rappoport pouvait traiter irrespectueusement le Bureau exécutif de la IIe Internationale de ministère socialiste international. Quand cette Internationale se reconstitua après la guerre, son Bureau ne comprenait aucun membre qui ne fût ministre en fonctions, ex-ministre ou candidat ministre. Quant à la IIIe Internationale concurrente, elle n'est pratiquement qu'une section de propagande du gouvernement russe.

Mais il est encore des motifs plus profonds pour donner à la lutte de la classe ouvrière un caractère de plus en plus national. Cette lutte est notamment, par ses origines et par ses moyens, une lutte d'idées, et par son enjeu, une lutte autour de conceptions juridiques. Cela est assez évident dans le domaine politique ; mais même sur le terrain des conflits économiques, les groupements d'intérêts qui se combattent sont animés, en dernière analyse, par des conceptions juridiques opposées. Or, ces conceptions sont le résidu historique d'un passé qui, chez tous les peuples civilisés, est depuis plusieurs siècles un passé national. D'autre part, la lutte d'idées est menée en une langue qui unit intellectuellement la nation. La langue maternelle est autre chose et plus que la langue de la mère, elle est elle-même la mère de l'être spirituel. Elle n'est pas simplement le moyen technique d'exprimer un contenu intellectuel quelconque ; ce contenu lui-même est déterminé, voire en grande partie créé par elle. Celui qui apprend une langue nouvelle n'augmente pas seulement sa connaissance de mots nouveaux, il apprend à sentir et à penser sous des formes communes à tous ceux qui parlent la même langue, et même à ceux qui l'utilisèrent bien longtemps avant lui. « Toute langue est un temple dans lequel l'âme de ceux qui la parlent est conservée comme une relique. » (O.W. Holmes). La communauté de l'héritage de culture qu'une langue transmet relie tous ceux qui la parlent. Ce lien se renforce à mesure que s'étend le cercle social de ceux qui ont accès à cet héritage national. Même ces éléments, d'ailleurs non négligeables, de notre civilisation qui sont d'origine étrangère ou supranationale, tels ceux de l'Antiquité classique, du moyen âge catholique, de la littérature mondiale, ne pénètrent dans les masses qu'à travers la coloration qui provient de leur transmission par la langue nationale et de leur assimilation par l'héritage intégral qui constitue le patrimoine de la civilisation nationale. Il n'est pas jusqu'aux valeurs intellectuelles créées par un penseur aussi international que Karl Marx, qui ne représentent pour l'ouvrier allemand un élément de l'ensemble de la culture allemande. Chaque parole allemande que la social-démocratie adresse à ses adhérents les rattache non seulement au contenu intellectuel supranational du socialisme, mais aussi au contenu tout entier de la civilisation nationale allemande. Et si le mot socialisme ne signifie pas exactement la même chose pour l'ouvrier allemand que pour l'ouvrier français ou anglais, c'est surtout parce que des penseurs allemands l'ont utilisé avant lui et l'ont placé dans un rapport déterminé avec toute la vie intellectuelle de l'Allemagne. Le socialisme français serait autre qu'il n'est, s'il n'y avait pas dans son passé 1789, 1793, 1830, 1848 et 1871. Le socialisme belge serait différent s'il ne s'incorporait les traditions autonomistes et fédéralistes propres à une nation dont la civilisation s'est affirmée du temps des communes et du gouvernement régional, et qui ne forme un État que depuis moins d'un siècle. Le socialisme anglais tire son originalité du double fait que l'Angleterre est une île et le centre d'un empire et qu'il a recueilli l'héritage encore vivant du libéralisme d'une bourgeoisie habituée au compromis par trois siècles de parlementarisme.

Du fait qu'à l'heure actuelle toute culture est nationale, le caractère national de la culture des masses s'affirme de plus en plus à mesure que ces masses elles-mêmes s'assimilent la culture de la nation. Chacun des phénomènes qui font pénétrer la classe ouvrière dans le cercle d'influence de la civilisation dominante — l'instruction populaire, l'égalité politique, la presse, le développement des moyens de communication, etc. — est conditionné par l'unité nationale, porte l'empreinte d'une culture nationale propre et la transmet aux masses qui participent à cette évolution.

Certains socialistes cherchent à éluder cette constatation en affirmant qu'en réalité nous avons déjà dépassé le stade de la différenciation croissante des civilisations nationales. D'après eux, le progrès de l'économie mondiale et des moyens de communication crée une civilisation mondiale qui refoule de plus en plus les civilisations nationales. Cette affirmation contient une parcelle de vérité suffisante pour qu'on s'arrête quelques instants à en démontrer l'inexactitude. Elle repose sur une confusion — parfaitement compréhensible chez des marxistes — entre le contenu d'une civilisation et les conditions techniques de cette civilisation.

Tout fait prévoir que nous aurons un jour une civilisation mondiale. Et il est certain que l'évolution rapide des moyens de communication et de production vers l'unification universelle justifie cette croyance optimiste en un avenir meilleur. Les symptômes précurseurs de cette situation ne manquent pas. Le socialisme international lui-même en est l'un des plus significatifs. Toutefois, une hirondelle ne fait pas le printemps. Nous risquerons bien des rhumes par imprudence si, au lieu de croire trop tôt au printemps, nous ne nous demandons pas d'abord : « Ne devons-nous pas passer un hiver encore ? » En d'autres termes : « Ne nous trouvons-nous pas toujours dans un stade de différenciation croissante des masses, avant que les tendances vers l'unification puissent prendre le dessus ? »

Les moyens de communication et la communauté d'intérêts sont des conditions de la civilisation, mais ils ne sont pas la civilisation elle-même. Il faut du temps avant qu'ils ne la créent et, en attendant, il est fort possible qu'une différenciation croissante des civilisations se produise, se prolonge même pendant des siècles, tandis que les conditions matérielles d'une unification ultérieure accomplissent leur œuvre de préparation. L'ère de la civilisation capitaliste elle-même en fournit le meilleur exemple. Le capitalisme, bien qu'il ne domine toute la production que depuis le XIXe siècle, a commencé sa marche triomphale dès le XVe. Et cela précisément à la suite du développement des communications mondiales. Son premier effet n'en fut pas moins de détruire l'unité de la civilisation de l'Europe médiévale pour édifier sur ses ruines des civilisations nationales particulières. Les phénomènes essentiels qui accompagnèrent l'ascension sociale de la bourgeoisie furent la formation des États nationaux, qui s'étend de la fin du moyen âge jusqu'à la guerre mondiale, le refoulement du latin par les langues nationales, la différenciation nationale progressive de l'architecture et de tous les arts depuis le début de la Renaissance, et la désintégration de l'Église catholique, c'est-à-dire universelle, au profit d'une pluralité de communautés religieuses nationales. Le sentiment national lui-même, encore étranger au moyen âge, fut développé par la bourgeoisie, s'appuyant sur des exemples de l'Antiquité classique, à l'époque même où les nouvelles voies de communication révolutionnaient l'économie. C'est justement pendant les siècles où l'univers devint une unité économique de production et de consommation que le sentiment national s'exacerba au point de devenir une véritable religion, religion qui força les Églises elles-mêmes à la servir. Celui qui réfléchit à cette contradiction y trouvera des raisons suffisantes pour ne pas conclure trop vite de la TSF et de l'avion à l'avènement imminent d'une civilisation cosmopolite.

Une civilisation universelle présuppose avant tout une langue universelle. Il est vrai qu'il existe des langues auxiliaires universelles en nombre plus que suffisant. Mais aucun être raisonnable ne peut voir en elles autre chose que des langues d'appoint. Ce sont des espèces de langages à clef, dans lesquels on traduit ce qu'on pense dans sa propre langue, avec plus ou moins de difficultés et de façon plus ou moins compréhensible pour le destinataire. Ce ne sont en aucun cas des langues de culture, car celles-ci sont le résultat de millions de liens noués par des siècles de destinée commune, et non un expédient artificiellement construit pour résoudre certaines difficultés matérielles dans les relations sociales à l'hôtel ou au cours d'une correspondance superficielle. Théoriquement on peut supposer qu'une langue d'appoint pourrait devenir suffisamment organique avec le temps pour servir de véhicule à des valeurs de culture, mais on a peine à se représenter comment elle pourrait y parvenir sans se dissoudre à son tour en différents dialectes nationaux, sous l'influence des langues nationales qui continueraient à exister avec leurs tournures propres, leurs idiosyncrasies et leurs prononciations. Il faut accorder plus de probabilité à l'une des deux possibilités suivantes : ou bien l'une des langues nationales actuelles refoulera les autres et deviendra la langue universelle ; ou bien les éléments cosmopolites, qui prennent une place toujours plus grande dans toutes les langues, finiront par composer une langue mixte nouvelle, une espèce de sabir universel. Dans les deux cas, il s'agit visiblement d'un processus de fort longue haleine, dont on a peine à s'imaginer qu'il n'exigerait pas des siècles pour atteindre le degré de perfection que réclame une civilisation universelle.

Il existe, il est vrai, une série de domaines intellectuels qui, ne dépendant pas de la langue comme moyen d'expression, peuvent déjà constituer auparavant les éléments d'une civilisation cosmopolite embryonnaire. Ceci s'applique notamment aux arts qu'on pourrait appeler symboliques, comme la musique instrumentale, l'architecture, la plastique et l'art industriel, qui constituent dès maintenant l'amorce la plus importante d'une civilisation universelle. Du point de vue de l'évolution sociale d'aujourd'hui, la question décisive n'en reste pas moins celle-ci : cette civilisation universelle en formation représente-t-elle un état de culture réel des masses ? Et ici, il importe de ne pas perdre de vue que la culture qu'exige notamment la compréhension des formes symboliques de l'art n'a jusqu'ici d'importance vitale — dans le sens qui détermine le style de vie — que pour une infime minorité. Ainsi, il y a déjà de nos jours, dans tous les pays, des intellectuels dont la culture est fortement teintée de cosmopolitisme. Le nombre de ces citoyens du monde est encore fort petit, mais il est en passe d'augmenter. Fait significatif, ils ne peuvent servir de pionniers à la civilisation mondiale que si leur cosmopolitisme — ou mieux, leur internationalisme — consiste à rendre accessibles à tous des valeurs dont l'origine dernière est une culture nationale. L'indice en est que le « bon Européen » d'aujourd'hui doit connaître plusieurs langues nationales s'il veut s'assimiler les valeurs essentiellement nationales des grands groupements linguistiques. Pour devenir international ou, en un certain sens, supranational, il faudra qu'il soit — en tant qu'être cultivé — plusieurs fois national.

En arrachant ses racines des traditions nationales, on n'aboutit pas à une civilisation mondiale, parce qu'on renonce ainsi à un point de départ essentiel à toute civilisation. Le seul état qui soit complètement indépendant de la civilisation nationale, c'est celui de ces gens par trop riches, oisifs et blasés, pour qui le monde est vraiment un, parce qu'ils retrouvent partout le même ennui dans leurs palaces, leurs wagons-lits, leurs cabines de luxe et leurs terrains de sport. Ce cosmopolitisme-là n'a aucune valeur de culture, car l'univers auquel il se rapporte n'est, malgré son étendue topographique, qu'une parcelle infime du monde réel et n'a rien à voir avec n'importe quelle civilisation.

Le trafic mondial ne suffit pas à créer des citoyens du monde. Or, il faut des citoyens du monde avant qu'il puisse y avoir une unité de culture et de politique dans le monde. Le fait qu'il y a des Allemands n'est pas la conséquence de l'existence de l'Allemagne, mais sa cause. Une Amérique indépendante, une Italie unifiée, une Pologne autonome n'ont pu exister que parce qu'il y avait assez d'Américains, d'Italiens et de Polonais pour les vouloir. Une Europe nouvelle suppose avant tout des Européens nouveaux. La communauté de la civilisation mondiale doit être ressentie et comprise et elle doit avoir créé des citoyens du monde, avant que leur volonté subjective puisse créer une communauté mondiale objective. Une civilisation universelle est autre chose et plus qu'un ornement accessoire. C'est une structure organique par l'unité de langue, et synthétisant les jugements affectifs qui dominent dans tout l'univers. Une chose aussi profondément enracinée dans l'âme ne peut pousser que de bas en haut, de l'intérieur vers l'extérieur. Elle ne saurait être appliquée d'en haut et du dehors.

De même qu'on ne peut imaginer sur le terrain politique la création d'une unité mondiale que comme l'établissement d'un état contractuel et juridique partant de la reconnaissance du droit des nations à disposer d'elles-mêmes, on ne peut concevoir une civilisation universelle que comme la synthèse organique des diverses civilisations nationales. Or les masses doivent d'abord participer à la pluralité des cultures d'aujourd'hui. Elles y sont forcées par le fait — ou si l'on veut, la loi — de l'ascension intellectuelle retardée de toutes les classes opprimées. La classe ouvrière est encore plus éloignée à l'heure actuelle de la culture mondiale que les couches cultivées de la bourgeoisie. Et, comme la bourgeoisie elle-même a à peine atteint le point culminant de la différenciation nationale de sa civilisation, la classe ouvrière devra traverser encore une phase assez longue de différenciation croissante, avant que les tendances vers l'unité mondiale puissent prendre le dessus. L'on pourrait traduire ceci de façon pédagogique en disant que les travailleurs doivent d'abord apprendre leur langue maternelle avant de pouvoir parler une langue universelle.

La classe ouvrière est encore particulièrement éloignée de la compréhension mutuelle, condition préalable de toute volonté vraiment commune. Et combien il y a peu de citoyens du monde parmi les dirigeants du mouvement ouvrier ! Les membres dune réunion internationale de diplomates, de financiers, ou simplement de riches oisifs, arrivent en général bien plus facilement à se comprendre mutuellement, quelle que soit la divergence de leurs intérêts, que les membres d'une conférence internationale de syndicats, quelque profonde que soit leur conscience de leurs intérêts et buts communs. Cela provient de l'état de culture encore arriéré de la classe ouvrière, dont l'horizon intellectuel reste beaucoup plus étroit que le champ de ses intérêts économiques. Au cours des vingt dernières années, j'ai assisté soit comme délégué, soit comme interprète, à plus de deux cents réunions ouvrières internationales des genres les plus divers, généralement des conférences syndicales. Je n'y ai rencontré qu'une seule fois un délégué français capable de faire un discours dans une autre langue que la sienne. Parmi les dirigeants du mouvement syndical anglais, je n'en ai trouvé qu'un seul qui connût suffisamment de français et d'allemand pour se faire comprendre. Il y a quelques années seulement, un des dirigeants intellectuels de la social-démocratie allemande déplorait d'être, à une exception près, le seul de son espèce qui eût vécu assez longtemps à l'étranger pour pouvoir acquérir un point de vue international. Aujourd'hui, ils ont tous deux plus de soixante-dix ans, et la génération nouvelle amène peu de renfort, précisément à une époque où il serait tellement important pour les Allemands d'avoir la clef de la compréhension psychologique des peuples étrangers. Les seuls pays, hormis la Russie, où l'élite cosmopolite ait une certaine importance parmi les socialistes, sont les petits États, qui ont peu d'influence dans la politique mondiale.

On peut espérer que cette situation changera un jour, mais nous n'en sommes pas encore là. En attendant, le mouvement ouvrier socialiste partage le sort de tous les grands mouvements intellectuels qui, partis d'une impulsion d'idées universelle, cherchent à réaliser cette impulsion dans les milieux nationaux. La réaction mutuelle entre l'effort et le milieu déclenche alors une force centrifuge, qui, sans amener nécessairement une désintégration, signifie tout au moins une différenciation du caractère. Ni le bouddhisme, ni le christianisme n'ont échappé à cette destinée. Même l'Église catholique, l'unité religieuse la plus fortement cimentée du christianisme, ne peut se maintenir qu'en faisant des concessions toujours plus étendues à cette force centrifuge. Pendant la guerre mondiale, elle aussi, elle a imploré le même Dieu d'accorder la victoire aux deux camps. Lorsque la bourgeoisie commença à affirmer sa puissance, elle formula elle aussi des idéaux universels. Toutes les prodigieuses manifestations de l'esprit bourgeois nouveau — la Renaissance, l'Humanisme, la Réforme, l'Encyclopédie, l'économie politique classique —, toutes furent les annonciatrices d'un message destiné à l'humanité tout entière. Depuis toujours, l'une des accusations principales des bourgeois contre leurs princes avait été qu'ils entraînaient leurs peuples dans des querelles et des guerres absurdes. La lutte finale pour la réalisation des revendications politiques de la bourgeoisie sur le continent européen, la Révolution française, devait aboutir à un soulèvement universel des peuples contre leurs despotes et faire de la déclaration des Droits de l'homme la constitution de l'humanité. La déesse Raison, à laquelle la Révolution avait élevé des autels, devait devenir la divinité de tous les hommes.

À quoi tout cela a-t-il mené ? Ces mêmes classes, qui voulaient réaliser l'unité du monde sous la bannière de la liberté du commerce et de l'industrie, sont devenues les prisonnières des institutions féodales, monarchiques et militaires qu'elles avaient conquises, mais qui les conquirent à leur tour. Il leur arriva la même chose qu'au soldat de l'anecdote qui, sommé d'amener un prisonnier, répondit : « Je voudrais bien, mais il ne me lâche pas. » Le terme de cette évolution fut l'ère de l'impérialisme et des armements, et son apogée 1914.

Naturellement je ne songe pas à prédire aux efforts internationalistes de la classe ouvrière une fin analogue. Il existe assez de différences entre la situation de la bourgeoisie d'alors et celle du prolétariat d'aujourd'hui, en faveur de celui-ci, pour que l'on puisse espérer une autre issue. Avant tout, les intérêts sont bien plus homogènes internationalement et les objectifs de la politique mondiale de la classe ouvrière sont bien plus éclairés et pratiques. Mais le moyen le plus sûr d'échapper au renouvellement de cette tragédie, toujours menaçante, c'est de ne pas faire une politique d'autruche. Le militarisme, par exemple, a sa logique propre, et cette logique mène à la guerre. De son côté, la logique de la guerre conduit au césarisme. En Russie, le communisme, dont les idéaux étaient les plus cosmopolites que l'on pût imaginer, parvint au pouvoir grâce à son opposition contre la guerre et le nationalisme. Et malgré cela, ses dirigeants ont eu besoin de la guerre et du nationalisme pour conserver le pouvoir. Ils ont édifié leur gouvernement sur la coercition militaire, et le soutien moral que leur apporte le peuple repose pour une sérieuse part sur son patriotisme, circonstance dont ils sont redevables à la bêtise de leurs adversaires, qui ont sur la conscience Brest-Litovsk, les expéditions de la Baltique, Koltschak, Denikine, Wrangel, etc. La seule chose qui ait empêché la Russie soviétique de se servir de l'armée rouge, ainsi que le réclamait encore récemment Edouard Berth, pour « porter aux confins du monde le Code Civil ouvrier, et être l'instrument de l'impérialisme prolétarien, tout comme Bonaparte fut l'instrument de l'impérialisme bourgeois », c'est l'occasion.

Le manque d'occasion, c'est-à-dire le manque de pouvoir responsable sur des États nationaux, est aussi la seule chose qui protège les partis socialistes du reste du Monde des périls d'une destinée analogue. Il est clair comme le jour que les États dans lesquels un parti socialiste serait au gouvernement ne cesseraient pas pour cela d'être en opposition d'intérêts avec d'autres États sous des rapports multiples. Car l'essence de l'État, c'est la volonté d'une puissance qui trouve son échelle et sa limite dans la puissance des autres États, et essaie par conséquent de croître d'après cette échelle et d'élargir cette limite. Un gouvernement socialiste, qui reprendrait aujourd'hui les affaires de l'État dans n'importe quel pays, s'emploierait, il est vrai, de par son programme hostile à toute politique d'intérêt dynastique, de diplomatie secrète et d'armements à outrance, à faire disparaître une série de causes de conflits. Mais il est permis de se demander jusqu'à quel point il y réussirait, alors qu'il devrait tenir compte des autres puissances, qui ne seraient probablement pas animées des sentiments les plus amicaux envers un État socialiste. Et avant tout, il faut songer qu'à une diminution de certaines causes de conflits répondrait une augmentation d'autres oppositions d'intérêts. La démocratie politique constitue sans contredit une garantie contre certaines formes particulièrement dangereuses d'un nationalisme agressif, mais elle est loin d'être une panacée pacifiste. On a pu constater pendant la guerre mondiale que les pays les plus démocratiques furent aussi aisément que les autres saisis de la fièvre guerrière. Plus la politique d'un gouvernement est soumise à l'influence des grandes masses, plus cette politique subira le poids des intérêts nationaux de nature économique et le danger des vagues de passion populaire, toujours faciles à provoquer par l'amour-propre national.

Même sous des gouvernements ouvriers, il y aura toujours des États qui devront fournir aux autres des matières premières ou des marchés indispensables, ou qui pourront soit commander, soit couper des voies de communication. Vu le rôle primordial que joue dorénavant l'Amérique comme banquier et fournisseur de vivres du monde, il est important de constater que la classe ouvrière américaine défend des intérêts très particuliers dans un domaine où s'accumulent les matières à conflits internationaux les plus dangereuses de l'heure présente. Je veux parler de l'immigration. Les syndicats américains, contrairement à la grande majorité des patrons partisans de la main-d'œuvre à bon marché, sont le soutien principal de la politique de la porte fermée, qui éveille, spécialement au Japon, une rancune profonde et menaçante. Les syndiqués socialistes sont aussi empressés que leurs collègues d'opinion différente à soutenir une politique qui leur vaut de hauts salaires au prix d'une misère ouvrière plus grande ailleurs. Et il en va de même en Australie. Le Parti ouvrier australien est peut-être celui qui a mené la lutte la plus énergique et la plus fructueuse contre le service militaire obligatoire et contre la politique des armements. Et pourtant, il est obligé, pour conserver à la classe ouvrière son niveau de vie élevé, de suivre à l'égard du Japon une politique d'exclusion qui menace perpétuellement d'aboutir à une solution violente. Ce furent du reste les délégués ouvriers australiens qui, à une Conférence du Bureau international du Travail, s'opposèrent à l'interdiction de l'emploi de la céruse, revendiquée par les ouvriers européens. Et cela, parce que cette mesure frapperait de chômage les ouvriers australiens employés à l'extraction du minerai. D'autre part, peut-on s'imaginer sérieusement qu'une république socialiste de Grande-Bretagne pourrait résoudre la question coloniale en abandonnant tout simplement, en don de joyeux avènement, toutes les colonies au self-government des indigènes, sans se soucier de ce qu'il adviendrait de la propriété britannique, des colons britanniques, des institutions britanniques ? Cette république ne devrait-elle pas se demander si un gouvernement purement indigène assumerait la continuation des relations de transport et de production devenues indispensables à l'économie universelle, et si la dissolution de l'empire britannique n'exposerait pas la classe ouvrière anglaise à une crise désastreuse de chômage et de misère ? Toutes ces questions peuvent amener d'autant plus facilement des conflits violents que les intérêts des masses qui en dépendent jettent de façon plus immédiate leur poids dans la balance politique.

Ce sont là des exemples de conflits d'intérêt et de volonté à l'état embryonnaire, qui concernent les seuls pays anglo-saxons, pacifistes et à peine touchés par le tourbillon des problèmes continentaux des réparations, de la sécurité et des rectifications de frontières. Qu'en est-il alors du continent européen, encore tout ensanglanté par les combats que ces problèmes ont déchaînés ? Ici, et jusque dans les masses ouvrières, la passion des intérêts s'allie à la passion de l'amour-propre national et aux sentiments de haine, de vengeance, de frayeur, qui entravent la liquidation de la guerre ; ici, l'horizon cosmopolite, naturel en un empire qui embrasse le monde, est obstrué toutes les cent lieues par des poteaux-frontières, des bureaux de douane et de passeports, des guérites et des fils de fer barbelés. Certes, s'il existe une puissance susceptible d'apporter à l'Europe l'union et la paix, c'est en tout premier lieu l'Internationale socialiste. Mais il importe de souligner le si, car le maximum de ce qu'on peut espérer, ce n'est pas la disparition de tous les antagonismes nationaux, mais seulement — et cela est déjà énorme — la création d'un état juridique qui assurerait à chaque nation la possibilité de défendre ses intérêts et d'affirmer sa volonté propre sans devoir s'armer pour la guerre.

Toute action dans ce but, pour être efficace, doit se garder d'illusions, autant à l'égard du but qu'à l'égard du point de départ actuel, qui impose le choix des méthodes. Le mouvement socialiste international est une pluralité plutôt qu'une unité. Le sentiment national est une partie intégrante du contenu émotif du socialisme de chaque pays. Et il devient de plus en plus fort à mesure que la destinée des masses ouvrières d'un pays se rattache plus étroitement à la destinée de ce pays même, à mesure aussi que ces masses se conquièrent une plus large place dans la communauté de la civilisation nationale. Au fond, cette résorption partielle du sentiment socialiste par le sentiment national n'a rien qui doive surprendre. Il ne faut y voir que le retour d'un sentiment à ses sources. Le socialisme lui-même est le produit de la réaction d'un sentiment moral et juridique donné sur un milieu social donné. Il n'y a pas que ce milieu social qui ait un caractère national. L'autre facteur aussi — le sentiment moral et juridique — assume de prime abord, chez les différents peuples, une coloration particulière, qui lui vient d'un passé national particulier.

# Quatrième partie
# La doctrine

# Chapitre XI

## Le rationalisme marxiste

> *« Le mécanisme de notre connaissance usuelle est de nature cinématographique... Chacun de nos actes vise une certaine insertion de notre volonté dans la réalité... La connaissance que notre activité se donne de l'opération de la nature doit donc être exactement symétrique de l'intérêt qu'elle prend à sa propre opération... Chaque être décompose le monde matériel selon les lignes mêmes que son action y doit suivre : ce sont ces lignes d'action possible qui, en s'entrecroisant, dessinent le réseau d'expérience dont chaque maille est un fait. »*
>
> *Henri Bergson.*

Jusqu'ici, je me suis borné presque entièrement à décrire des phénomènes, en indiquant ce que leur interprétation marxiste présente d'insuffisant. Il s'agit maintenant de passer d'une tâche descriptive à une tâche normative, et d'unir les critiques de détail formulées çà et là contre le marxisme en une considération d'ensemble du rapport entre la doctrine et le mouvement.

Cette considération aboutira à la question suivante : à quelles conditions doit satisfaire une doctrine du socialisme pour nous mettre tout à la fois en état de comprendre le mieux possible les phénomènes, et d'agir sur eux avec le maximum d'efficacité ? Or, le chemin qui conduit à ce problème doit passer par une critique du marxisme. Pour me libérer moi-même d'une tension devenue insupportable entre ma connaissance de la réalité et ma volonté sociale, j'ai dû m'émanciper, non seulement des conclusions marxistes, mais encore de la façon de penser marxiste. Je me sens donc le droit de traiter le problème de la solution de cette tension sous la forme qui correspond à celle de mon expérience propre, parce que ce problème est la destinée d'une génération tout entière. Il l'est de toute manière, même pour ceux qui n'ont jamais lu Marx, car la façon marxiste de penser n'est qu'une forme particulière d'une mentalité générale, héritage d'un siècle précédent, qui accable tous ceux qui ont subi son empreinte intellectuelle.

Le marxisme est un enfant du XIXe siècle. Ses origines remontent à l'époque où le règne de la connaissance intellectuelle qu'avaient inauguré l'humanisme et la Réforme atteignit son apogée dans la méthode de pensée du rationalisme. Cette méthode a emprunté son mot d'ordre aux sciences exactes, auxquelles était dû le progrès des techniques de production et de communication. Elle consiste à transposer le principe de la causalité mécanique, qui se manifeste dans la technique, à l'interprétation des faits psychologiques. Elle voit dans la pensée rationnelle, que la psychologie contemporaine ne reconnaît que comme une fonction ordonnatrice et inhibitrice de la vie psychologique, la règle de tout vouloir humain et de tout devenir social.

Cette manière de penser est à la base de tous les systèmes philosophiques et scientifiques du siècle passé. Comment la science exacte, à l'aide de laquelle la technique créait des valeurs matérielles colossales, aurait-elle pu ne pas donner la mesure de toutes les valeurs ? La pensée qui avait créé les machines et le trafic mondial devait être en état de comprendre le devenir social aussi bien que de résoudre les énigmes de l'univers. Les sciences de la nature se préparèrent à monter à l'assaut des réalités dernières, assaut dont elles revinrent, vers la fin du siècle, plus modestement conscientes du fait que l'augmentation quantitative des connaissances ne permet pas de mieux comprendre le sens de la vie et la véritable nature des forces qui régissent l'homme. L'expérience religieuse fut décrétée superstition, parce qu'elle ne se laissait pas justifier par la science exacte, jusqu'au moment où l'on se rendit compte à nouveau que la science et la croyance appartiennent à deux régions différentes de l'esprit, correspondant à des formes diverses de la connaissance. L'expérience esthétique, parce que l'on ne pouvait pas l'expliquer par la logique, cessa d'être l'expression directe et sincère d'une réalité psychique et fut ravalée au rang d'un accessoire de l'utile, d'une ornementation du confort. La science sociale ne fut plus qu'une science économique, parce qu'elle croyait ainsi ne plus avoir affaire qu'à des valeurs quantitatives que l'on pouvait analyser de la même façon dont on démonte une mécanique. Les économistes classiques dont s'inspira Marx en arrivèrent à une interprétation de la vie sociale dans laquelle l'homme n'apparaissait plus que comme un mécanisme mû uniquement par l'instinct d'acquisition. Des sociologues crurent même, parce qu'ils réussirent à prouver par la voie rationnelle certains rapports entre les modifications de la vie sociale et celles des conceptions éthiques, que dorénavant l'homme serait en état de tirer de sa raison seule les buts et les normes de sa vie.

Cette façon de penser se ramifia en deux tendances philosophiques qui sont enfants d'un même esprit en dépit de leur opposition apparente : le matérialisme rationaliste et l'idéalisme rationaliste. Tous deux procèdent de la même méthode fondamentale, qui consiste à reléguer à l'arrière-plan l'expérience immédiate, et à insérer, entre l'homme et les phénomènes de l'univers, des catégories, c'est-à-dire des notions générales abstraites construites par la pensée rationnelle. L'idéalisme du XIXe siècle est au matérialisme de ce siècle ce que l'éternuement est au rhume de cerveau. Le matérialisme était l'amplification philosophique de la méthode des sciences de la nature, qui ne pouvaient reconnaître la réalité qu'à travers la matière, la matière seule se laissant décomposer. Plus cette méthode aboutissait à éliminer l'expérience spirituelle de la réalité des choses réduites à l'état de matière, plus les philosophes qu'intéressait le spirituel cherchèrent à le réédifier ailleurs, dans la région de la raison pure. Ici, ils traitèrent leur sujet de la même façon dont la science de la nature traitait le sien dans ses laboratoires, c'est-à-dire qu'ils assimilèrent la réalité spirituelle à la réalité matérielle. Au lieu d'analyser immédiatement l'expérience psychologique, ils partirent de concepts intellectuels qu'ils avaient tirés, non de l'expérience directe de la réalité, mais de l'expérience indirecte des constructions logiques. D'un monde de choses réelles et d'êtres humains qui ont de ces choses une connaissance réelle, c'est-à-dire non uniquement rationnelle, ils firent un monde d'idées et d'êtres humains qui ne sont plus que des instruments des buts inhérents à ces idées. Transposée à la vie sociale, cette façon de penser aboutit à la conception, contredite par la réalité, qui déduit les actions humaines de la connaissance de buts rationnels.

Marx était matérialiste en ce sens qu'il essaya d'expliquer l'histoire du passé à l'aide du principe de la causalité matérielle, qui avait servi d'hypothèse de départ aux découvertes des sciences de la nature. Mais il s'appuyait en même temps sur le terrain creux de l'idéalisme rationaliste en ce qu'il concevait l'évolution future de l'humanité comme la réalisation d'une idée reconnue par la raison. À ce double point de vue, il était rationaliste. Tout le devenir universel lui apparaissait, autant dans la détermination de l'idée par la matière que dans la réaction dialectique de l'idée sur la matière, comme l'accomplissement de lois identiques à celles de la pensée rationnelle.

On sait que les disciples de Marx se sont donné beaucoup de peine pour mettre en lumière ce qui sépare sa philosophie de l'histoire, d'une part du matérialisme philosophique, et d'autre part de l'idéalisme philosophique de son époque. Ils essayèrent de démontrer que l'expression « matérialisme historique » ne permettait pas de conclure à une philosophie matérialiste. Ils dirent que l'on pouvait aussi bien appeler Marx un idéaliste. Et cela est certainement vrai. Tout en insistant sur les causes matérielles de l'évolution historique, Marx a sans contredit reconnu que ces causes devaient former une « superstructure idéologique » avant de pouvoir créer des réalités sociales nouvelles. En outre, Marx considérait l'évolution continue de l'« infrastructure matérielle » elle-même comme un processus dialectique ; c'est-à-dire un développement par voie de contradiction soumis aux mêmes règles que la raison dialectique.

Avec tout autant de raison, ces mêmes marxistes défendirent leur maître contre le reproche de s'être borné à transférer à la sociologie la méthode idéaliste de Hegel. Ils firent état de ce qu'il avait remis sur ses pieds l'hégélianisme, qui marchait sur la tête. Et en effet, si l'on fait abstraction de certains péchés de jeunesse, Marx n'a jamais cru que l'évolution dialectique des formes sociales était la réalisation d'« idées pures » vivant d'une existence supramatérielle et se constituant elles-mêmes à la fois comme cause et effet ; il a dit très clairement, au contraire, que cette évolution devait d'abord se réaliser dans la matière comme évolution des conditions de production.

L'exactitude de ces deux observations ne démontre pourtant qu'une chose, c'est que Marx a formé une synthèse sociologique de la pensée philosophique de son époque. Cette synthèse était, notamment sur son terrain sociologique propre, tellement neuve et vigoureuse, qu'il n'est pas permis de douter de sa géniale originalité. Sans cela, elle ne serait pas restée pendant un demi-siècle un « dernier mot », que l'on pouvait bien par-ci par-là essayer d'amender ou de réinterpréter, mais qu'aucune autre voix ne parvint à dominer. D'autre part, la vigueur de la synthèse marxiste prouve précisément à quel point elle concordait avec la façon de penser de l'époque. Marx emprunta à la philosophie tant idéaliste que matérialiste ce qui pouvait le mieux lui servir à expliquer l'évolution sociale par des lois dialectiques. Il s'accorde avec tous ses précurseurs philosophiques, matérialistes ou idéalistes, en ce qu'il conçoit en dernière analyse le devenir historique comme l'accomplissement d'un principe de causalité dont la logique correspond à celle des mouvements mécaniques. Dans le passé, il voit ce principe à l'œuvre dans la détermination causale de la pensée par la matière, et dans l'avenir — grâce à cette connaissance — dans la détermination téléologique de la matière par la pensée.

Il n'y a rien d'étonnant à ce que Marx n'ait pas déduit le but du mouvement ouvrier de l'expérience de ce mouvement, puisque ce mouvement n'existait pas encore. On comprend d'autant mieux qu'il ait emprunté les fondements intellectuels de son système à la littérature économique et philosophique de son époque. Malgré son génie — peut-être faudrait-il dire à cause de lui — Marx illustre merveilleusement la maxime que tout créateur de valeurs intellectuelles appartient moins à une couche sociale qu'à une époque historique. Ce qui s'exprime dans les doctrines de Marx, ce ne sont pas les mouvements d'idées qui n'ont surgi qu'après sa mort des profondeurs de la vie ouvrière et de la pratique sociale, c'est le matérialisme causal de Darwin et l'idéalisme téléologique de Hegel.

La façon de penser du XXe siècle, et surtout de l'époque d'après-guerre, est marquée d'un tout autre esprit. Ce que l'on a nommé le siècle de la psychologie ne croit plus que la connaissance humaine puisse se résumer dans la pensée logique. Nous cherchons une conception du monde qui, au lieu d'être basée sur l'expérience médiate de l'univers conceptuel, nous vienne de l'expérience immédiate de l'univers réel de la sensation et de la volonté.

La pensée rationnelle ne nous apparaît plus que comme une forme particulière de nos multiples façons d'éprouver et de connaître, dont la perception sensorielle, l'intuition (la perception au moyen d'un sentiment subconscient) et l'introspection sont les primaires et les plus directes. Dans ce que nos pères appelaient la raison souveraine, nous ne voyons plus qu'une fonction partielle de la vie psychologique appelée à servir une volonté qui procède de la disposition instinctive de l'homme.

Ceci, n'implique aucune négation du rôle que la pensée logique joue dans un grand nombre de nos actions. Ce rôle peut même être très important. Seulement, il est d'une autre espèce, soumis à d'autres conditions et tenu à des limites plus étroites qu'on ne le croyait naguère. Encore moins faudrait-il conclure qu'il ne faut pas souhaiter étendre les limites dans lesquelles la raison peut déterminer nos actes. Bien au contraire ; la connaissance que nous avons acquise des limites de notre volonté rationnelle est elle-même l'œuvre de notre raison, qui cherche par là à élargir le domaine de son influence. Il est dans la nature de l'homme comme être pensant de ne pouvoir faire autrement que chercher à élargir le champ des décisions motivées par la raison. La preuve la plus évidente de la puissance de cette aspiration est l'humeur pessimiste qui s'empare de l'homme à chaque découverte qui le force à reconnaître le pouvoir limité de sa raison. Or, le plus sûr moyen d'éviter des désillusions qui peuvent devenir désastreuses, c'est de reconnaître dès l'abord ce que peut la pensée logique et ce qu'elle ne peut pas.

La pensée rationnelle ou logique est la forme particulière de notre connaissance qui a pour objet, non les phénomènes, mais les mots. Les mots sont des images représentatives que nous formons en combinant des représentations sensorielles ou des parties de celles-ci. Ces combinaisons sont des abstractions, et leur principe n'est pas le phénomène en lui-même, mais une relation d'espèce déterminée entre une série de phénomènes. La pensée logique ne se sert que des mots qui expriment une telle relation. On peut donc dire qu'au lieu de se rapporter à des réalités, elle se rapporte à des relations entre des représentations, que nous supposons identiques à des relations entre les phénomènes représentés. La connaissance rationnelle est donc la forme médiate et supérieure de la connaissance, qui se sert du langage pour exprimer des rapports de causalité sous forme de relations logiques. En ce sens, la logique de la pensée n'est autre que la logique de la phrase. Il est significatif que les Grecs n'avaient pour la raison et pour le mot que l'appellation unique *logos*.

Les formes non rationnelles de la pensée (dans le sens général de ce mot, qui comprend l'intuition et l'imagination spontanée) opèrent sur des représentations empruntées immédiatement aux phénomènes du monde extérieur. Par contre, la pensée rationnelle met en rapport des représentations conceptuelles qu'elle a pour une grande part créées elle-même. Mais elle aussi dépend de la perception sensorielle, en ce qu'elle doit accorder à ces représentations conceptuelles certaines des qualités par lesquelles les phénomènes du monde extérieur tombent sous les sens et nous les font apparaître comme des réalités. Quelque abstrait que soit un concept, nous ne pouvons l'imaginer que sous la forme d'un substantif, c'est-à-dire d'une substance ou d'un objet. Ceci s'applique également aux catégories, qui sont la véritable matière première des constructions intellectuelles marxistes. (Je prends le mot catégorie dans son sens le plus général, c'est-à-dire de concept collecteur, déduit par abstraction de concepts particuliers déjà abstraits des phénomènes.) La catégorie n'est pas un verbe (un mouvement), mais un substantif (une matière). Le verbe même n'exprime jamais qu'un mouvement ou une relation d'objet ou de concepts substantivés, et l'adjectif ne désigne jamais qu'une qualité que l'on peut constater sur des objets du même genre. Partant de là, les rapports que la pensée rationnelle, c'est-à-dire la pensée de la phrase logique, établit entre des concepts ou des catégories, sont de même nature que les rapports que nous percevons entre des objets.

La détermination causale d'une catégorie par une autre (par exemple, de la catégorie rapports de production par la catégorie forces de production) est pour le marxisme, comme pour toute philosophie, le moyen d'établir des rapports de causalité dans des domaines qui se soustraient à notre expérience. Toutes les philosophies de l'histoire essaient d'élargir le terrain sur lequel nous pouvons connaître des causes et par conséquent prévoir des résultats, car chacune insère dans le passé un sens tiré d'un objectif présent ou d'un souhait d'avenir. Les phénomènes sont passagers, mais les catégories revendiquent une réalité éternelle, et servent ainsi de pont entre le passé et l'avenir. Dans le passé, on peut expliquer des faits par des faits ; mais pour pouvoir anticiper sur l'avenir sans renoncer à notre croyance à la causalité, nous devons considérer comme causes, au lieu des faits que nous ne connaissons pas encore, des catégories que nous avons tirées, par l'abstraction conceptuelle, de notre examen des faits du passé.

En soi, l'emploi des catégories pour l'interprétation de l'histoire n'a rien que de légitime. Dans chaque science, il faut faire usage d'abstractions. Celles-ci sont utiles dans la mesure OÙ elles nous aident à mieux comprendre les phénomènes. Les concepts et les catégories sont des fictions représentatives d'une réalité que nous ne connaissons pas, mais que nous posons en hypothèse ; et ces fictions restent utilisables aussi longtemps que la nature de leurs relations mutuelles correspond à celle des relations que nous pouvons constater entre les phénomènes dont ces fictions ont été abstraites. Elles deviennent des sources d'erreur dès que l'on oublie qu'elles ne doivent être que des moyens auxiliaires pour expliquer des faits par d'autres faits, et non un truchement pour éluder cette explication. L'usage des catégories expose fréquemment au péril de ce que l'on a appelé le réalisme conceptuel, c'est-à-dire l'oubli du caractère fictif et hypothétique des concepts qui ne devraient être qu'un moyen d'examen de la réalité des phénomènes.

Ce péril est particulièrement grand dans le cas du marxisme. En effet, les catégories avec lesquelles il opère ont été déduites des phénomènes réels par une abstraction au moins triple. Ainsi, pour justifier la thèse de l'évolution économique déterminant l'évolution politique, il faut commencer par abstraire de certains faits tout ce qui les relie causalement à d'autres faits que l'on assigne à une autre série causale. De cette façon, on isole les événements économiques des événements politiques ; ce qui est déjà remplacer des phénomènes par des fictions schématiques partielles, car il ne s'agit dans tout cela que des mêmes faits considérés à des points de vue différents. Ensuite, les concepts ainsi groupés dans une catégorie d'ensemble sont reliés entre eux par des rapports spéciaux de causalité ; de cette manière, on forme des séries causales telles que l'évolution économique, l'évolution politique, l'évolution technique, etc. Troisièmement et enfin, on combine les séries causales ainsi formées en une autre série causale plus générale, par exemple en disant que l'évolution technique est la cause de l'évolution économique et politique.

En somme, tout ceci revient à déduire d'une série causale particulière, en l'occurrence de l'évolution technique, un mouvement, un processus dynamique qui fait se dérouler toutes les autres séries causales dépendantes, et détermine par exemple la direction et l'énergie des processus que l'on appelle l'évolution économique, politique, idéologique, etc. L'évolution technique agit donc ici comme une courroie de transmission qui fait tourner un axe portant d'autres courroies de transmission entraînées dans le mouvement.

Il est à peine besoin de dire que ce procédé diffère de celui de l'historien. Celui-ci, pour comprendre un fait historique, le mettra en rapport avec tous les autres faits qui lui sont reliés par un rapport quelconque de causalité, quelle que soit la série causale à laquelle ils appartiennent selon la terminologie des disciplines scientifiques particulières. Ce faisant, il ne considérera comme données que les relations de causalité dont la réalité est prouvable en ce qu'elle se manifeste dans l'inspiration, consciente ou subconsciente, des mobiles humains. Ainsi, pour expliquer un conflit politique entre deux États, l'historien utilisera les faits économiques qu'il croit pouvoir considérer comme les causes de volontés politiques. Mais il considérera en outre les systèmes de gouvernement, les conditions juridiques, la situation militaire, les forces sociales en présence, la politique douanière, les événements diplomatiques, les facteurs spirituels de l'opinion publique conditionnés par le caractère national, l'histoire de la civilisation et le passé politique des peuples en question, le caractère des personnes régnantes, etc., bref tous les faits d'ordre quelconque qui se reflètent dans les mobiles de l'ensemble des actions humaines qui constituent l'événement historique. Pour faciliter la compréhension, il rangera plusieurs de ces phénomènes sous des concepts collecteurs, c'est-à-dire sous des catégories telles que l'impérialisme, le militarisme, le protectionnisme, le parlementarisme, le byzantinisme monarchique, sans toutefois se croire autorisé à éluder la description des faits particuliers qui, dans des circonstances données, assignent à chacune de ces catégories un contenu spécial et momentané. Dans ce cas, l'utilisation des catégories n'est qu'un moyen auxiliaire technique pour mettre en lumière des rapports de causalité entre des faits et d'autres faits.

Il en est tout autrement quand on voit dans une de ces catégories — par exemple l'économie mondiale au sens d'un désir d'expansion capitaliste — la cause de toutes les autres et par là de tous les phénomènes qu'elles embrassent. C'est ce que fait le marxisme. Il part de l'hypothèse qu'une série causale, l'évolution des moyens de production, est animée par un mouvement propre (la « loi d'évolution ») qui se transmet aux autres séries causales. Nous saisissons ici ce qui donne à la façon marxiste de penser en catégories son caractère particulier : la transmission à la réalité de la causalité mécanique de la pensée rationnelle. L'essence de cette pensée est la transmission et, la transformation du mouvement d'après les lois qui sont en même temps les lois naturelles du mouvement de la matière et les lois logiques de la pensée dialectique.

Pour cela, le marxisme identifie les catégories avec lesquelles il opère non pas à la réalité, mais à une forme particulière de la réalité, la matière. Il matérialise les catégories, afin que les rapports entre elles n'apparaissent plus que comme des rapports entre des objets, réglés par les lois mécaniques de la transmission du mouvement.

Nous touchons ici du doigt le problème cardinal : pourquoi la causalité dialectique que le marxisme établit entre ces catégories fait-elle violence à la réalité historique ? La réponse doit être : parce qu'elle suppose un genre de détermination causale qui correspond au phénomène mécanique, mais non pas au phénomène de la volonté.

À l'époque de Marx, la méthode de toute science était celle des sciences de la nature et la méthode des sciences de la nature était celle des sciences mécaniques. Il ne sied pas d'examiner ici dans quelle mesure les progrès de la connaissance ou les progrès des sciences de la nature elles-mêmes ont nécessité l'abandon des hypothèses mécaniques. On peut se borner à constater que, dans le domaine des sciences historiques et psychologiques, toute nouvelle connaissance acquise depuis un demi-siècle a présupposé et confirmé le refoulement de la causalité mécanique par une forme tout autre et beaucoup plus compliquée de la relation de cause à effet.

Tout événement auquel l'homme essaie de donner un sens peut se ramener à l'un ou l'autre de deux types de mouvements, que l'on pourrait appeler le type de la réaction mécanique et celui de la réaction psychologique. On se rendra le mieux compte de ce qui les différencie si on les réduit tous deux à leur forme la plus simple. Celle-ci est, pour la réaction mécanique, le mouvement d'un corps dans le vide par le choc d'un autre corps ; pour la réaction psychologique, l'acte de volonté par lequel un être vivant réagit à une excitation du dehors (le behavior des psychologues américains).

Ces deux réactions diffèrent notamment par les caractéristiques suivantes :

1° La réaction mécanique comporte deux termes. Elle correspond à la série causale schématique que voici :

**Corps. en mouvement          Corps en mouvement**

Quand on connaît l'état de la matière qui produit le choc et l'état de celle qui le reçoit, on connaît entièrement le mouvement produit. On peut toujours conclure de la cause à l'effet. La réaction psychologique comporte trois termes. Sous sa forme la plus simple, elle correspond à cette série causale schématique :

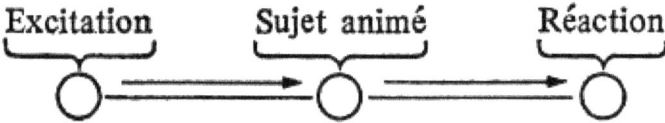

**Excitation          Sujet animé          Réaction**

Il s'ensuit que de la nature et de l'intensité de l'excitation on ne peut pas conclure à la nature et à l'intensité de la réaction. Selon l'état du sujet animé qui s'interpose entre les deux termes extrêmes, la même excitation peut conduire à des réactions toutes différentes. Le schéma ci-dessus prend alors la forme suivante :

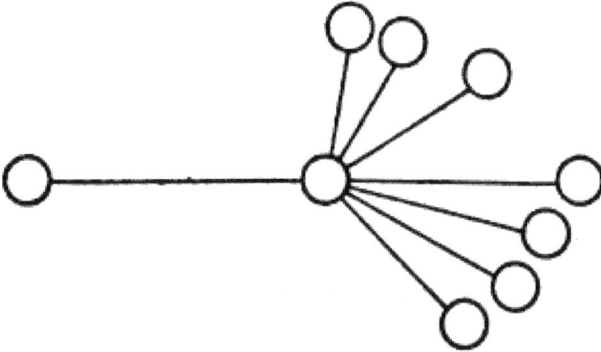

2° La réaction mécanique produit un effet proportionnel à l'énergie développée par la cause. La réaction psychologique a une intensité non proportionnelle à celle de l'excitation. Même pour la simple perception sensorielle, il n'y a aucune mesure commune pour la comparaison entre l'excitation et la sensation. La preuve la plus précise en est la loi de Weber, que William James a exprimée comme suit en langage vulgaire : l'intensité de la sensation croit moins vite que celle de l'excitation ;

3° La réaction *mécanique* est réversible. Le mouvement du corps à la fin de la série causale peut se transmettre à nouveau au corps qui est à l'autre terme de cette série et qui en fut la cause première. C'est pourquoi le principe de la conservation de la matière et de l'énergie, quelque controuvé qu'il soit en d'autres domaines des sciences de la nature, reste à la base de toute mécanique. Un film cinématographique qui montrerait le mouvement de deux billes de billard carambolant dans le vide sur une surface absolument plane (c'est-à-dire dans des conditions telles que les présupposent les lois mécaniques), pourrait tout aussi bien être déroulé à rebours sans que ces mouvements cessent de paraître naturels au spectateur. La réaction psychologique ou même vitale n'est pas réversible. Un événement tel que celui-ci : M. A. donne une gifle à M. B., qui l'a insulté, devient absurde dans l'ordre renversé. Le film cinématographique qui montre à rebours un événement vital tel que la croissance d'une plante ou le plongeon d'un nageur, paraît comique parce qu'il est contraire à la nature ;

4° La réaction *mécanique* est indépendante du temps. La loi fondamentale de la transmission mécanique du mouvement est la simultanéité de la cause et de son effet. Supposons que le cinéma de tantôt, au lieu de renverser le mouvement des billes, le ralentisse ou l'accélère fortement, ce sera malgré tout toujours le même mouvement, soumis aux mêmes lois mécaniques. Mais si, dans la représentation d'un geste humain, le cinéma presse ou ralentit le mouvement, ce geste exprimera un contenu psychologique tout autre, comme une mélodie exprime des choses différentes selon qu'on la joue plus ou moins vite. La réaction psychologique n'est imaginable que comme processus dans le temps. Son essence même est la durée. La simultanéité de l'excitation et de la réaction psychologique est un contresens ; car la notion du temps comme longueur mesurable de la durée n'est née elle-même dans le cerveau de l'homme que de la sensation d'une distance réelle entre l'excitation et la réaction, c'est-à-dire de la durée réelle du processus de volition. « Pour l'artiste qui crée une image en la tirant du fond de son âme, le temps n'est plus un accessoire. Ce n'est pas un intervalle qu'on puisse allonger ou raccourcir sans en modifier le contenu. La durée de son travail fait partie intégrante de son travail. La contracter ou la dilater serait modifier à la fois l'évolution psychologique qui la remplit et l'invention qui en est le terme. Le temps d'invention ne fait qu'un ici avec l'invention même. C'est le progrès d'une pensée qui change au fur et à mesure qu'elle prend corps. Enfin c'est un processus vital, quelque chose comme la maturation d'une idée… Le temps est invention ou il n'est rien du tout. » (H. Bergson) ;

5° La réaction *mécanique* permet de conclure d'un effet connu à une cause inconnue. En effet, le mouvement est donné aux deux bouts de la série causale dans une matière dont tous les états peuvent être mesurés à un étalon unique. La réaction psychologique, pour les motifs déjà cités, permet moins encore de conclure à nouveau de l'effet à la cause que de conclure de la cause à l'effet ;

6° La réaction *mécanique* est entièrement connaissable dès que l'on connaît sa cause. La réaction psychologique n'est connaissable que par l'effet vers lequel elle tend. « Tout phénomène psychologique ne peut être compris que comme acheminement vers un but » (Alfred Adler). « L'être vivant ne se contente pas de se mouvoir dans une direction déterminée, comme une masse inerte poussée par une force externe ; on ne saurait exprimer ses mouvements dans le langage par lequel nous exprimons des mouvements mécaniques ; nous ne pouvons les décrire qu'en disant que l'être vivant tend avec persistance vers un but. Car ses mouvements ne cessent pas quand ils rencontrent des obstacles, ou quand ils sont soumis à des forces qui tendent à les faire dévier : de tels obstacles et une pareille opposition provoquent plutôt des efforts encore plus vigoureux, et ces efforts ne cessent qu'après avoir atteint leur fin naturelle. » C'est ainsi que McDougall, à qui j'emprunte l'essence de ce paragraphe et des trois suivants, caractérise la particularité « téléologique » de la réaction psychologique, par opposition au caractère « causal » que nous attribuons à la réaction mécanique ;

7° La réaction *mécanique* produit un mouvement dont l'espèce et l'intensité sont fixées par rapport à la cause. Elle obéit à des lois logiques. La réaction *psychologique* produit des mouvements dont l'espèce et l'intensité peuvent varier au cours de la réaction. Non seulement, comme le dit McDougall, des résistances peuvent augmenter la force du mouvement, mais elles peuvent encore en changer le caractère. Les mouvements psychologiques sont alogiques. Même à l'état de représentations de volonté, des contenus psychologiques peuvent se contredire ; l'antagonisme des sentiments suscités par une même cause qui, à un moment quelconque, tendent vers des fins contraires, loin d'être une exception, est la règle chez tous les êtres vivants. L'énergie intérieure suscitée et dirigée dans un sens déterminé par une réaction quelconque peut favoriser simultanément des volontés de sens contraire. Il arrive même fréquemment que l'une de ces volontés ayant vaincu l'autre, l'énergie qui animait la volonté vaincue s'incorpore à la volonté victorieuse ;

8° La réaction *mécanique* ne transmet le mouvement qu'à la matière qui reçoit le choix. La réaction *psychologique* transmet l'excitation à tout l'organisme du sujet de la réaction. « Toute action que nous reconnaissons comme un cas de behavior n'est pas seulement une réaction partielle, telle que le mouvement réflexe d'un membre, qui paraît avoir un caractère mécanique ou quasi mécanique ; au contraire, dans chaque cas de behavior, l'énergie de l'organisme tout entier semble être concentrée sur la tâche d'atteindre le but : toutes ses parties et tous ses organes sont subordonnés à et coordonnés avec les organes impliqués en premier lieu dans l'activité en question » (McDougall) ;

9° La réaction *mécanique* en tant qu'effet d'une cause déterminée reste toujours égale à elle-même, même si elle se répète plusieurs fois. La réaction *psychologique* qui correspond à une même excitation plusieurs fois répétée produit chaque fois des effets différents. En général, quand la même excitation se répète, on constate une réaction plus rapide et plus facile, qui peut même, à la longue, donner lieu à une action habituelle presque automatique. D'autres excitations peuvent au contraire, en se répétant trop souvent, ou bien émousser la sensibilité spécifique du sujet et affaiblir ainsi sa réaction, ou bien amener un brusque renversement de la façon de réagir, comme dans le cas où une excitation d'abord agréable finit, à la suite d'une répétition trop fréquente, par provoquer de la répulsion ;

10° La réaction *mécanique*, du fait qu'elle peut se répéter sans changer son caractère, donne lieu à la notion de la loi. C'est ce qui permet aux sciences de la nature de formuler des lois tirées d'une série d'expériences analogues. La notion de la répétition inéluctable d'effets déterminés conduit à l'idée du déterminisme de l'avenir, qui est à la base de toutes les lois dites naturelles. La réaction *psychologique* est unique en son espèce et sa répétition impossible en principe. Sans doute peut-on constater des analogies dans la façon dont divers sujets réagissent à des excitations données, et des analogies dans la disposition de certains sujets qui ont réagi de façon semblable à des excitations identiques ; mais ces constatations ne peuvent jamais se faire qu'après le fait accompli. On ne peut prévoir aucune réaction psychologique avec certitude. Le degré de probabilité d'une prévision de ce genre est inversement proportionnel à la durée de la réaction et à la complexité des phénomènes que la réaction comporte. Ceci s'applique particulièrement aux processus de la conscience et de l'intelligence. Par conséquent, les faits de la vie humaine individuelle autant que les événements du passé historique nous apparaissent comme des faits uniques non susceptibles de répétition. Nous pouvons à vrai dire constater certaines analogies entre certains événements historiques qui nous sont connus ; néanmoins, aucune prévision d'avenir basée sur des lois d'analogie ne s'est trouvée utilisable jusqu'à ce jour ;

11° La réaction *mécanique* comporte des phénomènes qui sont tous mesurables entre eux. Le but de toute science exacte est en effet d'abstraire des phénomènes de la matière et du mouvement des notions mesurables en tant que dimensions de l'espace et du temps. La réduction de toute science naturelle en mécanique, dont parlait Helmholtz, ne signifie pas autre chose qu'une réduction de toutes les valeurs à des différences quantitatives d'une substance qualitativement uniforme, c'est-à-dire la transformation de toutes les différences de qualité en différences de quantité. La réaction *psychologique*, tout au moins pendant le temps qui intervient entre la perception de l'excitation et la réaction finale, ne comporte que des phénomènes qui se soustraient à toute mensuration exacte. Au procédé mécanique de la mensuration s'oppose le procédé psychologique du jugement de valeur. Celui-ci ne connaît que des différences de qualité et d'intensité ; les différences de quantité, à moins qu'il ne s'agisse de mesures des temps de réaction, lui échappent. Six douzaines d'huîtres font soixante-douze huîtres. Cependant, si je gobe ces six douzaines, je n'éprouverai pas un plaisir six fois plus grand que lors de l'ingurgitation de la première douzaine ;

il est même fort probable qu'au cours de cette opération le plaisir du début se sera transformé en dégoût. Si un inconnu m'adresse une injure, je me fâcherai peut-être ; mais s'il m'applique une série de trente noms d'oiseaux, il est probable qu'au lieu de me fâcher trente fois autant, je partagerai l'hilarité des auditeurs de cette scène comique.

Les caractéristiques des deux types de phénomènes que nous venons de mettre en opposition démontrent qu'il s'agit de types opposés sous leur forme pure, mais entre lesquels il y a en pratique un nombre indéterminé d'états transitoires possibles. Dans la pratique scientifique, une transition graduelle conduit de la méthode de la mécanique à celle de la psychologie et des sciences morales ; la méthode de ces dernières prend le dessus vers le point où l'objet des recherches passe du domaine des phénomènes anorganiques à celui des phénomènes organiques.

Il s'ensuit que l'objection principale que l'on peut opposer à la façon de penser du marxisme est moins son réalisme conceptuel en lui-même, que l'incompatibilité de la causalité mécanique de ce réalisme conceptuel avec la nature volontariste et téléologique des réactions psychologiques qui président à toutes les actions de l'histoire.

La pensée du marxisme se meut toujours par couples. Comme chez Hegel, on trouve que chaque catégorie s'oppose à une autre catégorie, tout en ayant une relation de causalité avec une troisième catégorie qui appartient à un autre couple. Ainsi, le couple des catégories Bourgeoisie-Prolétariat fait quadrille avec le couple Capitalisme-Socialisme. La catégorie Bourgeoisie est identifiée causalement avec la catégorie Capitalisme, de même que Prolétariat avec Socialisme, de sorte que la victoire du Prolétariat sur la Bourgeoisie devient sans plus synonyme de la victoire du Socialisme sur le Capitalisme. Dans ces couples de catégories marxistes, comme dans tous les autres avec lesquels ils se combinent, nous retrouvons la dualité des termes qui caractérise la causalité mécanique. La ressemblance avec l'exemple de la mécanique se confirme en outre par le fait que la tension des catégories antagonistes produit toujours un mouvement qui laisse intact le contenu conceptuel des catégories, mais modifie par contre le rapport qui existe entre elles.

Ainsi, pour le marxisme, la révolution sociale — la crise finale qui doit résoudre la tension entre Bourgeoisie et Prolétariat, entre Capitalisme et Socialisme — ressemble à s'y méprendre à un mouvement de forces mécaniques, tel qu'il résulte du choc de deux corps. Son contenu est donc donné a priori et une fois pour toutes. Il découle de l'incompatibilité logique de deux concepts antagonistes qui restent identiques à eux-mêmes, jusqu'à ce que l'un prenne le dessus sur l'autre et annihile son mouvement. Cette victoire n'est pas une transition graduelle, mais — comme dans le cas de deux corps venant de directions opposées et agissant l'un sur l'autre avec une énergie croissante de part et d'autre — une augmentation graduelle de la tension des forces, jusqu'à ce qu'une rupture soudaine de leur équilibre rejette l'un des deux corps. Jusqu'à cette solution finale, rien n'est changé au contenu conceptuel des deux catégories ; toute l'« évolution » consiste en ce que l'intensité de leur tension augmente. C'est un antagonisme de ce genre qui a par exemple amené Marx à construire sa doctrine de l'appauvrissement croissant du prolétariat et de l'acuité croissante de la lutte des classes. Cette doctrine découlait pour lui a priori, comme un phénomène d'avenir prévisible en toute certitude, de l'antagonisme des concepts qu'il avait imaginés.

Il importe de constater que l'antagonisme conceptuel entre le capitalisme et le socialisme ne se rapporte qu'au contenu idéal de ces deux catégories, c'est-à-dire au capitalisme comme notion-limite d'un ordre social fondé sur des mobiles purement capitalistes, et au socialisme comme but, c'est-à-dire également comme notion-limite. Des expressions telles que capitalisme et socialisme ne désignent pas des phénomènes empiriques qui appartiennent au monde des réalités. Ce ne sont que des catégories, des produits de l'abstraction conceptuelle. Il n'y a aucune réalité qui corresponde soit au concept capitalisme, soit au concept socialisme. Le socialisme en particulier n'est qu'une hypothèse, la représentation d'un ordre social possible, ou plutôt de certains traits schématiques et caractéristiques d'un tel ordre, qui n'existe pas encore et qui n'a jamais existé. Mais le concept capitalisme lui aussi ne correspond qu'à une représentation conçue dans notre cerveau. Il est vrai que nous nous imaginons que la société où nous vivons est identique à cette représentation. Ceci est une erreur, ne serait-ce que parce que nous pouvons seulement utiliser la notion conceptuelle à condition que l'image qui lui correspond reste égale à elle-même au cours des temps. C'est précisément ce que ne fait pas la réalité ; les rapports sociaux, les relations de puissance et les tendances d'évolution qui s'expriment dans cette réalité ne sont à aucun moment ce qu'ils étaient au moment précédent ; tout cela est soumis à la transformation constante qui est le fait de tout devenir. Combien notre société ne diffère-t-elle pas par exemple, même à un point de vue aussi purement économique que celui des formes de l'entreprise, de la société que connut Karl Marx ! Cela n'empêche que nous appliquions à ces deux états sociaux le même terme de capitalisme. Nous en avons le droit, car il y a un concept capitalisme qui, sans correspondre exactement à aucun de ces états, répond néanmoins à certains traits essentiels qui leur sont communs. Ce concept est aujourd'hui exactement le même qu'en 1848 ou en 1867. Il symbolise un mode de production « pur », et par là imaginaire, qui correspond aux lois que Marx a formulées dans sa théorie de la plus-value. Aussi longtemps que la formule de ces lois reste inchangée, l'image du « capitalisme », qui en résulte reste également la même, précisément parce qu'elle n'est qu'un schéma de la pensée. L'image d'un pareil complexe de caractéristiques abstraites peut rester ressemblante et utilisable, bien que chaque fait isolé dont elle a été à l'origine déduite par abstraction se soit modifié depuis lors.

Il s'ensuit que ce que nous appelons capitalisme, ou féodalisme, ou socialisme, ce sont certaines associations conceptuelles de relations causales générales, formées par nous en représentations conceptuelles par suite de la concordance d'un grand nombre de faits isolés pendant une période déterminée de l'histoire. Toutefois, une représentation de ce genre ne coïncide jamais exactement avec tous les faits de la vie, parce que la représentation est statique, tandis que la vie est dynamique et en perpétuelle métamorphose. Qui pourrait dire : à tel moment et à tel endroit le féodalisme prit fin et fit place au capitalisme ? Dans la société actuelle, les formes économiques les plus diverses coexistent ; on y trouve des formes précapitalistes de l'économie domestique et villageoise en même temps que d'autres qui semblent des débuts de production socialiste pour la consommation.

Un antagonisme comme celui qui s'exprime dans l'antithèse marxiste Capitalisme-Socialisme est un état de mentalité et non un fait de la réalité objective. La lutte des classes en tant que conflit logique entre une force identifiée avec le capitalisme et une autre force identifiée avec le socialisme est un concept dont la fonction est de donner une direction aux sentiments. Les luttes sociales de la réalité auxquelles ce concept se rapporte n'ont jamais comme enjeu le capitalisme ou le socialisme, mais toujours des objectifs concrets particuliers, soit qu'il s'agisse d'une augmentation de salaires dans une industrie ou de la conquête de mandats parlementaires. Ce n'est que dans l'opinion du participant ou de l'observateur que l'ensemble de ces luttes isolées constitue un « mouvement ». Par là, on incorpore à celui-ci un sens — la réalisation d'un antagonisme de catégories — qui n'existe pas, ou du moins pas nécessairement, en tant que mobile chez les individus qui participent à la lutte. La conception du devenir social actuel comme une lutte entre deux mondes ennemis, le capitalisme et le socialisme, est la cristallisation d'un jugement éthique qui ordonne les faits de la réalité sociale d'après la polarité simple du bien et du mal. Ce sont là des faits psychologiques parfaitement réels, puisqu'ils peuvent déclencher des énergies réelles de l'activité sociale. Mais leur réalité s'arrête aux limites du domaine psychologique ; ce ne sont pas des phénomènes de l'univers objectif. Le socialisme en tant que réalité objective, c'est-à-dire en tant que mouvement social, est tout autre chose que le socialisme en tant que but, c'est-à-dire en tant que catégorie pure ; et il s'ensuit que son rapport à l'égard du capitalisme en tant que réalité, c'est-à-dire comme ordre social actuel, est différent du rapport qui existe entre les deux catégories pures. Dans le monde des catégories, le socialisme est l'opposé du capitalisme. Dans la réalité sociale, il n'existe pas d'oppositions de ce genre. Ici, tous les antagonismes se manifestent sous forme de luttes, de conflits entre des volontés humaines de sens différent et dont l'enjeu est toujours un objectif concret déterminé.

Un autre état affectif, une volonté sociale différemment dirigée décomposerait l'image conceptuelle du même univers réel en d'autres éléments logiques. Ceux-ci seront vrais ou faux selon qu'ils exprimeront fidèlement ou non l'essence réelle de la volonté qu'ils symbolisent. La conception du monde qu'ils résument vaut alors exactement ce que vaut le mouvement qui se réclame d'elle ; et sa valeur par rapport à ce mouvement se mesure à la façon dont elle l'aide à prendre conscience de ses mobiles véritables. Ainsi, Bertrand Russell, dans un ouvrage récent, The Prospects of Industrial Civilisation, esquisse de l'univers social une image dominée par les forces antagoniques Capitalisme-Socialisme et Impérialisme-Autonomie nationale. Ce faisant, il considère le premier couple de catégories comme exprimant deux formes antagonistes de l'Industrialisme, et le second comme désignant deux aspects opposés du Nationalisme. Industrialisme et Nationalisme représentent d'après son système un contenu de culture, dont le refoulement par un principe nouveau et antimécaniste lui apparaît comme la grande tâche de notre époque. Il se trouvera bien des gens pour estimer que les catégories de Russell correspondent mieux à la réalité que celles de Marx. Mais de quoi ce jugement dépendra-t-il ? On donnera la préférence à Marx ou à Russell selon que l'on ressentira plus de sympathie pour l'objectif de Marx, la victoire sur le capitalisme, ou pour celui de Russell, la victoire sur l'industrialisme. Ici encore, c'est le désir qui détermine la façon de voir. Pour juger une interprétation de la réalité par des catégories, il faudra donc toujours partir de la question pratique, à savoir si, dans chaque cas particulier soumis à l'examen, on comprend mieux les phénomènes à l'aide de la catégorie en question ou sans elle. Mieux comprendre signifie la même chose que mieux pouvoir ; car comprendre, c'est saisir des effets en séries causales de telle façon qu'elles puissent devenir des séries causales de la volonté consciente.

Juger le marxisme de ce point de vue, ce n'est pas se livrer à des discussions de méthode sur la valeur de ses hypothèses pour les historiens. Il faut reconnaître de bon gré et sans réserve que les hypothèses marxistes ont contribué à rendre plus fertiles les recherches historiques. Elles ont fixé l'attention sur un facteur essentiel de l'histoire, le facteur économique qui, pour ne pas avoir été découvert par Marx, n'en était pas moins fort négligé avant lui. Mais il est évident que l'utilité de cette hypothèse pour l'historien, comme celle de toutes les hypothèses de travail, consiste à fournir au chercheur un instrument de recherche. Dès lors, la méthode n'acquiert de valeur que par la façon dont le chercheur s'entend à l'appliquer ; et il arrive toujours un moment où ceci dépend de la façon dont il obtient des résultats qui le libèrent de l'étroitesse de son propre point de départ hypothétique. Toute méthode historique qui part de l'hypothèse d'une série causale générale des événements est bonne, quelle que soit la catégorie d'événements qu'elle considère comme cause dernière de la série ; car on finit toujours par découvrir que cette série est un cercle qui se referme lui-même, de sorte qu'il suffit de l'aborder en un point quelconque pour pouvoir le dérouler. Toutefois, l'objectif final de toute philosophie de l'histoire est de former une image du devenir total qui referme le cercle ; et ceci prouve le caractère relatif de l'hypothèse linéaire. Ainsi, l'historien qui essaie par exemple d'expliquer la civilisation d'une époque par sa structure économique pourra arriver, grâce à l'hypothèse des causes économiques, à une vision globale qui élimine l'hypothèse elle-même de ses résultats. Le bon historien est celui qui écrit l'histoire de façon que le lecteur ne découvre pas l'hypothèse dont il s'est servi, de même que le bon menuisier est celui qui ne laisse pas de traces d'outils sur les objets sortis de ses mains. Le but ultime de toute hypothèse est de se rendre elle-même superflue, et seul celui-là en fait bon usage qui parvient à se délivrer de la pesanteur de son propre instrument. Le doigté qu'il faut à l'historien pour qu'il soit plus qu'un Bonhomme système se manifeste en ce qu'il saisira le moment où sa conscience de la vérité finale et réelle cherchée doit refouler la vérité provisoire et imaginaire de son hypothèse de départ. Le but de tout travail n'est pas l'outil, mais la création. On peut dire des hypothèses de travail dont se sert n'importe quelle science que leur utilité est épuisée dès que les chercheurs qui les utilisent apparaissent plus préoccupés de prouver l'existence de l'outil par les faits que d'employer l'outil à dégager la forme de ces faits.

Mais à quoi bon ergoter sur tout ceci ? Marx lui-même protesterait certainement si l'on voulait juger son matérialisme historique d'après la valeur qu'il peut avoir ou ne pas avoir au point de vue de la compréhension du passé. Il n'était pas historien et ne voulait pas l'être. Ses écrits s'adressaient, non aux gens préoccupés de recherches historiques, mais aux gens préoccupés de réalisations politiques. Ce n'est pas écrire l'histoire, c'est faire l'histoire qu'il voulait. Il n'y a donc pour juger le marxisme qu'un étalon de valeurs qui convienne, et c'est de rechercher comment il a fait ses preuves en tant que méthode de faire l'histoire. D'après un proverbe anglais fort sage, on fait la preuve du pudding en le mangeant. Supposons qu'un météorologiste conseille à un paysan de faire telle chose et de s'abstenir de faire telle autre chose, parce qu'il peut lui prédire infailliblement les changements de temps. Que lui dira alors le paysan, après s'être aperçu que le conseil était mauvais, parce que la prophétie du météorologiste ne s'est pas réalisée ? Le paysan essaiera-t-il alors de prouver au faux prophète qu'il a commis une faute logique quelconque dans la construction ou dans l'application de sa théorie météorologique ? Non, il se contentera de lui dire le temps qu'il a fait.

# Chapitre XII

## L'hédonisme économique marxiste

*« Il n'y a pas de lutte de classe en soi, il
n'y a qu'une lutte de classe pour quelque
chose. »*

*H. Sinzheimer.*

N ous avons déjà pu constater que toute interprétation de
l'histoire par voie de catégorie est la construction
intellectuelle auxiliaire d'une volonté qui élève au rang de
cause ultime les phénomènes sur lesquels elle essaie d'agir en premier
lieu. Si le marxisme choisit la catégorie économique comme cause de
l'évolution sociale, cela indique tout simplement qu'il considère
comme sa tâche actuelle de mettre en œuvre des mobiles économiques
pour réaliser sa vision socialiste de l'avenir. La direction de la volonté
détermine la forme de la connaissance. La connaissance prétendument
objective des causes n'est qu'un mirage du jugement subjectif des
mobiles. C'est uniquement par cette conséquence psychologique que
l'on peut expliquer l'inconséquence logique qu'il y a en somme à croire
d'une part à la causalité générale et inéluctable de tout devenir, et
d'autre part au caractère déterminant d'une série causale unique
abstraite de ce devenir. Le déterminisme naturel qui forma l'atmosphère
intellectuelle dans laquelle se développa le marxisme conduit en bonne
logique à la conclusion suivante : si quoi que ce soit avait été autrement
que ce ne fut, tout serait autrement que ce n'est. Pour le déterministe
conséquent, tout est en même temps cause et effet, tout devenir est la
réalisation d'une gigantesque série causale donnée une fois pour toutes,
comme un fil sans fin fort embrouillé mais que l'on peut dévider en le
saisissant à un endroit quelconque. Le choix de cet endroit est
indifférent en principe à celui qui ne voit dans toute l'histoire que le
déroulement d'une série causale dont tous les termes se déterminent

l'un l'autre en vertu de lois naturelles : dès lors, on en arrive de toute façon à une interprétation sensée.

Cependant, tout ce qui est également possible en principe en vertu d'une hypothèse intellectuelle n'est pas pour cela également réel dans la pratique de notre interprétation scientifique. Il existe une chanson allemande dont le refrain dit : « Il y a une cause à tout, mais le malheur, c'est qu'on ne la connaît pas toujours. » C'est là, exprimée sous forme de lieu commun, la thèse de Kant qui limite la notion de la causalité au domaine de l'expérience. Il est facile de croire qu'un phénomène dépend d'un autre, mais cela ne nous permet encore aucunement de déterminer l'un par l'autre. Si nous disons que A est la cause de B, cela signifie beaucoup plus que si nous constatons une simple dépendance, qui se manifesterait par exemple en ce que toute modification de A entraîne une modification de B ; ne serait-ce que parce qu'il y a des relations d'influence qui, comme disent les mathématiciens, reposent sur une dépendance fonctionnelle mutuelle, de sorte que toute modification de B entraînerait aussi inversement une modification correspondante de A. Il n'y a qu'un signe certain qui nous permette de reconnaître A comme la cause de B : c'est quand, en vertu d'une loi de causalité posée en hypothèse, nous pouvons conclure de A connu à B inconnu. Il nous est loisible alors, grâce à notre connaissance de A, de déterminer B, c'est-à-dire de savoir ce que sera B préalablement à toute expérience de sa réalité. Dans le domaine de la volonté pratique, ceci implique que si un état A est la cause d'un état B, il suffit que nous réalisions A pour que B se réalise également.

Cette distinction entre la dépendance et la détermination causale est fort importante. Il ne manque par exemple pas de gens qui se croient marxistes parce qu'ils sont frappés par le fait que l'évolution sociale dépend de l'évolution économique, la superstructure idéologique de l'infrastructure matérielle, la conscience sociale de l'être social, pour ne citer que ces quelques exemples de formules marxistes. Mais quel est donc l'homme clairvoyant à qui tout cela ne paraîtrait pas évident ? Et qui nierait d'autre part que tout état économique se transforme à chaque modification des états éthiques, politiques et généralement idéologiques, c'est-à-dire qu'il dépend d'eux ? Aucun socialiste ne niera que les conditions idéologiques d'existence dépendent des conditions matérielles, car sans cela il serait absurde de vouloir transformer les conditions matérielles pour atteindre un but idéal ; mais il serait tout aussi absurde pour un socialiste de nier que les conditions matérielles dépendent des conditions idéologiques, puisque alors tout objectif socialiste serait hors d'état de transformer les conditions matérielles.

Pourtant, l'interdépendance indéniable des deux ordres de choses n'amène pas le marxisme à abandonner sa thèse de la détermination causale des états idéologiques par les états matériels. Pour cela, il se retranche derrière les mots : en dernière analyse. Il considère la réaction de l'état idéologique sur l'état matériel comme quelque chose de postérieur et de subordonné, comme un chaînon ultérieur d'une chaîne de séries causales qu'il fait commencer en dernière analyse par la série causale « l'évolution des forces de production » — c'est-à-dire, pour simplifier cette formule, les causes économiques.

Or, il saute aux yeux qu'un adepte du déterminisme naturel tel que Marx n'aurait eu aucune peine à chercher — et à trouver — derrière ces causes d'autres causes encore. Pourquoi, par exemple, n'a-t-il pas fait dériver l'évolution sociale de l'évolution géologique ou cosmologique ? Il y a certes là une relation de dépendance encore bien moins discutable que la détermination de l'évolution idéologique par celle de l'économie ; et quant à ce qui en est de la dernière analyse, il n'est pas douteux qu'il y a là des causes encore bien plus reculées que celles du développement technique. Que l'on suppose d'autres lois de gravitation, une formation différente des planètes, une autre atmosphère ou une autre température terrestre, et la Première Internationale n'eût jamais été fondée. Le « Capital » est un effet qui n'eût jamais été possible sans la cause géologique « période quaternaire ». Pourquoi donc la dernière analyse marxiste fait-elle halte précisément devant la détermination économique ?

À cette question, le marxisme donne une réponse analogue à celle par laquelle il pare à l'argument, qu'on lui a souvent opposé, de la détermination géographique de l'histoire : la dernière analyse du matérialisme historique n'entend être qu'une dernière analyse sociale. Le marxisme déclare que la détermination cosmologique, géologique, géographique ou biologique ne l'intéresse pas, parce que les états étudiés par ces sciences constituent pratiquement une constante par rapport au devenir social et historique. Supposons donc un instant qu'il en soit ainsi ; ne peut-on pas dire dans une très large mesure des conditions de production la même chose que des conditions — naturelles envisagées, à savoir qu'elles constituent pratiquement une constante par rapport aux événements que nous pouvons influencer par notre volonté consciente ? Pour que nous trouvions une utilité à l'hypothèse par laquelle nous isolons des séries causales, telles que l'évolution des forces de production, de la série causale générale des phénomènes historiques, il faut qu'elle nous aide à imaginer certaines formes typiquement idéales — telles que le capitalisme « pur » de la théorie marxiste de la plus-value — suffisamment constantes pour qu'elles caractérisent l'organisation économique d'une époque historique donnée. Certes, il est aisé de rapporter un événement historique quelconque de l'époque capitaliste à l'arrière-plan causal des conditions capitalistes de production, à condition qu'il ne s'agisse là que de constater un état de dépendance. Cependant, des rapports de ce genre n'ont une signification que si l'on peut dire : si nous connaissons la cause (à savoir les conditions de production d'une époque), nous pouvons en déduire l'effet (à savoir l'événement historique). Si ceci n'est pas possible, il faut reconnaître que d'autres causes encore sont à considérer, qui ou bien appartiennent à une série causale embrassée par une discipline scientifique différente, ou bien se soustraient entièrement à notre connaissance. Or, d'autres causes seraient comme d'autres facteurs d'un produit, facteurs dont nous ne connaissons ou ne voulons pas connaître l'espèce, la grandeur et le signe, et qui peuvent donc complètement modifier le produit. Qui oserait affirmer par exemple que notre connaissance des conditions de production en Europe en cette ère capitaliste nous révèle les causes qui nous permettraient de conclure aux événements historiques de cette époque, ou même à leurs grands traits ? Comment un homme qui ne connaîtrait de notre époque que les conditions de production pourrait-il en déduire les transformations politiques de l'ère de la guerre mondiale, l'histoire de la philosophie depuis un siècle, l'évolution de la physique de Laplace à Einstein, la transformation des notions juridiques, la succession des courants Principaux de l'évolution de la culture et des arts, depuis le classicisme et le romantisme jusqu'au dadaïsme et au surréalisme, en passant par le naturalisme, l'impressionnisme et l'expressionnisme ?

On pourrait tout aussi bien essayer de conclure, d'après ce que nous savons des dimensions, du poids, des mouvements et de la composition chimique de la planète Mars, à la poésie lyrique de ses habitants éventuels, puisque celle-ci dépend aussi en « dernière analyse » de tout cela. Marx lui-même, malgré sa connaissance extraordinairement profonde de l'économie capitaliste, n'a pas réussi, dans le domaine propre de ses recherches et de son activité spécialisée, à déduire les traits essentiels de ce que serait l'évolution du mouvement ouvrier après sa mort : au lieu de s'appauvrir, le prolétariat a vu s'accroître sa puissance économique et sociale ; au lieu de l'aggravation catastrophique de la lutte contre l'État bourgeois, se sont développées une adaptation et une pénétration mutuelles ; au lieu d'une révolution issue d'un cataclysme économique, le mouvement syndical a lié de plus en plus ses objectifs à l'augmentation de la productivité et de la prospérité. En ce qui concerne tout cela, la « dernière analyse » ne semble pas avoir servi à grand-chose. Même si nous la supposons donnée, elle ne nous révèle au fond pas plus de probabilités ou de certitudes d'avenir que ne le fait la détermination biologique, qui voit, d'après une méthode théorique tout aussi conséquente, toutes les « causes » de l'histoire de l'humanité données de prime abord dans la structure de l'amphioxus. Pour expliquer les actions humaines, ce n'est pas la dernière analyse des causes ultimes imaginables, c'est la première analyse des causes connaissables les plus proches qui peut nous aider.

Il n'y a certes rien de surprenant à ce que l'on puisse constater que la portée scientifique de la détermination causale croît en même temps que la distance entre l'effet et la cause « dernière ». Pourquoi dès lors cette constatation n'a-t-elle pas amené Marx à conclure en « dernière analyse » que l'évolution de l'humanité est déterminée, plutôt que par les causes économiques, par les causes biologiques, géologiques, cosmogoniques, voire par celles de l'atomisme physique et chimique ? L'explication en est fort simple : c'est qu'il ne nous sert à rien, en science sociale, d'expliquer des phénomènes par des causes qui se soustraient à notre influence. Il est vrai que la relation causale Économie-Société est bien moins incontestable et bien moins « en dernière analyse » que la relation Gravitation-Société ; mais nous ne pouvons rien changer aux lois de la gravitation, tandis que — du moins Marx le croit-il — nous pouvons modifier les lois de l'économie. Plus exactement : d'après lui, il suffit que les lois de l'évolution économique s'accomplissent pour réaliser la série causale de l'évolution sociale, au terme de laquelle se trouve le but socialiste. A y regarder de plus près, on finit donc par découvrir que la croyance aux causes économiques est au fond une croyance aux mobiles économiques. La volonté est le point de départ de la théorie ; au terme de la dernière analyse, on trouve une dernière volonté. Elle n'est pas la dernière qui soit accessible à la spéculation scientifique, mais seulement la dernière qui (dans l'opinion de Marx) soit encore soumise au rayon de portée de notre volonté. L'élévation de la série causale économique au rang de cause ultime ne signifie donc, bien qu'elle se présente sous les dehors d'une connaissance scientifique objective, que la profession d'une foi tout à fait subjective, à savoir la croyance que le mobile de l'intérêt économique est la cause ultime de la volonté chez l'homme vivant en société. À son tour, cette croyance est l'indice d'une volonté qui tend — cette fois en première analyse — vers une transformation des conditions de production.

Il suffit que la théorie des causes se révèle ainsi comme une théorie de mobiles déguisée, pour que la critique du matérialisme historique (la doctrine des causes économiques) se réduise dans son essence à une critique de l'hédonisme psychologique (la doctrine des mobiles économiques).

On sait que Marx n'a jamais formulé sa doctrine des mobiles. Il n'a même jamais défini ce qu'il fallait entendre par une classe sociale ; la mort a interrompu son dernier ouvrage au moment où il s'apprêtait à traiter ce sujet. Pourtant, il n'y a aucun doute au sujet des conceptions fondamentales dont il s'inspirait : même sans avoir été définies, celles-ci se manifestent en tant qu'hypothèse implicite par leur application constante, tant dans l'activité scientifique de Marx que dans son activité politique. Chaque thèse économique et chaque opinion politique ou tactique de Marx reposent sur l'hypothèse que les mobiles de la volonté humaine, par laquelle s'accomplit le progrès social, sont dictés en premier lieu par l'intérêt économique. La psychologie sociale contemporaine exprimerait cette même idée en disant que les attitudes sociales sont déterminées par l'instinct acquisitif, c'est-à-dire l'instinct qui pousse l'homme à s'approprier des valeurs matérielles.

Si Marx lui-même a tenu des formules de ce genre pour superflues, cela s'explique fort simplement par le fait que leur sens paraissait évident à toute la science économique de son époque. En outre, sa croyance à la détermination des séries causales idéologiques par les séries économiques et sociales lui permettait de ne pas se soucier du processus psychologique par lequel les nécessités économiques se transforment en objectifs humains. En sa qualité de disciple de Hegel, il voyait l'origine de cette transformation dans le fait des catégories se réalisant elles-mêmes. En tant que disciple et continuateur des économistes classiques, l'identité de l'intérêt et de la satisfaction de l'instinct acquisitif était pour lui un axiome. En tant que rationaliste, il considérait la formation des objectifs humains comme le résultat d'un état de connaissance, processus tellement simple à ses yeux qu'il rendait superflue toute autre explication psychologique. Si tous les marxistes venus après lui, de Kautsky jusqu'aux propagandistes socialistes et communistes les plus récents, ont mis plus ou moins explicitement l'hédonisme économique à la base de leurs notions de la classe, de l'intérêt de classe et de la lutte de classe et par là de toute leur doctrine des mobiles et de toute leur stratégie politique, il n'y a là que le prolongement conséquent d'une conception fondamentale que Marx lui-même a pu se passer de mettre en formule, parce qu'elle lui paraissait donnée comme point de départ de sa doctrine tout entière.

Tout marxisme part donc de l'hypothèse psychologique que la transformation des tendances de l'évolution sociale en tendances de la volonté humaine est un processus d'adaptation psychologique. D'une analyse des formes économiques de la production, on abstrait des lois dont on présuppose sans plus qu'elles deviennent chez l'homme des lois de la volonté et de la pensée. Ceci implique que toute fonction économique engendrerait chez l'homme qui l'exerce les directions de volonté et les représentations qui sont nécessaires à l'exercice de cette fonction. Le mécanisme social de cette transmission serait l'intérêt de classe au sens d'une détermination de la volonté sociale par l'instinct acquisitif.

En substantivant les catégories, selon le mode hégélien, le marxisme s'expose à la tentation constante de retomber dans la faute d'un simplisme, qui établit entre des « ismes » de même apparence des rapports de causalité que l'on ne peut prouver sur les phénomènes eux-mêmes. On en trouve un exemple dans l'explication, inspirée par le chapitre du Capital sur la solidarité ouvrière et courante jusqu'à ce jour chez les marxistes, de la mentalité solidaire des ouvriers (c'est-à-dire de leur sens du groupement) comme une espèce de réflexe de l'organisation coopérative du travail divisé dans la grande entreprise capitaliste. On semble supposer que certaines caractéristiques des choses déteignent, par un procédé psychologique d'ailleurs inexpliqué, sur la mentalité des gens qui vivent au milieu de ces choses. C'est là du pur mysticisme matérialiste. Pour s'en convaincre, il suffit de se représenter que l'entreprise industrielle capitaliste n'est solidaire qu'au point de vue technique et mécanique, tandis qu'au point de vue humain et social elle est au contraire autoritaire et hiérarchique. Pour peu que l'on essaie de remonter aux causes concrètes et particulières de la mentalité solidaire des ouvriers, on s'aperçoit que celle-ci découle bien moins de l'organisation technique du travail dans l'usine capitaliste que du rapport antagoniste entre ouvriers et patrons. En d'autres termes, l'esprit de solidarité de la classe ouvrière découle précisément de ce qui n'est pas solidaire dans l'organisation des entreprises. Tout ouvrier, capable de voir les faits autrement qu'au travers des lunettes d'une doctrine de parti, sait que l'expérience pour ainsi dire technique du travail en commun dans l'industrie mécanisée engendre précisément chez l'ouvrier de la grande industrie des mobiles qui détruisent beaucoup plus souvent la solidarité qu'ils ne la font naître. La coopération des ouvriers dans la lutte de classe est tout autre chose qu'un décalque de la coopération mécanique à l'usine. La mentalité dont elle procède ne naît point de l'expérience technique de l'atelier, mais d'un complexe d'expériences sociales qui se réalisent pour la plus grande part en dehors des heures de travail. Aussi bien, la solidarité est-elle d'habitude bien plus vivante dans les assemblées ou à l'heure du casse-croûte que pendant le travail lui-même. Elle se manifeste beaucoup plus vigoureusement dans la façon dont les ouvriers, luttant pour leur salaire, sont unis par un ressentiment et par un intérêt communs, que dans la façon dont ils s'entraident au travail, ou dont ils se prouvent des égards mutuels en main. tenant les latrines de la « boite » en état de propreté. Si la doctrine d'après laquelle le milieu matériel « déteint » sur les individus était exacte, l'ouvrier anglais ou américain devrait avoir une mentalité pour le moins aussi « mécaniste-marxiste » que l'ouvrier allemand ou russe qui travaille aux mêmes machines. Or, chacun sait qu'il en est tout autrement. La mentalité sociale de l'ouvrier américain surtout, dont le travail est le plus mécanisé, est marquée au coin d'une réaction fortement teintée d'éthique contre tout ce qui ressemble à une conception mécaniste des relations sociales : « Le travail n'est pas une marchandise ! » est une maxime du mouvement syndical américain, tandis que le mouvement syndical allemand se réclame d'une théorie qui déclare que la force de travail n'est que cela. Certes, la solidarité ouvrière repose sur une expérience sociale dont l'atelier est un élément ; mais cette expérience ne crée des mobiles de solidarité que par l'intervention d'une expérience sociale beaucoup plus compliquée et plus générale. En tout état de cause, la réaction immédiate de l'ouvrier à l'expérience d'atelier ne doit aucunement se manifester sous la forme d'une adaptation psychologique. L'effet du milieu se produit à travers un complexe de réactions dont une partie signifie une adaptation, et une autre partie une réaction contraire.

Il en est de même de l'influence des conditions de logement sur la psychologie ouvrière. Les théoriciens marxistes ont souvent prétendu que la grande ville constituait, par le groupement serré des logements prolétariens, une condition fondamentale à la formation d'une mentalité prolétarienne de masses. À leur avis, l'habitation à logements multiples est, de même que l'usine, un bouillon de culture pour les habitudes de solidarité sociale et pour les instincts socialistes. Il n'y a pas bien longtemps qu'en Allemagne notamment, cet argument marxiste servait encore à condamner toute entreprise pour la construction de maisons ouvrières isolées et pour la diffusion de la petite propriété foncière comme l'expression d'aspirations petites-bourgeoises et absolument antisocialistes. Or, il serait puéril de nier que les conditions de logement et de communication qui prévalent dans les grandes villes créent un terrain favorable à la diffusion de n'importe quelle mentalité de masse. Mais il y a loin de cette constatation à la conclusion que le logement en masse engendre une mentalité socialiste. Un fait qui porte à réfléchir à ce sujet, c'est que le socialisme est généralement plus répandu dans les régions industrielles où domine l'habitation isolée et où la promiscuité des logements est moins grande que dans les villes géantes. En outre et surtout, il importe d'envisager la qualité de la mentalité socialiste en question. C'est un fait d'expérience universelle que le socialisme des ouvriers des grandes villes diffère de celui des habitants des villages industriels ou des villes de province, il se distingue en règle générale par une plus forte accentuation des mobiles sociaux ou même antisociaux. Ces mobiles ne se manifestent pas seulement sous la forme d'un ressentiment plus acerbe contre les classes possédantes ; ils s'expriment aussi par une certaine surexcitation des instincts agressifs dirigés contre l'entourage humain en général, y compris les gens d'opinion différente parmi les propres camarades de syndicat et de parti. Il y a à ce point de vue une différence frappante entre l'atmosphère des assemblées ouvrières dans les grandes villes et celle des agglomérations villageoises. Il importe peu en l'occurrence que la grande ville soit une capitale de luxe et de fonctionnaires comme Bruxelles, une métropole commerciale comme Londres, un centre de petites industries comme Paris ou une agglomération de grosse industrie comme Berlin ou Chicago ; elle est toujours le foyer d'un extrémisme agressif, hargneux, cynique et d'humeur instable, qui assume même quelquefois les symptômes quasi pathologiques d'un complexe antisocial, par contraste avec la mentalité socialiste moins tape-à-l'œil et moins différenciée, mais d'autant plus compacte, solide et profondément enracinée des « provinciaux ». Parmi les multiples causes de ce complexe antisocial des citadins, il faut citer en premier lieu les conditions de logement. La promiscuité forcée engendre moins l'amour du voisin que l'individualisme hargneux, l'irritabilité, l'envie, les habitudes potinières et la haine.

Toute psychologie sociale doit donc, si elle veut s'incliner devant les faits, considérer, outre les réactions psychologiques qui signifient une adaptation de l'homme à son milieu, les réactions contraires qui tendent inversement vers une adaptation du milieu à certains objectifs humains. Le type de la-réaction d'adaptation est la formation d'habitudes de vie par les masses ; le type de la réaction contraire est la formation de représentations juridiques compensatrices et révolutionnaires par des révoltés intellectuels. Le mouvement ouvrier socialiste ne peut se concevoir que comme l'effet combiné de ces deux espèces de réaction. S'il n'était que la réalisation d'intérêts de classe qui représente l'adaptation de l'instinct acquisitif des ouvriers aux conditions de vie matérielle du milieu capitaliste, il mériterait qu'on lui appliquât la dénomination de G.B. Shaw : le capitalisme de la classe ouvrière. Le mouvement ouvrier n'est plus que cela, il n'est vraiment socialiste que dans la mesure où il s'oriente vers des buts qui proviennent précisément de la non-adaptation de la mentalité à la destinée économique.

L'homme se distingue des êtres vivants inférieurs en ce qu'il n'est pas seulement un objet par rapport à son milieu. Quand Spencer définit la vie comme « une adaptation des rapports intérieurs aux rapports extérieurs », il ne tient compte que d'un aspect de la vie humaine, à savoir son aspect inférieur, passif et inerte. Cette partie des fonctions vitales ne paraît supportable à l'être pensant qu'à condition de pouvoir la considérer comme une condition nécessaire à l'accomplissement de ses fonctions supérieures, créatrices et progressives. La vie humaine combine deux espèces de fonctions : dans ses fonctions organiques, l'homme est un objet soumis à une causalité externe ; dans les fonctions de la conscience spirituelle, il est un sujet, qui se crée à lui-même, sous forme de représentations de volonté, des causes de la transformation de son milieu. L'essence téléologique de notre vitalité intellectuelle fait de nous des transformateurs du monde extérieur. C'est cette transformation, d'après les formes données par nos états psychologiques, qui constitue la civilisation ou culture. Le laboureur ne peut exister que par la terre, mais c'est lui qui la transforme en champ, d'où le terme « culture ». Par là, le milieu se trouve adapté à un but, qui ne naît comme représentation d'un état souhaitable que parce que l'adaptation à l'état existant est ressentie comme un mal. Le mécontentement est une non-adaptation psychologique, et la non-adaptation est la condition du progrès ; la forme la plus haute de la puissance spirituelle qui, au lieu de subir un sort, veut le créer, s'appelle le génie. S'il n'y avait qu'une adaptation de la superstructure idéologique à l'infrastructure économique, il n'y aurait pas de socialisme. Car les socialistes ne sont pas les gens qui s'adaptent aux exigences du mode de production capitaliste ; ce sont ceux qui se révoltent contre le capitalisme en tant qu'ordre social. Le mouvement ouvrier est pour une part une adaptation, pour l'autre part une réaction contraire. De là provient le caractère hybride de sa fonction sociale, dont nous avons déjà vu qu'elle est à la fois capitaliste par sa tendance à l'embourgeoisement et socialiste par sa tendance au renversement de la hiérarchie des valeurs sociales.

Les manifestations les plus significatives de l'esprit d'une époque ou d'un peuple pour l'histoire de la civilisation sont plus souvent — des représentations compensatrices engendrées par une réaction contraire qu'une simple adaptation psychologique ; elles indiquent moins ce que l'on est que ce que l'on voudrait être, c'est-à-dire en un certain sens ce que l'on n'est pas. Les temps de la plus grande ferveur mystique ne furent jamais ceux où la foi religieuse inspirait le plus vigoureusement la vie des masses ; c'étaient au contraire ceux où la foi était le plus fortement ébranlée chez la plupart, et où l'on ressentait avec le plus d'acuité le conflit entre l'idéal de vie et les habitudes de vie. Pendant les deux dernières générations, la civilisation allemande fut dominée par la déification de la force, de la puissance, voire de la violence brutale. Cela se manifesta dans le style de l'architecture, de la littérature, de la peinture, de la musique, dans l'idéalisation romantique du « surhomme » par les philosophes de la Volonté de Puissance, dans la stratégie politique et l'idéologie de lutte de classe que professait la social-démocratie, dans les rodomontades de la mégalomanie impériale qui provoquèrent en même temps la risée et la peur au-delà des frontières. Ce n'est pas aller assez au fond des choses que d'expliquer tout ceci uniquement par le militarisme prussien, car celui-ci n'était lui-même qu'une incarnation du même esprit. La puissance pour laquelle on s'enthousiasmait était la puissance que l'on n'avait pas, du moins pas au plus profond de l'âme, mais que l'on désirait avoir et que l'on essayait par conséquent de s'autosuggérer. La France d'après-guerre subit un sort à peu près analogue : on y idéalise la puissance et l'autorité comme compensation de la faiblesse dont on souffre dans le subconscient, voire de la peur de l'invasion dont on ne s'est pas encore remis. Par contre, alors que pendant la deuxième moitié du siècle précédent, l'Angleterre se trouvait à l'apogée de sa puissance économique et impérialiste, elle ne connut pas le culte de la puissance. Le phénomène psychologique complémentaire du sentiment de sécurité que lui donnait sa domination incontestée était une mentalité libérale, cosmopolite et pacifiste. Cela ne changea que vers la fin du siècle, quand le commerce anglais commença à se sentir menacé sur le marché mondial par des concurrents plus jeunes, et quand l'amour-propre national se trouva humilié par une série de défaites dans la guerre sud-africaine. Dès que la puissance réelle se mit ainsi à chanceler, l'Angleterre entra dans une phase d'impérialisme, qui se manifesta en politique par le mouvement protectionniste (la peur des concurrents) et par l'agitation pour le service militaire obligatoire (la peur des ennemis), en littérature par l'engouement pour Kipling, etc.

La différence entre la réaction psychologique et la détermination mécanique n'apparaît nulle part plus clairement que dans une analyse des mobiles psychologiques de l'intérêt, notion fondamentale de la sociologie marxiste. Pour le marxisme, l'intérêt découle du mode de production, c'est-à-dire de la situation des producteurs par rapport aux moyens de production. La tâche principale que s'était assignée Marx consistait à prouver que l'intérêt de classe du prolétariat jaillit de l'antagonisme d'intérêts qui oppose les vendeurs de la force de travail, producteurs de plus-value, aux acheteurs de la force de travail, jouissant de cette plus-value. Marx ne pouvait faire autrement que de considérer cet intérêt comme un élément fixe et pour ainsi dire matériel de toute activité économique. S'il n'était parti de l'hypothèse que cet intérêt constitue un mobile économique immuable, il aurait sapé le soutien principal de sa théorie sociologique, la détermination par les causes économiques ; car si l'on admet que l'activité économique, au cours de son évolution historique, repose sur des mobiles subjectifs variables, on reconnaît par là même d'autres causes encore de l'évolution sociale derrière les séries causales économiques.

À vrai dire, les économistes classiques eux-mêmes s'étaient déjà aperçus que la notion de l'intérêt n'est pas toujours aussi évidente qu'elle paraît l'être d'après l'exemple du marchandage de deux commerçants pour le prix d'une marchandise. Ils ont bien dû constater qu'il n'est guère de situation économique dans laquelle l'intéressé ne puisse se demander où réside son véritable intérêt. Ce problème a déjà été posé par La Fontaine dans sa fable de la poule aux œufs d'or. L'heureux possesseur de ce moyen emplumé de production se cassa la tête pour savoir si son intérêt était de se contenter de l'œuf quotidien ou de tuer l'animal pour obtenir en une fois le trésor caché dans ses entrailles. Il est clair que la notion de l'intérêt dépend pour une grande part de la façon subjective dont on le comprend dans chaque cas déterminé ; cette constatation amena les économistes classiques à se tirer d'affaire grâce à la notion de l'intérêt « bien entendu ». Le « bon entendement » comme critérium du jugement reflète la mentalité rationaliste de cette époque, qui ne voyait dans la différence des attitudes humaines que des différences du degré de connaissance. Cette façon de voir, superficielle déjà quand il ne s'agit que d'individus, devient tout à fait indéfendable dès qu'il importe d'expliquer les jugements de nature émotive émanant de groupements sociaux tels que, les classes. Nous ne pouvons donc nous contenter de ne voir au fond des diverses conceptions subjectives de l'intérêt que des états de connaissance différents ; il nous faut rechercher derrière ces états de connaissance les façons de sentir qui déterminent leur contenu.

Même dans le cas relativement simple du conflit d'intérêts entre patrons et ouvriers par rapport au montant du salaire, il n'existe jamais de situation concrète où des conceptions différentes de l'intérêt ne soient possibles, voire présentes, de part et d'autre. Le patron sait qu'il doit imposer certaines limites à son désir de payer le moindre salaire possible, s'il ne veut risquer de perdre ses meilleurs ouvriers ou de provoquer un mécontentement qui menace son entreprise soit de grèves, soit d'une diminution de la prestation normale. Dans des couches fort importantes du monde patronal aux États-Unis, le mot d'ordre « des salaires élevés et des frais de production minimes » est depuis longtemps populaire, et il suffit de songer à Henry Ford pour constater que certaines industries ne s'en portent pas plus mal. De leur côté, les ouvriers peuvent, en revendiquant des augmentations de salaires trop brusques, compromettre la capacité de concurrence des entreprises individuelles, d'une industrie nationale même, et s'exposer à un rétrécissement des débouchés, à un déplacement de l'industrie et à l'introduction de procédés mécaniques éliminant de la main-d'œuvre et créant par conséquent, du moins comme suite immédiate, le chômage.

On objectera peut-être que des considérations particulières de ce genre ne changent rien à la nature générale de l'antagonisme d'intérêts qui fait qu'en tout état de cause, les patrons sont moins disposés à accorder des augmentations de salaires que les ouvriers à en demander. Cela est hors de doute ; mais il s'agit ici, au lieu de discuter l'existence de cet antagonisme d'intérêts, d'en découvrir les mobiles psychologiques. Or, plus l'on passe de l'examen des cas particuliers à celui de l'antagonisme social général, plus il apparaît clairement que la notion de l'intérêt est déterminée par des états affectifs subjectifs. Rien qu'au point de vue du patron isolé, on s'aperçoit qu'il lui sera déjà fort difficile de décider par exemple s'il a intérêt ou non à une journée de travail aussi longue que possible dans sa propre entreprise ; il aura à envisager bien des effets sur la volonté de prestation de ses ouvriers, effets conditionnés par des circonstances psychologiques qui se soustraient à tout examen purement économique. Quel est le dirigeant syndical qui n'a pas encore eu, dans une situation de ce genre, à persuader des patrons de leur intérêt « bien entendu » ? S'il en est ainsi dans le cas du patron isolé, dont la liberté de jugement est assez étroitement conditionnée par la situation de ses concurrents, il faut accorder un jeu bien plus considérable encore aux notions subjectives de l'intérêt patronal dès que l'on considère les effets sociaux généraux de la réglementation des heures de travail. La capacité productrice de la classe ouvrière, la transformation de l'outillage, l'aptitude professionnelle de la jeune génération, l'état de santé des masses de la population, la faculté de concurrence internationale et bien d'autres considérations encore, posent alors des problèmes qui, même au point de vue de l'intérêt économique dans le sens le plus précis du mot, permettent les solutions les plus diverses.

Ceci s'applique aussi à la question, en apparence moins équivoque, de l'intérêt patronal par rapport aux salaires. Est-ce qu'un patron comme Henry Ford, qui favorise les hauts salaires à cause de la capacité de production de ses ouvriers, de la puissance d'achat de sa clientèle démocratique, et de la réclame parmi ses acheteurs ouvriers, n'obéit pas tout autant à son intérêt que le roi de l'acier Gary qui suit une tactique opposée ? Mais il est une question encore bien plus essentielle : est-il permis d'expliquer l'attitude de la plupart des patrons dans les conflits de salaires, notamment pendant la période de début du mouvement ouvrier où se sont cristallisées les notions de l'intérêt de classe, uniquement par l'intérêt économique dans le sens de l'instinct acquisitif ? Mon expérience personnelle, qui m'a permis de jeter maints coups d'œil derrière les coulisses autant chez les patrons que chez les ouvriers, m'a convaincu au contraire que c'est souvent au moins autant l'amour-propre et l'instinct de puissance menacé qui pousse les patrons à résister aux revendications ouvrières, que leur intérêt acquisitif. Dans bien des cas, le froid calcul de l'intérêt bien entendu en francs et centimes les amènerait à reconnaître qu'ils ont avantage à accorder certaines améliorations de salaires plutôt qu'à y opposer une résistance acharnée ; ce qui les en empêche généralement, c'est le sentiment du « charbonnier maître chez soi », le désir subconscient de ne pas devoir reconnaître qu'ils ont payé trop peu jusqu'alors, leur ressentiment social contre « ces fainéants qui ne gagnent jamais assez », bref des jugements de valeur.

Quant à l'intérêt ouvrier, nous avons déjà pu voir combien l'attitude des ouvriers, même à l'occasion d'un conflit en apparence aussi purement économique qu'un mouvement de salaires, est déterminée par des jugements qui proviennent de réactions bien plus compliquées que celles de l'instinct acquisitif. Si l'intérêt n'était qu'un problème d'arithmétique, le non-syndiqué qui cherche à profiter des avantages de l'organisation sans participer à ses charges, l'arriviste qui flatte le patron, voire le briseur de grèves, pourraient souvent se réclamer d'une connaissance plus exacte de leur intérêt que l'ouvrier qui s'expose par solidarité aux sacrifices d'une grève, en sachant qu'il pourra attendre pendant sa vie entière la compensation financière de, ces sacrifices. Tout cela dépend de ce que l'on veut appeler l'intérêt bien entendu. Ce n'est pas le calcul rationnel de l'avantage immédiat et individuel qui résout cette question, car sans cela il faudrait reconnaître que le briseur de grèves comprend mieux son intérêt que le syndiqué. Il peut y avoir autant de connaissance et de compréhension des avantages que peut procurer une situation dans l'une que dans l'autre façon de comprendre l'intérêt. Ce qui les différencie, ce n'est pas le degré d'intelligence, c'est le sentiment qui dirige cette intelligence vers un objectif déterminé. La haine et le mépris que les travailleurs syndiqués éprouvent à l'égard du traître à la solidarité ne sont d'ailleurs aucunement proportionnés au dommage financier qu'il peut leur infliger. L'intérêt qui est en jeu ici signifie tout autre chose qu'un simple avantage acquisitif : il présuppose un sentiment qui diffère de l'intérêt d'un vendeur au prix de sa marchandise, un sentiment qui contient des éléments éthiques qu'on ne saurait chiffrer en gros sous.

Si l'on tient encore à appeler ce sentiment intérêt, il faut ramener ce terme à sa signification primitive et générale, ainsi que le fait par exemple la psychanalyse, dont le vocabulaire donne le même sens aux mots intérêt et libido. Etre intéressé à quelque chose, c'est en somme désirer cette chose. Le désir ou libido est inséparable de l'intérêt que l'on porte à une chose, et par conséquent de l'intérêt que l'on a à cette chose. Il se manifeste par la fixation de l'attention, provoquée par un état affectif, sur un objet réel ou symbolique qui promet satisfaction à un désir, et par la transmission à cet objet des jugements de valeur déterminés par le désir. L'intérêt d'un vendeur ou d'un acheteur au prix de la marchandise n'est qu'un cas particulier, où l'appréciation de l'objet découle de l'orientation de l'instinct acquisitif vers des valeurs déterminées, en l'occurrence des valeurs monétaires. D'ailleurs, même dans les transactions les plus simples du commerce, l'intérêt orienté uniquement par l'instinct acquisitif est un cas-limite qui ne se réalise tout à fait que rarement. En règle générale, même l'intérêt économique de cette espèce comporte des nuances qui peuvent se ramener aux instincts d'auto-estimation, de lutte ou de jeu, et même à des jugements de valeur de caractère éthique ; c'est le cas par exemple quand un vendeur malin se réjouit de « rouler » un client, ou quand un acheteur s'indigne de certaines exigences qu'il considère comme iniques.

Tout ceci s'applique à plus forte raison à l'intérêt de classe. En effet, il ne s'agit plus ici d'un jugement accidentel, mais d'une direction habituelle du désir et de l'attention sur certains objets, d'une façon permanente de s'intéresser à ces objets et d'apprécier et hiérarchiser les situations sociales. Bien qu'ici encore, l'instinct acquisitif imprime le plus souvent à l'ensemble du complexe affectif sa direction générale, celui-ci est fortement influencé en outre par des jugements issus d'autres instincts, par exemple le désir d'autonomie de ceux qui se sentent économiquement dépendants, le ressentiment social contre les privilégiés, l'indignation morale contre un régime d'exploitation, etc. Il n'est même pas rare que les mobiles éthiques d'une lutte de classe entrent en conflit avec l'instinct acquisitif et remportent la victoire sur ce dernier. Ce conflit n'est pas un cas théorique ; il s'est déjà présenté des millions de fois dans la pratique du mouvement ouvrier, par exemple chaque fois qu'un ouvrier gréviste essaie de convaincre ou d'encourager sa femme, qui a de leur intérêt commun une notion dominée par sa préoccupation du budget de dépenses hebdomadaires. Ce qui caractérise l'attitude des ouvriers dans n'importe quelle lutte sociale en commun, c'est précisément le mobile éthique du « sacrifice pour la cause commune ». Or ce sacrifice présuppose toujours un conflit avec une revendication de l'intérêt dans le sens égoïste de l'avantage acquisitif immédiat. La notion de l'intérêt est donc vide de sens si l'on ne la rattache au fait subjectif du besoin. Les désirs habituels qui déterminent le contenu des besoins, bien qu'ils tendent vers une satisfaction par des moyens économiques, ne sont aucunement déterminés par la situation économique en elle-même.

L'insuffisance de la catégorie économique pour expliquer l'intérêt de classe ne se manifeste nulle part avec plus de clarté que dans cette même théorie marxiste de la plus-value, qui prétend ramener l'intérêt de classe prolétarien à l'intérêt acquisitif des vendeurs de la marchandise « force de travail ». En réalité, cette théorie fait tout autre chose : elle revêt de dehors pseudo-scientifiques un ressentiment social issu du sentiment d'une exploitation inique de la classe ouvrière par le patronat. Si l'on élimine de la théorie de la plus-value son noyau éthique — le reproche de l'exploitation —, on lui enlève la signification qui la relie aux autres thèses de la sociologie marxiste. Il y a trente ans que Bernstein a osé le dire dans son ouvrage principal : « La plus-value est un fait empirique, prouvable par l'expérience, qui peut se passer de toute preuve déductive... la théorie marxiste de la plus-value n'est pas une preuve, mais seulement un moyen d'analyse descriptive. » Par la même occasion, Bernstein reconnaît que ce que la théorie « décrit » à l'aide d'une dépense formidable de déductions profondes et de formules abstraites n'est qu'un « lieu commun » et un « fait évident jusqu'au seuil de la période capitaliste » : « Le compagnon du maître artisan se rendait compte sans la moindre difficulté de ce que son travail coûtait au maître et du prix auquel il le revendait au client.» Bernstein en conclut que la plus-value est «une pure formule qui s'appuie sur une hypothèse (la création de la valeur par le travail)».

En effet, il est rare qu'une montagne scientifique aussi colossale ait accouché d'une souris scientifique aussi minuscule. Plus qu'aucune autre partie de l'œuvre de Marx, la théorie de la plus-value démontre combien il est vain de vouloir comprendre la réalité sociale à l'aide de pures catégories économiques. Ce que cette théorie prouve, chacun le savait déjà; ce qu'il importait de prouver et ce que chacun conclut d'elle, c'est-à-dire l'immoralité du profit capitaliste, est précisément ce qu'elle ne prouve pas; elle se contente de le supposer tacitement. Or c'est à cette supposition tacite que la théorie doit sa popularité. Cette supposition consiste dans l'admission sans preuve des hypothèses suivantes, à défaut desquelles tout l'édifice s'écroulerait: 1° le désir d'acquisition est le seul mobile d'activité tant chez les patrons que chez les ouvriers; 2° tout travail est quantitativement mesurable et peut se réduire à une valeur égale au temps de travail; 3° le seul travail dans l'entreprise capitaliste qui crée de la valeur est celui de l'ouvrier; 4° la détermination du salaire est l'effet unilatéral de la volonté patronale.

Il n'est guère de marxiste qui ne croie que la théorie de la plus-value convainc le patronat d'exploitation rien que Parce qu'elle démontre l'antagonisme d'intérêts entre les vendeurs et les acheteurs de la force du travail. Mais suffit-il donc de montrer que l'acheteur trouve avantage à une transaction pour prouver qu'il y a exploitation? Est-ce que le vendeur s'y prêterait s'il n'y trouvait avantage lui-même? Il suffit de poser la question sous cette forme pour se rendre compte que ce qui fait du salariat un régime d'exploitation, c'est précisément ce qui le distingue de la transaction commerciale ordinaire. L'exploitation provient de ce que le rapport entre le patron et l'ouvrier est tout à fait différent du rapport normal entre le vendeur et l'acheteur d'une marchandise: c'est un rapport inégal de la puissance sociale. Et ceci est un fait social et historique et non un élément du mécanisme économique.

Le penchant de Marx à exclure de son analyse tous les jugements éthiques qui ne peuvent se démontrer par des catégories économiques lui enlève tout moyen de prouver, outre le fait d'ailleurs évident du profit capitaliste, l'iniquité de ce profit. Le profit capitaliste est inattaquable à l'aide d'appréciations économiques pures. Il n'y a qu'un critérium économique par lequel on puisse juger un mode de production, c'est celui de l'utilité économique, de la quantité des valeurs créées. Au point de vue économique, le système du profit doit être approuvé ou condamné selon qu'il augmente ou diminue la productivité.

C'est à ce point de vite que se placent les apologistes du capitalisme, qui essaient de justifier le profit capitaliste comme intérêt du prêteur, comme salaire de direction, comme rétribution de l'initiative intellectuelle, comme prime du risque, et comme encouragement à l'amplification du domaine de la production et au perfectionnement de ses méthodes. Il n'y a qu'une seule accusation que l'on puisse élever contre le capitalisme si l'on se place au point de vue économique, c'est celle du gaspillage ; c'est la seule que Marx n'ait pas formulée. Il subissait trop fortement lui-même l'emprise de l'économie politique classique pour douter de l'identité du capitalisme avec le progrès. Il ne s'intéressait à la preuve de l'exploitation que parce qu'il voulait faire de cette notion l'idée maîtresse de sa doctrine de la lutte des classes.

Or le concept de l'exploitation est éthique et non économique. Ce qui, aux yeux des ouvriers marxistes, donne à la théorie de la plus-value, ou du moins à ce que l'on se représente comme telle, le caractère d'une accusation contre le capitalisme, c'est la conviction, sur laquelle la théorie se base sans la prouver, de l'immoralité d'un système qui, selon l'expression de Bertrand Russell, « bat monnaie avec des vies humaines ». La question économique en elle-même : « Le patronat s'approprie-t-il les neuf dixièmes ou le centième de la plus-value créée ? » est absolument sans importance par rapport à la question sociologique : « Comment emploie-t-il cette richesse et la puissance qu'il détient du fait qu'il est propriétaire des moyens de production ? » Dès que l'on pose la question en ces termes, on trouve que la plus grave accusation qui puisse se formuler contre le capitalisme n'est pas que l'ouvrier est frustré d'une partie des valeurs qu'il crée, mais qu'il est condamné à la dépendance et à l'infériorité sociales, à l'existence sans joie d'un objet économique dirigé par la coercition, par la faim et par la peur.

En outre, il est impossible de ne pas reprocher à la théorie de la plus-value d'avoir contribué à détacher l'attention des ouvriers des causes profondes de leur mécontentement, pour la concentrer sur le point unique du préjudice dont ils souffrent lors de la répartition de la plus-value. Ceci aboutit à exacerber l'instinct acquisitif aux dépens des mobiles sociaux plus élevés qui forment la conviction socialiste, tels que le désir d'autonomie individuelle, le besoin d'éprouver de la joie au travail, le sentiment de la dignité humaine, bref les besoins de culture. De cette façon, on cultive un extrémisme acquisitif grossier et au fond petit-bourgeois, qui compromet jusqu'au succès du mouvement ouvrier lui-même. Car la mentalité qui ne se soucie jamais que des « droits » impliquant un avantage financier finit par se manifester à l'égard de l'organisation elle-même et par la paralyser dans son effort constructif et éducatif. Il suffit de songer ici aux plaintes des dirigeants syndicaux écœurés parce que la masse de leurs membres considère de plus en plus l'organisation comme une machine à procurer des avantages, aux grandes difficultés rencontrées pour empêcher les membres de syndicats et de mutualités de « carotter la caisse », à la tendance croissante vers le parasitisme social, aux formidables obstacles psychologiques qui s'opposent chez la masse ouvrière elle-même au développement du contrôle ouvrier dans le sens d'un self-government responsable du personnel des entreprises, au désintéressement croissant que manifestent les masses pour les revendications morales comparativement aux revendications matérielles, etc. Il serait bien entendu puéril de rendre le marxisme seul responsable de cette situation ; mais cette constatation évidente n'enlève rien à la vérité de cette autre constatation, à savoir que l'idéologie marxiste est plus souvent un moyen d'encourager que d'affaiblir ces tendances, au fond très égoïstes et très « capitalistes ».

De ce que l'intérêt de classe repose sur un état subjectif déterminé par des jugements éthiques, il faut conclure en outre qu'il est impossible de déduire la notion de la classe des catégories économiques pures. Pour que des gens qui occupent une même situation dans le processus de la production constituent une classe, il faut que soit rempli toute une série de conditions sociales que l'on ne saurait déduire d'une analyse des formes économiques. Il faut notamment que l'intéressé considère, dans son jugement subjectif, son affiliation à une classe déterminée comme un état permanent ; il faut en outre qu'il associe à cet état le sentiment d'une condition juridique collective déterminée. Ce sont là, nous l'avons déjà vu, des conditions psychologiques qui peuvent être remplies ou non dans un même état économique, selon les conditions historiques, politiques et sociales du moment et même des générations antérieures.

La classe n'est pas une notion économique ; c'est une notion sociale, à l'origine même une notion politique. Son indice le plus sûr est une direction commune de la volonté sociale, qui repose sur une façon commune de juger les conditions sociales. La « conscience de classe », au sens d'une connaissance rationnelle des intérêts économiques de classe, est un produit de cet état émotif et non point, comme le croit le marxisme, son point de départ. Ce que le marxisme appelle la conscience de classe prolétarienne est en réalité un état affectif plutôt qu'un état de connaissance. En aucun cas, la connaissance n'est décisive par elle-même. Si, récemment, aux États-Unis, on parle tellement des Noirs qui s'éveillent à la conscience de leur particularisme, cela ne signifie pas qu'ils prennent conscience de la noirceur de leur peau ; ce fait leur est connu depuis longtemps. Cela veut dire au contraire qu'ils commencent à associer à la représentation de leur caractère de race un sentiment nouveau, un ressentiment contre l'iniquité qu'ils subissent de par leur infériorisation sociale ; et ce sentiment les amène à une nouvelle appréciation de leur race par rapport aux autres, à de nouvelles revendications, bref à une nouvelle direction de leur volonté sociale commune. Les doctrines dans lesquelles se reflète cette conscience de race sont le 'Produit de cet état affectif et constituent un moyen de le consolider ; mais elles n'en sont pas l'origine.

Dès que nous considérons la classe comme une communauté de volonté issue d'une communauté de destinée, il devient impossible d'édifier, comme le fait le marxisme, une sociologie sur la notion unique de la classe. Car alors il y a autant de groupements sociologiques marqués par une communauté de volonté ou de caractère, qu'il y a de communautés de volonté que l'on peut expliquer par une communauté de sort, c'est-à-dire par une expérience collective suffisamment durable pour qu'elle puisse former des habitudes. Dès lors, il faut introduire dans la formule du milieu social auquel réagissent les êtres humains, à côté de la notion de classe, celle de nombreuses autres communautés de sort, telles que la profession, la nationalité, le groupement confessionnel, etc.

Il importe que l'on ne s'y trompe pas : la sociologie a affaire ici à des communautés de sort qui ne sont pas nécessairement pour cela des communautés de caractère. L'étude de ces dernières n'est possible que par l'application de procédés d'analyse psychologique propres à la psychologie sociale. La plupart des doctrines sociologiques commettent l'erreur grave de confondre ces deux notions. Elles croient reconnaître d'emblée en la classe, la nation, etc., des communautés de caractère, alors qu'en tant que faits sociaux, elles ne sont pour commencer que des communautés de sort, des éléments de milieu. Des deux facteurs, le milieu et l'homme, dont le résultat est l'attitude sociale de l'homme, la sociologie ne peut saisir que le premier ; l'étude de la façon dont s'accomplit la réaction, et dont des réactions communes peuvent engendrer des communautés de volonté et de caractère, est l'affaire de la psychologie sociale. La nature de son sujet lui impose une méthode très différente de celle de la sociologie descriptive, et à plus forte raison de celle de l'économie politique. La communauté de sentiment et de volonté appartient à ce genre de formations psychologiques dont Wundt dit que « l'on ne peut aucunement déterminer leur qualité en additionnant les qualités des éléments dont elles se composent ». C'est pourquoi toutes les tentatives de la sociologie descriptive de définir, par exemple, un « caractère national » par une formule générale et non équivoque, sont vouées à un échec inévitable. La communauté nationale de sort est un fait sociologique ; mais il est impossible de le transposer en fait psychologique sous les espèces d'une communauté de caractère, sans tenir compte du caractère psychologique particulier des groupements ou individus qui réagissent d'une façon différente à une destinée commune. La constitution sociale de l'empire tsariste russe engendrait auprès de la grande masse du peuple une subordination habituelle par adaptation, tandis que, dans certaines couches sociales plus cultivées, elle motivait le superindividualisme nihiliste par réaction contraire. La chasse au dollar est une communauté de sort américaine ; mais c'est justement à cause de cela que le caractère américain se manifeste autrement dans la « philosophie du succès » de Carnegie que dans le socialisme éthique et antimatérialiste d'Eugène Debs. Le mutuellisme antiétatiste de Proudhon incorpore un aspect du caractère national français autant que le socialisme d'État de Louis Blanc ; ils ont tous deux leur origine dans la communauté de sort que constituent la centralisation de l'État français et le patrimoine de la culture française. La méthode dérivée du principe d'adaptation, par laquelle on peut encore déduire l'intérêt économique de la situation économique, est donc tout à fait incapable de saisir les processus psychologiques beaucoup plus compliqués par lesquels on peut expliquer des communautés de caractère. Pour comprendre les états affectifs qui se manifestent dans le mouvement ouvrier, les spéculations les plus sagaces sur les concepts de la valeur et de la plus-value ne nous servent à rien ; il faut considérer les êtres vivants dans leur milieu de vie réel et historiquement variable.

# Chapitre XIII

## Le déterminisme marxiste

*« L'homme veut…*
*Les choses doivent. »*

*Schiller.*

L a connaissance des lois de l'évolution du passé n'aurait aucune valeur pour le marxisme, si elle ne lui servait à fonder sa prévision de l'avenir. Cette prévision doit prêter à la doctrine marxiste de la lutte des classes l'auréole de la certitude scientifique et renforcer la confiance des masses à l'égard de la direction marxiste en leur faisant apparaître la victoire comme certaine. Le marxisme croit avoir découvert des rapports de causalité qui, de causes données ou supposées connues par lui, permettent de conclure à des effets inéluctables. Cette « fatalité » est le pont qui relie l'avenir au passé ; par elle, la méthode qui permet d'explorer le passé se mue en une méthode de détermination de l'avenir.

Il sied de constater ici que Marx n'a pourtant jamais mérité le reproche, qu'on lui a si souvent adressé, d'être un fataliste en ce sens qu'il aurait nié l'influence de la volonté humaine sur le devenir historique ; seulement, il considère cette volonté. elle-même comme prédéterminée. Cette constatation a son importance si l'on veut bien saisir la fonction psychologique de la croyance marxiste aux lois économiques. Le marxisme, tout déterministe qu'il est, ne se représente nullement l'accomplissement du socialisme comme la réalisation automatique et immédiate de la catégorie « évolution économique » dans la catégorie « évolution sociale ». Si Marx avait cru à la possibilité d'une évolution politique sans volonté politique, sa croyance à la détermination de toutes les séries causales historiques par la série causale de l'évolution technique eût dû l'amener à conclure que le seul moyen d'accélérer la venue du socialisme était que tous les socialistes devinssent ingénieurs et inventeurs ; car si l'infrastructure technique déterminait tout le reste sans l'intermédiaire de la volonté humaine, à quoi servirait-il que des propagandistes, des hommes politiques et des éducateurs s'échinent à rafistoler une superstructure idéologique qui doit pourtant se transformer, et ne, peut se transformer que dans la mesure où se modifient les méthodes de production ? C'est à bon droit que les élèves de Marx ont toujours défendu leur maître contre le reproche d'avoir prêché cette espèce de fatalisme. Cependant, ils n'ont abouti par là qu'à démontrer d'autant plus clairement sa croyance en une autre espèce de fatalisme, celui des buts logiques inéluctables. D'après la conception marxiste, il y a une évolution sociale régie par des lois ; cette évolution s'accomplit au moyen de la lutte de classe ; cette lutte est elle-même le résultat inéluctable de l'évolution économique qui crée des oppositions d'intérêts ; son essence et sa fin sont déterminées par un but, qui n'est autre que la connaissance des lois de l'évolution sociale par les socialistes marxistes.

Ainsi, pour pouvoir déterminer l'avenir, les lois de l'évolution sociale n'ont besoin que de passer, par la connaissance, à l'état de conscience. De cette façon, le socialisme marxiste, qui amène le prolétariat à prendre conscience du rôle historique auquel il est prédestiné, devient lui-même un chaînon dans la chaîne des séries causales par laquelle s'accomplit la destinée de l'humanité. Il suffit de connaître la loi pour l'accomplir. Le but que cet accomplissement assigne au mouvement ouvrier socialiste est lui-même prédéterminé et inéluctable, parce qu'il découle de causes objectives déjà données ; en prenant conscience de ce but, le socialisme marxiste réalise un acte déterminé par les lois naturelles de l'évolution sociale. La prévision du socialisme marxiste et la réalisation des événements prévus par la révolution sociale sont deux manifestations différentes de la même loi de détermination de l'avenir par le passé.

Le point le plus vulnérable de cette doctrine, c'est qu'elle est liée à l'hypothèse que tous nos actes sociaux sont déterminés par la connaissance de certains buts inhérents à l'évolution sociale. Dans ces conditions, il est évident que ces buts ne seront inéluctables que dans la mesure où le sera notre connaissance des séries causales qui y aboutissent. Nous ne pourrons donc considérer nos buts comme nécessaires que dans la proportion où nous pourrons les concevoir simplement comme l'effet de causes données et connues. Toutefois, du moment où nous prenons conscience d'un but, celui-ci appartient déjà au passé autant que ses « causes » mêmes. En reconnaissant que les objectifs humains dépendent de situations historiques agissant comme causes, nous admettons que de nouvelles situations historiques auront comme effet de nous assigner des objectifs nouveaux. Nous revenons ainsi à la conclusion, d'ailleurs de sens commun, que nous ne pouvons considérer nos buts actuels comme permanents, et la fixation de buts nouveaux comme inéluctable, que dans la mesure où nous pouvons prévoir les événements historiques. Or, c'est précisément ce que nous ne pouvons pas, et c'est pour cela que la nécessité que nous croyons voir à l'œuvre dans le passé ne saurait déterminer l'avenir. L'expérience historique elle-même réduit à l'absurde les prétentions des objectifs marxistes à l'inéluctabilité, d'une façon bien plus concluante que ne pourraient le faire n'importe quelles considérations logiques. En effet, pour que les objectifs marxistes soient inéluctables, il faudrait qu'ils fussent permanents. Or toute l'histoire du mouvement socialiste depuis Marx n'est que l'histoire de la transformation de ces objectifs, sous l'influence d'événements historiques que Marx lui-même n'avait pas prévus et que personne ne pouvait prévoir.

Faut-il conclure de tout cela qu'il est vain d'essayer de prévoir, grâce à notre connaissance historique actuelle, certains événements ou certaines tendances d'évolution ? Aucunement. Aucun acte social conscient n'est possible sans une certaine prévision, car tout acte de ce genre présuppose un bût, et se représenter ce but implique une certaine anticipation de l'avenir. Mais c'est précisément en ceci que la conception de l'histoire comme l'accomplissement de lois inéluctables ne nous sert à rien ; la prévision que nous cherchons ne se rapporte pas à ce qui doit être quoi que nous fassions, mais à ce qui devrait ou pourrait être à la suite d'un acte que nous croyons pouvoir poser ou ne pas poser. L'humanité n'aurait que faire de prophètes suffisamment clairvoyants pour pouvoir prédire des années ou des siècles à l'avance tout ce qui se passera ; il suffirait que les hommes eussent foi en ces prophéties pour que leur vie devînt un enfer. Les seules prévisions dont nous ayons besoin sont celles qui se rapportent aux conditions et aux effets de nos propres actes, ou du moins des événements auxquels nous participons : la fixation du but de notre vie et la solution quotidienne des tâches concrètes que ce but nous pose. À ce sujet, la connaissance de l'histoire peut tout au plus servir à éclairer notre sentiment de ce que nous devons faire, non pour que nos actes constituent l'effet de causes données, mais pour qu'ils constituent la cause d'effets non encore donnés. Pour assigner un but à notre vie, nous n'avons pas besoin de connaître d'autres lois que la loi morale. Les prétendues lois naturelles de l'histoire ne nous serviraient à rien. L'histoire et les perspectives d'avenir qu'elle nous ouvre nous aident seulement dans la mesure où elles peuvent nous éclairer sur les conditions qui fixent certaines limites à l'efficacité sociale de nos actes. Il n'y a pas de lois inéluctables qui déterminent (c'est-à-dire causent) nos actions ; il n'y a que des faits de probabilité qui les conditionnent (c'est-à-dire les limitent). Pour amener un effet, la cause est suffisante, la condition n'est que nécessaire.

Le marxisme a confondu les causes et les conditions dans l'interprétation causale de l'histoire de la même façon que le darwinisme les a confondues dans la biologie. Darwin a constaté une relation de dépendance entre l'évolution des espèces animales et leur adaptation au milieu par la sélection naturelle, tout à fait comme Marx a constaté la dépendance de l'ordre social par rapport à l'ordre économique. La découverte de Darwin a amené le darwinisme à croire qu'il avait explique pourquoi les espèces animales se transforment ; et pourtant, depuis lors, des recherches plus approfondies ont montré que ce n'est pas le milieu qui crée des types nouveaux. Ce sont au contraire les espèces animales elles-mêmes qui se modifient en vertu d'une volonté qui leur est propre et d'une façon en apparence fortuite, souvent brusque, et en tout cas incompréhensible pour nous ; l'influence du milieu se fait sentir comme cause, seulement par le fait que seuls survivent les types nouveaux qui sont suffisamment adaptés à leur milieu pour ne pas être éliminés par la sélection naturelle. Ce milieu n'est donc pas un élément de création ; il n'est qu'un élément passif et conditionnant, en ce qu'il impose certaines limites à la perpétuation des créations nouvelles.

Il n'en est pas autrement de la société humaine. L'homme veut, et c'est son vouloir qui transforme la société ; seulement, les seules modifications voulues susceptibles de réussir et de se maintenir sont celles qui sont compatibles avec les conditions matérielles qui constituent le milieu. Ces conditions découlent pour une part de la nature humaine, pour une autre part de la situation sociale du moment.

Cependant, de ce qu'une situation économique conditionne un mouvement, il ne s'ensuit pas encore qu'elle le détermine. L'ouvrier qui dispose de certaines matières premières et d'outils déterminés ne peut s'en servir que pour fabriquer des objets dont la nature correspond à ces moyens de production. Avec du bois et des outils de menuiserie, il ne peut fabriquer ni une paire de bottines ni une auto. Quant à savoir s'il construira une armoire ou une chaise, s'il fera bien son travail ou s'il le fera mal, voilà qui ne dépend plus des choses qu'il aura en mains ; la cause opérante dans ce cas, c'est la volonté qui dirige ces mains. On peut songer ici à l'exemple du jeu de cartes dont parle Goethe : personne ne peut choisir son jeu soi-même ; mais il n'est point de jeu donné avec lequel on ne puisse faire des parties fort différentes.

Il est indéniable qu'il n'y a guère d'actes de volonté auxquels on ne puisse trouver des causes qui nous sont extérieures. C'est un lieu commun que de parler de l'influence de l'hérédité, de l'éducation et du milieu sur la destinée sociale de chacun d'entre nous. Mais pour que nous puissions comprendre ces effets comme l'exécution de lois naturelles inévitables, il nous faudrait une connaissance qui nous permette d'expliquer complètement, non seulement toutes les actions humaines, mais encore tous nos désirs, comme l'effet de causes connues. Or, quel est celui d'entre nous qui oserait dire, même au moment le plus banal de sa vie, qu'il connaît toutes les causes des représentations de volonté et des autres tendances à l'action présentes en lui ? Nous ne serons donc jamais en état de prolonger dans l'avenir que les séries causales dont nous connaissons déjà la cause première concrète.

Le degré de probabilité qu'il convient d'accorder à une prévision de ce genre dépend dans chaque cas, non de notre connaissance de lois générales, mais de notre connaissance scientifique ou intuitive des faits. C'est pourquoi les théoriciens obsédés par leur croyance à des lois abstraites se montrent en général bien plus mauvais prophètes que les hommes d'action et les penseurs intuitifs que l'on trouve parmi les poètes et les artistes.

Marx lui-même en fournit un exemple. Comme tous les savants préoccupés de philosophie de l'histoire, il y a beaucoup de choses qu'il a prévues exactement, et beaucoup d'autres sur lesquelles il s'est trompé. Là où il a reconnu, grâce à son savoir étendu, des tendances d'évolution réelle qui étaient déjà de son temps en voie d'accomplissement, il a prévu, par une simple prolongation de la ligne d'évolution, maint phénomène que l'avenir a confirmé en tant que « tendance générale d'évolution » : la concentration capitaliste des entreprises, la croissance du prolétariat, les progrès de sa conscience de classe et de sa puissance politique, etc. Par contre, là où il s'est fié à des raisonnements logiques, il s'est généralement trompé. Ainsi, sa croyance à une loi absolue déterminant l'évolution des formes économiques l'a amené à prédire que la production agricole répéterait l'exemple de la production industrielle centralisée, prédiction controuvée depuis par les faits. Une autre catégorie économique l'a induit à prophétiser une paupérisation croissante du prolétariat, tandis que l'expérience a démontré depuis lors une augmentation presque constante de son influence économique et sociale. En outre, toutes les catégories économiques du monde n'ont pu mettre Marx en état de prévoir des tendances d'évolution dont les débuts n'existaient pas encore à son époque, ou bien se soustrayaient pour un motif quelconque à son observation. Ainsi, il n'a pas su que la lutte de classe politique conduirait à une différenciation nationale croissante, et à une solidarité croissante avec l'État. Il a tout aussi peu deviné le rôle que les syndicats jouent aujourd'hui dans le mouvement ouvrier et les modifications du caractère et des tendances de ce mouvement qui s'en sont suivies. Pourtant, il s'agit ici d'exemples d'une évolution due à des causes tellement générales et profondes qu'un Marx contemporain serait forcé de leur accorder le caractère de lois inéluctables. Il faut en conclure tout simplement que Marx n'a considéré comme nécessairement déterminé que ce qu'il connaissait ou désirait ; il n'avait besoin de « lois » que pour procurer à certaines évolutions, que non seulement il connaissait, mais qu'il voulait par-dessus le marché favoriser, le soutien de la confiance en elles-mêmes. C'est bien là la clef du mystère de toute croyance au déterminisme social : sa fonction psychologique est de renforcer la volonté en suggérant la confiance. La croyance à des lois inéluctables caractérise la mentalité de tous les mouvements intellectuels trop jeunes ou bien trop faibles pour pouvoir se passer de la représentation d'une compensation qui doit diminuer le contraste entre leur grande tâche et leur petite puissance. Elle est un indice de primitivité, le symptôme d'un manque d'équilibre intérieur, la construction intellectuelle auxiliaire d'un instinct d'agressivité issu d'un complexe d'infériorité.

L'acte de foi déterministe signifie que l'on fait appel à une force surnaturelle pour inspirer la crainte à ses adversaires et la confiance à ses partisans. Les « lois naturelles » de l'évolution sociale formulées par Marx ne sont qu'une autre forme symbolique, adaptée à notre époque d'athéisme, de cette loi dominant les destinées humaines que des générations antérieures appelaient Dieu. C'est un Dieu sévère, violent et cruel, qui trahit une ressemblance évidente avec le Jehovah de l'Ancien Testament et le Dieu des Calvinistes, ces pionniers prédestinés de la civilisation capitaliste. Il exige des hommes qu'ils sacrifient à un but reconnu comme inévitable, absolument tout, jusqu'au sentiment de leur propre liberté. En retour, il promet à ses serviteurs, quand ils se font, en des tribunaux révolutionnaires, les instruments de ses verdicts, de les libérer des remords de conscience qui proviennent du libre arbitre. La loi qui se donne l'apparence de remplacer le vouloir individuel par une soumission complète à un vouloir surhumain n'est elle-même qu'une forme, magnifiée jusqu'à l'état métaphysique, de la volonté propre. Le déterminisme marxiste crée l'illusion magique, non point que des choses s'accomplissent sans avoir été voulues, mais que des actes qui correspondent à une direction de volonté déterminée et parallèle à la direction de la loi acquièrent par là même une efficacité historique supérieure. Il s'ensuit une espèce de survalorisation mystique des actes correspondants, qui les élève au-dessus de la loi morale commune et leur donne une valeur plus grande que celle qui découle, pour les actes ordinaires, de leurs effets immédiats. Les prophètes de ce genre rappellent l'histoire du Hollandais Multatuli dans laquelle un Oriental, marchand de dattes, Hassan, loue sa marchandise en répétant sans cesse : « Les dattes de Hassan sont plus grandes qu'elles ne sont ! »

Le sentiment de sécurité confiante que la croyance déterministe insuffle aux mouvements jeunes dans leur stade missionnaire est malheureusement acheté par des effets psychologiques dont le caractère néfaste se manifeste particulièrement dans les stades plus avancés du mouvement. La croyance au devoir naturel crée un sentiment qui affaiblit la croyance au devoir moral. Ce sentiment a peu à peu affaibli le marxisme, en entravant l'action des mobiles éthiques dans les mouvements dominés par lui.

Cette constatation n'est nullement controuvée par les arguments que les disciples de Marx invoquent pour le défendre du reproche d'avoir prêché une doctrine fataliste annihilant la volonté. Ils pourraient vraiment se passer, pour prouver cette thèse, des distinctions subtiles qu'ils établissent dans ce but entre la détermination en première et en dernière analyse : il saute aux yeux que Marx n'a jamais entendu préconiser le fatalisme qui consisterait pour le prolétariat à attendre passivement la catastrophe économique du capitalisme, miné par ses propres crises et contradictions intérieures. En enseignant que cette catastrophe était inéluctable, Marx entendait précisément encourager le mouvement socialiste à se faire « l'accoucheur » de la société nouvelle par une intervention révolutionnaire aussi énergique que possible. L'énergie peu commune qui inspire les initiatives politiques des communistes russes prouve par la pratique que la croyance au déterminisme marxiste ne doit nullement paralyser la volonté. Il est vrai qu'en d'autres circonstances — notamment celles où s'est trouvée la social-démocratie allemande de 1914 à 1919 — le marxisme a fourni des prétextes faciles pour se soustraire à la responsabilité de certaines initiatives. Il faudra reparler de cette question ; en attendant bornons-nous à constater que la question essentielle au sujet des effets psychologiques du déterminisme marxiste est moins de savoir si, en certaines circonstances, il peut paralyser certaines volontés, que de connaître le genre de mobiles qu'il est en tout état de cause appelé à encourager. Le marxisme ne mérite pas le reproche qu'on lui fait de nier la volonté humaine ; mais il mérite d'autant plus celui selon lequel il tend à entraver dans cette volonté les mobiles du sens éthique en faveur des autres mobiles, et spécialement des intérêts économiques. Il importe peu de savoir si ou à quel degré cet effet correspond aux intentions de Marx lui-même ; l'essentiel, c'est de constater son existence. Une croyance est bonne ou mauvaise selon qu'elle rend les hommes meilleurs ou pires. Une doctrine qui conçoit tout devenir social comme l'effet de lois économiques, favorise auprès de ses adhérents une appréciation moindre de tous les mobiles qui ne sont pas justifiés par ces lois.

À vrai dire, même le marxiste le plus orthodoxe ne parvient pas à se soustraire à la nécessité de s'incliner devant la puissance des mobiles éthiques ; d'autant moins qu'il sent confusément que l'œuvre de Marx et la mentalité des masses socialistes contiennent plus de sentiment éthique que n'en font paraître les formules de la doctrine. D'où les tentatives répétées de présenter, à l'aide du matérialisme historique, les objectifs éthiques comme le produit « inéluctable » de causes économiques, et notamment des intérêts de classe. Nous avons déjà vu ce qu'il faut penser d'une éthique socialiste qui ne serait basée que sur les intérêts économiques du prolétariat. Il est certes possible d'expliquer les modifications de certains états éthiques par des modifications du milieu social ; mais pour conclure de l'existence d'une science de l'éthique à la possibilité d'une éthique scientifique, qui baserait les mobiles moraux de l'homme sur la connaissance rationnelle de lois scientifiques, il y a un abîme d'absurdité à franchir. L'être doué de sens moral n'agit pas par connaissance de la nécessité, mais bien par sentiment de la liberté.

Toute tentative de fonder les jugements et les objectifs éthiques sur la nécessité sociale aboutit à imaginer un être humain qui résoudrait toutes les questions de conscience en demandant : où va l'évolution ? C'est la superstition professorale du « siècle des lumières » qui se trouve ici ressuscitée sous une forme nouvelle. Toutes les actions humaines dépendent alors de la connaissance de la direction que suit l'évolution historique ; celle-ci constitue une nécessité et un progrès par le seul fait qu'elle existe. Mais qu'arriverait-il si l'on se trompait sur la direction de l'évolution ? Avec quelle facilité ne peut-il pas arriver qu'une erreur se glisse dans un calcul aussi compliqué ! Il suffit que l'on se trompe de signe devant l'un des facteurs d'un produit pour que celui-ci prenne un sens opposé. Est-ce que la différence entre tous les mobiles moraux de l'homme et leur contraire ne signifierait vraiment rien d'autre que la transformation purement intellectuelle d'un + en un — ? Suffirait-il de redresser une erreur de mon jugement historique pour m'amener d'un coup à haïr tout ce que j'ai aimé et à aimer tout ce que j'ai haï ? Ne sont-ce pas plutôt l'amour et la haine qui orientent mon jugement historique d'une façon qui ne dépend pas du hasard d'une erreur de calcul ? Où donc est la puissance supérieure au nom de laquelle notre faculté de connaître des nécessités historiques pourrait être chargée de la formidable responsabilité de trancher du bien ou du mal ? Et que faire si, en vérifiant ou en améliorant l'état de mes connaissances historiques, j'arrivais à en conclure qu'une évolution actuellement en cours ne signifie pas à mes yeux un progrès vers un but souhaitable, mais le contraire ?

Pour le déterministe social, tout devenir social est nécessaire, et cette nécessité lui indique son devoir comme serviteur du progrès ; mais ne peut-on donc reconnaître de cette façon des « nécessités » sans pour cela leur accorder son appui ? En ce qui me concerne, je vois de toutes parts, et même dans le mouvement ouvrier, des changements, tels que « l'embourgeoisement », conditionnés par des causes sociales et en ce sens nécessaires et inéluctables, mais qui m'apparaissent comme l'opposé d'un progrès artistique ou moral ; pourquoi dès lors faudrait-il qu'ils m'inspirent de l'enthousiasme ? Au sens où le mouvement ouvrier est nécessaire, la résistance de ses adversaires l'est aussi ; est-ce le fait de savoir à qui appartiendra la victoire qui décidera seul du parti que j'ai à prendre dans le conflit ? Ne puis-je donc pas être socialiste et accomplir pour le socialisme tout ce qu'il est en mon pouvoir de faire sans avoir la certitude que le socialisme doit nécessairement triompher ? Et pourquoi reconnaîtrais-je l'évolution. économique comme une nécessité d'ordre supérieur, à laquelle il faut subordonner tous les autres objectifs ? Est-il donc tellement certain que l'évolution actuelle des formes économiques soit synonyme de progrès ? Pourquoi ma conviction socialiste dépendrait-elle par exemple du fait de la concentration croissante des entreprises, alors qu'il apparaît de plus en plus fréquemment que cette concentration signifie tout simplement un accroissement excessif de puissance sociale, et nullement une augmentation de la productivité ? Pourquoi croirais-je que la supériorité morale de mon objectif socialiste sur celui des adversaires consiste seulement en ce que je reconnais mieux qu'eux où va l'« évolution » ? Le socialisme ne se recommande-t-il donc à nous que parce qu'il est « d'actualité » ? Que signifierait dès lors le sentiment de communauté que j'éprouve à l'égard des socialistes d'il y a deux mille ans, et que penser des adversaires actuels du socialisme qui ne font peut-être que défendre les doctrines qui seront « actuelles » dans deux mille ans d'ici ?

Au fond, Marx en savait bien plus long sur ses propres mobiles qu'il ne nous le fait entendre par ses doctrines : il n'a présenté le socialisme comme nécessaire que parce qu'il le considérait, à la suite d'un jugement moral tacitement présupposé, comme souhaitable. Or, l'efficacité du jugement moral est d'autant plus grande qu'il peut se passer davantage de l'appui d'une certitude raisonnée. Une mère en couches, à qui son amour fait supporter les douleurs de l'enfantement, n'a pas besoin de savoir si son enfant sera beau ; celui qui combat pour protéger un être plus faible peut se passer de la certitude de la victoire ; et le sauveteur qui expose sa vie pour sauver celle des autres ne se demande pas s'il est sûr de pouvoir se sauver lui-même.

Tant que le socialisme était la cause d'une poignée d'enthousiastes contre un monde d'ennemis et contre l'indifférence des ouvriers eux-mêmes, l'élément de certitude que lui promettait la doctrine de Marx exaltait ses forces sans entraîner en contrepartie un affaiblissement des mobiles éthiques — malgré la formule déterministe, les mobiles étaient éthiques. Il en est autrement dans les stades plus avancés de l'histoire du mouvement. Aujourd'hui, le mouvement socialiste est en premier lieu un effort d'organisation pour la défense politique et syndicale d'intérêts déterminés. Les mobiles éthiques ne s'en trouvent pas éliminés, mais ils sont refoulés à l'arrière-plan comparativement à jadis. En de pareilles circonstances, la doctrine qui fut d'abord un appui devient une entrave. Partout où l'évolution interne du mouvement tend vers l'affaiblissement des mobiles éthiques (comme c'est le cas dans tous les pays avancés), la doctrine déterministe fossilisée à l'état de tradition devient un asile pour les hommes de peu de foi, un obstacle aux impulsions créatrices les plus précieuses. Le conservatisme des arrivés, la pusillanimité des adorateurs du Dieu Organisation, l'étroitesse intellectuelle des accablés par les petites besognes journalières, la peur des bureaucrates devant les responsabilités, l'égoïsme des trop aisément satisfaits font de la doctrine des révolutionnaires de naguère un confortable oreiller. Ils disent : « L'heure n'est pas propice ! » « Les masses ne sont pas mûres ! » « La faute en est au système ! » « On ne peut aller à l'encontre de l'évolution ! »

L'exemple le plus effrayant de cette déformation de la foi déterministe fut fourni par la social-démocratie allemande depuis 1914 jusqu'après la révolution. Quand la guerre mondiale éclata, les uns en attribuèrent la faute au système, les autres se rallièrent à une évolution dont le cours leur semblait inéluctable. Après, quand vint la révolution de 1918 — contre la volonté de l'immense majorité des dirigeants marxistes — on se résigna à ce que l'on aurait dû vouloir en vertu de son propre programme, comme on se résigne à une ennuyeuse corvée. Plus tard, on se montra plus honteux que fier des responsabilités que l'on avait dû assumer devant le fait accompli. Les nombreux procès politiques menés en Allemagne au cours de ces dernières années à propos des événements de cette époque ont montré les hommes qui étaient apparus en 1918 comme les dirigeants de la révolution, dans l'attitude de gens qui plaident les circonstances atténuantes, en faisant entendre qu'ils ne s'étaient ralliés au mouvement que comme un moindre mal et pour l'empêcher d'aller trop loin. Même du défunt Hugo Haase, le général démocrate von Groener put dire : « J'eus l'impression qu'il était tout ce qu'on voulait, sauf un dirigeant de la révolution. » La « révolution involontaire » — quelle satire sur la déchéance du déterminisme, que le vrai révolutionnaire Marx avait imaginé comme le levier psychologique essentiel de l'activité révolutionnaire ! Il y avait d'ailleurs assez longtemps que la doctrine déterministe servait à justifier la résistance des dirigeants contre toutes les tendances novatrices qui finirent tout de même par se frayer un chemin : l'organisation des femmes, le mouvement de la jeunesse, l'antialcoolisme, le mouvement coopératif, les aspirations des conseillers d'entreprise vers l'autonomie d'atelier, etc. Dans tout cela, le dogmatisme déterministe vint en aide au conservatisme bureaucratique. Il n'y a donc rien d'étonnant à ce que l'Allemagne socialiste ait subi le contrecoup de cette fossilisation marxiste sous la forme d'une diminution de la qualité individuelle de ses dirigeants. En subordonnant les mobiles éthiques qui sont la source de la conviction personnelle au mobile collectif de l'intérêt de classe, on ne forme pas de personnalités. Une organisation peut fort bien se tirer d'affaire avec des dirigeants doués, zélés, honnêtes et imbus du sentiment de leur responsabilité, comme la social-démocratie et les syndicats d'Allemagne en ont un grand nombre à leur tête ; mais le socialisme ne peut s'en contenter. Il lui faut, même du point de vue immédiat de l'effet politique, des dirigeants qui symbolisent les objectifs des masses en ce qu'ils dépassent celles-ci et se distinguent d'elles.

Le déterminisme économique fournit à la fois l'exemple de la formidable signification du marxisme comme expression d'une phase primitive du mouvement ouvrier et de la limite de son efficacité actuelle. Il serait puéril de vouloir diminuer le mérite historique du marxisme comme contribution à la doctrine du mouvement ouvrier et aux sciences sociales. En combinant le premier, dans un système scientifique serré, le point de vue économique avec celui de l'évolution historique, Marx a fait faire aux sciences sociales un pas en avant analogue à celui que la biologie doit à Darwin. En outre, il a montré à la classe ouvrière du XIXe siècle que ses conditions économiques d'existence l'obligent à une lutte dont elle ne peut sortir victorieuse que par le passage de l'ordre social capitaliste à un ordre coopératif. Il démontra aux désirs vagues et impraticables du socialisme utopique de son époque, plus encore par ses actions que par ses écrits, qu'ils ne pouvaient se réaliser que dans la mesure où les travailleurs s'émanciperaient économiquement par leur propre effort. Tout cela eût été impossible s'il n'avait accompli dans le domaine sociologique un déplacement de l'accent en faveur des facteurs économiques. Le déterminisme social qui en est résulté, pour avoir été démontré depuis lors comme une hypothèse insoutenable, n'en a pas moins eu une énorme utilité.

Seulement, une époque nouvelle amène des tâches nouvelles ; et ces tâches nouvelles exigent des hypothèses de travail nouvelles, qui trouvent à leur tour un appui dans le perfectionnement des méthodes de la recherche scientifique. Depuis la mort de Marx, et surtout depuis la guerre mondiale, la science sociale s'adapte à l'expérience historique qui se manifeste dans le mouvement ouvrier lui-même et dans les résultats qu'il a obtenus. Cette expérience nous amène à un nouveau déplacement de l'accent dans le sens d'une attention plus grande que nous accordons aux facteurs psychologiques du devenir social. Je souligne l'expression « attention plus grande », parce qu'en définitive ce n'est que l'attention, orientée par des jugements affectifs, qui, sous la surface des systèmes logiquement édifiés, dirige l'effort scientifique vers d'autres objectifs. De nouvelles expériences sociales déclenchent de nouveaux jugements affectifs, de nouveaux jugements entraînent de nouvelles directions de l'attention, et c'est cette dernière qui incite à de nouvelles recherches et fonde de nouvelles conceptions.

Si l'on a pu dire du siècle présent qu'il serait le siècle de la psychologie, comme le XIXe siècle fut celui des sciences de la nature, cela n'est pas seulement la conséquence de la quantité accrue de nos connaissances psychologiques. Cela signifie plutôt que nous désirons avant tout plus de connaissances psychologiques, en même temps qu'une meilleure utilisation des connaissances anciennes, parce que notre expérience sociale nous amène à accorder une valeur plus grande aux mobiles psychologiques. Peut-être l'histoire verra-t-elle un jour dans ce phénomène l'aube d'une compréhension nouvelle à laquelle notre intelligence s'est vue forcée par — la guerre mondiale, le communisme et le fascisme : à savoir que l'évolution psychologique qui conduit l'homme de l'état instinctif animal à l'état de raison est beaucoup plus lente que l'évolution de la pensée et de la technique. Une cruelle expérience nous a montré que la raison, en créant la technique, s'est faite l'esclave de son propre outil ; elle s'est par là soumise à l'empire d'instincts inférieurs, tels les instincts de gain et de puissance, dont l'action débridée aboutit à la négation de tout but raisonnable. Quoi qu'il en soit, nous prenons de plus en plus conscience, notamment dans notre jugement des conditions sociales, du conflit périlleux entre nos objectifs rationnels et nos possibilités instinctives.

Il s'ensuit que notre instinct incompressible d'auto-estimation intellectuelle, qui nous pousse à chercher à dominer notre destinée sociale par la raison, se résout en une attention accrue que nous accordons au caractère non rationnel de nos instincts sociaux. La connexion intime entre l'attention et le jugement affectif aboutit alors à cette situation paradoxale que notre aspiration vers la raison se traduit tout d'abord par une appréciation plus haute des mobiles non rationnels, par le pessimisme antirationaliste et par la déification de l'instinct. Ceci s'exprime autant dans les tendances de l'art et de la littérature de notre époque que dans la mentalité relativiste de la philosophie moderne de la connaissance, dans l'intérêt que l'histoire, la géographie, l'ethnographie et même le goût esthétique à la mode portent à tout ce qui est primitif, et enfin dans l'humeur pessimiste de la philosophie de l'histoire, qui ne parvient plus à trouver un sens raisonnable ou moral à l'évolution historique. Toute la pensée de notre époque — y compris la pensée socialiste — subit l'empreinte de cette tension douloureuse entre le souhait et la connaissance ; de là vient la crise de notre croyance au sens rationnel de l'avenir sous la pression d'un présent en apparence insensé. Notre raison elle-même essaie de vaincre cette tension en prenant conscience de sa nature. De là provient notre tendance vers la psychologie, notre effort pour arriver à une clarté nouvelle sur la relation entre la pensée et l'émotion, sur la nature et sur les possibilités de transformation de notre disposition instinctive.

Il n'est pas aisé, à notre époque, de distinguer à ce sujet entre les symptômes de maladie et les signes de guérison. Tout ce que nous savons avec certitude, c'est qu'ici aussi la guérison ne peut venir que si nous prenons conscience du mal et que nous ne pouvons résoudre la tension dont nous souffrons que par une connaissance plus profonde de ses causes. Par conséquent, nous devons admettre en tant qu'hypothèses de travail les jugements de la psychologie instinctive, même là où ils semblent faire obstacle au rétablissement de notre croyance en la raison, afin que ces hypothèses puissent elles-mêmes se résoudre et se détruire dans un état de conscience ultérieur. Le scepticisme de notre époque à l'égard de la raison est un meilleur point de départ pour le retour à la raison que le rationalisme de nos ancêtres, qui, à force d'idolâtrer la pensée logique, ont transformé notre civilisation en un chaos de passions débridées. Notre recherche de la connaissance procède du même désir que celui qui pousse l'homme de tous les temps à mieux comprendre sa destinée pour pouvoir mieux la diriger. Que nous soyons moins convaincus de la toute-puissance de notre raison que ne l'étaient nos grands-pères, voilà précisément ce qui nous incitera à reconquérir ce que nous avons risqué de perdre : la foi dans le sens raisonnable de l'évolution historique. Après tout, nous sommes nous-mêmes tellement livrés à la pensée rationnelle que nous pouvons seulement atteindre ce but par le chemin de la connaissance intellectuelle ; mais nous partons d'un point de départ qui diffère de celui du XIXe siècle. Notre science veut être une connaissance des conditions psychologiques du progrès historique, comme la connaissance du XIXe siècle se concentrait sur les conditions techniques et économiques de ce progrès.

Voilà ce que nous entendons dire quand nous parlons à l'heure actuelle d'une appréciation moindre des mobiles économiques et d'une appréciation plus. haute des mobiles psychologiques. Il s'agit moins ici d'un déplacement sur un même plan que d'un refoulement en profondeur. Ce que Marx a dit de l'importance des causes économiques de l'évolution sociale reste vrai sur le plan où il a acquis cette connaissance. Si nous étions condamnés à rester sur ce plan, nous devrions continuer à admettre ses affirmations, qui étaient celles de toute la pensée scientifique de son époque. Si nous nous y refusons, si nous voyons aujourd'hui dans sa méthode une entrave, une évolution régressive du sens au contresens, du bienfait au mal, c'est que nous discernons, non point à côté de ce qu'il a vu, mais derrière ce qu'il a vu, d'autres vérités. Et nous voyons d'autres vérités parce que nous voulons les voir, parce que nous avons besoin d'une connaissance nouvelle pour que notre raison ne doive pas abdiquer devant la tension entre notre connaissance ancienne et notre volonté nouvelle.

Nous pouvons donc accepter pour ce qu'elle vaut toute la construction intellectuelle par laquelle Marx fait dériver la

« superstructure idéologique » de l'« infrastructure économique », la « pensée sociale » de l'« être social », etc. Il lui est arrivé pis que d'être réfutée : elle ne nous intéresse plus. Elle ne nous intéresse plus, parce que nous voulons précisément nous émanciper de cette dépendance de l'homme à l'égard de ses moyens techniques et économiques d'existence ; nous devons au contraire partir du postulat que la technique et l'économie dépendent de l'homme, pour qu'il nous soit possible de croire que la technique et l'économie ont un sens.

Avant tout, il nous faut une science du mouvement ouvrier et du socialisme qui repose sur le fondement concret de l'expérience sociale même. Marx ne pouvait pas fonder cette science, parce que cette base d'expérience n'existait pas encore de son temps. Les partis ouvriers d'aujourd'hui, le mouvement syndical, la législation sociale, la démocratie industrielle, tout cela n'existait du temps de Marx qu'à l'état vaguement embryonnaire. S'il n'a vu dans les luttes économiques des ouvriers qu'un combat pour la répartition de la plus-value, cela s'explique par le fait que, de son temps, la conquête d'un minimum physique d'existence était encore la condition préalable à toute revendication de culture. S'il concevait l'État comme un simple mécanisme de l'oppression de classe, sans prévoir l'époque où il remplirait une fonction organique dans la réalisation d'un ordre juridique socialiste, c'est tout simplement parce que l'État du droit de suffrage limité était tel qu'il le voyait. Il ne pouvait dégager son image du socialisme du mouvement socialiste lui-même, parce que ce mouvement, en tant qu'action de masses, n'existait pas encore. Au surplus, Marx était un tempérament livresque, un rat de bibliothèque, étranger aux choses de la vie pratique et surtout de la vie ouvrière. Ainsi que G. B. Shaw le remarque plus exactement qu'aimablement à propos du *Capital*, « tout ce qu'il dit des ouvriers et des capitalistes montre que Marx n'a jamais respiré l'air de l'industrie et a déterré toute sa documentation de Livres Bleus et de la bibliothèque du *British Museum* ; il n'est point de fait qu'il n'ait emprunté à un livre, point de discussion qui n'ait été suggérée par un pamphlet d'un autre auteur ».

Aujourd'hui, nous disposons d'une source. pour l'étude du socialisme que Marx n'avait point : l'histoire du mouvement socialiste, dont le marxisme lui-même n'est qu'une partie. Pour s'émanciper de l'étroitesse des hypothèses dogmatiques et se frayer ainsi la voie qui conduira jusqu'à cette source, point n'est besoin de renier toute la pensée marxiste dans le sens où l'on opposerait à un dogme faux un dogme vrai. Pour déblayer la route des vérités nouvelles, il suffit de se rendre compte des conditions de temps et de lieu qui ont rendu le marxisme possible, et de mettre ainsi en lumière la relativité historique de sa valeur. Le marxisme n'est une erreur que parce qu'il l'est devenu. Pour vaincre cette erreur, il ne faut pas revenir sur elle, il suffit de la dépasser.

# Chapitre XIV

## Marxisme pur et marxisme vulgaire

> *« Nul n'a eu, nul n'aura jamais une*
> *idée vraie ; mais il y a une manière*
> *vraie d'avoir n'importe quelle idée ;*
> *et c'est de voir les choses au travers. »*
>
> *Alain.*

J'espère avoir réussi à faire comprendre pourquoi je ne base mon jugement sur le marxisme ni sur la critique historique des textes ni sur la discussion abstraite de « vérités absolues ». Une doctrine sociologique qui s'érige elle-même en programme d'un mouvement de masses acquiert par là une signification qui ne dépend pas seulement de la volonté et de l'opinion de son initiateur. En tant qu'état de conscience d'un mouvement, c'est-à-dire d'un complexe de directions de volonté, elle a une vie propre. Du fait qu'elle vit, elle évolue constamment. Son contenu se modifie selon les changements qui s'opèrent au cours des temps dans la direction des volontés qui composent le mouvement. En cela, il faut juger, outre l'intention du créateur de la doctrine, les actes qui procèdent de la réaction mutuelle de sa propre intention et des intentions étrangères. Il faut rapporter l'impulsion originelle au milieu d'alors, mais juger les mobiles actuels en fonction des tâches d'aujourd'hui. Toute doctrine de ce genre se vérifie dans la mesure où elle se réalise. La critique de la doctrine cesse donc d'être critique de connaissances pour devenir critique de mobiles. Il s'agit moins dès lors de comparer une doctrine à une autre que de comparer chaque doctrine aux tâches que lui impose une situation historique donnée.

Ce que j'appelle — vaincre le marxisme est donc moins vaincre un état de connaissance que vaincre une impulsion, pour frayer la voie à une impulsion nouvelle, devenue nécessaire, et lui procurer un champ d'action aussi libre que possible. Sans doute, cette impulsion nouvelle n'est-elle pas indépendante de l'ancienne. Elle la présuppose au contraire. Je doute fort qu'il soit possible de comprendre entièrement ma conception du socialisme si l'on ne passe pas par Marx pour y arriver. Chaque état nouveau d'un mouvement est une synthèse de toutes les impulsions qui ont à un moment quelconque contribué à son devenir ; c'est pourquoi les impulsions marxistes seront toujours plus ou moins présentes dans n'importe quel mouvement socialiste. Mais tout marxiste, en bon hégélien, me comprendra quand je dis que la synthèse n'est possible qu'en passant par l'antithèse. Pour pouvoir dire après Marx, je dois d'abord dire contre Marx. Pour que la nouvelle impulsion que je préconise soit aussi efficace que possible, il faut que l'on voie aussi clairement que possible ce qu'elle présente de nouveau ; pour cela, elle doit se formuler avec le plus d'acuité possible par contraste avec l'impulsion ancienne. C'est pour cela — et non pas uniquement parce que je ne suis arrivé moi-même à une compréhension nouvelle que par le détour d'une critique du marxisme — que je mets l'accent principal sur ce qui me sépare de Marx. Si tout cela doit aboutir un jour à une synthèse nouvelle, cette synthèse sera d'autant plus fertile que l'antithèse aura été vivante, consciente de sa volonté propre et de son essence particulière.

Ce n'est qu'à condition de bien saisir ceci que l'on pourra comprendre pourquoi, contrairement à tous les critiques antérieurs de Marx, je pars du principe que c'est le marxisme et non Marx qu'il faut mettre en cause. Si je discute néanmoins Marx à cette occasion, la raison en est fort simple : Marx appartient au marxisme du fait qu'il lui a donné la première impulsion. Mais il n'est pas tout le marxisme, car le marxisme a survécu à Marx. Au point de vue des tâches actuelles, nous n'avons à nous soucier que de ce qu'est le marxisme actuel ; Marx lui-même ne nous intéresse plus que dans la mesure où son impulsion première s'y retrouve encore vivante. C'est pourquoi je revendique le droit de discuter, outre ce que Marx a voulu dire, ce qui s'est réalisé de ses opinions. Il est tout aussi impossible d'éliminer du complexe total « marxisme » les phénomènes de décadence que l'on a baptisés « marxisme vulgaire », que d'en éliminer les opinions scientifiques qui constituent la doctrine même.

Le marxisme vulgaire montre ce que peut devenir une doctrine dont les enseignements scientifiques se sont transformés, par une évolution régressive, en symboles d'états affectifs ressentis par les masses. Pour le penseur qui crée une doctrine, les idées sont des concepts dont la signification découle de leurs rapports logiques avec d'autres concepts. Il est vrai que ces concepts naissent d'un état affectif déterminé, mais, pour celui qui les a conçus, leur existence et leur validité sont indépendantes de la continuation de cet état affectif. Ainsi, Marx n'eût point formulé le concept de l'exploitation ouvrière et de la plus-value capitaliste, si son état affectif (ressentiment contre le patronat, sympathie pour les opprimés, indignation morale contre le mobile acquisitif de la production) ne l'y avait amené. Mais, sitôt formulé, le concept, établi en conclusion d'une chaîne de raisonnements scientifiques, acquiert une vie propre dont la durée dépasse celle des sentiments qui lui ont donné naissance. Le penseur créateur transforme donc un sentiment en idée. Il se débarrasse d'un conflit entre sa propre façon émotive de juger et ses impressions du monde social extérieur, en transposant ce conflit du plan subconscient au plan conscient, où il devient possible de reporter les sentiments sur des représentations conceptuelles. En harmonisant ainsi des conflits émotifs par leur transformation en antagonismes conceptuels, le penseur se libère pour ainsi dire lui-même. Il doit raisonner ainsi qu'il le fait pour se débarrasser d'un ressentiment douloureux, d'un complexe affectif qui l'oppresse.

D'autre part, il y a la masse prédisposée, par un état affectif semblable, à s'emparer de l'idée pour la réincorporer dans l'ensemble des sentiments existants. Elle prend connaissance de l'idée sous for-me de mot ou de phrase. Or les mots sont chargés d'émotion. Ils deviennent les instruments d'un état émotif qui correspond à une direction de volonté déjà existante ou en voie de formation. Par là, l'idée devient le symbole de cette volonté. Elle fortifie les volontés correspondantes et favorise ainsi l'action par les émotions qu'elle suscite. Dorénavant, la signification et la puissance du symbole dépendent entièrement de l'état affectif qui a prédisposé à son acceptation. Sa valeur n'est mesurable dans la pratique qu'à son efficacité affective, et non à la compréhension ou à l'adoption du procédé logique par lequel son inventeur est arrivé à le formuler. Dès que l'état affectif qui a amené l'adoption d'un symbole déterminé change, le contenu affectif et, par là, la signification subjective du symbole, se modifient dans le même sens. Le concept de l'exploitation, par exemple, que Marx a justifié par une argumentation scientifique, acquiert une signification symbolique de ce genre auprès des masses qui l'adoptent. Des millions d'ouvriers croient que Marx a démontré que le patronat s'approprie injustement une partie des valeurs qu'ils ont créées, à savoir la plus-value. Parmi ces millions de gens, il en est à peine quelques centaines qui soient capables de comprendre l'argumentation de Marx ; l'immense majorité n'essaie même pas d'apprendre à la connaître. Aussi bien, la valeur de cette argumentation est-elle absolument nulle du point de vue de l'utilisation des concepts « plus-value » et « exploitation » comme symboles. Elle repose uniquement sur le sentiment, né de l'expérience, que l'ouvrier a d'être exploité, c'est-à-dire de recevoir moins de salaire qu'il ne devrait ; les notions d'exploitation et de plus-value sont conformes à ce sentiment ; il les accepte donc comme symboles de la direction de la volonté qu'elles caractérisent, avec par-dessus le marché l'assurance que Marx a prouvé leur réalité indiscutable dans un livre fabuleusement savant. En agissant ainsi, l'ouvrier fait ce que Marx a fait lui-même et ce que nous faisons tous quand nous pensons : il transforme en objet son sentiment subjectif. Chez Marx, cette objectivation signifie qu'il crée des notions ; chez le marxiste, elle signifie qu'il conçoit ces notions comme des. faits objectifs et qu'il les transforme en symboles de son sentiment et de sa volonté. C'est ainsi que le mot ou la phrase qui exprime une notion devient un cri de guerre. Ceci implique toujours une certaine défiguration de la notion. Ainsi, les nuances plus subtiles de la différence que l'argumentation de Marx établit entre la valeur et le prix, entre la valeur de la force de travail et le salaire, entre la plus-value et le profit, ou entre le coefficient de plus-value et le coefficient d'exploitation, n'ont aucune portée aux yeux de la masse et sont négligées par elle. Par contre, elle attache précisément le plus d'importance à ce que Marx a intentionnellement laissé dans l'ombre ou supposé tacitement comme déjà prouvé, c'est-à-dire le reproche moral d'une appropriation inique par le patronat. En effet, tandis que le créateur de la notion essayait de rendre encore plus impressionnante la logique de ses déductions par l'élimination de tout jugement émotif, celui qui s'empare de la notion pour en faire le symbole d'une aspiration n'attache d'importance qu'à sa coloration émotive. Ceci explique comment un mouvement qui se sert de certaines doctrines comme de symboles, ainsi que le fait toute Église et tout parti, peut s'orienter à la longue vers des objectifs qui n'ont plus rien de commun avec la signification originelle des notions symbolisées, bien que les symboles eux-mêmes restent inchangés.

Il n'importe donc pas de savoir ce que l'on peut prouver par Marx, mais bien plutôt ce qui s'est prouvé de ses doctrines dans leur rayonnement pratique. Donc, ayons souci, non de la doctrine de Marx, mais du marxisme. Marx n'a formulé de doctrine que pour agir par elle. L'efficacité de son enseignement est le critérium de sa valeur pour les hommes vivant et agissant aujourd'hui. Ce qui de ses doctrines ne se retrouve pas dans le marxisme n'a donc pas agi ; par conséquent, c'est pour nous une quantité négligeable. Ce qui a agi et ce qui vit encore aujourd'hui, cela seul nous intéresse. Que l'on appelle cela du marxisme vulgaire si l'on veut. Mais tout marxisme est aujourd'hui du marxisme vulgaire, sauf celui qui se limite aux recherches biographiques et à la critique de textes, tâches étrangères à notre époque et sans influence sur nos destinées. Il peut paraître très tentant d'assommer le marxisme vulgaire, là où il s'est éloigné de Marx, à l'aide de citations des œuvres du maître ; mais c'est une entreprise vaine, car les textes auxquels la masse n'a pas cru parce qu'ils ne lui servaient à rien sont incapables de saper sa croyance à la phraséologie symbolique dont elle a fait un instrument de sa volonté. Le Marx qui vit dans la croyance des masses ne saurait être vaincu par le Marx qui n'existe que sur les rayons de bibliothèque des chercheurs. La vérité vivante et l'erreur vivante sont toutes deux plus fortes que la vérité morte ; la preuve de leur force plus grande réside précisément dans le fait qu'elles sont vivantes. Il ne sert à rien de se lamenter parce que toutes les vérités qu'un prophète a énoncées ne se sont pas montrées également viables. Cela dépend entièrement de la mentalité de ceux qui l'écoutent. Tout penseur est condamné à être mal compris ; ses idées ressemblent à des semences dont une partie est emportée par le vent, et dont une autre partie lèvera, mais produira des fruits d'un goût différent de celui que voulait le semeur. Et cependant il est écrit : « Vous les connaîtrez à leurs fruits. » Ce malentendu inévitable est pour une bonne part dans le tragique de l'histoire, le sort tragique n'étant pas seulement celui de l'individu incompris, mais surtout celui des masses qui le comprennent à leur façon.

Peut-être saisira-t-on mieux maintenant pourquoi, quand je dis qu'il faut vaincre le marxisme, j'entends parler non seulement du marxisme vulgaire qui vit surtout dans la croyance phraséologique des masses communistes, mais aussi du marxisme « pur » des théoriciens socialistes, qui voudraient greffer le vieux pommier de façon qu'il porte des oranges. Vain espoir ! Pendant qu'ils s'évertuent, on leur jette à la tête les pommes — les fraîches et les pourries — qu'ils ont naguère aidé eux-mêmes à récolter.

C'est pourquoi je dis : liquidation du marxisme vulgaire, parce qu'il puise sa force dans l'erreur ; liquidation du marxisme pur, parce que, en dehors de cette erreur, il n'a plus de force du tout. Le marxisme vulgaire est une erreur vivante, le marxisme pur une vérité défunte, dont Spengler a pu dire avec raison qu'on ne la réfute plus, et qu'on se borne à la trouver ennuyeuse. Le marxisme pur des savants a cessé depuis longtemps d'influencer la pratique socialiste ; comme arsenal d'une phraséologie propagandiste traditionnelle, il ne sert plus qu'à faciliter une concurrence démagogique avec le communisme, propagande dont l'esprit a cessé depuis longtemps d'être conforme aux aspirations réelles du mouvement ouvrier non communiste. Tout marxisme qui n'est pas du marxisme vulgaire n'est plus aujourd'hui qu'une question de littérature. Les marxistes vulgaires du communisme sont les véritables usufruitiers de l'héritage marxiste. Ils ne le sont peut-être pas dans le sens qu'ils comprennent mieux Marx par rapport à son époque ; mais ils le sont certainement dans le sens qu'ils l'utilisent avec plus d'efficacité pour les tâches de leur époque, pour la réalisation de leurs objectifs. L'image que Kautsky nous dessine de Marx ressemble probablement plus au modèle que celle que Lénine a popularisée parmi ses disciples ; mais Kautsky fait des commentaires sur une politique qu'il n'influence pas, tandis que les mots d'ordre tirés de Marx par Lénine sont de la politique, même après sa mort, et continuent à créer des réalités nouvelles.

Le communisme est donc le seul mouvement de masses dans lequel le marxisme survit à l'état de croyance. Il a tiré de l'effet affectif de la phraséologie marxiste tout ce que l'on en peut tirer. Il a fait fructifier toutes les semences viables que Marx a semées dans l'âme des masses. Il a fait du marxisme une religion, ce qui était la seule façon de le réaliser, car la science ne devient l'affaire des masses que du moment où elle fonde une foi. Même au temps où le marxisme était encore la doctrine officielle d'un mouvement socialiste unifié, il ne fut jamais autre chose qu'une foi, bien que la doctrine finit par s'accorder de moins en moins avec la pratique. Pour le mouvement ouvrier non communiste, il ne reste plus de cette foi que les formules rituelles. Toute la sève du tronc marxiste s'en est allée dans la branche communiste. Us marxistes purs du socialisme font des bouquins ; les marxistes vulgaires du communisme dirigent des partis. Contre le marxisme carnassier des communistes, le marxisme ruminant des socialistes est impuissant. Dès que le marxisme devient une croyance de masse, chacune de ses doctrines se revêt d'une coloration émotive qui en fait un cri de guerre du marxisme vulgaire.

C'est pour cela qu'il arrive toujours, dans l'évolution de toute doctrine d'un mouvement social, un moment où les impulsions intellectuellement créatrices qui viennent de leur initiateur, perdent de leur vitalité propre et succombent dans la pratique aux impulsions qui viennent des masses mues par le sentiment, mais intellectuellement passives. Les idées se transforment en objectifs de masses en suivant la ligne de moindre résistance : même après que l'impulsion nouvelle qu'elles ont transmise s'est déjà amortie, elles gardent leur utilité pour les masses comme justification d'une attitude conservatrice dans son essence intellectuelle. Dès que l'on peut constater un pareil amortissement de l'impulsion première, le progrès intellectuel ultérieur du mouvement exige une critique négative de sa doctrine ; car il faut toujours couper les branches mortes quelque peu au-dessus de l'endroit où elles ont dépéri.

Fait caractéristique à ce point de vue, ce sont précisément ces éléments du marxisme, que je considère comme les plus vulnérables à cause de leur association avec une mentalité matérialiste désuète, qui se montrent à l'heure actuelle les plus vivants dans la croyance des masses, en ce sens que leur phraséologie s'est le plus aisément popularisée et se conserve le plus obstinément. Les expressions déterminisme, rationalisme et hédonisme, que j'ai employées pour caractériser les trois piliers de la pensée marxiste les plus fortement sapés par la science contemporaine, caractérisent précisément ce qui a rendu le marxisme le plus apte à devenir populaire parmi les masses ouvrières. Partout où le marxisme est devenu la forme dominante du socialisme ouvrier — comme en Allemagne après la période lassallienne —, il faut admettre sans hésiter une certaine concordance de sa façon de penser avec une mentalité des masses conditionnée par les circonstances particulières de leur destin social et politique.

Les jugements par lesquels une mentalité sociale de ce genre s'exprime sont en fin de compte des appréciations émotives et habituelles de mobiles. Or la théorie des mobiles qui est à la base du marxisme correspond en certains points essentiels à l'appréciation des mobiles qui se trouve réalisée dans le milieu quotidien de la vie prolétarienne qui découle de l'expérience d'un capitalisme hiérarchique et féodal.

À l'hédonisme économique du marxisme correspond dans ce milieu la première place donnée au mobile économique, c'est-à-dire à toutes les actions inspirées par le mobile acquisitif que le capitalisme a déchaîné. Cette appréciation est conforme à une destinée sociale qui condamne l'ouvrier à la dépendance économique, soumet toute sa vie au souci dominant du pain quotidien, et l'empêche d'améliorer son sort autrement que par une excitation de son propre instinct acquisitif, opposé à celui du patron et du commerçant. L'ouvrier qui vit dans un milieu qui lui paraît complètement dominé par le mobile acquisitif, insère l'appréciation supérieure de ce mobile dans sa conception globale de la société, voire du passé social ; d'où son penchant à admettre l'interprétation matérialiste de l'histoire, qui en fait le fondement d'une sociologie.

Il en est de même du mobile de la soumission à la coercition et du mobile de l'utilité rationnelle, qui sont respectivement à la base du déterminisme et du rationalisme marxistes. Dans tous les pays et à toutes les époques où fleurit le socialisme marxiste, les conditions sociales sont telles que l'ouvrier doit concevoir la société comme un mécanisme de coercition qui détermine sa volonté propre. Son travail est essentiellement un travail d'exécution, prescrit et commandé par d'autres, qui l'ont conçu et qui le dirigent. La fixation de son domicile dépend du hasard d'un emploi sur le choix duquel il n'a qu'une influence fort limitée. Il ne peut généralement améliorer son sort individuel que par le moyen d'une amélioration collective du sort de ses camarades de profession ou de classe ; ceci aussi l'oblige à subordonner sa volonté individuelle à une volonté collective. En outre, dans les conditions de temps et de lieu envisagées, il est infériorisé par la hiérarchie sociale et politique, de même que sa situation par rapport à toutes les puissances sociales, particulièrement la puissance de l'État, implique la soumission permanente à une volonté plus forte que la sienne. Par conséquent, il attache une importance déterminante au mobile coercitif de la nécessité. De ce que toute réalité sociale actuelle signifie pour lui une coercition, il est disposé à croire à une doctrine qui explique toute l'histoire du passé, et même tout l'ordre universel, comme l'effet d'une nécessité, comme l'application d'une loi d'airain.

Les nécessités dont l'ouvrier fait l'expérience la plus immédiate sont celles du gain du pain quotidien et du travail commandé. Or, il voit autant dans ses rapports avec le patron que dans ses rapports avec sa tâche quotidienne de production, un état dominé par la connaissance rationnelle d'une utilité. Son patron lui apparaît sous l'aspect d'un personnage qui n'est préoccupé que de son intérêt acquisitif, et dont toutes les actions s'inspirent de la conscience de cet intérêt. L'ouvrier ne travaille pas parce qu'il y trouve plaisir, mais parce qu'il a un besoin utilitaire du gain quotidien. Son travail est la mise en œuvre permanente d'une pensée rationnelle causale et mécaniste pour des tâches mécaniques dirigées vers une utilité économique. Les seules attitudes sociales qui lui paraissent sincères et importantes sont donc celles qu'il croit pouvoir expliquer par un intérêt ; il se méfie de toute conception qui ne se présente pas comme la défense d'un intérêt, de toute idée qui ne se justifie pas par l'application logique d'une loi mécaniste. Cette mentalité entre pour une bonne part dans l'hostilité méfiante à l'égard de toute tradition religieuse qui distingue le travailleur industriel moderne du paysan, dont le milieu de travail et de vie est dominé au contraire par les lois du devenir organique. Ainsi que le fait remarquer très justement Bertrand Russell, il est aisé de comprendre que le paysan croit à un Dieu qui fait le temps ; mais il est moins aisé de s'imaginer la Fédération des Mineurs britanniques faisant faire des prières pour que le Tout-Puissant renouvelle des veines de charbon épuisées. Pour l'ouvrier d'industrie, et en général pour l'homme des villes, tout ce qui modèle sa destinée paraît connaissable par la raison humaine et explicable par l'action d'une causalité mécanique. Une façon de penser qui, à l'exemple du marxisme, élève les mobiles hédonistes et rationalistes au rang de loi suprême de tout devenir social, est conforme à cette expérience et à cette mentalité.

Ceci explique pourquoi le marxisme, en dépit des assurances de ses théoriciens qu'il n'entend être qu'une sociologie et non une philosophie universelle, a fondé dans la pratique, parmi les couches prolétariennes soumises à son influence, une philosophie rudimentaire, voire une religion.

Il y a une grande part de vérité dans cette idée de J. Guyau : « La religion est un sociomorphisme universel ; le sentiment religieux est le sentiment de la dépendance de forces de volonté que l'homme se représente prolongées dans l'univers. » Ce qui est certain, c'est que tout sentiment du monde social s'amplifie de lui-même par un simple prolongement en sentiment du monde cosmique. Cela veut dire que l'homme insère dans son interprétation du devenir universel les mobiles qu'il voit à l'œuvre dans sa destinée sociale. On peut donc dire à bon droit que, tout en ne voulant être qu'une interprétation de la société, le marxisme est devenu en réalité une religion rudimentaire — une religion d'Ersatz en quelque sorte — fondée sociologiquement. Ceci est arrivé, non point malgré le caractère sociologique de la doctrine, mais à cause de ce caractère. C'est parce que le marxisme répond au penchant des masses à se faire une image de l'univers basée sur leur image de la société, qu'il est parvenu à acquérir dans l'espace de deux ou trois générations, auprès des masses ouvrières de l'Europe orientale et centrale, la formidable influence que seule une religion peut exercer. L'influence des confessions chrétiennes s'en trouva refoulée, parce qu'elles se réclamaient d'une révélation intuitive ou rationnelle qui, au lieu de résulter de l'application des jugements empiriques sociaux à l'image de l'univers, contredit ces jugements. Ces religions apparaissent à l'ouvrier marxiste comme une hypocrisie ; car elles prêchent une morale qui ne correspond pas à la moralité réelle que l'on voit à l'œuvre dans l'activité économique, et elles aboutissent à une image de l'univers qui contredit l'expérience sociale de l'ouvrier industriel et la façon de penser qui se nourrit de cette expérience. Ainsi, les croyances confessionnelles consolidées chez des millions de gens par une tradition séculaire ont dû, dans l'espace de quelques décades, céder le champ à une foi marxiste, dont l'attrait provient de ce qu'elle déduit la conception du monde de l'expérience sociale, tandis que les Églises essaient en vain de faire le contraire.

Voilà pourquoi le marxisme retourne, par l'effet qu'il exerce sur les couches prolétariennes dont il fonde la religion, aux origines philosophiques dont il était issu chez Marx et Engels eux-mêmes. Ceux-ci n'avaient élaboré leur sociologie qu'en projetant une image philosophique de l'univers, issue de leur athéisme rationaliste, sur un fragment de cet univers, le fragment social. Les masses qui se sont emparées de cette sociologie la remétamorphosent en philosophie, en projetant inversement la silhouette de l'image fragmentaire sociale sur l'arrière-plan cosmique. Le même sentiment du monde se retrouve au début et à la fin de cette évolution.

Il est d'une importance essentielle de faire remarquer ici que ce sentiment de l'univers n'a rien de socialiste en soi. Il est vrai qu'il correspond à une expérience prolétarienne ; mais cette expérience implique une « adaptation » au milieu capitaliste, sans la « réaction contraire » contre ce milieu qui est le propre de la conviction socialiste. Elle est l'indice de la détresse intellectuelle et spirituelle du prolétariat, et non de sa capacité créatrice. On trouve ici le reflet du phénomène suivant lequel le marxisme est par excellence la doctrine d'un prolétariat qui commence à s'éveiller à la conscience de son état d'objet, plutôt que la doctrine d'une classe ouvrière déjà arrivée, par sa propre lutte, à une certaine dignité sociale et à une participation active à la détermination de son propre sort social. Les traits de la mentalité prolétarienne qui correspondent à l'image esquissée dessinent l'âme capitaliste de l'ouvrier, et non son âme socialiste. On pourrait appliquer ici, en lui donnant un sens peut-être plus profond que ne l'entendait son créateur, la phrase de Sombart : À l'exemple de Christophe Colomb qui partit pour trouver l'Inde et découvrit en route l'Amérique, Marx s'est mis en route pour découvrir le socialisme et a trouvé sur son chemin le capitalisme. L'esquisse que nous venons de faire des fondements rationaliste, déterministe et hédoniste, de la mentalité prolétarienne marxiste ne porte que sur les faits qui constituent le milieu capitaliste ; elle ne tient aucun compte des objectifs psychologiques qui ont leur racine dans une éthique précapitaliste ou généralement humaine et dans le monde des représentations socialistes. En cherchant les causes qui ont fait du marxisme la religion masquée du cynisme et du matérialisme prolétariens, on trouve les causes qui le font aboutir, dans le domaine psychologique aussi, à un capitalisme de signe contraire. Les éléments idéologiques en question, qui reposent sur l'adaptation à un certain milieu, facilitent la reconquête psychologique de cette idéologie par ce milieu.

Cette constatation se trouve confirmée par la façon caractéristique dont le marxisme, né à l'est du Rhin, s'est transformé à nouveau, après une époque de domination universelle apparente, en doctrine particulière du socialisme de l'Europe centrale et orientale. En cela il est resté ce qu'il était par ses origines : la forme typique du socialisme prolétarien des pays sans démocratie ou, du moins, sans tradition démocratique. Ceci semble évident en ce qui concerne le communisme russe. Mais il n'est pas superflu d'en faire la démonstration pour l'Allemagne d'avant-guerre, où le marxisme reçut sa physionomie classique et d'où il rayonna sur le mouvement ouvrier du monde entier. Si l'on demande comment il se fait que le marxisme précommuniste n'a pu s'établir et se maintenir qu'en Allemagne, dans les pays de langue allemande, et dans les régions germaniques de l'Europe centrale et septentrionale intellectuellement influencées par l'Allemagne, on trouvera l'explication de ce fait dans la concordance remarquable de la mentalité marxiste avec le caractère national allemand tel qu'il se manifestait sous le règne de Guillaume II. Pour comprendre ce caractère, il faut le rapporter aux effets d'une évolution rapide, mais tardive, vers la grande industrie dans un État autoritaire et militaire sans traditions libérales, c'est-à-dire aux conditions qui font apparaître l'Allemagne politique, contrairement à l'opinion marxiste courante, plutôt comme un pays jeune et resté longtemps arriéré que comme un pays avancé.

L'obsession de la lutte pour le pouvoir politique, et la nuance étatiste de l'utopie marxiste correspondent à la situation d'un pays où la puissance écrasante de l'État, la croyance populaire à son devoir patriarcal d'assistance aux faibles et le manque de liberté politique ont amené les ouvriers à concentrer dès le début leur attention sur l'État. C'est pourquoi les syndicats et les coopératives ont pris en Allemagne un élan tardif et fortement entravé, tandis que dans l'Occident, ils formaient la base d'un mouvement qui essayait autant que possible d'atteindre son but sans l'État.

La conception marxiste de la lutte des classes comme simple

question de puissance, qui doit, après une tension mutuelle croissante, se résoudre pour ainsi dire mécaniquement, par un passage brusque de l'état d'oppression à l'état de domination, est le reflet social de l'État militaire allemand. La rigide dialectique marxiste et hégélienne, qui condamne toute minorité politique à augmenter sa puissance par la propagande, jusqu'à ce que cette puissance suffise à jeter bas l'adversaire dans une brusque lutte finale, voilà une façon de penser qui doit apparaître au sens politique plus finement nuancé des Français ou des Anglais comme une grossière stratégie politique de premier sergent-major. Pourtant, il ne s'ouvrait guère d'autre perspective à la social-démocratie dans l'Allemagne prussianisée d'avant-guerre. Le caractère militaire de la monarchie, l'impuissance des parlements, la brutalité autoritaire des hobereaux régnants, le manque de culture politique chez la bourgeoisie, tout cela aboutissait au fait de l'oppression pure et simple d'un parti d'opposition, jusqu'au moment où les vagues de mécontentement monteraient assez haut pour que l'opposition pût en même temps écraser ses adversaires parlementaires et renverser tout le système gouvernemental. Par contre, les partis socialistes de l'Occident pouvaient — plus à cause des traditions démocratiques et de l'habitude des compromis parlementaires qu'à cause des textes constitutionnels eux-mêmes — exercer sur l'État et sur l'administration une influence positive, croissant avec leur puissance numérique, et progresser ainsi d'une manière graduelle et expérimentale.

Le pivot intellectuel de la doctrine marxiste est la notion d'une lutte de classe qui conduira à la victoire, selon l'exemple guerrier, à la suite d'une augmentation progressive du nombre des combattants, de leur discipline et de leur esprit. d'offensive. Une idéologie de ce genre devait trouver un terrain réceptif auprès du peuple allemand.

Le penchant à la subordination qui constitue un trait du caractère historique allemand se manifeste aussi (et continue à se manifester, à peine affaibli, malgré la suppression du service militaire obligatoire) dans les rapports politiques entre gouvernants et gouvernés, dans les relations journalières entre le public et les fonctionnaires, le compagnon et l'artisan, l'ouvrier et le patron, l'écolier et l'instituteur, le domestique et le maître, l'enfant et les parents, le membre d'un parti et son comité directeur, bref entre les échelons inférieurs et supérieurs de toutes les hiérarchies quelles qu'elles soient. Pour que le mouvement ouvrier allemand échappât à cette influence, il aurait fallu qu'il ne fût pas composé d'êtres humains. Un fait extrêmement caractéristique à ce sujet est le succès inouï et inattendu de l'organisation du Reichsbanner républicain qui, en l'espace de quelques semaines, groupa des millions d'adhérents, pour la plupart ouvriers socialistes. Ce succès ne peut pas s'expliquer seulement par des motifs politiques, qui sans cela eussent dû avantager dans la même mesure les partis. Il est dû avant tout à des causes psychologiques beaucoup plus générales. Ce fut une idée de génie que d'enlever aux réactionnaires nationalistes le monopole des jeux de soldat, qui leur donnait un attrait si dangereux pour une grande partie de la jeunesse. Depuis la suppression du service militaire obligatoire, des millions d'Allemands, anciens soldats ou frères puînés nés trop tard pour la moisson de gloire, souffraient, le plus souvent sans s'en douter, d'un refoulement d'instincts subconscients hérités de l'ancien régime : instincts combatifs et habitudes de commandement et de subordination. Le Reichsbanner vint leur offrir une occasion de satisfaire ces instincts tout en luttant contre la politique de restauration. Son attrait principal était d'ailleurs moins l'amour de la violence physique que la joie traditionnelle de la participation à une troupe enrégimentée, le plaisir de porter un uniforme, de marcher en rang, de commander et d'obéir.

Il y a déjà une vingtaine d'années que dans ses études sur la psychologie nationale des partis socialistes, Robert Michels a montré à quel point le vocabulaire de la littérature socialiste allemande emprunte ses termes, et notamment ses mots d'ordre émotifs, à la terminologie militaire. Il en est à peine autrement aujourd'hui, ce qui est l'indice d'une similitude profonde de certains processus affectifs typiques. Un peuple qui réagit aussi vigoureusement aux mots d'ordre stimulants de l'esprit militaire et guerrier, est naturellement réceptif à l'égard d'une doctrine qui accorde à l'esprit d'agressivité et de discipline dans les luttes sociales une signification éthique aussi essentielle que le fait le marxisme. Le fait que ce même marxisme a plus aisément permis à la révolution communiste de tirer profit des habitudes de subordination et des psychoses de guerre et de violence qui survécurent à la guerre mondiale, est un autre indice de la connexion psychologique profonde entre le marxisme et le militarisme.

Le socialisme marxiste allemand est un élément d'une mentalité politique nationale, en ce que lui aussi, à l'exemple du régime impérial, a toujours considéré l'individu comme un simple moyen de réalisation d'un but collectif incarné dans l'État. L'Anglais par contre, qu'il soit conservateur ou socialiste, fournit l'exemple d'un contraste typique. Il considère l'organisation politique et juridique comme un moyen de réaliser des buts individuels et de sauvegarder des droits individuels. Il ne faut pas oublier que jusqu'à la constitution de Weimar, l'Allemand n'a jamais connu l'État que comme une volonté d'en haut. Il lui paraît tout à fait naturel que cet État l'instruise et l'éduque, se fasse son guide moral, prenne soin de lui quand il est appauvri, malade ou vieux, le conduise par la main à travers tous les sentiers de la vie en l'informant consciencieusement de tout ce qui est verboten ou recommandé par les autorités, et en général se comporte à son égard comme un être qu'il n'est peut-être pas toujours possible d'aimer, mais qui a droit au respect et à l'obéissance. Pour juger combien pareille conception répugne à l'Anglais, il suffit de penser à sa résistance contre l'étatisation imposée par la guerre entre 1914 et 1918, et à sa hâte d'en supprimer la plupart des résultats, à commencer par le service militaire obligatoire, dès que la guerre fut terminée. Il lui a déjà fallu vaincre une ancienne et profonde répugnance avant qu'il ne se décidât à confier à l'État l'éducation de ses enfants ; et s'il aime plus et craint moins son « bobby » que l'Allemand son « Schutzmann », c'est qu'il ne voit point en lui le représentant armé d'une autorité supérieure, mais seulement le serviteur courtois de certaines nécessités de la vie en commun. L'Allemand est fier de sa police parce qu'il voit en elle le symbole de l'autorité de l'État ; l'Anglais n'aime la sienne que parce qu'il sait que sept siècles de Magna Carta et deux siècles et demi de Habeas Corpus le protègent contre le danger du bâton blanc devenant le symbole d'un État autoritaire.

Sur le continent européen, il y a un contraste d'un genre analogue entre les pays à l'est et à l'ouest du Rhin. En France, le marxisme est toujours resté un produit d'importation ; les tendances propres du caractère national français se sont exprimées en une série de doctrines socialistes — proudhonisme, anarchisme, fédéralisme, syndicalisme révolutionnaire, etc. — toutes fortement colorées d'individualisme et d'autonomisme. Même chez un esprit aussi incliné vers les synthèses de masse que celui de Jaurès, la démocratie apparaît essentiellement comme une revendication des individus à l'égard de l'État. Chez Bebel, par contre, elle est une revendication de l'État 'à l'égard des individus. Son « État populaire » idéal a toujours fort senti la caserne ; il n'était au fond qu'une forme dépersonnalisée de la monarchie de Frédéric II mise au service d'un idéal d'égalité économique. De là provient le phénomène déjà noté, et si caractéristique de la mentalité allemande et marxiste, de l'identification de l'État et de la société. Elle implique une identification de l'éthique politique et de l'éthique sociale, du devoir envers l'État avec le devoir envers la société.

Il est symptomatique que le socialiste allemand appelle son utopie « Zukunfsstaat » (État de l'avenir) ; que le Français parle de la « Cité » ou de la « Société future », et que l'Anglais préfère des termes comme

« Cooperative Commonwealth » (Communauté coopérative) ou « Socialist Society ». En Allemagne, ce fut l'État qui introduisit, par la loi sur les conseils d'entreprise, les organismes de représentation directe des ouvriers, créés par l'initiative syndicale dans tous les pays occidentaux. Les conseils d'entreprise allemands ont d'ailleurs servi les intentions de la législation, en ramenant ces produits de l'ébullition momentanée de l'époque révolutionnaire, dominée par l'exemple de la Russie, dans le canal sagement endigué d'une nouvelle hiérarchie officielle. Contrairement à ce qui s'est produit ailleurs, les conseils d'entreprise allemands ont vu se manifester fort peu de volonté ouvrière d'autonomie et de démocratie industrielle. Dès que la surexcitation politique se fut un peu calmée, ils se transformèrent dans la pratique en appareils régulateurs des salaires sous l'œil paternel de nouvelles « autorités ». D'une façon générale, la révolution de 1918 a laissé intacts l'État et son fonctionnariat ; elle a plutôt renforcé leur autorité, ce qui n'a rien d'étonnant, étant donné une mentalité socialiste qui considère l'État moins comme l'objet que comme le moyen des transformations sociales qu'elle poursuit.

La relation entre l'individu et l'État se reflète, au sein même. du mouvement ouvrier, dans la relation entre l'individu et l'organisation. L'Anglais ne connaît pas de discipline de parti et est fier de ce que ses partis — de même que ses syndicats — soient organisés d'après un principe autonomiste et fédéraliste, qui paraît à l'Allemand comme un manque désastreux de centralisation. Il ne comprend pas comment le travailleur allemand peut puiser dans l'idée de la lutte de classe une exaltation mystique de sa valeur sociale personnelle. Quand l'Anglais défend des intérêts de classe, il le fait pour lui-même ; quand il veut conquérir pour la classe ouvrière un avenir meilleur, il croit obéir non point à une mission de classe, mais à un commandement éthique personnel. Sa mentalité s'est débarrassée depuis longtemps de la notion coercitive de l'État hiérarchique, qui en Allemagne s'est transplantée jusque dans l'époque de la grande industrie, a fait de la conscience de classe du prolétariat allemand une notion d'abord imposée par la politique de ses maîtres et du marxisme allemand la doctrine de la mission historique prédestinée d'une classe.

La rapidité extraordinaire avec laquelle l'Allemagne s'est transformée, pendant le dernier tiers du siècle précédent, d'un État de paysans et de petits bourgeois en une grande puissance industrielle, sans que l'évolution politique et morale ait emboîté le pas à cette évolution, explique maints autres traits du caractère national récent qui a prédisposé les ouvriers allemands au marxisme. Une classe capitaliste a pour ainsi dire jailli de terre en l'espace d'une génération. Produit de serre chaude, elle n'a pas eu le temps, comme par exemple la classe correspondante en Angleterre, de s'habituer, grâce à une expérience sociale et politique amassée petit à petit, aux traditions chevaleresques des luttes sportives et à la mentalité du compromis. Le système des officiers de réserve, si important pour la vie civile de la classe bourgeoise, l'exemple de l'État autoritaire et la persistance des traditions d'obéissance chez le peuple, ont encore aggravé l'effet d'une sélection trop rapide de la couche dominante dans l'industrie. Cette sélection a amené au sommet de la nouvelle hiérarchie sociale, non point les éléments les plus stables et les plus polis par une culture ancienne, mais les plus frénétiquement et grossièrement possédés par le désir de gain et de puissance. La brutalité qu'une couche dirigeante nouvelle de ce genre met à exercer sa domination produit naturellement auprès des dominés un aigrissement correspondant. Ici aussi, l'instinct acquisitif s'en trouve poussé au premier plan, et l'on conçoit la résistance comme une espèce de militarisation de la lutte d'intérêts, lutte dont l'issue dépendra uniquement de la force brutale et de la soumission des combattants à une discipline de fer. On comprend encore mieux, à une époque où toutes les relations sociales sont révolutionnées par le progrès industriel, que l'élément économique acquière aux yeux des ouvriers la signification d'un sort auquel doit se soumettre tout le reste. La notion coercitive de la nécessité économique n'en fournit que plus aisément à la classe ouvrière le fondement d'une philosophie sociale.

Dans l'Allemagne d'avant-guerre, ce phénomène a eu pour conséquence de changer l'humeur de la classe ouvrière parallèlement à l'évolution qui a fait de l'Allemagne « gemütlich », modestement petite-bourgeoise, sentimentale, romantique et idéaliste d'il y a cent ans, l'Allemagne des capitaines d'industrie, des condottieri casqués d'acier, à la philosophie morose et cynique, qui n'entend connaître que les réalités d'airain de l'autorité et de la richesse. Le symbole intellectuel de cette métamorphose fut la victoire de Hegel sur Kant, de la philosophie de la nécessité (Muß) sur la philosophie de l'obligation (Soll) ; et c'est là en même temps le symbole de l'infection spirituelle par le matérialisme et le rationalisme que le socialisme théorique allemand a subie du moment où le marxisme mit fin à l'épisode lassallien, et dont il ne s'est pas encore remis jusqu'à ce jour. Ce n'est qu'à la lumière de ce phénomène que l'on peut comprendre le contraste, qui frappait tous les observateurs étrangers il y a encore quelques années, entre le formidable effort d'éducation théorique qu'organisait la social-démocratie allemande, et la médiocrité désespérante de ses prestations dans le domaine éthique et esthétique.

Durant cette époque, dont le mouvement des « Jeunes » issu de la guerre ne marque que le commencement de la fin, toutes les Préoccupations intellectuelles du socialisme allemand se concentraient sur l'activité dite scientifique. Ici encore, on trouve un parallélisme étonnant entre les caractéristiques du marxisme allemand et celles de la science allemande en général. Au risque de subir le reproche de caricaturer pour caractériser, j'oserai dire qu'en Allemagne la science est sévère comme le climat, consciencieuse comme les fonctionnaires, férue d'autorité comme les militaires, fanatique de l'ordre comme la police, systématique comme l'organisation économique, profonde comme les verdicts des tribunaux, indigeste comme la choucroute, lente mais sûre comme les chemins de fer, rigide comme le pas de parade et infaillible comme l'État. Elle concorde avec un idéal éducatif traditionnel qui (par contraste avec l'idéal anglo-saxon dont les mots d'ordre sont « form » et « breeding », c'est-à-dire la formation du caractère et du jugement par l'habitude) s'oriente avant tout vers la mémorisation de faits et leur mise en systèmes d'après des jugements préconçus par les « autorités ». Les disciplines exactes ont ici une telle préséance sur les disciplines morales, qu'elles ont jusqu'à une date très récente imposé leurs méthodes même aux sciences psychologiques. La psychologie allemande est restée le plus longtemps (et d'ailleurs aussi, dans ce champ limité, le plus fructueusement) une physiologie et une mécanique de l'âme ; la psychologie sociale descriptive y est plus arriérée qu'ailleurs. La militarisation des procédés de domination sociale et la démocratisation tardive de la vie politique ont permis pendant longtemps, et à la pratique sociale et à la science sociale, de se passer des qualités intuitives du tact et du doigté. La science, tout orientée vers les notions typiques et collectives, se montra beaucoup plus fertile dans le domaine de la classification et de l'étiquetage des espèces que dans celui de la compréhension des nuances individuelles. Toutes ces caractéristiques se retrouvent dans la science du marxisme autant que dans la psychologie individuelle des marxistes. Ceux-ci rappellent le portrait du général allemand von Pfuel, esquissé par Tolstoï dans Guerre et Paix : « Un de ces hommes doués d'une confiance inébranlable et fanatique en eux-mêmes, comme on ne les trouve que chez les Allemands, parce que seuls les Allemands ont confiance en eux-mêmes en vertu d'une idée abstraite : la science, c'est-à-dire la prétendue connaissance de la vérité parfaite. »

La foi des Allemands en la « vérité parfaite » du marxisme a été fortement ébranlée au cours de ces dernières années du fait que le marxisme a perdu dans l'Internationale son hégémonie naguère incontestée. Le marxisme s'est divisé en une école de marxistes « purs », représentée par les sociaux-démocrates allemands, et une école de marxistes « vulgaires », représentée par les communistes russes ; à l'ouest du Rhin, la pensée socialiste s'en est d'autant plus détournée de lui.

Il est apparu que les dogmes marxistes ne parviennent plus à animer des passions de masse politiquement puissantes que dans le communisme ; mais il est peu d'Européens qui, quoi qu'ils puissent penser des réalisations communistes en Russie, ne voient dans cette évolution théorique une régression, favorisée par la barbarie d'après-guerre, vers des méthodes primitives de pensée et d'action qui appartiennent, du moins en Europe occidentale et centrale, à une phase depuis longtemps dépassée du mouvement ouvrier. D'autre part, les conséquences de la guerre ont amené le centre de gravité de l'économie et de la politique mondiales à se déplacer vers les pays anglo-saxons. Or, ici, le mouvement ouvrier est né et a grandi dans une atmosphère intellectuelle qui n'a jamais été que légèrement influencée par le marxisme. Plus particulièrement, le mouvement ouvrier anglais, devenu depuis la guerre par sa puissance politique accrue le pivot de toute politique mondiale socialiste, incarne une mentalité non marxiste, pour une large part même décidément antimarxiste.

Cependant, les partis socialistes de l'Europe centrale, aux heures de la plus noire détresse de leurs peuples, durent lever les yeux vers le socialisme anglais comme vers la puissance dont ils devaient en premier lieu attendre le salut. Jusqu'à la guerre, le marxisme allemand avait pu se considérer comme la seule forme véritable et avancée du socialisme, et ne voir dans le socialisme non marxiste de l'étranger qu'un effet plus ou moins curieux d'évolutions nationales retardées par des circonstances particulières. Désormais, cette croyance se trouve trop contredite par des faits quasi universels pour ne pas en être profondément ébranlée. Tout doucement, on commence à se rendre compte que le marxisme lui aussi n'est qu'un des multiples aspects sous lesquels se manifeste la diversité croissante des idéologies nationales.

# Chapitre XV

## La doctrine et la pratique

> « *En cherchant une théorie politique qui puisse être utile le moment venu, il importe moins d'inventer une utopie que de découvrir la meilleure direction de mouvement.* »
>
> *Bertrand Russell.*

La destinée du marxisme montre dans quelles limites il est possible de transformer une théorie de la connaissance sociologique en une théorie de l'action sociale. La frontière que le marxisme n'a pu franchir, et qui semble être infranchissable à toute science, apparaît dans le fait que les lois de nécessité dérivées de l'interprétation causale du passé ne suffisent plus à susciter la volonté. La méthode marxiste de l'interprétation de l'histoire reste utilisable (à certaines conditions déjà traitées) pour expliquer des phénomènes passés ; mais elle ne saurait servir à justifier des buts. Nous pouvons chercher à reconnaître ce qui fut comme la cause de ce qui est ; mais ce qui fut et est ne saurait jamais être la cause de ce qui devrait être. Le devoir est déterminé non point par des causes, mais par des objectifs. La connaissance sociologique, conformément à la nature causale de sa méthode, n'est capable que de montrer aux actes par lesquels notre volonté tente de s'insérer dans l'avenir, les limites probables de leur efficacité. À prendre les choses au mieux, le matérialisme historique ne peut servir l'homme agissant que comme doctrine des conditions et des limites de son action, mais non comme doctrine de ses motifs d'agir. Il peut bien esquisser des silhouettes, d'ailleurs très imprécises, mais il ne peut pas remplir des surfaces colorées. La meilleure carte d'un terrain d'opérations n'est pas encore un plan de bataille. L'empire du marxisme, comme celui de toute science qui repose sur la connaissance historique et économique, est l'empire de la nécessité, non point celui de la liberté. Le marxisme est une science du capitalisme et non du socialisme, en ce sens qu'il peut bien dévoiler les conditions, provenant du milieu capitaliste, qui s'imposent à toute réalisation socialiste, mais non justifier la volonté socialiste elle-même, dont la portée dépasse le cadre du capitalisme et des luttes d'intérêts qu'il engendre. L'économie politique et l'histoire indiquent les *possibilités* ; la justification du *devoir* est l'affaire de l'éthique. Or, l'éthique n'est pas une science ; elle est une disposition inhérente à la nature humaine, qui peut tout au plus faire l'objet d'une description psychologique.

Il faut conclure de tout ceci qu'un socialisme scientifique, au sens marxiste d'un socialisme qui se justifie par la connaissance de ce qui est passé et de ce qui est nécessaire, est une impossibilité. Le socialisme scientifique est aussi absurde que l'amour scientifique. Le socialisme n'est pas un produit de la science. Mais il peut et doit être un objet de science, et employer cette science de lui-même comme un moyen auxiliaire de sa réalisation.

La science du socialisme doit donc s'accommoder d'une division de sa tâche en deux parties. Elle doit d'une part interpréter la réalité objective (le passé et le présent, les « phénomènes », les « conditions », les « faits donnés », ce qui comprend les objectifs déjà formés) par le principe de la causalité ; elle doit d'autre part intervenir dans le processus de fixation des objectifs encore à formuler en signalant les conditions, donc les limites de leur réalisation. Par contre, la justification de ces objectifs tombe en dehors de son domaine, parce qu'elle ne peut se déduire d'une nécessité causale connaissable.

Par conséquent, toute doctrine socialiste est obligée d'accorder une place, à côté de la science causale du mouvement, à la téléologie du socialisme, c'est-à-dire à la doctrine des objectifs qu'il faut considérer comme donnés en vertu d'un impératif éthique. Pour se rendre compte de l'immense importance pratique de cette dernière tâche, il suffit de constater que le mouvement socialiste contemporain, malgré la masse considérablement accrue de ses connaissances, est bien moins capable qu'auparavant de muer sa connaissance de ce qui est en une volonté de ce qui devrait être. Jadis, on avait des buts, mais pas de moyens ; aujourd'hui, on a plus de moyens, mais moins de buts. Tout au moins n'a-t-on plus la même foi en leur réalisation, ce qui revient à dire que l'on n'a plus la même force de les réaliser. On a vécu trop de réalisations qui ne ressemblaient guère aux buts que l'on s'était proposés en se mettant en route.

L'une des conditions préalables à l'amélioration de cette situation, c'est que le socialisme se libère d'une doctrine qui fait dériver l'objectif socialiste de la réalité capitaliste, et par là même poursuit une réalisation socialiste et atteint une réalisation capitaliste.

Le fondement de la méthode marxiste sur une justification causale limitée au milieu capitaliste est la raison profonde pour laquelle les bulles d'excommunication que le marxisme a lancées contre le réformisme et le social-patriotisme (les deux formes principales de la reconquête du mouvement socialiste par le milieu bourgeois) sont restées sans résultat. En effet, la façon de penser marxiste a ses racines dans les mêmes situations que ses phénomènes complémentaires hostiles ; elle n'en diffère que par son signe intellectuel. D'où le fait paradoxal que la façon dont le marxisme combat le réformisme et le social-patriotisme n'a abouti qu'à renforcer ces deux tendances.

Les marxistes n'ont voulu voir tout d'abord, dans le déplacement des mobiles qui s'est produit au sein du mouvement ouvrier, et dont le commun dénominateur est le réformisme, qu'une erreur du jugement, une corruption de la conscience normale de classe chez des dirigeants et des théoriciens isolés. Il vint bientôt un moment où il ne fut plus possible de se dissimuler que le réformisme avait des causes plus profondes que les errements de certains hérétiques. Il était clair que les théories réformistes ne faisaient qu'exprimer des tendances préexistantes dans le mouvement pratique des masses. Il fallut dès lors trouver à ce nouveau phénomène collectif une explication économique, conforme au matérialisme historique. On y vit donc l'effet d'anomalies économiques (telles que la situation privilégiée des ouvriers qualifiés dans certains pays, l'exploitation impérialiste de peuples étrangers, l'élévation du niveau de vie des fonctionnaires d'organisations, etc.) et surtout la conséquence d'une évolution économique retardée. En Allemagne, cette dernière interprétation s'acclimata d'autant plus aisément que le réformisme politique y avait sa citadelle dans l'Allemagne du Sud, où l'évolution vers la grande industrie était moins généralement avancée. La partie essentielle du mouvement, qui s'appuyait sur le développement économique plus intense de l'Allemagne du Nord, vit néanmoins se produire un refoulement analogue du mobile révolutionnaire de la conviction par le mobile réformiste de l'intérêt. Pour être masquée par un verbalisme révolutionnaire superficiel, cette transformation de la mentalité n'en fut que plus effective, car en refusant de se voir elle-même sous son véritable jour, elle annihilait toute tentative de la contrecarrer par une propagande d'idées. Pendant que les dirigeants politiques continuaient à se complaire à une phraséologie marxiste extrémiste, le réformisme syndical exprimait la véritable mentalité des grandes masses, entièrement livrées au seul extrémisme des mobiles économiques. Le marxisme s'aperçut trop tard qu'en faisant sciemment de l'intérêt économique le mobile principal du mouvement, il avait favorisé au fond une tendance réformiste, tout en combattant ses manifestations superficielles. Il n'en dut pas moins finir par reconnaître le fait désormais patent que l'extrémisme marxiste trouve le moins d'adhérents précisément dans les pays à l'évolution industrielle la plus avancée et à la culture bourgeoise la plus développée. Si l'on désignait sur une carte du monde les pays où le mouvement ouvrier se réclame dans sa majorité du marxisme, on trouverait que ce sont tous les pays qui se trouvent au début de leur évolution vers la grande industrie. Les pays les plus industriels, les États-Unis, l'Angleterre, la Belgique, etc., sont en même temps les forteresses du réformisme. La seule exception à cette règle semble être l'Allemagne. Or c'est justement dans ce pays que l'on trouve, à la suite de l'adaptation retardée des conditions de politique et de culture à une évolution économique trop hâtive, une de ces anomalies historiques à l'aide desquelles le marxisme croyait pouvoir expliquer le réformisme comme une survivance d'un état retardataire. Il n'y a donc rien d'étonnant à ce que, même dans l'Allemagne d'avant-guerre, le marxisme ne fût plus qu'une théorie de la lutte politique, et à ce qu'il ait perdu depuis, grâce à la démocratisation de l'État, toute influence réelle même sur la pratique parlementaire.

Outre le souci scientifique d'une connaissance adéquate de la réalité, le souci pratique de l'unité et de la fertilité intellectuelles du mouvement ouvrier exige qu'il se donne une doctrine qui lui permette de mieux se comprendre et de vivifier chacun de ses objectifs fragmentaires en le rattachant à un sens global. Je songe ici avant tout à l'élimination de deux obstacles qui s'opposent actuellement à cet effort : l'affaiblissement menaçant de l'esprit socialiste dans le mouvement syndical et coopératif, et les difficultés morales de la reconstruction de l'Internationale.

L'activité syndicale et coopérative d'aujourd'hui semble se dérouler, surtout dans les pays marxistes, dans une atmosphère intellectuelle qui n'a plus qu'un contact superficiel avec l'idéologie dont se réclament les partis socialistes. La situation du mouvement syndical allemand est particulièrement symptomatique à ce sujet. La psychologie de ses dirigeants est imbue d'un profond scepticisme à l'égard des doctrines marxistes, et comme ils ne voient pas de théorie socialiste en dehors du marxisme, ils en sont arrivés à étendre ce scepticisme à toute préoccupation théorique quelle qu'elle soit. La part de responsabilité du marxisme dans cette situation est importante. Il fut dès l'origine par excellence une doctrine de l'action politique. En France, le guesdisme marxiste, en revendiquant une soumission complète de l'action syndicale à l'objectif politique, a entravé pendant longtemps la formation d'un mouvement syndical uni et autonome. Il a ainsi frayé la vole au syndicalisme révolutionnaire qui, de son côté, n'a pu exercer une influence vivifiante que dans la mesure où il s'est émancipé des prémisses marxistes, ou leur a donné un sens très différent de celui qu'elles devaient à leur protagoniste. En Angleterre, ce même mouvement syndical qui devait plus tard amener au pouvoir les socialistes du Labour Party, fut longtemps condamné, au nom du marxisme, comme une entreprise futile et vaguement réactionnaire. En Russie, le marxisme aboutit au communisme, dont l'idéologie, dominée par le souci de la conquête de l'État, reflète le fait que ce pays faiblement industrialisé n'a jamais connu qu'un embryon de mouvement syndical au sens d'une action directe et autonome des ouvriers. En Allemagne, la social-démocratie n'a dès le début considéré le mouvement syndical que comme une « école de recrues » pour le parti. Chaque pas que le mouvement syndical allemand a fait depuis 1890 pour adapter son organisation et sa tactique à sa tâche propre — la neutralité politique de sa Commission générale, la conclusion de contrats collectifs, l'autonomie syndicale par rapport à la grève générale, etc. — a été combattu par la critique marxiste, ce qui a confirmé les dirigeants syndicaux dans leur opinion que les doctrines du parti n'étaient pour eux qu'une entrave gênante, qu'il était plus adroit d'ignorer que de combattre.

Ainsi ce même marxisme qui a voulu empêcher les syndicats, par sa critique de leur réformisme terre à terre, de déchoir au rang d'un simple mouvement d'intérêts, a encouragé précisément les tendances des masses vers une mentalité favorable à cette évolution. Il apparaît de plus en plus clairement que le véritable mobile qui puisse faire du mouvement syndical autre chose et mieux qu'une simple machine à marchandages pour les conditions matérielles du travail, c'est l'objectif de la démocratie industrielle, dont la réalisation va du simple droit de regard jusqu'à la constitution totale d'un self-government des unités de production par les producteurs associés. Or, c'est justement ce désir de détermination autonome et responsable, essence même de l'esprit démocratique, qui est foncièrement étranger à l'idéologie marxiste. La foi du marxisme en la détermination de la volonté sociale par l'intérêt économique et en sa réalisation par l'accroissement automatique et en quelque sorte mécanique de la puissance organisée a contribué à créer une mentalité ouvrière pour laquelle la lutte syndicale se résume en une lutte pour la plus-value.

Pour que l'idéologie syndicale puisse progresser et gagner en vitalité, il faut donc qu'elle cesse de se réclamer uniquement d'un principe d'intérêt et se fonde sur un principe de droit. Ceci n'implique nullement que l'on nie ou amoindrisse la fonction syndicale de l'augmentation de la puissance prolétarienne par l'organisation et la lutte d'intérêts ; il s'agit seulement de donner à cette lutte un autre fondement téléologique. Pour le marxisme, ce fondement est donné par une théorie économique dont le pivot est la croyance à l'antagonisme absolu des intérêts ouvriers et patronaux à l'égard des salaires et des heures de travail.

Cette théorie était utile comme moyen de propagande aussi longtemps qu'il fallait convaincre les ouvriers de la nécessité de la lutte. Mais elle devient un contresens dès que l'on atteint un degré de puissance organisée qui met fin à la détermination unilatérale des conditions de travail par la volonté patronale. Dès lors, il ne s'agit plus de reconnaître les causes générales de la lutte, mais d'en fixer les buts particuliers. Une seule question suffit pour mettre en lumière l'inaptitude des hypothèses marxistes à motiver l'action syndicale. Quel représentant syndical serait assez stupide pour se réclamer, alors qu'il négocie avec les patrons pour obtenir une amélioration des conditions de travail, d'une théorie qui prouverait aux patrons que leur intérêt s'oppose à ce qu'ils accordent ces améliorations ? Le représentant syndical, qui se rend à ces négociations, ne met pas dans sa serviette le Manifeste communiste et le Capital, mais le texte des lois sociales, des décrets et arrêtés sur la représentation ouvrière et les organismes de conciliation et d'arbitrage, les contrats collectifs et les procès-verbaux des négociations antérieures. Pourquoi ? Parce qu'il désire, non point prouver à son adversaire pourquoi ils doivent se combattre, mais pourquoi et en quoi ils devraient s'entendre. Car la fin — et le but — de tout combat est un contrat, et pour conclure un contrat, il faut s'entendre. Pour cela, le représentant ouvrier se montre préoccupé de deux choses : d'abord mettre le patron dans son tort et ensuite le convaincre de son intérêt à satisfaire certaines exigences. Mettre l'adversaire dans son tort veut dire se réclamer de certains principes éthiques et juridiques que l'on suppose communs aux deux parties et même à la collectivité tout entière, au moins en tant que profession de foi. De cette façon, on cherche des alliés dans le camp ennemi : la puissance intérieure de la mauvaise conscience, et la préoccupation extérieure de la puissance politique de l'opinion publique. Ce sont peut-être là des quantités impondérables, difficiles à chiffrer en termes matériels ; mais c'est d'elles que dépend le plus souvent le succès ; car des conditions égales étant données par ailleurs — quelquefois même des conditions fort inégales — la victoire dépend de ce célèbre dernier quart d'heure dont décide la volonté la plus forte, et la volonté la plus forte appartient — encore une fois à conditions égales — à celui qui a pour lui la meilleure conscience. En l'occurrence, cette meilleure conscience signifie la plus grande concordance des mobiles de lutte avec les postulats d'une mentalité éthique et juridique commune : le respect des engagements préalables, l'exécution loyale des règles adoptées, la sincérité dans la présentation des faits, l'honnêteté commerciale, le souci de l'intérêt général, l'intérêt commun à la bonne marche des entreprises, à la prospérité de l'industrie, au perfectionnement de son outillage et à l'augmentation de sa productivité, le désir d'éviter de part et d'autre des pertes de valeurs matérielles par le chômage évitable et des pertes de valeurs morales par l'aigreur qu'entraîne une lutte à outrance, bref, le sens commun. S'il n'en était pas ainsi, il n'y aurait jamais eu de lutte ouvrière victorieuse, car le rapport des forces matérielles était toujours de prime abord défavorable aux ouvriers.

Quoi qu'il en soit : le but de la lutte n'est jamais la lutte en elle-même, mais toujours la réalisation d'un état juridique qui paraît acceptable, ou du moins supportable aux masses. Cela est certes tout autre chose que la paix idyllique célébrée dans leurs banquets par les apôtres de l'harmonie sociale. Au lieu de la suppression de tous les antagonismes, cela ne signifie que leur stabilisation contractuelle temporaire, pour permettre autant que possible la liquidation de ces conflits sans devoir recourir à la guerre, c'est-à-dire sans abroger les normes juridiques, ce qui entraînerait la destruction mutuelle de la volonté et de la prospérité de l'adversaire. La paix veut dire ici l'organisation des antagonismes sur la base d'une soumission commune à des normes juridiques fixées par contrat. Ceci n'exclut naturellement d'aucune façon la transformation ultérieure de ces normes d'après l'équilibre momentané des forces en opposition ; la situation normale de toutes les industries soumises au régime des contrats collectifs est dès aujourd'hui un état d'armistice, avec des luttes périodiques lors du passage d'un état contractuel à l'autre. Il importe seulement de se rendre compte que l'équilibre momentané des forces dépend toujours de cette question psychologique : dans quelle mesure les objectifs poursuivis par ces forces correspondent-ils aux jugements éthiques collectifs de la communauté sociale qui englobe et les ouvriers et les patrons ?

Il s'ensuit que l'antagonisme marxiste des intérêts par rapport à la répartition de la plus-value est une ligne de départ, mais non un poteau d'arrivée. Le but est au contraire de se libérer de cet état de départ par des actes de volonté qui tendent vers un état différent. Ceci est l'aspect « syndical » sous lequel se manifeste l'incapacité d'une doctrine économique causale de motiver une téléologie des luttes ouvrières. Rien que par la différence d'humeur, il y a ici un abîme entre la théorie marxiste et la pratique syndicale. Le volontarisme syndical est optimiste comme tout volontarisme, le déterminisme marxiste pessimiste comme tout déterminisme. La théorie marxiste du salaire, qui ne croit pas pouvoir améliorer réellement la situation ouvrière sans un renversement catastrophique des conditions de propriété, est hantée, malgré toutes les divergences des formules particulières, par l'esprit de Malthus et de Ricardo, de la loi d'airain des salaires, du dogme de l'offre et de la demande, bref par l'esprit de la détermination naturelle des lois de l'évolution économique. Le mouvement syndical, au contraire, n'acquiert un sens que si l'on croit à la possibilité de vaincre ces lois par des actes de volonté dirigés par l'idée d'un but.

Ceci sape par la base, soit dit en passant, non seulement l'interprétation marxiste du mouvement ouvrier, mais aussi l'interprétation marxiste de l'économie politique. Car la méthode qui cherche derrière les mobiles de l'intérêt économique les causes psychologiques plus profondes qui les inspirent, supprime le dogme de l'intérêt d'acheteurs et de vendeurs à la « marchandise force de travail ». Derrière le concept force de travail, elle cherche le contenu volonté de travail ; derrière le concept quantité de production, elle cherche le contenu but de production, et mine ainsi les fondations de l'économie marxiste dans sa citadelle même : sa théorie du profit et du salaire. Que reste-t-il des lois naturelles découvertes par l'analyse marxiste de l'économie, quand on voit son hypothèse principale, l'intérêt du patron à une longue journée de travail et à de bas salaires, annulée par des actes de volonté ? Et cela non seulement par la volonté des ouvriers, mais aussi par celle de ces patrons qui mettent en pratique la « loi d'or » des salaires de l'économie américaine, et prouvent ainsi que l'intérêt patronal à l'augmentation de la puissance d'achat par des salaires plus élevés et une durée de travail réduite est un principe tout aussi « naturel ». Il n'est pourtant pas douteux que les aspirations des syndicats ne les obligent à favoriser une pareille transformation de la mentalité patronale. En vérité, ce serait un étrange spectacle si les syndicats des États-Unis, pays capitaliste par excellence, se réclamaient d'une doctrine économique plus réactionnaire que celle des patrons, doctrine qui ferait apparaître leur disposition en faveur de conditions de travail meilleures comme un effet d'ignorance économique et comme une atteinte aux lois « naturelles » découvertes par Marx ! Cependant, c'est en principe ce que feraient les syndicats européens s'ils niaient qu'il y a ou qu'il peut y avoir dès maintenant des conditions de travail acceptables ou inacceptables, justes ou injustes, bonnes ou mauvaises, et par conséquent aussi de « bons » et de « mauvais » patrons. Or, il y a avantage qu'il y ait déjà actuellement le plus possible de bons patrons ; non seulement par intérêt immédiat à la production et au bonheur des producteurs, mais encore parce que le passage à une organisation moins autocratique de l'industrie sera d'autant plus facile qu'il sera moins entravé de la part de la direction des entreprises, par de « mauvaises » traditions et de « mauvais » chefs. En tout cela, la pratique syndicale d'aujourd'hui oppose à chacun des « il doit en être ainsi ! » de l'économie marxiste, un efficace « nous voulons qu'il en soit autrement ! ».

Il n'y a donc rien d'étonnant à ce que les marxistes — Marx en tête — aient plutôt subi que voulu les syndicats. Le mouvement syndical est l'enfant d'un autre esprit. Son idée provient, dans le temps, du régime corporatif précapitaliste, qui est un livre fermé pour le marxisme autant que pour l'économie politique classique, et dans l'espace, de cette Angleterre trade-unioniste qui est restée pour tous les marxistes, de Marx à Trotsky, une monstrueuse anomalie et un problème psychologique insoluble.

Au fond, et malgré les révérences de pure forme dont on honore à l'occasion la tradition marxiste, l'idée directrice de tout mouvement syndical, en Allemagne comme ailleurs, est le principe juridique de la vieille maxime du trade-unionisme si amèrement raillé par Marx et Engels : a fair day's wage for a fair day's work—un salaire quotidien équitable pour un travail quotidien équitable. Dès que l'on élimine ce sentiment de l'équité de la justification de l'action syndicale, comme le fait la théorie marxiste de la « marchandise force de travail », on enlève son âme au mouvement syndical tout entier, et surtout on le rend inapte aux transformations juridiques qui sont l'essence de sa tâche socialiste.

Une doctrine socialiste du mouvement syndical, pour ne pas rester un dogme sans vie, doit donc se donner un fondement psychologique, et justifier de même ses théories économiques par le volontarisme. Une pareille doctrine, qui considère l'homme comme le sujet, régi par le sentiment moral et juridique, d'une réaction variable à un milieu social variable, est la condition nécessaire pour revivifier tout mouvement ouvrier en le ramenant à un mobile éthique et à une tâche de transformation juridique et morale. Sans une pareille doctrine, il est impossible de rendre justice à l'activité, créatrice de convictions, du droit et de la coutume, qui incombe aux syndicats, aux coopératives et en général à toutes les organisations autonomes de la classe ouvrière. De même que la catégorie économique du mode de production était le pivot de l'ancienne doctrine, l'homme en tant qu'individualité psychique se trouvera au centre de la doctrine nouvelle. Le centre de gravité des tâches du théoricien se déplacera de l'analyse de la plus-value vers l'étude de la réalité de la vie d'atelier, des institutions que la classe ouvrière a créées, des transformations du milieu social qu'elle a conquises, des modifications des conceptions éthiques et juridiques qui s'accomplissent en elle au cours de sa lutte et par sa lutte ; et cette science nouvelle cherchera à résoudre la question de l'ordre juridique à venir en étudiant le devenir de cet ordre dans la vie affective des hommes d'aujourd'hui. Elle trouvera les premiers éléments de cette étude dans l'histoire des mouvements de salaires, dans les contrats collectifs, les sentences arbitrales, les procès-verbaux des conseils d'entreprise, les règlements d'atelier et autres documents semblables de la vie industrielle. Ainsi, elle pourra se faire une image de ce qui croît organiquement en dégageant les traits de ce qui est et devient.

Sans doute, une doctrine pareille ne pourra-t-elle pas dominer le mouvement ouvrier, comme le marxisme a toujours essayé de le faire. Le temps n'est plus où la raison théorique (qui n'est en fin de compte que celle des intellectuels théoriciens) pouvait prétendre, en vertu d'un dogme hors duquel il n'y aurait point de salut, à prescrire ses actions au mouvement ouvrier par des thèses dictatoriales, des bulles d'excommunication et des intrigues de cabinet. Aujourd'hui, le mouvement ouvrier est devenu un complexe universel des efforts de millions de gens, mus par les aspirations les plus diverses et les plus variables, un bourdonnement de peuples et de langues les plus disparates, un pêle-mêle d'objectifs les plus différents et d'institutions les plus variées, tout cela en fermentation et en ébullition constantes par la température fébrile de cette époque apocalyptique. L'attitude qui convient devant un phénomène de ce genre est de le questionner sur sa signification au lieu d'essayer de lui imposer une forme imaginée de toutes pièces. Celui qui croit savoir ne doit pas chercher à dominer, mais à comprendre et à servir ; alors il dirigera malgré lui. La science, elle aussi, doit servir de cette manière ; ses frontières lui sont assignées par le phénomène même qu'elle étudie, et elle ne peut rien faire de plus que d'aider les aspirations humaines dont ce phénomène procède à prendre conscience de leur nature et de leur origine. La sociologie socialiste — qui est tout autre chose que l'impératif moral socialiste — ne peut redevenir une doctrine pour le mouvement ouvrier que si elle devient une doctrine du mouvement ouvrier. Il ne lui servira plus guère de se documenter en consultant les tomes poussiéreux sur les rayons du *British Museum* où Marx a trouvé le dossier de son acte d'accusation contre le mode capitaliste de production. Le réquisitoire est termine depuis longtemps ; les accusateurs ont fait si brillamment leur besogne qu'ils ont enlevé à l'accusé jusqu'au repos de sa conscience. Il ne s'agit plus maintenant d'accuser le passé, mais d'édifier l'avenir. Les fondements de la doctrine socialiste d'aujourd'hui sont donnés par le mouvement socialiste d'aujourd'hui. Il appartient au savant de se pencher sur lui avec l'amour qui conduit à la compréhension intellectuelle, parce qu'il jaillit de la sympathie morale. Certes, sa science ne l'aidera pas à résoudre les problèmes du devoir personnel ; mais elle lui fera mieux voir les conditions de l'efficacité du pouvoir collectif.

Si l'on me demandait, pour faciliter la compréhension, de qualifier le principe fondamental de cette science socialiste à l'aide d'épithètes popularisées par la philosophie moderne, je l'appellerais pragmatique, volontariste, pluraliste et institutionnaliste. Institutionnaliste en ce sens qu'il faut voir la caractéristique décisive des transformations juridiques et morales réalisées par le mouvement socialiste dans les institutions qu'il crée. Ceci implique une conception qui, à proprement parler, remonte en un certain sens à Proudhon. Dans sa conception de la révolution, Proudhon, que Marx a si dédaigneusement — et non sans raison à d'autres points de vue — condamné comme petit-bourgeois, était beaucoup plus prolétarien que le marxisme lui-même. Pour celui-ci la lutte de classe prolétarienne n'est en fin de compte que la réalisation d'une idée reconnue par des intellectuels et donnée a priori. Pour le proudhonisme, le mouvement est lui-même la source d'une création constante d'idées a posteriori. Proudhon ne considère pas la révolution comme un simple déplacement du pouvoir politique, qui doit mettre le prolétariat en état de renverser ensuite l'ordre social ; il y voit tout simplement le résultat final de l'évolution journalière des institutions sociales, que les ouvriers créent surtout en dehors de la portée du pouvoir politique. La révolution, qui n'est pour le marxisme qu'une question de puissance, apparaît donc au proudhonisme comme une question de capacité — la capacité de gouverner en vertu de la capacité de produire et d'administrer. Le pivot de cette révolution est situé dans le champ de l'activité économique et sociale, où « l'action directe » des ouvriers se traduit de façon immédiate par des créations et des actes propres, issus de l'expérience du travail et du milieu de travail. Il est vrai que cette action aussi est soumise à l'influence désagrégeante qui découle, de même qu'en politique, de l'inévitable action indirecte par l'intermédiaire de représentants élus et de fonctionnaires rétribués — ce que les théoriciens du syndicalisme révolutionnaire français ont négligé de considérer, en conformité avec l'évolution peu avancée de la technique organisatrice dans leur pays. Cela n'empêche que les institutions créées dans ce domaine sont dans leur essence une expression plus directe des aspirations réformatrices de la classe ouvrière que ne le pourrait être n'importe quelle réforme législative. Elles le sont d'abord par leur origine psychologique : leur mobile naît, sans l'influence d'une formule littéraire quelconque, dans ce domaine de la vie ouvrière quotidienne où l'expérience personnelle crée la conviction. Elles le sont en outre et surtout par leur effet psychologique : car la loi et la pratique administrative incorporent dans le cas le plus favorable un droit déjà voulu, tandis que l'institution créée par l'initiative autonome incorpore et éduque la volonté juridique elle-même. Et enfin, c'est dans la réalisation des institutions ouvrières que s'élabore, dans le sens le plus large du terme, cette capacité politique de la classe ouvrière, qui est la condition préalable à ce que toute puissance politique conquise par les ouvriers puisse être employée à des buts plus décisifs que le maintien de cette puissance pour elle-même.

Il faut donc que la doctrine renonce à vouloir soumettre le mouvement ouvrier total à des objectifs qui ne correspondent en réalité qu'à une conception particulière de la lutte politique. Il sied que chaque forme d'action se rapporte au but propre qui découle de son caractère institutionnel ; on veillera à la liaison vivante entre ces buts particuliers en les rattachant, non point au but d'une forme d'action, mais au sens général de l'ensemble. Ce sens se révélera assez aisé ment pour peu que l'on n'oublie pas que ce sont toujours les mêmes êtres humains qui réagissent dans des domaines divers à une expérience sociale commune. Ce n'est qu'à cette condition que la théorie peut refléter fidèlement le fait, depuis longtemps réalisé dans la pratique, de l'égalité morale et de l'autonomie administrative des diverses branches du mouvement ouvrier.

En remplaçant le dogmatisme rigide des objectifs rationalisés par une notion d'évolution mouvante, pragmatique et pluraliste, le socialisme d'inspiration psychologique peut en outre déblayer les principaux obstacles intellectuels qui s'opposent à la pratique de l'internationalisme. Ces obstacles n'ont pas été créés par la guerre mondiale. Ils existaient déjà auparavant, et ce sont eux qui ont fait de l'échec de l'Internationale en 1914 une faillite morale, en ce sens qu'elle avait promis plus qu'il n'était en son pouvoir de tenir. J'appelle ces obstacles par leurs noms : le manque de sincérité et l'intolérance.

Le manque de sincérité consistait en ce que l'on partait, pour chaque manifestation d'opinion ou de volonté, du principe d'une solidarité internationale absolue des intérêts de classe prolétariens, qui n'existait pas et n'existe pas encore aujourd'hui. On passait sciemment sous silence les liens nationaux qui limitaient la solidarité de classe, et qui étaient déjà suffisamment forts avant 1914 pour acquérir la prédominance quand la guerre éclata. Il importe peu de savoir si, ou à quel degré, on se trompait subjectivement sur ce point, par exemple dans l'intention louable de ne reconnaître ouvertement que les liens de solidarité que l'on espérait ainsi consolider. Le fait est que les liens nationaux ont prouvé leur existence et leur force avec une évidence telle, qu'il faudrait aujourd'hui une capacité d'illusion peu ordinaire pour les ignorer, même dans un morceau d'éloquence pour congrès international. C'est précisément quand on a le souci — comme tout socialiste devrait l'avoir — de ne rien négliger qui puisse renforcer l'internationalisme, qu'il faut commencer par reconnaître la réalité des conditions et des limitations qui découlent de la puissance du sentiment national. Un parti socialiste qui agirait autrement dans ses relations avec les partis de l'étranger serait aussi malhonnête qu'un homme d'affaires qui, concluant Un contrat avec un autre, tairait qu'il est déjà lié avec un tiers par un autre contrat qui limite sa capacité de prendre des obligations nouvelles. En agissant ainsi, on infligerait à l'internationalisme un préjudice moral mortel, parce qu'on le ravalerait au rang d'une phrase qui ne représenterait qu'une illusion s'envolant avec l'exaltation passagère des congrès et des manifestations.

Or, le mouvement ouvrier d'aujourd'hui ne connaît pas de tâche plus urgente que la reconstruction d'une Internationale qui assurerait le plus d'efficacité possible à tout ce qui existe réellement de volonté internationale commune. Il est évident que, malgré des efforts extrêmement louables, nous sommes encore passablement loin de l'accomplissement de cette tâche. Elle n'est point de celles que l'on puisse résoudre en un tournemain, surtout si l'on considère qu'elle incombe pour la plus grande part à des hommes dont l'âme porte encore les stigmates des expériences de la guerre. Cependant, aussi longtemps qu'elle n'aura pas trouvé sa solution, le mouvement ouvrier de chaque pays souffrira de faiblesse morale, parce qu'il ne pourra jamais atteindre son maximum d'influence, même dans le champ limité des luttes politiques quotidiennes, si les Partis frères au-delà des frontières ne s'orientent pas consciemment vers un but commun. J'entends par là, non point l'assurance par trop aisée d'un sentiment de fraternité, mais des conventions élaborées jusque dans les derniers détails, sur les solutions souhaitables ou acceptables aux problèmes concrets de la politique, tels qu'ils surgissent à nouveau chaque jour depuis la guerre à l'occasion des questions des réparations, de la sécurité, du désarmement et du droit des peuples.

Pendant bien des années encore, ces questions-là domineront toute la politique, cette politique dominera la mentalité des peuples, et cette mentalité des peuples dominera leurs destinées. C'est presque un lieu commun de dire qu'il n'y a plus aujourd'hui de politique que la politique étrangère. Mais il n'est plus, en vérité, de question de politique intérieure que l'on puisse détacher du complexe des relations internationales. Les partis ouvriers s'en aperçoivent mieux que quiconque, car leur influence croît ou diminue partout quand le socialisme avance ou recule n'importe où. Selon le résultat des élections au Reichstag allemand, la courbe du chômage en Angleterre peut monter ou descendre ; selon l'influence du socialisme en France, le sort de la classe ouvrière allemande peut s'améliorer ou empirer ; selon le succès des aspirations pacifiques du socialisme européen, la situation économique du dernier ouvrier ou fermier américain peut se modifier. On peut dire du socialisme qu'il n'a plus actuellement qu'une seule tâche politique, parce qu'elle est la condition préalable à l'accomplissement de toutes ses autres tâches : éviter la guerre en organisant l'Europe et le monde en une unité juridique supranationale. C'est en cela que réside, soit dit en passant, le contraste pratiquement le plus essentiel entre les aspirations actuelles de la Deuxième et de la Troisième Internationale ; si ce contraste était éliminé, on pourrait faire fi de tous les autres conflits de doctrines et de personnalités, qui perdraient alors d'eux-mêmes et graduellement leur importance au cours d'une œuvre commune de pacification.

Ce qui n'était jadis qu'une politique de doctrines, qui échoua en 1914 précisément parce qu'elle n'opposa à un danger réel que les moyens insuffisants de la politique de doctrines, est devenu dorénavant une politique de réalités, on peut même dire la seule politique de réalités. Elle exige par conséquent la mise en œuvre de moyens réalistes, l'effritement graduel des obstacles par la poursuite opportuniste d'objectifs limités, la progression patiente d'un succès partiel à l'autre, la reconnaissance consciencieuse des faits matériels et psychologiques qui donnent et limitent en même temps chaque possibilité de succès. Tout ceci demande que l'Internationale soit bâtie sur un fondement tout à fait autre qu'avant la guerre : autonomie nationale ouvertement reconnue de ses membres, mais liens contractuels croissants sur la base d'accords au sujet de questions particulières concrètes ; non point, comme jadis, une unité internationale purement extérieure et démonstrative, avec des résolutions de principe engageant à fort peu de chose dans le domaine concret. L'Internationale nouvelle ne verra pas un nouveau 1914, si elle cultive moins la rhétorique des grands congrès et plus la pratique des petites conférences, et si ses résolutions embrassent moins, mais étreignent plus vigoureusement. Bien entendu, ceci n'implique aucun renoncement à la pratique des grandes manifestations de propagande, ne serait-ce que par égard pour leur influence éducative sur les masses ; seulement il faudrait ne pas oublier ici que, vu l'humeur d'après-guerre un peu sceptique de ces masses, les manifestations de ce genre n'atteignent leur effet que si elles se rapportent à un objectif concret et soulignent la décision d'un acte déterminé, quelque modeste qu'il soit, plutôt que l'espèce de chaleur communicative qui s'envole avec la fumée des réunions.

Au surplus, l'internationalisme sera condamné à rester longtemps encore un mot creux, si la reconnaissance pratique des particularités et de l'autonomie nationales se borne au domaine de l'organisation administrative, au lieu de s'étendre également à l'appréciation intellectuelle des partis socialistes étrangers.

Une condition technique préalable qui mettrait fin à toute étroitesse nationale dans la façon de juger les idées d'autrui consisterait à renoncer une fois pour toutes à imposer pour l'affiliation à l'Internationale n'importe quelles conditions se rapportant aux convictions théoriques. Si l'on veut une Internationale de l'action, il ne faut juger les partis que sur leurs actes. Cela veut dire en l'occurrence qu'il ne faut les interroger que sur leur volonté d'employer la puissance de la classe ouvrière à empêcher la guerre et à unifier le monde. Sous l'influence du marxisme, la Deuxième Internationale de l'avant-guerre avait repris de la Première une stipulation doctrinaire, qui subordonnait l'affiliation à l'acceptation de certains « principes » (reconnaissance de la lutte de classe, nécessité de la conquête du pouvoir politique, socialisation par l'État, etc.). Au fond, rien que par le choix des expressions, ces principes constituaient un critérium pour une hiérarchie des conceptions, au sommet de laquelle était placé le marxisme comme la forme la plus haute et la plus pure du vrai socialisme international. C'était une absurdité évidente dans une fédération internationale qui, sous peine de se condamner elle-même à l'impuissance, ne pouvait renoncer à l'appui des masses ouvrières anglaises et américaines, dont on connaissait déjà alors le peu d'enthousiasme pour le marxisme. Il suffisait que l'on essayât de traduire les « principes » en anglais pour constater aussitôt l'impossibilité de rendre fidèlement le sens de l'original allemand. Pendant de longues années, on se querella pour savoir, par exemple, s'il fallait traduire Klassenkampf par class struggle (lutte des classes) ou par class war (guerre des classes). On pourrait trouver amusante cette comédie des erreurs, si elle n'avait contribué à renforcer chez les masses ouvrières anglaises et américaines l'impression que l'Internationale était le produit d'une mentalité européenne continentale foncièrement étrangère à la leur. En français, d'autre part, Klassenkampf se traduit aussi bien par lutte des classes (la lutte des classes comme donnée objective) que par lutte de classe (la lutte pour des intérêts de classe, comme principe politique). Ces détails philologiques sont un symbole de l'incommensurabilité des valeurs intellectuelles, qui sont des valeurs nationales, ne serait-ce que parce qu'elles ont leur racine dans des langues nationales, qui cristallisent à leur tour une culture particulière. Il n'y a qu'un moyen de remédier à ces choses, c'est de renoncer définitivement à vouloir édifier la tour de Babel sur des mots et de dire tout simplement : au commencement était l'action. On verra alors disparaître en même temps la prétention à la supériorité des peuples élus, qui gardent le temple de la doctrine pure, et le complexe d'infériorité imposé aux autres, à qui l'on accorde un délai clément pour qu'ils puissent petit à petit se rapprocher également du seuil des vérités éternelles. Que l'on cesse donc de voir dans les différentes façons nationales de penser et de s'exprimer des niveaux divers de la connaissance, pour y voir des manifestations égales en valeur, parce qu'également vivantes, de réalités morales particulières.

Petit à petit, le marxisme, après avoir été l'instrument intellectuel de l'internationalisme, est devenu aujourd'hui une entrave pour cet internationalisme. Bien qu'il se distinguât entre les doctrines socialistes par l'universalité de son objectif, ses particularités psychologiques firent bientôt obstacle aux exigences formulées ici de la sincérité et de la tolérance intellectuelle. La concentration de l'attention sur un ensemble théorique, accompagnée d'une sous-évaluation de la tâche concrète immédiate, qui a fini par faire du marxisme allemand une feuille de vigne de l'opportunisme bureaucratique, a servi le penchant de la Deuxième Internationale à esquiver, par des démonstrations rhétoriques et doctrinales, la reconnaissance des différences nationales d'opinion qui existaient dans la réalité. Le marxisme, représenté principalement par la social-démocratie allemande et par les Russes exilés, niait la nationalité en tant qu'élément de la diversité spirituelle du mouvement ouvrier et du socialisme ; il ne considérait la nation que comme un facteur qui concernait et divisait les classes dirigeantes ; il se refusait à voir en elle autre chose qu'une communauté de langage héritée d'un passé défunt, sans vitalité essentielle et surtout sans influence sur la mentalité ouvrière. Partant de là, le marxisme favorisa la fiction d'une Internationale unie a priori malgré la pluralité, tandis que les faits faisaient apparaître l'Internationale a posteriori par la pluralité comme le seul produit de croissance qui eût pu être vraiment viable. En forçant ainsi la tendance unitaire, on aboutit à la centralisation et à la bureaucratisation précoces de l'Internationale, qui n'était qu'apparence et qui en réalité constituait une cartothèque et un bureau pour l'organisation de manifestations, jusqu'à ce que l'ouragan de 1914 disséminât aux quatre vents le château de cartes.

Mais le reproche le plus grave que l'on puisse faire ici au marxisme, c'est qu'il a aidé l'Internationale à esquiver, sous le couvert de préoccupations doctrinales, la tâche pratique qui eût dû être déjà alors sa tâche principale : la lutte contre le militarisme et l'opposition à la guerre. Il est vrai que l'on n'a pas le droit de prétendre que l'Internationale eût pu empêcher la guerre ; personne n'en sait rien. Mais cela ne m'empêche pas de revendiquer le droit, pour avoir participé pendant des années aux événements les plus importants de cette époque, de dire que l'Internationale eût pu essayer dans ce sens bien plus qu'elle ne fit, si le marxisme allemand et autrichien n'y avait mis entrave.

Au cours des dix années qui précédèrent la guerre, les socialistes anglais et français notamment firent des efforts de plus en plus énergiques pour amener l'Internationale à concrétiser son action contre la guerre. Le symbole suprême de cet effort fut la résolution Keir Hardie-Vaillant en faveur de la grève générale contre la mobilisation, résolution qui devait être soumise à ce congrès de Vienne que la guerre empêcha de se réunir. Dès le début, ces tentatives se butèrent à une résistance acharnée dont les marxistes allemands constituaient le pivot. Ils se refusèrent obstinément à lutter contre le militarisme autrement que par le vote platonique contre le budget de la guerre, la critique parlementaire de la politique étrangère de leur gouvernement, et la lutte, qui ne touchait pas le cœur du problème, contre le mauvais traitement des soldats et autres abus de ce genre. Malgré l'insistance d'une poignée d'antimilitaristes décidés, représentés par Karl Liebknecht, ils ne voulurent à aucun prix entreprendre quoi que ce fût qui eût sapé le militarisme à la base, en minant l'esprit de subordination des masses ou en mettant en question l'obligation morale des ouvriers à se soumettre comme soldats à la volonté de l'État. Ils déclarèrent ne pouvoir discuter l'idée de la grève générale et de l'obligation au refus de service en cas de guerre — idée qu'a adoptée même l'Internationale syndicale d'Amsterdam depuis l'expérience de la guerre mondiale. L'opportunisme politique qui s'était adapté dans son for intérieur à l'esprit de passivité de l'État militaire, au lieu de se dresser contre lui malgré le risque que cela eût fait courir à l'organisation, trouva un appui précieux dans le doctrinarisme marxiste. A la faiblesse opportuniste du caractère, le marxisme mit le masque d'une vigueur toute de principe de la théorie. Le matérialisme historique servit à démontrer qu'il était oiseux de vouloir combattre le militarisme d'une manière plus directe que par la lutte de classe contre le capitalisme, dont le militarisme est issu — comme s'il n'y avait pas eu des armées et des guerres avant le capitalisme, comme si l'on ne pouvait s'imaginer de production capitaliste sans catastrophes belliqueuses, comme si la lutte contre le militarisme et la guerre n'était pas la condition préalable la plus urgente à la lutte pour le socialisme ! Ainsi, un faux fatalisme doctrinaire vint en aide à la plus ordinaire pusillanimité bureaucratique, en représentant la passivité pratique comme une forme supérieure de la conscience théorique. Il ne sert à rien de dire que l'Internationale aurait probablement succombé même si elle avait pris une autre attitude ; celui qui a la volonté sans avoir la force, périt honorablement par le fait d'une force supérieure ; mais si la mort de l'Internationale en 1914 avait été honorable, son esprit aurait certes retrouvé plus vite et plus aisément son corps et sa vie.

Il faut reprocher en outre au marxisme d'avoir entrave par un manque de tolérance intellectuelle la mise en pratique d'un internationalisme véritable. Ici aussi, je parle d'expérience personnelle quand j'exprime la conviction que le marxisme d'avant-guerre a surtout servi de truchement aux aspirations de la social-démocratie allemande vers l'hégémonie intellectuelle et administrative dans la Deuxième Internationale. Je n'entends nullement en conclure à des intentions moins honorables que celles qui peuvent se justifier par une croyance sincère, mais subjective, au bien général. Sans cela, je m'accuserais moi-même ; car en ce temps-là, je pensais moi aussi que le salut de l'Internationale dépendait en premier lieu de l'influence du marxisme allemand. J'avoue même que je n'étais pas fort éloigné de considérer l'Internationale avant tout comme un moyen d'amener graduellement les partis ouvriers du monde à la conscience supérieure, incarnée pour moi dans le marxisme allemand et dans les principes et les méthodes de la social-démocratie allemande. Puisque j'avoue cette arrière-pensée, on m'en voudra peut-être moins de constater qu'elle n'était pas précisément l'un des moindres mobiles de l'intérêt porté à l'Internationale par la social-démocratie allemande et les marxistes en général. Il suffit de regarder quelque peu derrière les coulisses pour trouver que déjà l'activité de Marx pour la Première Internationale trahissait une foi vigoureuse en la nation élue et un désir correspondant de voir l'Allemagne jouer un rôle prépondérant ; bien que ce mobile ne fût pas, pour des raisons évidentes, formulé ouvertement, on peut le lire avec suffisamment de clarté entre les lignes de sa correspondance. Et si, plus tard, la social-démocratie allemande devint la grande bailleuse de fonds de l'Internationale, ce fait n'est pas tout à fait sans connexion — d'ailleurs en partie inconsciente — avec son désir d'être aussi la grande maîtresse d'école de l'Internationale. Toujours est-il que tout marxiste croyait par définition que toute opinion non marxiste existante n'était que la conséquence d'un état économique ou social arriéré de sorte que le maximum de tolérance dont un marxiste était capable consistait à accorder aux malheureux hérétiques des circonstances atténuantes et un délai sur le chemin de la grâce. Il n'y a point de fédération syndicale internationale de métier qui n'ait appris, par une expérience analogue, combien il était difficile d'empêcher les représentants des pays marxistes de faire les maîtres d'école. Quand le communisme d'aujourd'hui traite sans autre forme de procès tout socialiste non inféodé à Moscou de canaille, de traître et de laquais de la bourgeoisie, il n'y a là, sous une forme correspondant au retour vers une atmosphère plus primitive, que l'exagération caricaturale d'un orgueil fanatique aussi vieux que le marxisme lui-même.

Pour établir la confiance mutuelle, sans laquelle il n'est point d'entente internationale fertile, il faut commencer par liquider les restes de cette suffisance doctrinaire en relativisant le sens de toutes les formules théoriques. Mais cela encore ne saurait suffire à rendre à l'Internationale la puissance d'action dont elle a besoin si l'on veut qu'elle constitue un moyen efficace d'empêcher de nouvelles guerres. Pas plus que les organisations politiques et syndicales de la classe ouvrière ne sont tout le socialisme, l'Internationale n'est tout le pacifisme. Toutes les organisations de masses ont comme telles à défendre des intérêts — notamment ceux du maintien et de l'extension de leur propre puissance organisée — qui, s'ils constituent une condition préalable à l'accomplissement de leurs buts idéaux, ne sauraient jamais être cet accomplissement lui-même. Celui-ci présuppose que des gens représentent, au sein de l'organisation, mais en pleine indépendance intellectuelle de ses objets immédiats, des convictions éthiques d'une portée plus Vaste et plus profonde qu'on ne peut l'attendre des programmes d'organisations. Tout ce que l'on peut espérer de l'instinct d'adaptation et d'imitation des masses, c'est qu'il les pousse à des actes qui ouvrent la voie aux réalisations des minorités d'avant-garde, dont les mobiles procèdent d'une conviction éthique personnelle. Toute politique doit être opportuniste en ce qu'elle n'attend jamais des autres que des attitudes qui correspondent à la direction donnée des volontés collectives existantes. Mais le socialisme est plus qu'une politique ; il est une croyance morale. Parmi les exigences que cette croyance impose aux individus qui se réclament d'elle, l'activité pratique et opportuniste qui les associe à certaines aspirations de masse n'est qu'un aspect particulier d'un devoir plus vaste ; et même pour satisfaire convenablement à cette exigence partielle, il faut que l'homme se sente obligé par sa conviction à des tâches morales dont l'accomplissement lui incombe seul. Il faut être opportuniste en ce que l'on attend des autres ; mais il ne faut pas l'être dans les exigences éthiques que l'on s'impose à soi-même. C'est ainsi que j'ai pour ma part conclu de mon expérience de guerre que mon devoir était dorénavant de m'abstenir, de toute action qui se rattacherait de près ou de loin à la guerre ou à sa préparation, et de refuser à tout État et à toute collectivité le droit de disposer de ma vie ou, par moi, de la vie d'autrui. Pour le socialisme aussi, je ne vois à la longue qu'une possibilité de se libérer des conséquences fatales de la divergence encore toujours croissante entre les mobiles nationaux et les tâches internationales : c'est de déclarer la guerre tabou, et de pénétrer toutes les forces vives du mouvement ouvrier de la conscience éthique supérieure de l'iniquité de tout emploi de la violence entre les États, de l'incompatibilité de principe entre l'emploi des armes et le droit des gens. Cette pénétration peut s'étendre jusqu'aux mobiles qui conduisent à renforcer le sentiment national ; car même pour l'homme qui aime sa patrie pour des motifs moraux et culturels d'ordre supérieur, il n'y a pas. d'idéal plus élevé, selon la pensée de Jaurès, que de transformer, d'amplifier et d'ennoblir la notion de cette patrie, de façon qu'au lieu d'inspirer aux autres peuples la frayeur et la haine, elle leur apporte la confiance et la paix. Mais reconnaître qu'il faut commencer par faire de la mission pacifique la tâche idéale de la nation, et que la classe ouvrière elle-même, avant d'être mûre pour la civilisation mondiale, doit encore passer par un stade de culture nationale, n'est qu'une concession du praticien à l'imperfection et à l'insuffisance des moyens qui lui sont fournis par le milieu, c'est-à-dire par la volonté des autres. Pour que cette concession ne devienne pas une renonciation lâche et énervante, ceux qui se proclament dès maintenant citoyens du monde doivent, à côté et au-delà de ceci, exiger d'eux-mêmes ce qui ne peut s'accomplir que par eux et en eux.

Même si cet appel ne peut être entendu que du petit nombre de ceux qui comprennent dès à présent la langue du loyalisme mondial, il ne leur en incombe pas moins de lancer la semence qui pourra lever plus tard sous l'espèce d'actions de masses. Car ceux qui s'appellent dès aujourd'hui citoyens du monde sont les premiers citoyens de l'État universel de demain, les véritables dirigeants qui précèdent au lieu de suivre. Ils ne vivent cependant pas tellement dans l'avenir que l'on ne puisse les employer dès maintenant à une tâche que je considère comme une condition tout à fait pratique et de plus en plus urgente, préalable à tout internationalisme effectif : la liquidation de la psychose de la culpabilité unilatérale de la guerre. Seul le socialiste qui sent vraiment en internationaliste, comme le croyant de sentiment vraiment chrétien, peut apporter aux hommes assoiffés de paix la confiance mutuelle génératrice des volontés, en les persuadant que « la faute de tout retombe sur tous » et qu'il faut laisser à chaque peuple le soin de libérer sa propre conscience en se justifiant devant elle de ses actes passés.

# Chapitre XVI

## Credo

> *« Jésus leur répondit : En vérité, en vérité je vous le dis : vous me cherchez, non à cause des miracles que vous avez vus, mais parce que je vous ai donné du pain à manger, et que vous avez été rassasiés.*
>
> *Travaillez pour avoir, non la nourriture qui périt, mais celle qui demeure pour la vie éternelle... »*
>
> Saint Jean, VI, 26-27.

Aux lecteurs qui se demanderaient, pour faciliter leur jugement, dans quelle « aile » il faut m'enrégimenter ou par quel « isme » m'étiqueter, je ne puis offrir de chapitre « conclusions » qui leur permette une classification aussi facile. Je me suis proposé précisément de montrer la nécessité d'un jugement de valeur d'après un critérium différent de celui des gauches et des droites actuelles. Dans l'image que je me fais de la réalité sociale, il n'y a point d'états statiques, il n'y a que des mouvements. Elle ne contient point de diagonale qui sépare une grande surface d'ombre d'une grande surface de lumière ; elle est composée d'un nombre illimité d'images mouvantes, que les jeux d'ombre et de lumière du jugement font ressortir de façon différente d'un instant à l'autre.

Dès lors, il m'est impossible de juger des phénomènes que j'ai décrits sous les épithètes réformisme et social-patriotisme d'après un étalon de valeurs qui ne connaîtrait que l'approbation et la condamnation. Je pense ne pas avoir laissé dans le doute que ces deux phénomènes me sont antipathiques par plusieurs aspects. Il est vrai que je me sens plus près du praticien réformiste que du phraseur extrémiste, et j'estime plus un nouvel égout dans un quartier ouvrier ou un parterre de fleurs devant une maison ouvrière qu'une nouvelle théorie de la lutte des classes ; mais je n'ai pas caché d'autre part qu'en prenant conscience du fait qu'il était impossible aux masses ouvrières de conquérir plus de bien-être sans s'embourgeoiser, j'ai subi l'une des déceptions les plus amères de ma vie. Je vois fort bien que le manque de patriotisme peut être un déficit au point de vue de la richesse spirituelle ; mais je hais l'abus de ce patriotisme par la volonté de puissance de l'État comme le pire des crimes de masses, et l'étroitesse de toute vanité nationale comme la pire des stupidités de masses. Il me semble qu'on peut fort bien décrire un phénomène comme réel, important et naturel, sans que l'attention qu'on lui accorde de ce fait indique que l'on y trouve un plaisir sans réserve.

Je sais fort bien que je reconnais par là l'existence d'une tension entre l'obligation de l'observateur à l'objectivité et le désir subjectif de juger qui anime tout homme dès qu'il prend parti dans les luttes sociales. Je sais aussi que la logique d'un système scientifique paraît bien plus proprement ordonnée quand elle n'exprime pas une tension de ce genre — ce que la plupart des faiseurs de systèmes évitent en cachant soigneusement leurs jugements affectifs derrière l'objectivité apparente d'une terminologie ad hoc. Ce jeu de cache-cache me répugne et me paraît faire obstacle à toute connaissance scientifique plus profonde. Dès que nous voulons saisir des phénomènes qui comportent des éléments psychologiques et des actes de volonté, nous avons affaire à deux domaines différents : celui du monde qui est et celui du monde qui devrait être. L'exemple du marxisme prouve l'impossibilité d'établir entre ces deux domaines une relation qui soit logique au sens du syllogisme où un terme détermine l'autre. La seule systématisation rationnelle qui soit possible ici est celle qui introduit la notion, non logique, mais psychologique, de la tension. Cette tension résulte d'un contraste entre les tendances affectives de l'homme qui cherche d'une part à reconnaître ce qui est et d'autre part à reconnaître quelles réalités nouvelles il doit essayer de créer en vertu de sa nature morale. Tout ce que la systématisation scientifique peut faire ici, c'est de faire passer cette tension du plan subconscient à l'état de conscience. De cette façon, on ne la résout point, mais on la rend moins pénible et plus fertile, parce qu'on lui fournit le moyen de dégager l'énergie que contient en puissance tout conflit de forces. Cette tension implique une certaine souffrance : la souffrance de l'homme qui veut la perfection, mais sait qu'il ne pourra jamais atteindre que des choses imparfaites. Elle réclame une certaine résignation ; la résignation de l'homme qui fait de la recherche du bien absolu la règle de sa vie, mais sait qu'il ne peut servir ce bien qu'en se ralliant, dans les luttes journalières, au parti du moindre mal. Et cependant, si l'on veut faire le plus possible de ce que l'on sent être le devoir, il faut s'accommoder de cette souffrance et de cette résignation. Elles sont le péage imposé à l'être intellectuel régi par sa conscience sociale, du fait que sa volonté est orientée vers un avenir suprapersonnel et que, par sa pensée, il vit en même temps dans le présent et dans l'avenir. Sans la souffrance que cause la tension entre le caractère absolu de la vision d'avenir et le caractère relatif de l'action présente, cette tension serait incapable d'engendrer l'aspiration vers un au-delà, qui fait que nos actes présents créent des valeurs futures. Et sans la résignation qui s'attend de prime abord à ce que cette tension se trouve perpétuée, le combattant des luttes sociales n'aurait pas l'énergie qu'il lui faut pour ne pas se laisser décourager par l'insuffisance des résultats partiels quotidiens.

La pensée rationnelle, qui nous aide à insérer, dans une image ordonnée de la réalité, la tension dont nous avons ainsi pris conscience, nous rend d'ailleurs de cette façon un service bien plus considérable qu'on ne pourrait l'attendre d'une simple prescription d'hygiène psychologique. Car l'image du monde réel ainsi obtenue est vraiment l'état de connaissance le moins imparfait que nous puissions atteindre par nos facultés actuelles. Si nous considérons comme le but suprême de nos facultés rationnelles qu'elles montrent à notre volonté morale la fin la plus utile, qu'elles lui prêtent la force nécessaire et qu'elles lui fournissent les moyens les plus adéquats, nous n'avons aucun motif de désespérer de l'insuffisance de notre science et de notre prescience. Notre tempérament faustien d'Occidentaux nous fait chercher des fins extérieures à nous-mêmes et à notre époque ; et il ne suffit pas que nous rêvions ces fins, il faut aussi que nous les pensions. Le but final de toute pensée est et reste l'harmonie — l'équilibre tranquille des causes et des effets que la civilisation hellénique a réalisé l'espace d'un moment dans l'argument syllogistique et dans l'œuvre plastique parfaite. Mais nous ne nous contentons plus des jouissances de la logique et de l'esthétique pures. Une inquiétude, dont les mobiles ultimes résident dans le sentiment communautaire de notre race, et qui trouve son expression symbolique suprême dans le désir de perfectionnement de notre morale chrétienne, nous pousse toujours plus avant vers des buts dont nous ne pouvons imaginer la réalisation que comme une harmonie, mais dont nous ne pouvons nous rapprocher que par la disharmonie et que nous savons au surplus ne pouvoir jamais atteindre entièrement.

Les énergies collectives de la volonté sociale nous apparaissent sous la forme de tensions et d'antagonismes ; dans la mesure où nous parvenons à les rassembler en une image ordonnée, nous n'aboutissons point au son unique d'une consonance harmonieuse, mais bien, d'après la comparaison frappante de Keyserling, à l'image mouvante d'une symphonie faite de contrepoints, de dissonances et de contrastes successifs, dont seule notre fantaisie peut composer le finale qui résout toutes les tensions. En prenant conscience de la nature de ces tensions, nous prenons conscience en même temps de l'énergie de volonté qu'elles font naître ; et nous nous rendons compte que nous jouerons le mieux, dans la symphonie universelle, de l'instrument qui nous a été assigné par nos dispositions innées et par notre éducation, quand nous saurons qu'il ne nous appartient pas de chercher à dominer les autres comme solistes, mais qu'il faut que nous nous subordonnions au rythme et au développement mélodique de l'ensemble.

Si on limite la science sociale à son domaine naturel en lui demandant de servir la volonté éthique, on la met en état de fournir son maximum de rendement. Une sociologie ne pourra jamais servir nos actes sociaux qu'en nous aidant à comprendre les conditions de ces actes. Or, comprendre veut dire vivifier et dominer. Saisir un sens, c'est, pour citer encore Keyserling, le réaliser. On n'est jamais vaincu que par les puissances spirituelles que l'on ne comprend pas. Le marxisme, lui aussi, n'a été refoulé par le réformisme et le social-patriotisme que parce qu'il ne comprenait pas ces deux phénomènes. Une doctrine du mouvement ouvrier qui ne comprend que certains des mobiles qui l'animent, renforce inévitablement ces mobiles aux dépens des autres qu'elle ne comprend pas. On ne peut donner de sens à l'ensemble qu'en cherchant à comprendre l'unité et la continuité de phénomènes comme l'unité et la continuité d'un mobile fondamental. Une doctrine qui discerne le mobile fondamental du socialisme dans le jugement moral inspiré par le sentiment communautaire comprend plus qu'une doctrine qui ne voit à la surface des faits que des luttes d'intérêts, et vivifie en même temps plus qu'elle.

La « direction de mouvement » d'une action, par laquelle Bertrand Russell entend avec raison déterminer le jugement sur tout phénomène politique, est donnée par la direction du mobile qui inspire cette action. Aucun jugement de valeur sur un mouvement social ne peut se déduire du but final qu'il poursuit. C'est le mobile présent et non le but final qui est seul décisif. Ceci n'implique aucune négation de l'importance du but final ; car celui-ci, s'il a vraiment une valeur, est représenté à l'état de motif dans le mobile actuel ; or il ne vaut jamais dans ce cas que ce que valent les actions qu'il engendre. Je suis socialiste, non point parce que je crois à la réalisation d'une vision socialiste de l'avenir plus qu'à celle de n'importe quel autre idéal, mais parce que je suis convaincu que le mobile socialiste rend les hommes plus heureux et meilleurs. L'idolâtrie de l'idéal qui caractérise les sentimentaux et les romantiques me répugne. Les prometteurs de bonheur collectif à longue échéance me paraissent ridicules quand ils sont naïfs et répugnants quand ils sont roués. Il est par trop facile de n'aimer le bien que dans les régions nébuleuses de l'avenir : « Dans l'amour abstrait de l'humanité, on n'aime presque jamais que soi-même » (Dostoïevski). Ce sont les mauvais payeurs qui tirent le plus de traites sur l'avenir. La tâche de toute éducation socialiste m'apparaît comme la transformation d'idéaux socialistes en mobiles socialistes.

C'est par une erreur de perspective de notre volonté que nous extrayons en quelque sorte le socialisme des actions du mouvement présent pour le reporter comme « but » dans l'avenir. Les buts ne sont que des points imaginaires à l'horizon sur lequel nous projetons les fins souhaitées de nos directions de volonté. Si l'homme se fie au temps pour qu'il lui apporte l'avenir désiré, il est vaincu d'avance par le temps. L'homme ne peut calmer sa nostalgie la plus profonde, la victoire sur le temps, que s'il transforme ses buts futurs en mobiles actuels et incorpore ainsi un fragment de l'avenir au présent. Ceci présuppose que la distance entre la réalité et le désir ne soit pas trop grande. Ceux-là créent le plus d'avenir qui observent avec le plus de certitude le rapport harmonique entre l'éloignement de leurs objectifs et la portée de leur propre capacité de réalisation ; ils ne gaspillent point de forces, comme les opportunistes timides qui n'entreprennent pas assez, ou comme les visionnaires stériles qui reculent trop loin leur repère. La meilleure garantie contre le manque de concordance entre l'éloignement du but et la portée du rayon d'action, c'est que l'on ramène la première de ces deux longueurs à la mesure de la dernière. Dès lors, en diminuant l'éloignement du but, on augmente la capacité créatrice qui peut nous en rapprocher. Les buts ne vivent jamais que dans nos actions présentes ; leur existence future est illusion, leur existence actuelle réalité.

Dès que l'on a fait l'effort qu'il faut pour saisir tout ceci, on voit soudainement le sens du mouvement socialiste sous un jour tout différent. On discerne alors son but dans son existence actuelle, dans ses actions et prestations présentes, et non dans un état futur imaginaire. Si le socialisme comme mouvement a un sens, c'est de rendre plus heureux les hommes qui prennent part à ce mouvement. Le bonheur des générations futures n'est à ce propos qu'un phénomène de l'imagination intellectuelle, qui n'a de valeur réelle que dans la mesure où la foi en lui est nécessaire pour que l'on puisse remplir cette tâche présente. Tout ce que nous pouvons savoir du socialisme, c'est ce qu'il est dès à présent. C'est le mouvement, la somme formidable des actions individuelles qui créent dès aujourd'hui d'autres rapports sociaux entre les hommes, d'autres états psychologiques, d'autres normes de vie, d'autres habitudes et d'autres institutions. Ce qu'il y a d'essentiel dans le socialisme c'est la lutte pour lui. Selon la formule d'un représentant du « Jeune Socialisme » allemand, le but de notre existence n'est pas paradisiaque mais héroïque.

Pour atteindre ce but, il faut tout d'abord la réalisation concrète, sinon d'un bonheur immédiat, tout au moins de certaines conditions matérielles de vie préalables au bonheur. Ni l'intérêt bien compris des économistes, ni les prédications moralisatrices des Églises n'ont empêché les usufruitiers et les dominateurs de notre système industriel de condamner les masses ouvrières à une existence qui, rien que par des salaires trop bas et une durée de travail trop longue, entravait toute aspiration supérieure. Il a fallu que les ouvriers se mettent en position de défense sous le drapeau du socialisme pour que se trouvent satisfaites les exigences matérielles minima qu'il faut assigner à une existence pour qu'elle soit digne du nom d'existence humaine. Le ressentiment de classe, plein d'envie et de haine, que cette lutte engendra, peut apparaître comme un déficit éthique, si on le mesure aux exigences idéales de la morale chrétienne et socialiste ; mais il constitue un gain indiscutable par rapport à l'état de soumission sans espoir et de démoralisation complète auquel il s'est historiquement substitué. En outre, la lutte animée par ce sentiment s'est montrée le seul procédé efficace pour inculquer aux classes dominantes un minimum de moralité sociale pratique, qu'elles n'ont appris à considérer comme leur intérêt que sous la pression d'une puissance prolétarienne accrue. Les défenseurs d'un système qui condamnerait, s'il n'en était empêché par la révolte ouvrière, la majorité des producteurs utiles à la plus épouvantable misère physique et spirituelle, n'ont vraiment pas le droit de se plaindre de ce que le marxisme a prêché un socialisme de la haine. Ils feraient mieux de veiller à ce que leurs amis, les maîtres de l'industrie, se convertissent à l'amour actif du prochain, avant d'adresser leurs sermons aux ouvriers. Ce n'en est pas moins au feu de cette haine que s'est forgée la solidarité, qui est à l'heure actuelle pour les masses la forme de l'amour vécu du prochain qui soit la plus compatible avec les nécessités de la lutte pour l'existence, ou qui soit tout au moins le seul point de départ efficace d'une éducation collective dans ce sens. Mais il sied surtout de ne pas oublier que le ressentiment de classe a été le moyen indispensable de procurer à des millions d'êtres humains des conditions de vie meilleures et plus saines et — surtout par suite de la réduction des heures de travail — de nouvelles possibilités de culture. S'il y avait eu un autre moyen de réaliser cela, il eût appartenu aux puissants et à leurs conseillers de le prouver.

Je ne sais que trop bien que ces possibilités de culture n'ont pas toujours été utilisées comme peut le désirer un socialiste convaincu. J'ai connu des heures du plus noir désespoir devant l'embourgeoisement de la classe ouvrière. Je m'en suis alors souvent consolé en me rappelant un souvenir de mon adolescence. La ville belge où je fréquentais l'université était un centre de grosse industrie textile. Chaque matin avant six heures, j'étais réveillé par le tapage d'innombrables sabots sur les pavés ; les régiments fatigués d'ouvriers, de femmes et d'enfants s'engouffraient par des portes semblables à des portes de prison dans les fabriques, dont ils ressortaient le soir à huit heures, plus hâves et plus pâles encore. Il y a de cela à peine un quart de siècle. En me souvenant de la honte et de la colère que je ressentais en ce temps-là, parce que je vivais sans privations alors qu'à côté de moi des hommes condamnaient d'autres hommes à un pareil esclavage, je me dis :

« Tu n'es qu'un dilettante de la lutte de classe, étroit de cœur et d'esprit, si tu te fâches parce que ces gens, depuis qu'ils ne doivent plus travailler que huit heures au lieu de douze, ne te font pas le plaisir de vivre d'après ton idéal esthétique et moral. Maintenant qu'ils peuvent, grâce aux sacrifices qu'ils se sont imposés à eux-mêmes dans leur lutte organisée, mener une vie un peu meilleure, ils ne savent employer leurs quelques francs de salaire et leurs quelques heures de liberté en plus, dans leur ignorance des joies supérieures, qu'aux plaisirs stupides d'une existence de quasi petits-bourgeois. Pour cela — avoue-le — ils te sont devenus moins sympathiques. Mais ces gens ne vivent-ils donc que pour servir de figurants aux effets scéniques de ton romantisme révolutionnaire esthétisant ? Doivent-ils vivre pour tes buts ou pour les leurs ? Le bien-être est toujours moins pittoresque que la misère — mais pas pour ceux qui souffrent de cette misère. Tu plains ces gens parce que, dans leur grande majorité, ils deviennent des philistins. Mais les natures de philistins ne sont-elles donc pas une immense majorité dans chaque couche sociale ? Il est peut-être bon qu'il en soit ainsi ; s'il n'y avait que des bohèmes et des génies, le monde en serait par trop livré au chaos. Et ne faut-il pas que les hommes soient d'abord délivrés des soucis les plus pressants de la misère quotidienne — l'estomac vide, les membres fatigués, les paupières lourdes de sommeil — avant qu'ils (ou leurs descendants) atteignent la liberté d'esprit nécessaire à une vie plus belle ? »

Et en effet, il ne sied pas à l'intellectuel qui rêve de la mission révolutionnaire et rénovatrice du prolétariat de mépriser ces prolétaires parce qu'ils désirent surtout et avant tout ne pas rester pauvres. Celui qui a assez d'argent pour s'acheter du bonheur, ou qui connaît des satisfactions idéales d'une espèce différente — et si intenses qu'il en oublie ses soucis matériels — celui-là a la partie belle pour condamner la foi des masses en l'argent. Mais s'il veut faire quelque chose d'utile pour son idéal, il n'a qu'à aider ces masses à créer les conditions qui peuvent leur permettre, à elles aussi, de s'émanciper de la croyance à l'argent.

Si l'on veut éduquer les masses de façon qu'elles acquièrent des besoins supérieurs, il faut commencer par les délivrer de la tension actuelle entre le besoin et la satisfaction. Ceci n'est possible en principe que de deux manières ; il faut ajuster ou bien le besoin à la satisfaction, ou bien la satisfaction au besoin. La diminution des besoins matériels des masses par la propagation d'un idéal franciscain, présuppose une transformation de la psychologie individuelle, liée à une disposition tellement rare qu'elle n'entre pas en ligne de compte comme phénomène de masses possible, du moins pas pour notre civilisation occidentale actuelle. Il reste le chemin opposé : en augmentant la productivité du travail et la participation des masses à son rendement, couvrir le déficit actuel des moyens de satisfaction et atteindre un certain niveau de prospérité et de bien-être général ; alors, l'aspiration des classes inférieures à la considération sociale pourra se porter sur des buts différents et sur l'imitation d'exemples plus élevés de genre de vie, notamment ceux d'essence morale et intellectuelle. L'expérience démontre assez clairement que seule cette dernière voie est praticable pour les masses de notre époque. La pauvreté volontaire est une vertu dont peu de gens sont capables ; la pauvreté involontaire empêche la majorité d'acquérir des vertus supérieures. Le commun des mortels doit posséder de l'argent pour qu'il puisse le mépriser ou du moins pour qu'il puisse se délivrer de son obsession ; il faut que les masses aient atteint un certain minimum de bien-être avant qu'elles puissent renoncer à croire à l'identité de la richesse et du bonheur. Le chemin du socialisme part donc, en ce qui concerne les masses, de la misère prolétarienne et passe par la médiocrité petite-bourgeoise ; la véritable tâche socialiste ne commence qu'Au-delà. L'ouvrier moyen d'aujourd'hui n'est ni un héros sublime ni un répugnant parvenu — il est tout simplement un être humain qui désire plus de bonheur et qui a besoin pour cela de plus de biens terrestres. Le mouvement socialiste, qui l'aide à satisfaire ces désirs, peut inscrire de ce fait au registre des avantages moraux un poste créditeur d'importance décisive.

Il est vrai que ce poste comprend des valeurs d'avenir, qui sont donc d'estimation incertaine ; mais même si on les élimine, il reste acquis que le socialisme peut prétendre que ses réalisations immédiates n'assouvissent pas seulement la faim de l'estomac, mais aussi la soif de justice. Outre qu'il combat la misère, le mouvement ouvrier met fin à l'iniquité d'une prépondérance trop marquée des forces sociales des possédants sur celles des non-possédants ; par là, il diminue les conséquences psychologiques dévastatrices de cette iniquité autant chez ceux qui croient en profiter que chez ceux qui la subissent.

Et même si tout cela n'était encore qu'une illusion, il resterait comme poste indiscutable au crédit du socialisme le fait que, rien que par son effort dans ce sens, il procure à ceux qui font cet effort une existence plus heureuse, plus pleine et plus digne, comme seuls peuvent l'avoir ceux qui, non contents de subir leur destinée, la font eux-mêmes. Le sens le plus profond du socialisme est, exprimé dans le langage sec de la psychologie sociale, qu'en formant des représentations juridiques compensatrices et directrices, il aide des millions de gens à vaincre un complexe d'infériorité sociale. Le seul substitut pratiquement possible au socialisme des masses est un parasitisme social démoralisant et une criminalité généralisée. Les revendications socialistes des ouvriers sont la forme sublimée d'un ressentiment naturel, qui, sans cette soupape de sûreté, conduirait à une agressivité individuelle exacerbée et à une fureur nihiliste destructrice. Dans le langage de l'éthique religieuse, cela s'exprimerait à peu près en ces termes : le socialisme est une croyance qui rend les hommes meilleurs parce qu'elle les élève au-dessus d'eux-mêmes et les oriente vers des buts supra-individuels ; en tout cas, elle leur donne une espérance qui les incite à l'action. Aucun homme ne pourrait dire ce que cette espérance fera du monde dans les siècles à venir ; notre savoir est impuissant en ce cas. Par conséquent, cela ne nous permet pas de décider si le socialisme est un bien ou un mal. Il n'y a de décisif pour ce jugement que la seule connaissance qui nous soit accessible, à savoir que le socialisme rend dès maintenant des hommes meilleurs et plus heureux, parce qu'il sauve du dépérissement leurs instincts sociaux les plus précieux.

En soulignant ainsi la revendication du bonheur, je n'entends nullement faire acte d'adhésion à l'hédonisme matérialiste qui s'inspire de la maxime de Bentham : le plus grand bonheur pour le plus grand nombre. Je considère toute théorie quantitative du bonheur comme un contresens psychologique. L'essence du sentiment du bonheur est un jugement subjectif et qualitatif. De pareils jugements ne sont pas mesurables entre eux objectivement et quantitativement.

Le bonheur et le malheur sont des états psychologiques de sentiment qui ne peuvent être comparés entre eux que par rapport à une situation déterminée. Ce sont les pôles d'un état de tension qui sans ces pôles serait dénué de tout sens. Il n'y a pas de « conditions » heureuses ou malheureuses, il n'y a que des hommes heureux ou malheureux. Dans n'importe quelle situation, le sentiment du bonheur ou du malheur découle de deux facteurs : la situation elle-même et l'appréciation de l'homme qui en fait l'expérience. Ce mode individuel de jugement, de son côté, n'est pas invariable. Il s'oriente lui-même d'après les expériences — non point d'après chaque expérience isolée, mais bien d'après la masse d'expériences dans chaque phase de la vie où certaines espèces d'expériences sont habituelles. Bien des choses qui signifient pour mon voisin le suprême bonheur ne provoquent chez moi que la répulsion et le dégoût ; et ce qui me rend heureux le laisse la plupart du temps indifférent. D'autre part, un état qui m'est apparu naguère comme le bonheur cesse de revêtir cet aspect du jour où je l'ai atteint. Il ne faut pas pour cela qu'il diffère de ce que j'attendais ; il suffit qu'il soit pour qu'à partir de ce moment et parce qu'il est, je désire désormais autre chose. Dans chaque situation nouvelle, pour peu qu'elle ait une certaine durée, il se produit une nouvelle objectivation de la relation de polarité entre le bonheur et le malheur qui est indispensable à l'orientation de la volonté ; la tension est toujours là, seulement elle s'oriente suivant des pôles nouveaux.

S'il n'y avait pour le bonheur et le malheur qu'une mesure quantitative, on devrait donc conclure que dans chaque phase prolongée de leur vie tous les hommes ressentent exactement autant de bonheur que de malheur — la ligne de séparation se tient alors constamment à égale distance des deux pôles, précisément parce qu'elle est un équateur, qui résulte du partage égal des états émotifs existants. L'affirmation paradoxale « le bonheur et le malheur se partagent pour l'individu d'une façon toujours égale à la longue » semble dans ces conditions un lieu commun aussi évident que celui qui dit : l'intelligence de la moitié de l'humanité est inférieure à la moyenne, car la moyenne est déterminée du fait qu'une moitié est au-dessus et l'autre en dessous. Il est vrai que ceci ne s'applique point à un moment isolé de la vie humaine, mais seulement à une durée minima que j'ai appelée phase, et qui peut être égale à la durée totale de la vie. Il faut entendre par une telle phase un état de durée où l'appréciation du bonheur — un critérium affectif habituel, qui comme toute habitude requiert un temps minimum de consolidation — s'adapte à peu près à la ligne médiane qui divise la masse réelle d'expériences pendant cette phase. Le malheur (au sens d'une prédominance durable des sentiments du malheur sur ceux du bonheur) est, si on le considère au point de vue purement quantitatif, la conséquence d'une non-adaptation du mode d'appréciation habituel au sort habituel ; le remède est alors une modification qualitative du mode d'appréciation. L'expérience normale des combattants de la guerre mondiale fournit de ceci un exemple en grand. Il n'y avait de vraiment malheureux parmi eux que les êtres d'exception qui ne réussissaient pas à adapter leurs besoins aux conditions nouvelles. La plupart parvinrent en un temps étonnamment court à s'accommoder de leur nouveau mode de vie de façon que les heures de souffrance et les heures de « joie » s'équilibrèrent à peu près. Ceux qui n'y parvenaient point ou bien devenaient la proie de névroses, ou bien (et c'est le cas le plus rare) se métamorphosaient en êtres différents, qui trouvaient un nouveau pivot psychique dans une nouvelle représentation compensatrice du bonheur futur.

Supposons le cas d'un homme passant sa vie entière dans des conditions toujours les mêmes (par exemple, par la répétition des mêmes expériences en périodes brèves) ; supposons en outre, qu'en vertu de son hérédité et de son éducation, cet homme s'approche de prime abord de la vie avec une hiérarchie des valeurs résultant de l'adaptation de générations précédentes à des conditions du même genre ; alors cet homme ressentira au cours de sa vie une « quantité » égale de bonheur et de malheur, parce que dans ce cas sa moyenne de jugement s'adaptera exactement à sa moyenne d'expérience. Un cas de ce genre ne saurait naturellement jamais se réaliser complètement ; mais il a une certaine importance hypothétique en ce qu'il constitue un cas-limite pour la situation réelle de beaucoup de gens. Les peuples primitifs non touchés par la « civilisation » ou les campagnards vivant dans l'isolement, qui appartiennent à un groupement social avec un mode de vie homogène et constant, et dont l'attitude est réglée par des normes traditionnelles et correspondant à ce mode de vie, se rapprochent considérablement de ce cas-limite. Ils sont par conséquent « neutres » et « inertes » par rapport au progrès de la civilisation : l'équilibre entre leurs besoins et leurs satisfactions supprime la tension qui pourrait faire naître l'aspiration à une autre espèce de bonheur, c'est-à-dire à un autre mode de vie. Ce sont des cas de ce genre qui justifient la maxime « que les peuples heureux n'ont pas d'histoire ».

Toutefois, ces peuples ne sont pas « heureux » en ce sens qu'ils ne connaîtraient pas le sentiment du malheur, mais seulement en ce sens que la polarité subjective de leurs sentiments de joie et de souffrance est généralement adaptée à la moyenne objective de leur expérience : le malheur et le bonheur sont répartis chez eux d'une façon harmonieuse et stable, il manque la tension qui engendre le désir d'innovation.

Il est temps maintenant de rappeler que le paragraphe qui ouvrit cette discussion débutait par les mots : S'il n'y avait pour le bonheur et le malheur qu'une mesure quantitative. Plus on approfondit la question, plus on s'aperçoit que le critérium quantitatif n'explique pas grand-chose. S'il était le seul, toute l'évolution de l'humanité n'aboutirait qu'à rapprocher les hommes de l'état d'équilibre stable entre leur hiérarchie des valeurs et leur expérience — l'état qui caractérise les « peuples sans histoire », les « fellahs » du pessimisme décadent de Spengler. Il saute aux yeux que la réalité est tout autre. L'état d'équilibre ainsi caractérisé est celui du point de départ animal et primitif de l'évolution humaine. Nous nous en éloignons de plus en plus. Si l'équilibre en question ne se trouvait troublé que par l'effet du hasard, il ne faudrait jamais bien longtemps — vu l'hypothèse de la compensation quantitative de toutes les évaluations du bonheur — pour le rétablir ; l'état psychologique se réadapterait alors, par une poussée naturelle irrésistible, à l'état matériel et rétablirait l'équilibre du repos et de l'inertie. Tout le monde sait que les choses ne se passent pas ainsi. La Genèse déjà nous raconte une histoire toute différente, dont il faut bien admettre, même si l'on se refuse à y voir une révélation surnaturelle, qu'elle trahit une intuition psychologique merveilleusement profonde : l'homme était heureux à l'état de nature originel, mais il a perdu ce bonheur. En disant qu'il était heureux, on ne veut point dire qu'il ne connaissait pas la souffrance, car cela serait en contradiction avec toute son organisation physio-psychologique ; mais ses sentiments de bonheur et de souffrance étaient adaptés de telle façon au mode de vie de cet état primitif qu'il ne désirait pas d'état général différent. Ses sensations de plaisir et de déplaisir étaient les repères naturels de direction d'une conduite instinctive qui n'était orientée que vers la préservation de la vie ; il en avait besoin, mais il ne lui en fallait point d'autres. Jusqu'au jour où l'état d'innocence prit fin parce que l'homme mangea du fruit de l'arbre de la connaissance. Il y fut amené par la femme, c'est-à-dire par l'ensemble des instincts érotiques dont la fonction n'est plus la conservation de la vie propre, mais bien la vie éternelle de l'espèce. Ces instincts orientèrent pour la première fois la volonté de l'homme vers des buts extérieurs à lui-même ; il se produisit dès lors une tension qui ne pouvait plus se résoudre sur le plan où elle était née.

Ce mythe, qui symbolise une longue évolution probable sous la forme d'un événement certain et brusque, se trouve confirmé par le phénomène physio-psychologique d'après lequel, de tous les instincts non intellectuels de l'homme, l'instinct sexuel est le seul dont la satisfaction ne signifie pas la fin. Le désir érotique présente la particularité qu'il est ressenti en règle générale comme un plaisir en soi, et sa satisfaction peut, à son niveau supérieur, le métamorphoser en désir de sacrifice du moi et même en nostalgie de la mort. De même que l'Eros est dans la vie de l'individu le grand fomenteur de troubles, la source de l'éternelle inquiétude, il est responsable, du point de vue de l'histoire évolutive de l'espèce (et d'ailleurs également dans l'évolution du nourrisson à l'adulte), de la perte du paradis terrestre. Parvenu au niveau de culture où il devient capable de sublimer ses instincts érotiques, l'homme se livre à un instinct qui, parce qu'il est orienté vers un but supra-individuel, ne peut plus se procurer à lui-même de satisfaction complète. D'où le désir de la connaissance comme d'un moyen pour élargir sans cesse le domaine des satisfactions possibles ; d'où en outre le « châtiment » : le travail, qui est nécessaire à cette amplification et qui de son côté, bien qu'il s'accompagne de souffrances, oppose à ces souffrances de nouvelles satisfactions, de nouveaux pôles de bonheur.

Peu importe de quelle façon on interprète le mythe dans ses détails et le rattache à notre intuition des mystères psychologiques les plus profonds, une chose est certaine : l'homme a perdu l'état d'équilibre du paradis terrestre, c'est-à-dire de ses origines animales, non point parce qu'il voulait plus de bonheur, mais parce qu'il voulait un autre bonheur. Il faut bien le répéter ici : s'il n'y avait qu'une seule et même qualité de bonheur et de malheur, il devrait toujours y en avoir une quantité égale du point de vue de l'ensemble d'une génération humaine adaptée à son genre de vie.

Par contre, le problème qualitatif du bonheur est bien plus compliqué, ne serait-ce que parce que plusieurs systèmes de polarité se font ici opposition. Le bonheur et le malheur ne sont pas la même chose que le sentiment de plaisir ou de déplaisir que la physio-psychologie des perceptions sensorielles emploie comme mesure linéaire graduée des sensations élémentaires, simultanément avec les graduations tension-détente et excitation-tranquillisation. Les appréciations sensorielles du plaisir et du déplaisir ou bien se rapportent spécifiquement à une sensation d'espèce particulière, et alors elles sont entre elles aussi incommensurables que le goût salé, le rouge foncé et l'accord parfait majeur ; ou bien elles expriment quelque chose de purement quantitatif et de non spécifique, et alors on ne peut que mesurer l'un à l'autre le plaisir et le déplaisir de chaque qualité de sensation, comme on compare l'ombre et la lumière, la chaleur et le froid.

Comment donc se fait-il que nous n'appelions pas bonheur toute sensation de plaisir ? C'est tout d'abord parce que nous avons l'habitude de juger les sensations du plaisir, même quand elles sont physio-psychologiquement incommensurables, d'après une hiérarchie qui s'inspire d'un point de vue différent. Cette hiérarchie est celle de la hiérarchie des valeurs éthiques ou esthétiques. Dans ce cas, nous ne mesurons pas directement entre elles des sensations de plaisir, mais nous les comparons indirectement en les ramenant aux mobiles particuliers que présuppose leur désir de satisfaction. Je ne puis pas mesurer la sensation agréable d'un goût sucré à la sensation agréable de l'accord parfait majeur ; mais je puis fort bien ramener des sensations de ce genre à une échelle commune de valeurs en disant : si je vais écouter un bon concert, c'est une jouissance plus élevée, un bonheur plus grand que si je me délecte d'une crème au chocolat ; à propos de la crème au chocolat, je ne parlerai au surplus que de plaisir ou de jouissance, et je réserverai l'expression bonheur à des satisfactions plus « élevées ».

L'échelle des valeurs éthiques et esthétiques manifeste d'une façon particulièrement nette son existence dans le cas usuel du conflit entre un mobile dicté par notre conscience morale et le désir d'un plaisir des sens. À supposer que le mobile éthique l'emporte sur le mobile sensuel, peut-on dire que le plaisir de la satisfaction de conscience était simplement « plus grand » que celui de la satisfaction des sens ? Dans l'affirmative, où faudrait-il chercher leur mesure commune ? Le physiologiste pensera peut-être pouvoir répondre à cette question à l'aide de mensurations de l'activité du cœur et des poumons, de manifestations locales du système vaso-moteur, de la sécrétion interne des glandes, etc. Fort bien ; mais croit-on vraiment que tous les appareils mesureurs du monde découvriraient une sensation de plaisir plus accentuée chez un martyr au plus haut degré de l'extase mystique que chez un débauché en proie aux voluptés animales les plus violentes ? Où faut-il chercher dès lors l'étalon des valeurs qui nous aide à trancher de pareils conflits ? La réponse n'est pas douteuse : il n'existe pas de pareil étalon, parce qu'en ce cas, au lieu de mesurer, nous jugeons, et nous jugeons d'après une échelle (qui peut au surplus différer individuellement dans certaines limites) de valeurs éthiques et esthétiques, qui n'ont rien à voir avec l'intensité quantitative des sensations physio-psychologiques. Peu importe que l'on appelle la valeur supérieure absolue de cette échelle Tao, Brahman, kalos kai agathos ou bonum divinum : bien que cette dernière appellation doive nous paraître plus significative, il est probable qu'elles ne sont toutes que l'expression partielle d'un sens commun plus vaste. En tout état de cause, il s'agit dans ces différentes manifestations d'une disposition psychologique unique en son essence, qui nous pousse à croire a une valeur suprême nous orientant vers le bonheur, à moins que nous ne préférions l'appeler dans ce cas le salut.

Ceux qui rêvent pour l'humanité future d'un état de bonheur parfait désirent seulement ce qui les rendrait heureux d'après les besoins normaux existants dans l'état moral actuel, et non ce qui pourrait apparaître comme le bonheur aux gens de cette époque future. C'est là se faire illusion à soi-même d'une manière qui n'est guère moins naïve que la croyance du dévot à un paradis substantiel, où les bienheureux sont gavés des jouissances qui leur apparaissent comme le bonheur d'après leur jugement terrestre. Qui donc voudrait de toute éternité ne manger que des meringues et n'écouter que des mouvements d'allegro ? La perfection n'a de sens que par rapport à l'imperfection qui est située sur le même plan de la réalité.

C'est là le point vulnérable que présentent à la critique psychologique toutes les utopies d'avenir eudémonistes, qui se dévoilent dès lors comme des critères de valeurs purement subjectifs et sans la moindre possibilité de réalisation objective. L'au-delà terrestre des utopistes — les marxistes y compris —, qui se représentent le bonheur universel « au lendemain de la révolution » comme un bien-être général, appartient à la même sphère des fictions orientatrices que les « terrains de chasse éternels » que les Peaux-Rouges, dont le pire malheur est le manque de gibier, imaginent comme fourmillant d'animaux, ou la mer pleine de poissons à en déborder qui est le paradis rêvé des Esquimaux pêcheurs. Il y a là un effet de cette illusion naturelle de perspective que F. Müller-Lyer a appelée nynoscopie, c'est-à-dire la tendance à voir l'avenir et le passé à travers les lunettes du présent. Un souhait général du présent se trouve ainsi projeté sur le plan d'un état que l'on rêve, sans tenir compte de la modification de la direction générale des désirs qui résultera de cet état lui-même. Le caractère normal psychologique de cet effet se confirme en outre par l'exemple du marxisme, comme par celui de tout utopisme, en ce que cette vision est insérée dans le passé autant que dans l'avenir. La croyance au communisme primitif comme truchement pseudo-scientifique du mythe universel de l'Age d'Or, qui a déjà induit à tant de fausses généralisations les marxistes s'occupant de préhistoire, trahit le même penchant à identifier le bonheur et la possession que la croyance à l'État futur du marxisme. Elle procède d'un besoin psychologique de symétrie dans le temps pour justifier la croyance que les hommes sont meilleurs que leurs institutions — erreur commune à tous les utopistes et à tous les révolutionnaires, et dont Jean-Jacques Rousseau a fourni l'exemple le plus classique.

Du point de vue psychologique, une illusion de ce genre est parfaitement naturelle, et tout porte à croire qu'elle est en quelque sorte inévitable, et peut-être indispensable. Cependant, il ne s'agit ici que d'établir pourquoi l'on peut conclure de la forme spécifique de l'utopie à la nature du désir. Il apparaît alors que le marxisme est utopique et psychologiquement absurde parce qu'il croit à une augmentation de la quantité de bonheur futur par la garantie institutionnelle de la satisfaction de besoins dont la nature correspond à une réalité institutionnelle actuelle. Ceci est un contresens pour deux motifs : d'abord parce que la quantité de bonheur est une constante sociale, et ensuite parce que l'amélioration de la qualité du bonheur, qui importe seule, ne peut être amenée par une simple transformation des institutions, mais seulement par une transmutation des mobiles, que les institutions ne peuvent qu'indirectement favoriser ou entraver. C'est pourquoi l'idée qu'une organisation sociale quelconque pourrait assurer le « bonheur général » est tout bonnement absurde. Les institutions ne peuvent que susciter ou enlever des obstacles qui s'opposent à certaines modifications de la qualité du bonheur.

La tension importante et fertile pour l'évolution de la culture est donc moins la tension élémentaire et socialement statique entre le bonheur et le malheur, que la tension compliquée et socialement dynamique entre une espèce de bonheur et une autre. Si l'on n'entend par le « plus grand bonheur du plus grand nombre » qu'une somme ou une intensité plus grande de sensations agréables, on poursuit une chimère : chaque augmentation de notre faculté de jouir amène une augmentation correspondante de l'intensité de nos souffrances. On pourrait tout aussi bien souhaiter un univers où nous percevons plus de lumière et moins d'ombre ; dès que nous l'aurions trouvé, l'équateur de nos sensations lumineuses se déplacerait de façon à rester à distance égale de nos sensations extrêmes habituelles. Augmenter la quantité de bonheur est un problème insoluble ; il a fallu toute la platitude philistine de la philosophie de Bentham rien que pour le poser. On peut dire de ces philosophies d'arrière-boutique, en paraphrasant Schopenhauer : ils disent le bonheur et veulent dire l'argent. En ceci aussi, le marxisme souffre de l'héritage de ses ancêtres philosophes : il dit plus de bonheur et ne veut dire que plus de bien-être ; revendication indiscutablement justifiée eu égard aux conditions de l'époque industrielle, mais qui ne saurait arriver sous cette espèce à se rattacher aux objectifs ultimes, généraux et éternellement valables de l'humanité et mériter ainsi la consécration du bien éthique.

Le bien-être n'apparaît comme bonheur que dans une situation sociale dont il est absent ; dès qu'il serait réalisé pour le « grand nombre », le bonheur serait tout à coup ailleurs. Déjà dans l'Amérique du Nord actuelle, le problème du progrès apparaît, à tous les critiques clairvoyants de leur propre civilisation nationale, sous un jour tellement différent que l'on commence à maudire le degré de bien-être atteint par le « plus grand nombre » précisément parce qu'il ne signifie pas le « plus grand bonheur ». Faut-il en conclure qu'il ne sert à rien de poursuivre le bien-être du plus grand nombre ? Bien au contraire : il le faut atteindre, précisément pour que le plus grand nombre apprenne à rechercher un bonheur différent et plus élevé. Voilà le pivot pratique de tout le problème : le progrès ne consiste point en une augmentation irréalisable de la quantité du bonheur, mais en un déplacement, des plus réalisables et s'accomplissant constamment en fait, de l'idéal du bonheur. Ce déplacement est synonyme du refoulement d'un système polaire de hiérarchie des valeurs d'une qualité éthique moindre par des systèmes de qualité éthique supérieure. Il ne s'agit donc pas de mettre fin à la tension entre le bonheur et le malheur, mais de l'utiliser (au moyen de la recherche de compensations sublimées) pour qu'elle agisse à un niveau de plus en plus élevé.

Le rêve d'une satisfaction de tous les besoins de tous est aussi bête que vulgaire. Il n'est compréhensible que chez des gens en qui il est le produit d'imagination d'une fièvre sociale causée par l'inhibition de besoins supérieurs à la suite de la non-satisfaction des besoins inférieurs. Ce sont les affamés et les éreintés qui rêvent du Pays de Cocagne. Ce sont les gens écrasés par le sentiment de leur inférisation sociale qui croient, parce qu'ils le désirent, au nivellement de toutes les causes sociales de la souffrance ; comme s'il était possible de résoudre les antagonismes existants autrement que par le passage à un seuil plus élevé, c'est-à-dire en les refoulant par des antagonismes d'espèce différente et moins grossière. Ce qu'il y a de plus tragique dans la destinée des masses ouvrières, ce n'est point, je le répète, la pauvreté matérielle en elle-même ; c'est que cette pauvreté les condamne à un appauvrissement de l'âme : le souci d'un emploi, la dépendance sociale, l'inhibition des instincts constructifs les plus nobles par un travail sans joie et sans dignité, l'infériorisation sociale, etc. C'est à tout ceci que je pense quand je parle de l'inhibition des besoins supérieurs par la non-satisfaction de besoins inférieurs. Toutefois, de ce que l'on peut expliquer un rêve par une cause réelle (par exemple, un estomac vide), il ne s'ensuit pas encore qu'il faille reconnaître la réalité de l'image rêvée. Que l'on dise donc aux masses la vérité : on ne peut réaliser plus de bonheur qu'en élevant le niveau des besoins du point de vue de la hiérarchie des valeurs éthiques et esthétiques. C'est là le sens profond de l'opposition entre l'idéal paradisiaque et l'idéal héroïque ; et c'est en même temps ce qui explique pourquoi je parle d'une seule haleine d'hommes « plus heureux et meilleurs ».

Dès qu'on voit les choses sous cet angle, on découvre un aspect nouveau de la dualité des mobiles, qui se manifeste dans le mouvement ouvrier socialiste par le contraste de l'« âme capitaliste » (produit d'adaptation) et de l'« âme socialiste » (produit de réaction contraire). Ce mouvement veut deux choses : satisfaire les besoins existants des masses ; rehausser le niveau de ces besoins. La première de ces tâches s'accomplit par la lutte d'intérêts, la seconde par l'activité éducative. Cette dernière seule est vraiment socialiste au sens d'une concordance réelle entre le moyen et la fin. Si elle ne l'était pas, comment pourrait-on comprendre que Lassalle ait, il y a déjà plus d'un demi-siècle, pu enthousiasmer un auditoire ouvrier en jetant l'anathème sur le « maudit manque de besoins des ouvriers » ? Ce dernier objectif, sans lequel l'aspiration socialiste n'aurait pas son caractère éthique et (parce que orienté vers un bien absolu) religieux, n'est pas plus de bonheur, mais un bonheur plus élevé.

Cependant, il n'y a entre ces deux revendications de contradiction de principe que dans la doctrine qui confond l'orientation vers le plus avec l'orientation vers en haut ; cette contradiction n'existe pas dans la pratique du mouvement. Ce qui dans une théorie superficielle apparaît comme un rapport de l'un contre l'autre est, dans la pratique du mouvement par lequel les masses s'éduquent elles-mêmes, un rapport de l'un après l'autre. La lutte d'intérêts est la phase préparatoire à l'ascension culturelle. Les besoins inférieurs rassasiables des masses doivent avoir trouvé un minimum de satisfaction, avant que les besoins supérieurs insatiables puissent être ressentis. Selon l'image de Schiller : « Couvrez la nudité, et la dignité viendra d'elle-même. »

Cette conception de la tâche éducative met en lumière le contraste essentiel qui oppose la pratique du socialisme, basé sur l'idée chrétienne et démocratique de l'autodétermination, au fascisme et au bolchévisme. Fascistes et bolchévistes veulent, eux aussi, le « bonheur des masses » ; mais ils font pour cela une pure politique de puissance, qui exploite suivant l'exemple napoléonien les mobiles inférieurs des masses entravées dans leurs désirs, et surtout leurs complexes d'infériorité sociaux et nationaux, leur besoin de subordination et leur peur. Tout ceci part de l'hypothèse tacite qu'il faut considérer ces mobiles comme la « matière première » permanente et invariable pour les créations institutionnelles des partis ou des dictateurs. Cette hypothèse mène à son tour à la conséquence pratique que les institutions créées de cette manière dépendent pour leur fonctionnement de ces mobiles inférieurs et ne peuvent donc jamais conduire à une amélioration de la qualité éthique des mobiles des masses. En règle générale, il s'ensuit même une détérioration des mobiles ; par exemple la volonté de puissance transforme souvent l'indignation morale en désir de revanche. Le socialisme, qui m'apparaît comme l'état de conscience de l'aspiration des peuples démocratiques à gouverner eux-mêmes toute leur vie sociale, repose sur une hypothèse psychologique toute différente. Il part de la croyance que les mobiles humains sont variables d'après leur qualité éthique et éducables par la sublimation des instincts. Grâce à cette transmutabilité des mobiles, tout pas en avant vers la satisfaction des besoins existants devient, par l'orientation consciente vers un but éthique, un pas vers l'élévation du niveau des besoins. Cet effet — qui n'est autre chose en fin de compte qu'une transformation de toute activité politique et sociale en activité éducative — sera d'autant plus assuré que l'on reconnaîtra plus clairement le caractère fictif et d'orientation purement subjective de toutes les visions eudémonistes de l'avenir. Chercher plus de bonheur, c'est poursuivre sa propre ombre aussi longtemps que l'on recule la réalisation de ce bonheur dans un avenir eschatologique. Cette recherche ne peut amener de résultat que si l'on voit la réalisation du bonheur dans la sublimation actuelle et continue des jugements du bonheur.

C'est en ce sens que je dis : le socialisme signifie le bonheur présent d'êtres actuellement vivants ou il ne signifie rien du tout. La conception de cette idée a été le dernier pas sur le chemin qui m'a éloigné du marxisme. Elle a agi sur moi comme une découverte ; il me semblait, après de longs errements, avoir atteint enfin un sommet d'où je regagnais le coup d'œil sur le terrain environnant que j'avais perdu de vue. Surtout, je me sentis désormais en possession du moyen de résoudre le dilemme douloureux qui découlait du contraste entre l'action présente et la foi en l'avenir. En effet, dans cette conception nouvelle du socialisme la foi en l'avenir n'est plus qu'un élément psychologique de l'action présente.

Le mobile comme critérium de jugement de tous les actes n'est pas psychologiquement aussi discutable et équivoque qu'il paraît à première vue. Car le mobile d'une action se traduit toujours par une réalité parfaitement objective permettant un jugement, à savoir l'action elle-même. Ce principe se vérifie aussi bien lors de l'appréciation de mouvements de masses que quand il s'agit d'actes individuels. Par rapport à l'individu, il a été admirablement formulé dans la pensée d'Emerson qu'il faut juger les hommes, non point d'après leurs opinions, mais d'après ce que leurs opinions font d'eux. De même, il ne faut pas juger les mouvements de masses d'après les buts dont ils reculent la réalisation dans l'avenir, mais d'après les moyens qu'ils emploient dans le présent. Ainsi, la recherche du fait subjectif ultime nous ramène à un critérium parfaitement objectif : en prenant appui sur les tâches réelles, l'évaluation subjective en profondeur nous renvoie à la pure réalité des faits.

Ceci nous amène bien près de la limite de la connaissance que peut nous procurer actuellement n'importe quelle doctrine scientifique du socialisme. Car l'objet de la doctrine reste toujours ce qui existe. Une science sociale ne peut jamais que nous montrer l'endroit où il nous faut appliquer le levier de notre volonté pour lui assurer le plus d'effet possible ; elle ne peut ni susciter cette volonté ni la justifier. Au contraire, nous avons vu par l'exemple du marxisme que toute doctrine, qui essaie d'ordonner les phénomènes dans un système de causes et d'effets, ne peut faire autrement que d'incorporer à ces causes les mobiles que les créateurs de la doctrine estiment de la plus haute valeur.

Je n'accorde donc pas plus aux jugements scientifiques que j'ai essayé de formuler la signification de vérités absolues et définitives qu'aux conceptions marxistes que j'ai combattues à cette occasion. Je me rends parfaitement compte de ce que toute doctrine qui fournit plus qu'une simple description de faits n'est que l'expression d'une croyance en symboles rationnels. Toute croyance sociologique est susceptible de symbolisation rationnelle, c'est-à-dire de justification logique. Néanmoins, elle n'emprunte pas sa valeur à la conséquence logique de sa présentation intellectuelle, mais à la substance morale du mobile qui cherche à s'y exprimer. La mesure subjective de ce mobile est le sentiment qu'il donne à notre vie personnelle le sens le plus élevé qu'elle puisse avoir, et sa mesure objective est l'effet sur le bonheur humain des actions qu'il inspire.

C'est pourquoi je ne puis présenter mes conclusions ultimes que sous la forme d'une profession de foi à la première personne. Je ne suis plus marxiste, non point parce que telle ou telle affirmation du marxisme me paraît fausse, mais bien parce que, depuis que je me suis émancipé de la façon marxiste de penser, je me sens plus près de la compréhension du socialisme, en tant que manifestation, variable selon les époques, d'une aspiration éternelle vers un ordre social conforme à notre sens moral.

Je me défends au surplus d'être un sceptique parce qu'il m'a fallu passer par le chemin du doute pour me débarrasser de bien des « idéaux ». Je m'en défends surtout parce que je ne voudrais pas que quiconque n'apprît de moi que le scepticisme. Je ne me réclame que de cette sorte de scepticisme qui découle d'un trop grand besoin de croire et qui est un moyen d'arriver à un niveau supérieur de compréhension.

On me reprochera sans doute avec le plus de véhémence de mépriser la raison et la science parce que j'ose dire « je crois ». Mais si je méritais ce reproche, aurais-je donc essayé d'exprimer ma croyance sous une forme scientifique, et me serais-je adressé à la raison de mes lecteurs ? Il est vrai que j'ai cherché à montrer que la raison scientifique ne joue point dans les actions humaines, et surtout dans les actions de masses, le rôle prépondérant que lui attribuaient nos pères. Mais cela me fournit précisément un motif pour estimer plus haut la raison et pour voir dans l'extension du domaine où elle peut exercer son influence le signe le plus sûr du progrès humain. Au point de vue psychologique, la civilisation est un processus de sublimation, c'est-à-dire une transformation de phénomènes vitaux physiques en phénomènes psychologiques et intellectuels à l'aide de la raison, qui remplace par des mobiles intellectuels, issus de représentations conceptuelles, des mobiles non intellectuels. Plus on est convaincu des imperfections de la connaissance, plus on se sent poussé à amplifier cette connaissance. Sans doute, il ne manque pas parmi nos contemporains de gens qui, ayant découvert la faiblesse de notre raison, succombent à l'idolâtrie de tout ce qu'il y a d'irrationnel et même de bestialement instinctif dans l'homme ; mais ceux-ci ne sont au fond que des adorateurs désillusionnés de la Déesse Raison. Ils ne voient pas qu'ils ne se détournent de leur idole que parce qu'ils sont des esprits débiles, qui attendaient d'elle plus de forces qu'elle ne peut en donner. Ils ne se comporteraient pas ainsi si leur foi n'avait pas été une superstition. Si je combats la superstition de la raison, c'est précisément parce que je désire une foi justifiable en elle. J'estime tellement la science que je considère comme nécessaire une science psychologique de la science. Et si en faisant de la science un moyen de connaître sa propre nature, on fait d'elle en même temps un moyen de connaître ses propres limites, il faut en conclure uniquement que la conviction du caractère limité de notre savoir est elle-même une connaissance scientifique d'un degré supérieur. L'insuffisance de notre connaissance est la moins insuffisante de nos connaissances possibles.

C'est l'homme du XIXe siècle, qui n'aimait pas entendre parler des frontières de la connaissance scientifique, qui a trop fortement ébranlé la croyance du XXe siècle au savoir. Il s'était trop habitué à voir le salut dans le progrès technique et dans l'augmentation des connaissances qui servaient ce progrès, comme si cela suffisait à assurer plus de compréhension, plus de sagesse et plus de bonheur. Qu'il allât ou non à l'église, il n'avait plus de religion, plus de foi d'aucune espèce qui pût lui dire : « Tu dois. » Il a essayé de remplacer cette foi par la science, de faire de la science, au lieu d'une servante, une maîtresse de son devoir. Cette idolâtrie a refait de lui le barbare que nous a dévoilé la guerre mondiale. Il n'y a qu'une science qui puisse prétendre à diriger notre devoir : c'est la science du bien et du mal, la conscience. Le but le plus haut que le socialisme scientifique puisse espérer atteindre est d'être une science sociale au service de la conscience sociale. Dans le domaine de la science sociale, il n'y a de vérités que celles qui peuvent nous aider à réaliser notre tâche morale comme membres de la communauté sociale. La tâche éternelle que nous impose cette réalisation — c'est-à-dire le socialisme — se manifeste à chaque époque sous une forme différente, selon les possibilités de connaissance et de réalisation que cette époque présente. C'est pourquoi la vérité sociologique d'aujourd'hui n'est plus la même que celle d'hier et pas encore la même que celle de demain.

Ce que j'ai dit de la nécessité de vaincre la vérité relative du marxisme sera tout aussi vrai, dans un avenir plus ou moins rapproché, de ce qui m'apparaît comme vérité du temps présent. Cette vérité sera, elle aussi, trouvée fausse un jour et devra être combattue. Comment accorder cela ? Qu'est-ce qui me donne la hardiesse de vouloir refouler une vérité ancienne par une vérité nouvelle, tout en admettant qu'elles sont toutes deux également fonction de leur époque ?

J'ai cette hardiesse, non point malgré ma conviction de la relativité de toute science sociale, mais à cause de cette conviction. C'est parce que je crois à cette relativité que je dis : le marxisme était conditionné par les circonstances de l'époque où il est né. Ces circonstances ont changé, et la conviction que le marxisme a dès lors cessé d'être vrai en est devenue un élément de la vérité de notre époque. Cela veut-il dire qu'il n'est point de progrès des conceptions sociologiques, qu'il n'y a que des erreurs, se poursuivant et se relayant sans fin et sans espoir et se tenant pour vraies jusqu'à ce qu'elles soient refoulées par une erreur nouvelle ? Pas du tout. Un jugement superficiel veut qu'en considérant la vérité scientifique comme relative, on proclame erreurs toutes les vérités. Rien n'est plus faux que cette conclusion. Car premièrement : là où il n'y a point de vérité absolue, il n'y a point non plus d'erreur absolue ; en relativisant une vérité, on n'en fait pas encore une erreur, on en fait tout simplement un fait historique ; elle cesse d'être une loi de la connaissance pour devenir un objet de la connaissance. Ensuite et surtout : en constatant la relativité du savoir scientifique, on ne détruit pas la notion de la vérité elle-même. L'homme puise la vérité à d'autres sources encore qu'à celle de la science exacte. Nous sentons avant tout comme vrai ce que nous voyons, ressentons, croyons. Les hommes ont connu des vérités bien longtemps avant d'employer des. microscopes, des télescopes et des cornues. La plupart des vérités auxquelles les sciences exactes croient aujourd'hui ne peuvent aucunement se justifier par ces sciences mêmes ; et ces sciences ne sont possibles que parce qu'elles présupposent certaines vérités que l'on croit et que l'on ne peut prouver. Toute science mathématique part d'axiomes crus évidents, toute métaphysique de formes aprioristiques de la conception, toute science expérimentale de l'hypothèse de lois présidant à la répétition des effets, toute science historique de la présomption d'un sens de la destinée humaine, toute sociologie d'un objectif actuel, toute connaissance de la croyance à l'identité de certaines notions représentatives avec des phénomènes correspondants ; et nous ne chercherions aucune connaissance quelle qu'elle soit si nous ne croyions à une utilité de la connaissance ou à une obligation à la connaissance. Pourquoi conclurions-nous du caractère limité de notre savoir scientifique à la négation de toute possibilité de connaître des vérités, alors que la foi en cette possibilité est le point de départ même de tout effort scientifique ?

Que dans nos tentatives de vérifier cette croyance, nous cherchions à refouler chaque vérité scientifique temporaire par une nouvelle, cela même est le progrès — tout au moins l'évolution, le mouvement, sans lequel tout progrès est impossible. Ce mouvement est sans nul doute un progrès dès qu'une vérité temporaire est remplacée par une autre vérité temporaire d'un ordre plus élevé. Ceci était le cas du marxisme par rapport aux vérités reconnues jusqu'alors, par exemple celles du socialisme utopique : il les invalida en les relativisant, en prouvant en quoi elles étaient historiquement conditionnées et en faisant de cette preuve le fondement d'une conception nouvelle. Il n'y avait pas de place dans l'utopisme pour le marxisme, mais il y a place pour l'utopisme dans le marxisme. Le marxisme était une vérité d'un ordre supérieur à celui des vérités précédentes, parce qu'il les comprenait en vertu de leurs propres origines — tout à fait comme une figure géométrique qui en circonscrit une autre est nécessairement plus grande que celle-ci.

Dans la même mesure, je considère ma conception du socialisme comme un progrès par rapport au marxisme, parce qu'elle le relativise et le circonscrit, tout comme il l'avait fait lui-même pour les doctrines antérieures — mais cette fois en partant d'une connaissance conforme à notre époque, c'est-à-dire de phénomènes qui se sont produits depuis Marx, et dont le marxisme et le mouvement ouvrier influencé par lui font eux-mêmes partie. Mais il me semble que cette conception nouvelle est, précisément à cause de son relativisme, un progrès à l'égard du marxisme dans un sens différent et plus profond encore. Le marxisme avait relativisé toutes les idéologies sociales — à l'exception de lui-même. Ma façon de voir se relativise elle-même ; elle ne représente pas de dogme sociologique nouveau, elle veut au contraire invalider tous les dogmes sociologiques.

Je m'attends à ce que l'on me demande si la conviction de la relativité des vérités sociologiques ne peut pas mener à l'inactivité sociale, parce que l'incertitude de la connaissance doit forcément réagir sur l'assurance de la volonté que cette connaissance justifie. J'admets que cette conséquence soit possible. Je l'admets même fort volontiers ; car je me réjouirais si les hommes voulaient se montrer suffisamment convaincus de la relativité de leur connaissance pour ne plus essayer de disposer du sort ou de la vie d'autrui au nom d'une connaissance quelconque. Mon sentiment se révolte contre toute prétention de l'entendement humain à vouloir déterminer les destinées d'autrui par la contrainte ou la violence. C'est pourquoi j'éprouve une horreur de même espèce à l'égard des propositions de certains eugénistes, qui voudraient « régler » par la loi la procréation au nom d'une théorie de l'hérédité, et à l'égard de la peine de mort, qui soumet autrui à l'irréparable en vertu d'un jugement faillible. Je hais le puritanisme moral qui essaie de faire de chaque obligation personnelle une contrainte générale ; dans la pratique, il aboutit habituellement a une moralité en partie double, qui attend le plus d'autrui, parce qu'il est tellement plus facile et plus agréable de dominer les autres que de se dominer soi-même. Je voudrais voir à sa place, inversement, une moralité en partie double de la liberté et de la tolérance, dont la maxime serait : « Rends-toi meilleur, et les autres plus heureux. » En d'autres termes : « Assigne-toi un but éducatif, mais n'essaie pas de l'imposer aux autres ; contente-toi plutôt de les libérer des obstacles qui obstruent le chemin du bonheur qu'ils désirent. » C'est pourquoi le socialisme m'apparaît avant tout comme une exigence de l'homme envers soi-même — et, en tant qu'exigence envers la société, tout au plus comme une tentative de persuasion qui recherche l'assentiment du jugement raisonné. Si donc, outre ces conséquences favorables, la conviction de la relativité du savoir amenait les hommes à être moins sûrs de leur devoir, on pourrait se contenter au besoin de dire : il faut en prendre son parti, puisqu'on ne peut rien y changer. Nous sommes une fois pour toutes livrés à la pensée, et si celle-ci nous conduit à connaître ses propres frontières, nous devons nous en accommoder, tout comme nous prenons notre parti de ce qu'une connaissance mécanique fonde une découverte technique dont les conséquences nous déplaisent. Si tant est que nous voulions penser — et nous ne pouvons pas faire autrement — nous devons sans peur penser nos pensées jusqu'au bout. Elles le font d'elles-mêmes, quoi que nous voulions.

Heureusement, ceci s'applique aussi à l'idée de la relativité, qui s'abroge pour ainsi dire elle-même dès qu'on la pense jusqu'au bout. Un peu de relativisme éloigne de l'assurance du vouloir, plus de relativisme y ramène. En effet, précisément parce que nous nous rendons compte du caractère conditionnel de notre connaissance scientifique, nous apprenons d'autant mieux à estimer cette connaissance d'après le critérium réel de son aptitude à servir de levier à notre volonté éthique. Ainsi nous retournons, dès que nous avons surmonté les premières douleurs que nous cause la guérison d'une illusion, avec la vigueur accrue d'une santé recouvrée, aux sources plus profondes de la volonté vivante qui jaillissent du fond moral.

Si nous croyons que ce que nous faisons est le bien, pourquoi donc nous faudrait-il croire par-dessus le marché que la science rend la victoire de ce bien inévitable ? Seule la science mécanique, la science des choses peut atteindre une telle prévision des effets, parce qu'elle seule en a besoin. L'homme qui construit une machine doit pouvoir à l'avance déduire de lois scientifiques comment elle fonctionnera. Par contre, la science qui a pour objet les actes sociaux de l'homme ne peut pas connaître l'avenir, parce qu'elle n'a pas besoin de le connaître au-delà de la portée de l'acte présent. Il suffit que le socialisme croie à son avenir. Il est une croyance. Il est une passion. C'est précisément la science psychologique qui nous l'apprend. L'homme qui aime n'a pas besoin que la science lui prouve la beauté de l'aimée par la mensuration de ses membres, par l'analyse de son pigment dermique et par sa formule dentaire : c'est la beauté de son amour pour elle qui la rend belle. Celui qui lutte pour un ordre social meilleur n'a pas besoin de la preuve scientifique que cet ordre doit inéluctablement venir ; il suffit que sa conscience lui commande de s'y dévouer.

Les masses, dont l'aspiration sociale est déterminée par les intérêts et les passions plus que par les connaissances scientifiques, ne seront pas découragées par la conviction de la limitation du savoir ; car cette conviction ne les atteint en aucun cas. Par contre, celui qui se détache de la masse parce qu'il agit en vertu d'une conviction personnelle raisonnée, peut trouver dans sa conscience de l'origine éthique de sa volonté une raison suffisante de confiance en lui-même. Celui-là pourra au besoin, quand il sera tourmenté par le doute de l'utilité de ses efforts, se réclamer de la fière maxime de Guillaume le Taciturne : « Point n'est besoin d'espérer pour entreprendre, ni de réussir pour persévérer. » Aucun individu ne peut faire de grandes choses — et toutes les grandes choses sont l'œuvre d'individus qui obéissent à un commandement moral — qu'à condition de pouvoir dire à certaines occasions décisives, comme Luther à la Diète de Worms : « Je ne puis faire autrement. »

À la question de savoir si je crois à la réalisation du socialisme dans l'avenir, je répondrai par conséquent : J'y crois comme à une obligation morale, mais non comme à une nécessité naturelle. Les actes qu'inspire cette croyance sont orientés vers un avenir qui se réalise déjà chaque jour dans la mesure où ils font de nous des êtres différents. Le socialisme n'est pas un remède universel à appliquer en une fois ; il est un devenir qui commence avec le premier acte qui s'inspire consciemment de lui et qui ne prend fin qu'avec le dernier de ces actes. Il n'y aura sans doute jamais d'état social qui corresponde exactement à l'image idéale qui anime n'importe lequel de ces actes ; car cet idéal n'est qu'une notion-limite, un schéma d'orientation, une ligne qui tend vers l'infini.

Que savons-nous du lendemain ? Ce qui paraît probable, c'est que le mouvement ouvrier socialiste européen accédera un jour au pouvoir politique, grâce à la supériorité numérique des couches dont il défend les intérêts, et grâce surtout à la vigueur qui lui vient de la concordance de ses buts avec les instincts sociaux les plus nobles de l'homme intellectuel. Mais même alors, nous ne savons pas encore ce qu'il adviendra du socialisme. Il y aura peut-être une nouvelle domination de classe, un nouveau parasitisme social. La révolution possible peut être une destruction, et son résultat une rechute universelle dans la civilisation végétative des fellahs ou un passage au césarisme. Elle peut être l'occasion d'un suicide du monde par une guerre universelle. Elle peut commencer par livrer une Europe exsangue à l'instinct d'expansion du capitalisme américain. Elle peut mener à une telle dévastation des forces productives industrielles qu'il en résulterait une hégémonie sociale des classes agricoles. Mais à quoi bon pourchasser le feu follet d'une prévision dont nous n'avons pas besoin pour déterminer notre façon d'agir ? En ce qui me concerne, je ne crois pas qu'un avenir aussi sombre nous attende ; mais une croyance individuelle de ce genre n'oblige aucunement l'histoire universelle. Pour celle-ci, toute croyance pèse exactement ce que pèsent les actes que cette croyance anime. Soucions-nous donc de ce que nous pouvons faire et de ce que nous devons faire pour mettre toute la vigueur dont nous disposons au service de nos aspirations. Dès lors, cette prestation restera donnée de toute éternité. La tâche que nous avons à accomplir n'est pas celle du pessimisme spenglérien — « l'inéluctable ou rien » — car l'inéluctable se soustrait à notre connaissance ; elle est : efforçons-nous au meilleur pour réaliser le possible. Ce que nous réalisons du socialisme en nous et par nous ne peut périr. Le monde s'en trouve changé exactement dans la mesure où nous sommes capables de le changer. Rien de ce que nous faisons ne peut être défait.

En somme, à la question de savoir si la nuance sceptique de ma foi en l'humanité — comparativement à la certitude marxiste ne mine pas l'énergie d'action, je ne puis que répondre Pour ma part, je ne me suis aperçu de rien de pareil. Il est vrai que j'ai perdu beaucoup d'illusions ; mais par la suite je me suis toujours senti comme délivré d'un poids superflu. Précisément parce que j'ai dû apprendre à douter du caractère absolu de bien des valeurs intellectuelles, j'ai appris à estimer d'autant plus haut les valeurs réelles de la vie active. Je ne pense pas que l'on puisse me reprocher d'avoir peint les choses en beau dans nia description de la psychologie ouvrière et du mouvement socialiste ; et cependant, malgré toute la modération de mon jugement raisonné, je me sens aujourd'hui, à propos de chaque décision concrète du sort, plus intimement attaché que jamais à la cause de la classe ouvrière — ne serait-ce que par le sentiment instinctif du devoir qui s'impose aux privilégiés sociaux de se consacrer aux déshérités sociaux. Je suis le dernier à attendre d'une lutte pour le pouvoir politique des miracles socialistes ; et cependant, si le hasard me plaçait dans cette situation, je combattrais pour la classe ouvrière dans une lutte électorale, quelque locale et obscure qu'elle fût (à condition de ne pas être candidat moi-même) avec la même énergie qu'à l'époque où je voyais encore en chaque parlementaire socialiste l'apôtre d'une religion humanitaire nouvelle. Je n'attends vraiment pas, de la conquête du pouvoir politique par les partis ouvriers, l'âge d'or de la paix universelle ; et cependant, la moindre augmentation de l'influence socialiste me paraît à tel point comme un poids jeté dans la balance, qui oscille entre la guerre et la paix, en faveur d'une politique mondiale raisonnable, que même ce modeste progrès est pour moi digne de n'importe quel sacrifice personnel.

Est-ce que je crois à la révolution ? Eh bien, plus j'avance en âge, plus je me sens révolutionnaire et moins je crois à la révolution. Je suis révolutionnaire : car le passage d'un ordre capitaliste à un ordre socialiste me semble inséparable d'un antagonisme profond entre deux principes juridiques irréconciliables. La haine de l'iniquité sociale, de l'humiliation de la dignité humaine, de l'égoïsme bourgeois, de l'appétit vulgaire du gain, de l'hypocrisie conventionnelle et du mensonge artistique, qui m'amena dès mon adolescence à me révolter contre les conceptions de mon propre entourage social, s'est encore exacerbée au cours des années au point que l'atmosphère de la société bourgeoise m'est aujourd'hui devenue irrespirable. Je ne puis vivre sans m'y soustraire de temps en temps d'une façon plus immédiate encore que par l'activité pour le socialisme, soit en me retrempant au contact d'une nature inviolée, soit en jouissant de la beauté léguée par une époque passée de l'humanité. Toutefois, dans la mesure même où s'approfondit mon sentiment révolutionnaire, je m'éloigne de la conception superficielle et romantique d'une révolution qui essaierait de forcer par une brusque violence une croissance qui, comme toute croissance, exige du temps et de la liberté. Je crois à une tâche bien plus profonde et plus essentielle que le serait une révolution de la façon de gouverner : c'est la façon de vivre qu'il importe avant tout de changer. Il est plus essentiel et plus difficile de changer les mœurs que de changer les lois ; or, le changement des lois n'a de sens pour le socialisme que dans la mesure où elles font obstacle à la consolidation de mœurs nouvelles. La métamorphose psychologique que ceci exige ne saurait être favorisée par la violence ; la violence n'amène pas seulement une réaction chez celui qui la subit, elle démoralise en outre celui qui l'emploie.

Je ne suis pas étranger aux choses de ce monde au point de

m'imaginer que l'ascension ultérieure de la classe ouvrière vers la puissance sociale s'accompagnera de moins de violence qu'elle ne l'a fait jusqu'à présent ; il faut craindre le contraire, ne serait-ce que parce que l'étroitesse d'esprit des possédants les amènera vraisemblablement à employer à la défense de leur position tous les moyens de contrainte dont ils disposent encore. Mais la constatation décisive qui importe ici, c'est que l'accroissement de la puissance ouvrière ne peut signifier une réalisation du socialisme que dans la mesure où il pourra se passer de l'emploi de la violence. C'est pourquoi le socialisme devrait ici encore amplifier consciemment son objectif d'une revanche de classe en une cause de l'humanité ; il ne doit pas se contenter de dire : je n'emploierai la violence que si l'on m'oppose la violence. Il ne faut pas qu'il laisse cette responsabilité à ses adversaires ; il doit faire lui-même tout ce qui est en son pouvoir pour empêcher, de quelque côté que ce soit, tout prétexte à l'emploi de la violence. Il ne doit renforcer auprès de ses propres adhérents aucun mobile qui pourrait devenir un mobile de violence. Celui qui se fie à la violence se livre à elle ; 1914 a suffisamment prouvé avec quelle facilité un mobile révolutionnaire socialiste se laisse muer en un mobile guerrier destructeur.

Il n'est pas d'arme plus puissante contre la violence que le refus de la violence. Il est vrai que son emploi présuppose une force morale consciente, dont ne sont encore capables à l'heure actuelle que de trop rares individus exceptionnellement doués. D'ici longtemps, on ne peut sans doute guère attendre des masses mues par l'instinct qu'elles soient capables de suivre de pareils exemples, bien que la classe ouvrière, que sa situation sociale prédispose à employer des moyens de lutte non violents comme la grève et la propagande, paraisse particulièrement destinée à saisir combien cette idée peut être fructueuse. La considération pratiquement décisive au moment actuel n'en est pas moins celle-ci : tout ce qui éloigne de la violence physique dans la direction d'une sublimation des instincts de combativité sociale augmente, au lieu de l'affaiblir, la puissance de la classe ouvrière, et surtout sa capacité d'employer cette puissance dans un sens socialiste.

À la lumière de cette constatation, la formule marxiste traditionnelle : «Nous ne désirons pas la violence, et nous ne l'emploierons que pour nous défendre contre la violence de l'adversaire», apparaît comme une tentative d'esquiver la véritable tâche éducatrice du socialisme. Une phrase comme celle que formula encore récemment un communiste allemand pour justifier des dépôts d'armes : « Nous ne préparons pas l'émeute, mais nous nous préparons à l'émeute », peut être dite de la meilleure foi du monde ; mais dans l'état actuel de notre connaissance de la nature des mobiles des masses et de l'influence des symboles intellectuels sur elles, elle ne nous frappe plus que comme un artifice dialectique dépourvu de sincérité. Elle appartient à la même espèce de sophismes que le Si vis pacem para bellum des États. Ceux-ci aussi ne justifient jamais leurs armements que par la nécessité de se défendre contre un adversaire violent ; jusqu'à ce qu'il apparaisse que les armements n'ont servi de toutes parts qu'à créer des mobiles guerriers, qui finissent par rendre la guerre inévitable. Peu importe comment le marxisme justifie intellectuellement son concept de la révolution : il contribue à renforcer un mobile de violence, parce qu'il implique forcément la notion de son emploi. L'idée de révolution a de prime abord, pour ceux qui en ont fait une pierre angulaire de leur mentalité politique, la signification d'un désir de compenser un sentiment d'oppression. Les masses ne songeraient pas à la révolution comme à une revanche, si elle n'était pas apparue depuis toujours à ses prophètes comme un « sublime tribunal ». Ceci s'applique à Marx à tel point que sa notion de la révolution s'épuise pour ainsi dire dans la mainmise sur le pouvoir. Pour lui, la révolution est un accomplissement plutôt qu'un début. Elle met fin à la lutte des classes par laquelle s'accomplit selon lui le progrès historique ; et la fin de cette lutte semble en effet être plutôt la défaite de l'adversaire que l'accomplissement d'une tâche constructive. La révolution allemande de 1918, qui donna à la classe ouvrière une puissance qu'elle reperdit pour la plus grande part parce qu'elle ne sut pas l'employer, est à cet égard l'exagération caricaturale de l'image marxiste de la révolution. Certes, la faute n'en était pas seulement à la théorie. Mais il est tout aussi certain que la théorie porte une part de culpabilité, en ce qu'elle avait contribué à renforcer chez la masse des mobiles qui étaient plus orientés vers le combat que vers les tâches constructives.

Je reconnais volontiers que mes raisons les plus profondes contre cette conception de la révolution sont des raisons de sentiment. Je les ai moins pensées que vécues. Je les ai vécues pendant trois ans dans les tranchées, où j'ai appris à frissonner d'horreur devant le « sublime tribunal » des passions de masses déchaînées. Cette horreur provenait moins de l'énormité du sacrifice humain en soi que de l'énormité du manque de sens et de but de ce sacrifice. Ce que je ne puis pardonner à la guerre — et à moi-même —, c'est la démence tragique d'une destinée qui condamnait les hommes à expier la faiblesse de leur jugement par la transformation de leurs meilleurs mobiles en leurs pires actions — qui les forçait à tuer des hommes par passion humanitaire, à devenir complices, par enthousiasme pour une idée universelle, de la destruction de cette idée. Pour cela, on ne s'est pas seulement sacrifié, on a encore sacrifié autrui à un but que le genre de moyen employé a transformé en son contraire. Je me sens trop animé par l'instinct de combativité pour pouvoir jamais, par simple répugnance à la violence, me rallier à une sorte de pacifisme qui ne serait pas lui-même un combat d'une espèce plus élevée et plus intensive. Si j'ai conclu de mon expérience de la guerre que toute guerre est un mal, c'est que je ne crois plus à la possibilité d'atteindre un bon but par ce mauvais moyen. Or, la violence au service d'une révolution n'agit pas autrement que la violence au service d'une guerre. Elle éloigne de l'objectif que l'on désire atteindre.

La guerre est devenue aussi absurde qu'elle est immorale. Elle n'avait un sens qu'aussi longtemps que la prospérité d'un État agricole pouvait trouver avantage à la conquête de territoires, sous la forme d'une extension du domaine de la souveraineté monarchique. À notre époque de l'économie mondiale et des États démocratiques, toute guerre devient une guerre de peuples, qui détruit les fondements économiques de la prospérité nationale chez les vainqueurs comme chez les vaincus. Il en est de même de la révolution en tant que rébellion violente. Elle fut la forme historique de la révolte contre une tyrannie qui ne se maintenait que par la force des armes. Or, le capitalisme — du moins dans l'ère de la démocratie politique — est fondé sur la puissance psychologique du prestige social de l'argent. On peut renverser par la violence un régime gouvernemental, mais jamais un ordre social. L'exception apparente de la Russie confirme cette règle : la révolution russe a jeté bas le vieux tsarisme, mais n'a frappé le jeune capitalisme que dans la mesure où il n'était pas encore enraciné dans la psychologie nationale.

Ainsi, la considération pratique de l'utilité se joint à la révolte du sentiment pour justifier la foi en la puissance supérieure de la non-violence. Je ne crois plus en la révolution comme jugement dernier. Je crois d'autant plus fermement à la révolution qui nous transformera nous-mêmes. Cette conception correspond autant aux exigences de l'opportunité politique qu'à celles de la loi morale. La conception militariste de la révolution comme simple question de puissance est du romantisme de la pire espèce. Pour mettre fin au capitalisme, il est moins important d'être en état de battre le capitalisme que de le remplacer.

La même conviction d'après laquelle la motivation éthique conduit à la meilleure et à la seule politique réaliste m'inspire quand je préconise le renforcement de la conviction socialiste par la conscience éthique et religieuse. Il ne faut pas se laisser tromper par le fait que n'importe quelle action politique ne semble être en apparence qu'un marchandage d'intérêts. Derrière cette réalité, il en est une autre plus profonde. Pour s'en rendre compte, il suffit de songer qu'aucun intérêt ne peut à la longue s'affirmer ou se maintenir s'il ne se justifie, devant la conscience morale de la communauté, par une considération de droit. Du fait qu'il n'est aujourd'hui aucune croyance qui ne serve à masquer des intérêts particuliers quelconques, il faut conclure moins peut-être à la puissance des intérêts qu'à la puissance des croyances.

C'est là la conclusion à laquelle aboutit toute science de l'homme — pourvu qu'elle creuse assez profondément. Il n'y a pas de science dont le point de départ et les méthodes soient plus prosaïques et plus sceptiques que la psychanalyse freudienne. Elle dissèque l'âme avec un plaisir si cruel à toute découverte nouvelle qu'elle fait du fond animalement instinctif de l'homme, qu'elle ne fournit à bien des dilettantes que le prétexte d'une espèce de sadisme intellectualisé, d'une recherche à peine déguisée de l'obscénité. Par contre, le chercheur sérieux qui, comme Freud lui-même, cherche toujours plus profondément à trouver les impulsions ultimes de la dynamique de l'âme humaine, aboutit à une découverte d'une tout autre espèce : au-delà de toutes les manifestations d'animalité, il trouve une force qu'il ne peut ni décomposer, ni dériver d'une autre, et qui semble résider dans une région particulièrement inaccessible et intangible de l'âme. Il ne sait pas toujours comment l'appeler. Freud la baptise « censure », Alfred Adler « sentiment communautaire », l'hypnotiseur y voit « l'entrave personnelle » qui empêche l'hypnotisé d'accomplir certains actes commandés qu'il considérerait à l'état éveillé comme immoraux. Il ne s'agit en tout cela que de ce que le commun des mortels appelle la conscience. Il y a quelque chose d'émouvant et de sublime dans le fait qu'il suffit de fouiller l'âme humaine à une profondeur suffisante dans n'importe quelle direction — même si l'on ne s'oriente d'abord que vers son animalité — pour retrouver toujours ce qu'il y a en elle de divin. À vrai dire, il n'a pas fallu attendre la psychanalyse pour découvrir la puissance de la croyance au bien et au mal. Mais quelle brillante confirmation des connaissances intuitives antérieures, et en même temps quel précieux témoignage de la profondeur de sa propre méthode, la psychanalyse ne peut-elle pas tirer du fait qu'elle n'a pas besoin de dire ce que Lalande dit un jour de Dieu : « Je n'ai pas besoin de cette hypothèse ! » mais doit dire au contraire : « Il n'y a rien de plus réel dans l'homme que la puissance divine de la loi morale. »

Dans la vie sociale aussi, les forces morales de la croyance finissent toujours par l'emporter. La politique qui s'appuie sur elles est la seule politique réaliste, le seul opportunisme qui puisse atteindre des succès durables. Pourquoi le mouvement socialiste ouvrier gagne-t-il constamment en puissance ? Ce n'est pas que les intérêts qu'il représente acquièrent par eux-mêmes plus de poids ; c'est parce qu'il apparaît de plus en plus clairement qu'ils concordent avec une revendication morale, dont les classes gouvernantes elles-mêmes n'osent pas nier le principe fondamental. La grande faiblesse des adversaires du socialisme, c'est qu'ils se rendent de mieux en mieux compte de leur mauvaise conscience. Inversement, la puissance de recrutement de l'idée socialiste s'affaiblit temporairement chaque fois que les partis essaient une politique d'intérêts trop rouée, dont les résultats occasionnels sont toujours achetés par un scepticisme croissant des masses. Pourquoi le socialisme allemand succomba-t-il à la passion belliqueuse de 1914 ? Tout simplement parce que, aux mobiles supérieurs de l'éthique communautaire dont se réclamait le patriotisme, il ne put opposer des mobiles d'ordre semblable. Il y opposa seulement des considérations d'intérêts. Chacun ressentit les premières semaines de la guerre comme une époque de passion grandiose et sublime, parce que l'on croyait assister à une victoire des mobiles éthiques sur le train-train égoïste de la vie quotidienne ordinaire ; cet enthousiasme galvanisa tous les peuples et les rendit capables d'un effort collectif sans précédent dans l'histoire, jusqu'à ce qu'il apparut que tout cet idéalisme n'avait servi qu'à déchaîner les passions inférieures les plus matérielles et les plus bestiales.

Si la mentalité des masses ouvrières, en cette époque d'après-guerre, est marquée au coin du scepticisme et du cynisme, le fait que le socialisme s'est trop livré pendant la guerre à une politique d'intérêts y est bien pour quelque chose. Cette mentalité est une preuve de désillusion, donc la preuve d'un besoin de croire non assouvi. Le communisme n'aurait guère acquis en dehors de la Russie l'influence prestigieuse dont il a joui au lendemain de la guerre, s'il ne s'était manifesté comme une foi nouvelle. Si, en dépit de la primitivité intellectuelle de son eschatologie, il a tant impressionné jusqu'aux éléments les plus intelligents de la classe ouvrière et jusqu'aux couches intellectuelles elles-mêmes, cela prouve d'autant plus vigoureusement la présence d'un besoin non satisfait des masses de croire à une eschatologie nouvelle. Je pense que le jour n'est plus loin où même les opportunistes de la politique découvriront qu'ils perdent leur meilleur atout en ne tenant pas compte du besoin de croire des masses. Ceux qui se veulent trop malins pour miser sur des croyances finissent souvent par apparaître comme les plus bêtes.

Après tout ce que j'ai dit du caractère instinctif des mouvements de masses, je ne pense pas que l'on me soupçonnera d'attendre un pareil revirement de la mentalité collective de la propagation d'une doctrine nouvelle, comme celle que je viens d'esquisser à grands traits dans ce livre. Les masses ne réagiront jamais d'une façon immédiate qu'aux doctrines qui leur fournissent des mots d'ordre pour leurs luttes du moment. Elles ne puisent pas leur philosophie dans les livres, et certainement pas dans des livres de cette espèce. C'est pourquoi je ne m'adresse qu'au très petit nombre de ceux parmi lesquels se trouvent les dirigeants possibles de la génération à venir, ceux chez qui une compréhension nouvelle est capable d'animer une façon de vivre nouvelle. Si ceux-là parviennent à se transformer eux-mêmes de façon à servir d'exemples vivants aux autres, ils deviendront, qu'ils le veuillent ou non, les dirigeants de ces autres. Car celui qui sait se diriger lui-même est capable de diriger autrui, et il n'est pas possible de posséder cette capacité sans l'exercer. Il est vrai qu'il peut couler beaucoup d'eau sous les ponts avant qu'une métamorphose spirituelle, qui formera un nouveau noyau de dirigeants, donne l'impulsion à un mouvement de masses. Le fera-t-elle jamais ? Quand et comment un esprit nouveau descendra-t-il sur les hommes, comme cela se produit de temps en temps dans l'histoire ? Voilà un secret de l'avenir qu'il ne nous est pas donné de pouvoir dévoiler. Tout ce que nous savons, c'est qu'un esprit nouveau de cette espèce n'agit jamais qu'après qu'un petit groupe d'hommes a d'abord été animé par lui.

Ce renouveau spirituel du socialisme, qui ne peut être pour commencer que l'expérience d'une élite, deviendra peut-être alors, plus vite qu'on n'ose l'espérer aujourd'hui, un phénomène de masses. En ce qui me concerne, je crois fermement à un retour prochain du mouvement de pendule qui ramènera les masses du cynisme matérialiste actuellement dominant à la ferveur religieuse qui anima le socialisme à ses débuts. En attendant, la tâche essentielle est de montrer, à ceux qui aspirent dès aujourd'hui à assigner un sens nouveau à leur activité sociale, comment ils peuvent y parvenir sans renoncer à faire aux réalités actuelles l'hommage de les comprendre. Ici encore, c'est à la fois un commandement moral et un calcul intelligent des réalités politiques, tenant compte de toutes les possibilités de persuasion des masses par l'exemple, que de commencer par s'imposer un travail d'éducation de soi-même, sans se soucier du nombre des imitateurs. La meilleure façon de se préparer aux tâches problématiques de demain est d'accomplir le mieux possible les tâches concrètes d'aujourd'hui. On y trouvera des satisfactions telles qu'il suffit d'y avoir goûté une fois pour vouloir y revenir toujours. Ce ne sont pas les beaux rêves, ce sont les belles actions qui rendent la vie belle. Quand on demanda à Socrate si son État parfait existait vraiment, il répondit : « Il n'existe qu'au ciel, mais les hommes peuvent apprendre, à la lueur de cette image divine, à réaliser dans leurs États terrestres une beauté qui n'est pas trop dissemblable de celle de l'État parfait. »

# Annexe

## Les thèses de Heppenheim

### *Les mobiles du Socialisme*

(Thèses défendues au congrès pour le socialisme éthique tenu à Heppenheïm, en Allemagne, fin mai 1928.)

Le socialisme est une tendance de la volonté vers un ordre social équitable.

Il considère ses revendications comme justes parce qu'il juge les institutions et relations sociales d'après un critère moral universellement valable.

La conviction socialiste présuppose donc une décision de la conscience, décision personnelle et dirigée vers un but.

L'interprétation causale et scientifique du devenir historique peut mettre en lumière des conditions et des obstacles à la réalisation de la volonté socialiste, mais elle ne peut, étant libre de tout jugement de valeur, motiver la conviction dont cette volonté procède.

C'est pourquoi toutes les tentatives de transformer des doctrines des causes sociales en doctrines des fins sociales sont vouées à l'échec.

La volonté socialiste ne peut donc être déduite de causes données dans le milieu capitaliste, et particulièrement de la lutte d'une classe pour l'intérêt et le pouvoir ; elle doit au contraire être motivée par une doctrine des objectifs, fondée sur le caractère général de certains jugements moraux des valeurs sociales. Ces jugements découlent de la croyance, commune à toute l'éthique religieuse, philosophique et populaire de notre époque, à certains principes, dont la réalisation donne un sens et un but à l'évolution historique. Ceci implique notamment la croyance :

Que les valeurs vitales sont supérieures aux valeurs matérielles, d'où il découle que la possession des valeurs matérielles doit se justifier en servant à la satisfaction de besoins vitaux ; de sorte que l'activité économique doit être subordonnée au but de la satisfaction de ces besoins et être organisée en vue de servir l'œuvre commune et non le profit individuel ;

Que chaque être humain est responsable du sort de toute l'humanité dans la mesure où sa volonté peut l'influencer, d'où il découle que la conduite des individus et l'organisation des institutions sociales doivent s'inspirer du bien général, et que les mobiles du sentiment de communauté sont supérieurs aux mobiles de l'avantage personnel en puissance ou en biens ;

Que le sens du devenir historique est l'accomplissement d'une tâche assignée à l'humanité, tâche dont la réalisation signifie le plus grand développement possible de sa faculté de concevoir et de réaliser le vrai, le beau et le bien ;

Qu'à l'égard de cette tâche commune tous les êtres humains sont, de par leur naissance, investis d'une responsabilité égale, donc de droits égaux et d'une dignité égale.

Parmi les droits égaux que les revendications socialistes tendent à assurer, on peut citer en premier lieu :

Le droit à la vie, donc le droit du travailleur à la valeur produite par son travail, et la protection légale de ce droit contre toutes les tentatives motivées par des droits de propriété d'utiliser les valeurs produites par le travail d'autrui pour exercer une domination sur les travailleurs ; donc aussi le droit des enfants à une éducation qui les prépare à la vie, le droit des faibles, des mineurs ou des incapables de travail à la sauvegarde sociale de leur vie et de leur dignité humaine ;

Le droit à l'autonomie personnelle, c'est-à-dire à la possibilité, garantie par les institutions, pour tous les membres de toutes les communautés, de participer à la détermination du sort commun, avec des droits égaux à la libre formation et expression des opinions et à la fixation des règles communes ; de façon à combattre l'emploi d'êtres humains comme moyens de réaliser des avantages en biens ou en puissance au profit d'autrui, et à faire, dans la mesure du possible, de tout pouvoir social, l'expression de la volonté libre et consciente des membres de la communauté.

La validité générale de ces principes fait du socialisme une exigence qui concerne tous les êtres humains quelle que soit leur condition sociale.

La lutte de classe des Ouvriers, au sens d'un effort particulier, conditionné par leur situation de classe, pour combattre l'exploitation et l'oppression dont ils souffrent immédiatement, est une condition indispensable et préalable à toute revendication socialiste ultérieure, car l'autonomie Politique, économique et sociale présuppose la suppression de la hiérarchie des classes. Toutefois, pour que cette lutte de classe conduise à des buts socialistes, les mobiles de l'intérêt et du désir de puissance qui découlent de la situation particulière de la classe ouvrière doivent être subordonnés, dans la doctrine comme dans la pratique, aux mobiles humains universels qui reposent sur le jugement moral et le sentiment du droit. L'émancipation de la classe ouvrière de son infériorité sociale doit être son œuvre propre en ce sens que, pour être capable de jouir de la liberté, elle doit d'abord elle-même la vouloir et la conquérir. Mais pour que cette émancipation d'une classe entraîne réellement l'émancipation de l'humanité entière, il faut qu'elle justifie ses buts et ses méthodes non point par l'intérêt particulier, mais par des jugements de valeur de validité générale. Il faut, en d'autres termes, que la lutte ouvrière ait pour objectif l'être humain dans le travailleur, et qu'elle tende à le libérer de l'emprise psychologique de la hiérarchie capitaliste des valeurs sociales. Il faut en somme, au lieu de faire découler le socialisme de la lutte de classe, faire découler la lutte de classe du socialisme.

Le caractère absolu de la justification morale et juridique des revendications socialistes peut d'ailleurs augmenter l'élan de la lutte ouvrière pour le socialisme ; car elle fait appel à des mobiles autrement exigeants que les besoins d'une plus grande mesure de bien-être, de sécurité et de considération sociale, qui peuvent trouver leur satisfaction dans le cadre même d'un capitalisme plus prospère et plus libéral. Ainsi, les revendications elles-mêmes peuvent être rendues plus précises et plus énergiques, le sentiment de la responsabilité personnelle et l'esprit de sacrifice peuvent être augmentés, le domaine de l'activité réformatrice peut être étendu et approfondi, bref le mouvement dans son ensemble peut prendre un caractère plus radical.

Le mouvement syndical, par exemple, ne peut que gagner en élan si, au lieu de le justifier par de simples considérations économiques basées sur l'intérêt des ouvriers comme vendeurs sur le marché du travail, on part du principe opposé que le travail ne peut pas être une marchandise. Ainsi, le mouvement syndical devient capable d'une action bien plus énergique pour revendiquer l'augmentation de la puissance d'achat des masses comme condition préalable à l'accroissement de la productivité, et plus de loisir comme compensation des procédés de travail plus intenses et comme protection contre la menace du chômage par suite de la rationalisation. En outre, la justification morale et juridique oriente la lutte syndicale vers des objectifs ultérieurs, tels le droit des travailleurs au travail joyeux, c'est-à-dire à une besogne digne d'être faite par des hommes, et la démocratie industrielle, c'est-à-dire le droit de participer à la détermination des conditions sociales et techniques du travail à tous les degrés de la production, à commencer par l'atelier et ses subdivisions.

Le mouvement politique, d'autre part, ne peut que gagner en puissance en faisant appel à ces mêmes mobiles. En effet :

1° En dissociant l'idée socialiste des idéologies antireligieuses, on peut amener au socialisme les éléments ouvriers qui lui sont jusqu'à présent restés hostiles à cause de leurs scrupules religieux, et faire, des mobiles moraux de leur croyance religieuse, des mobiles pratiques de leur activité sociale ;

2° En justifiant les revendications socialistes par des normes de validité générale, qui font appel à la conscience de tous et entendent servir le bien de tous, on augmente la puissance de rayonnement des idées socialistes en dehors de la classe ouvrière industrielle, particulièrement chez les paysans et chez les intellectuels ;

3° La tâche politique la plus urgente et la plus impérieuse du socialisme, la lutte pour la paix par le désarmement des États et par la suppression des frontières économiques, est facilitée par l'appel aux mobiles qui naissent de la rébellion morale des consciences individuelles contre le militarisme et la guerre ;

4° En rapportant le socialisme à l'objectif final de l'autonomie des personnes, on favorise le progrès des institutions démocratiques, notamment par un contrôle plus efficace des administrés sur les administrateurs et par le passage de la démocratie politique à la démocratie économique et sociale ;

5° En élargissant la conception du but socialiste, de façon à en faire au lieu d'une simple refonte des institutions, une transformation des bases de la civilisation, c'est-à-dire un renversement de la hiérarchie des valeurs sur laquelle repose la puissance psychologique du capitalisme, on fait appel à des forces beaucoup Plus radicalement anticapitalistes que le simple désir d'un changement ou renversement des rapports d'intérêts ou de puissance entre les classes. Ainsi, l'on se met en état de lutter avec des chances de succès contre l'embourgeoisement des masses par la saturation des besoins formés et orientés par le milieu capitaliste ;

6° En justifiant l'action réformatrice immédiate du socialisme par des mobiles de validité actuelle et personnelle, on donne à l'activité journalière, jusque dans ses manifestations les plus minimes, une valeur absolue, parce que ses réalisations apparaissent alors, non plus comme une simple préparation à une action socialiste future, mais comme la concrétisation graduelle et quotidienne de l'idée socialiste elle-même. Ainsi, l'on acquiert un moyen de réagir contre le scepticisme croissant des masses à l'égard de la politique de réformes, bien plus efficacement qu'en se réclamant d'une doctrine basée sur l'hypothèse d'une révolution dont la réalisation, avec les responsabilités qu'elle exige, est reléguée dans l'avenir.

Pour tous ces motifs, la justification de la volonté socialiste préconisée dans les thèses précédentes est capable de rendre la lutte pour le socialisme plus consciente de ses objectifs, plus énergique et plus vaste.

# Déjà publié

www.ingramcontent.com/pod-product-compliance
Lightning Source LLC
Chambersburg PA
CBHW072009270326
41928CB00009B/1592